KB128546

인문고전에서 새롭게 배운다 9

선택받은 리더 유방처럼

최후의 승자가 되라

신동준 21세기 정경연구소 소장

선택받은 리더 유방처럼

최후의 승자가 되라

초 판 1쇄 2017년 01월 01일

지은이 신동준
펴낸이 류종렬

펴낸곳 미다스북스
총 괄 명상완
마케팅 권순민
편 집 이다경
디자인 한소리
등록 2001년 3월 21일 제313-201-40호
주소 서울시 마포구 양화로 133 서교타워 711호
전화 02) 322-7802~3
팩스 02) 6007-1845
블로그 http://blog.naver.com/midasbooks
트위터 http://twitter.com/@midas_books
전자주소 midasbooks@hanmail.net

ISBN 978-89-6637-489-2 03320
값 18,000원

「이 도서의 국립중앙도서관 출판예정도서목록(CIP)은 서지정보유통지원시스템 홈페이지(http://seoji.nl.go.kr)와 국가자료공동목록시스템(http://www.nl.go.kr/kolisnet)에서 이용하실 수 있습니다.(CIP제어번호: CIP2016030904)」

선택받은 리더 유방처럼

최후의 승자가 되라

미다스북스

21세기 난세, 최후의 승자가 되라

왜 지금 유방인가?

장장지지將將之智로 천하를 평정하다

학계에서는 진시황의 서거 이후 유방이 새 왕조를 세울 때까지의 7년간을 초한지제楚漢之際로 칭한다. 항우가 진나라를 멸하고 서초패왕西楚霸王의 자리에 오른 후 한중왕漢中王 유방이 천하를 거머쥐는 시기까지 진행된 짧은 과도기를 말한다. '제際'라는 표현은 '시대'가 아니라 '과도기'를 뜻한다.

사마천은 『사기』 「고조본기」에서 건달 출신인 유방이 모든 면에서 압도적으로 우위에 있던 항우를 누르고 천하를 평정하게 된 배경을 병사가 아닌 장수를 부린 데서 찾았다. 장수를 수족처럼 부리는 이른바 장장將將의 지략에 주목한 것이다. 장수는 많은 병사를 거느리기 때문에 장수를 부리면 결국 수많은 병사를 일사불란하게 움직이게 된다. 유방이 발휘한 난세 리더십의 요체를 '장장지지'에서 찾은 셈이다.

반면 그는 「항우본기」에서 항우의 패망 원인을 시종 힘으로 밀어붙이며 천하를 경영하고자 한 데서 찾았다. 항우 자신은 죽는 순간까지 자신의 무용武勇은 천하제일이라고 자부했지만 사마천은 일개 필부匹夫의 용맹勇猛에 지나지 않는다고 본 것이다. 전한 말기의 유학자 양웅揚雄도 비슷한 입장을 보였다. 저서 『법언法言』에서 유방과 항우의 리더십을 이같이 비교했다.

"어떤 사람이 묻기를, '초왕 항우가 해하에서 패해 바야흐로 죽게 되었는데 하늘이 나를 망하게 했다고 했으니 이는 믿을 만한 것입니까?'라고 했다. 내가 대답하기를, '한왕 유방은 군신群臣들의 책략을 다 썼고, 군신들의 책략은 군중群衆들의 역량을 다 쓰게 했다. 그러나 초왕 항우는 군신들의 책략을 꺼려 오로지 자신의 역량에만 의지했다. 다른 사람에게 힘을 다 쓰게 하는 사람은 승리하고, 자신의 역량으로만 승부하는 사람은 패하는 것이다. 그러니 하늘이 이와 무슨 관계가 있겠는가?'라고 했다."

항우와 유방의 리더십에 대한 양웅의 비교는 21세기 글로벌 리더십의 관점에서 봐도 시사하는 바가 매우 크다. 군신과 군중의 대비가 그렇다. 이는 원래 한비자가 한 말이다. 『한비자』 「팔경八經」의 해당 대목이다.

"한 사람의 힘으로는 여러 사람의 힘을 대적할 수 없고, 한 사람의 지혜로는 만물의 이치를 다 알 수 없다. 군주 한 사람의 힘과 지혜로 나라를 다스리는 것은 온 나라 사람의 힘과 지혜를 이용하는 것만 못하다. 군주 한 사람의 지혜와 힘으로 무리를 대적하면 늘 무리를 이룬 쪽이 이긴다. 설령 계략이 가끔 적중할지라도 군주 홀로 고단하고, 만일 들어맞지 않으면 그 허물은 온통 군주 홀로 뒤집어쓰게 된다. 하급의 군주인 하군下君은 오직 본인 한 사람의 지혜와 힘을 모두 소진하고, 중급의 군주인 중군中君은 사람들로 하여금 자신의 힘을 모두 발휘하게 하고, 상급의 군주인 상군上君은 사람들로 하여금 자신의 지혜를 모두 발휘하게 한다.

어떤 일이 생겼을 때, 명군은 먼저 여러 사람의 지혜를 하나로 모으기 위해 개개인의 의견을 일일이 듣는다. 그리고 곧바로 공청회를 열어 이를 토론하게 한다. 공개 토론을 생략하면 군주는 머뭇거리며 결단을 내리지 못하게 된다. 결단하지 못하면 이내 일은 지체되고 위기는 커진다. 그러므로 군주가 이런 과정을 통해 독자적으로 결단하면 신하들이 파놓은 함정에 빠질 염려가 없다."

21세기의 최고통치권자를 비롯해 기업 CEO들이 그대로 써먹을 수 있는 뛰어난 계책이다. 세계 IT산업에서 유일하게 애플 제국과 자웅을 겨루고 있는 삼성이 바로 그 실례이다. 이건희 회장은 지난 1993년 '신경영 선언' 직후 용인 연수원에서 가진 '21세기 CEO과정' 포럼에서 이같이 말했다.

"한 사람의 힘으로는 다수의 힘을 이길 수 없다. 한 사람의 지혜로는 만물의 모든 이치를 알기 어렵다. 한 사람의 지혜와 힘보다는 많은 사람의 지혜와 힘을 쓰는 게 낫다."

「팔경」의 내용을 살짝 돌려 표현한 것이다. 고금을 막론하고 독력獨力은 중력衆力만 못하고, 독지獨智는 중지衆智만 못하다. 한비자는 「팔경」에서 하군은 '독력'과 '독지', 중군은 '중력', 상군은 '중지'를 쓴다고 언급했다. 동양이 기원전부터 '중지'를 얼마나 중시해 왔는지를 극명하게 보여준다.

그런 점에서 양웅이 항우의 패망 원인을 '독지'와 '독력'에서 찾은 것은 정곡을 찌른 것이다. 난세에 작은 성공과 명성에 안주하는 알량한 자존심과 자부심은 스스로를 패망의 구렁텅이로 몰아넣은 치명적인 독소였다. 항우는 바로 이 덫에 걸려 스스로 패망했다.

반면 무일푼으로 시작한 유방은 이와 정반대의 모습을 보였기에 천하를 거머쥘 수 있었다. 기존의 관행과 가치보다 훨씬 자유분방한 모습으로 병사 대신 장수를 부리는 임기응변臨機應變의 용인술과 용병술을 구사했기 때문이다. 이 때문에 항우가 가진 천하제일의 무용은 일개 필부의 용맹인 '필부지용'으로 폄하되고, 건달 출신 유방의 자유로운 행보가 장수를 수족처럼 부려 천하를 거머쥐는 지혜인 '장장지지'로 표현된 것이다.

엄밀히 따지면 유방의 난세 리더십이 항우에 비해 특별히 뛰어난 것도 아니었다. 천하를 거머쥐었기에 모든 것이 미화된 측면이 있다. 유방 역시 입에 욕설을 달고 살며 사람을 안하무인으로 대하는 식으로 자고자대自高自大하는 모습을 보였다. 그의 득천하得天下는 항우가 '중지'를 활용하지 않고 '독지'로 일관하는 바람에 얻은 반사 이익의 성격이 짙다.

그렇지만 그 결과는 하늘과 땅만큼의 차이가 있다. 두 사람 모두 자고자대하는 모습을 보였는데도 한 사람은 애희 우미인의 머리를 애마인 추의 안장에 매단 채 독부獨夫의 모습으로 적장들과 분전하다가 전사했고, 한 사람은 장수를 수족처럼 부린 덕분에 새 왕조의 창업주가 되었다. '독지'와 '중지'의 차이가 바로 이런 결과를 낳은 것이다.

삼국시대 당시 원소와 조조는 이 문제를 놓고 토론을 벌인 적이 있다. 『삼국지』「무제기」의 배송지 주에 따르면 조조가 원소와 함께 동탁 토벌을 위해 기병했을 때 하루는 원소가 문득 조조에게 이같이 물었다.

"만일 사정이 여의치 못하면 어느 쪽으로 나아가 근거지로 삼는 것이 좋겠소?"

조조가 반문했다.

"족하足下는 어떻게 하는 것이 좋다고 생각하오."

원소가 대답했다.

"나는 남으로 황하를 점거하고 북으로 연과 대 땅에 의지해 북쪽

오랑캐를 병사로 불러들여 남쪽으로 내려가 천하를 다투겠소. 이리 하면 거의 성공할 것이오."

그러자 조조는 이같이 응답했다.

"나는 천하의 지모와 역량을 사용하여 도로써 그들을 제어할 생각이오. 그러니 어느 곳이든 안 될 곳이 없소."

여기서 조조는 '중지'를 천하지지력天下之智力으로 표현했다. 천하 단위의 '중지'를 통해 난세를 종식시키겠다는 취지가 선명히 드러난다. 안방과 문밖의 경계가 사라진 21세기 경제전쟁의 모습과 맞아떨어진다. '초한지제' 당시 유방이 발휘한 '장장지지'의 리더십을 발휘하는 게 관건이다.

항우의 자만自慢과 유방의 자강自彊

지난 1983년부터 일본의 만화 주간지 〈모닝〉에 연재되고 있는 기업 만화 '시마 시리즈'는 삼성과 소니의 반전 드라마를 주요 소재로 쓰고 있다. 그러나 저자 히로카네 켄시는 2012년 4월 조선일보 경제 섹션 '위클리비즈'와 가진 인터뷰에서 이같이 경고했다.

"소니와 파나소닉 등 일본 전기 · 전자 기업이 2011년 사상 최악의 적자를 본 것은 잘나가던 시절의 향수에 젖어 오랫동안 내수시장에 안주한 업보이다. 이제 일본 기업들이 제조업 세계 1위라는 명성을 되찾기는 힘들 것이다. 새로운 기업 전략을 내세운다 해도 삼성과 LG 등 한국 기업들 때문에 좀처럼 기회가 없기 때문이다. 그러나 일본이 한국에 자리를 내준 것처럼 한국 역시 중국에 밀려날 수밖에 없다. 시간이 많이 남지 않았다. 지금 일본이 겪고 있는 저출산 고령화 문제, 고령자 복지를 위한 재정 부담 증가 등 제반 문제들은 조만간 한국도 똑같이 겪을 수밖에 없다. 한국은 일본 사례를 꼼꼼하게 연구할 필요가 있다."

현실에 안주했다가는 소니와 파나소닉의 전철을 밟을 수밖에 없을 것이라고 지적한 것이다. 귀담아 들어야 할 이야기다. 실제로 현재 중국의 제조업 기술은 한국의 턱밑까지 치고 올라왔다. 자칫 일본과 중국 사이에서 샌드위치 신세가 될지도 모를 일이다.

그러나 위기는 기회이기도 하다. 제조업이 무너진 미국을 제치고 세계 최대의 글로벌 시장으로 부상한 중국의 내수시장이 바로 지척에 있다. 이곳을 공략하면 소니나 파나소닉과 정반대의 길로 나아갈 수 있다. 스티브 잡스가 '스마트혁명 시대'를 주도해 전 세계인을 열광시킨 것과 똑같은 일을 해내야 한다는 의미이다.

국가총력전 양상을 띠고 있는 21세기 경제 전쟁에서 살아남으려면 늘 고객의 목소리를 경청하며 스스로를 끊임없이 채찍질하는 자기혁신의 자세가 필요하다. 『주역』은 이를 자강불식自强不息으로 표현해 놓았다. 달리는 말에 채찍질 하는 주마가편走馬加鞭과 같은 뜻이다. 이를 제대로 하지 못하면 소니의 전철을 밟게 된다. 소니는 하도급 업체인 삼성을 얕보며 자기혁신을 게을리하는 바람에 이제는 삼성과 비교도 안 될 정도로 추락해 있다.

고객은 어떤 특정 업체를 짝사랑하는 법이 없다. 세계 IT시장을 석권하고 있는 애플과 삼성도 예외가 아니다. 자기혁신을 게을리하는 순간 고객들에게 외면당하고 만다. 지금껏 시장을 주도해 왔기 때문에 앞으로도 어떻게 하든 자신들 생각대로 글로벌 시장을 이끌고 나아갈 수 있다고 생각하는 것은 오만이다. 가장 먼저 스마트폰에 대한 아이디어를 낸 노키아는 기존의 성공에 도취한 나머지 대응을 게을리하다가 퇴출 위기에 몰렸다. 소니 역시 전자제품의 흐름이 아날로그에서 디지털로 넘어가는 중차대한 시점에 기존 브라운관 TV 성공에 희희낙락하며 평판 TV의 시장 진입 시점을 너무 늦춰 잡았다가 자신의 발등을 찍고 말았다.

성공의 추억이 달콤할수록 급전직하의 추락을 맞을 가능성이 커진다. 제품의 가치는 회사가 매기는 것이 아니라 고객이 매기는 것이다. '성공 신화'에 빠지면 이런 간단하면서도 엄중한 이치를 잊고 만다. 자만심이 화근이다. 유방도 누차 이런 덫에 걸렸다. 함양에 가장 먼저 입성한 뒤 그 안락함에 도취해 그대로 눌러앉으려고 했다가 홍문의 연회 때 목이 달아날 위기를 맞고, 제후 연합군을 이끌고 항우의 근거지인 팽성을 손쉽게 함락한 후 성급한 자축연을 벌이다가 참패를 당한 게 그렇다. 다행히 몸을 던지는 참모들 덕분에 가까스로 위기를 벗어날 수 있었으나 그간의 모든 노력이 수포로 돌아갈 위기에 처했던 것은 바로 작은 승리에 안주했기 때문이다. 삼국시대 조조가 형주를 손쉽게 얻은 사실에 자만하다가 적벽대전에서 참패를 당한 것과 같다.

고금을 막론하고 국가든 기업이든 개인이든 기존의 성과에 안주하여 나태해지면 천하대세의 흐름에 둔감해진다. 잘 나갈 때일수록 이런 위험에 더욱 노출돼 있다. '초한지제' 당시 이 점에서는 항우와 유방이 별반 차이가 없었다. 다만 유방은 두 번 다시 그런 위기를 맞지 않기 위해 노력했고, 항우는 그런 노력을 기울이지 않았다. 연전연승이 가져다 준 독배였다. 일본 센고쿠 시대에 신출귀몰한 용병술로 적의 간담을 서늘하게 했던 병법의 대가 다케다 신겐은 승세와 패세의 상호 관계를 이같이 해석했다.

"가장 좋은 승리는 5할의 승리, 즉 신승辛勝이고, 그다음은 7할의 승리, 즉 낙승樂勝이다. 10할의 승리, 즉 완승完勝은 패배보다 못한 결과를 낳는다. 신승은 용기를 낳고 낙승은 게으름을 낳지만, 완승은 교만을 낳기 때문이다. 10할의 승리에는 후에 반드시 10할의 패배가 따르지만, 5할의 승리 후에는 패배할지라도 이후 5할 선에서 능히 수습할 수 있다."

전쟁도 흐름을 탄다. 군세 내지 전세 때문이다. 모든 전쟁과 전투는 승세勝勢와 패세敗勢가 교체돼 나타나기 마련이다. 무력에서 압도적인 우위를 지니고 있어도 계속 이기기만 하거나, 지기만 하는 일이 없다. 중요한 것은 큰 승리를 거둘지라도 자만하지 않고 상대를 완전히 제압할 때까지 준비에 만전을 기하는 것과, 설령 패했을지라도 다시 힘을 비축해 승기를 잡는 것이다.

항우와 유방 모두 유사한 실수를 범했지만 항우는 '필부지용'을 믿고 계속 자만했고, 유방은 스스로 반성하며 장수들을 수족처럼 부리는 '장장지지'를 발휘했다. 그게 두 사람의 운명을 갈랐다.

선발제인先發制人과 후발제인後發制人을 병용하라

상대가 압도적으로 강할 때는 상대의 기선을 먼저 제압하는 이른바 선발제인이 통하지 않는다. 그때는 '선발제인'과 정반대로 상대보다 뒤늦게 움직여 되치는 후발제인 계책이 필요하다. 선발제인이 통하지 않을 때는 한발 뒤로 물러나 힘을 비축한 뒤 상대가 허점을 보일 때 기습 공격을 가해야만 역전승을 기대할 수 있다.

후발제인이 주효하기 위해서는 반드시 두 가지 전제 조건이 충족돼야 한다. 첫째, 한발 뒤로 물러나 은밀히 힘을 비축해 놓았다가 적이 빈틈을 보일 때 그간 비축해 놓은 힘을 일거에 쏟아부어야 한다. 둘째, 싸움에 임할 때는 총사령관이 직접 전쟁터로 나가 북채를 쥐고 북을 울리며 장병들을 고취해야 한다.

삼국시대 제갈량의 첫 북벌 때 벌어진 가정 전투가 대표적인 본보기라고 할 수 있다. 생전에 사마광의 『자치통감』을 17번이나 읽은 '신 중화제국'의 창업주 모택동은 『자치통감』을 읽다가 이런 주석을 달아 놓았다.

"제갈량은 가정 전투 때 친히 전투에 임했어야 했다!"

혜성처럼 등장한 애플이 아이폰을 내세워 피처폰의 최강자 노키아를 비롯해 삼성과 LG 등 기라성 같은 글로벌 업체들을 일거에 제압할 수 있었던 것도 총사령관인 스티브 잡스가 진두지휘하며 스마트폰에 힘을 집중시킨 덕분이다. 삼성이 이건희 회장의 경영 일선 복귀를 계기로 역전극을 펼친 것도 같은 맥락이다.

난세의 시기에는 전문경영인이 회사를 운영하는 '민주 경영' 대신 기업총수가 직접 나서 진두지휘하는 '황제 경영'을 시도할 필요가 있다. 잡스 덕분에 애플이 줄곧 세계 시장을 석권하고, 삼성이 이 회장의 복귀를 계기로 힘을 집중시켜 만들어낸 '갤럭시 시리즈'로 반격을 가한 게 대표적인 경우다. 존망을 가르는 결전에는 반드시 총사령관이 친히 나서야만 승리를 거머쥘 수 있다.

현재 하드파워 위에 소프트웨어의 외피를 씌워 초일류 글로벌 기업으로 우뚝 선 삼성은 아무도 걷지 않은 길을 개척하는 이른바 '퍼스트 무버'로의 변신을 서두르고 있다. 기술과 예술을 결합시킨 '손안의 세상'으로 IT산업의 정상에 우뚝 선 애플 제국을 뒤늦게 좇고 있는 셈이다. 21세기 경제전쟁에서 승리할 수 있는 비결을 '초한지제'에서 찾고자 하는 기업 CEO라면 반드시 '선발제인'과 '후발제인' 계책을 두루 사용할 줄 알아야 한다. '초한지제' 당시 유방이 보여준 일련의 난세 리더십이 대표적이다. 이는 필자가 본서를 펴낸 이유이기도 하다.

'초한지제'에 활약한 여러 군웅과 책사들의 위기 대처 방략과 다양한 유형의 지략은 21세기 '스마트 혁명' 시대의 경제전쟁에 그대로 써먹을 수 있는 것들이 매우 많다. 특히 유방이 보여준 난세 리더십에서는 어떤 면에서 조조와 제갈량 등 삼국시대의 영웅들이 구사한 난세 리더십보다 더 큰 지혜를 얻을 수 있다. '흙수저'의 전형인 유방과 '금수저'의 상징인 항우가 서로 생사를 걸고 치열한 접전을 벌였기 때문이다. 모쪼록 본서가 한반도 통일을 통한 '동북아 허브'의 구축에 앞장서고자 하는 모든 사람에게 유용한 지침서로 활용됐으면 하는 바람이다.

목 차

1장 

큰 꿈을 품어라 / 분방奔放

2장

최고의 인재로 팀을 만들어라 / 득인得人

3장

계획적으로 팀을 지휘하라 / 치장治將

4장

기선을 제압하라 / 기선機先

5장

실전에서 반드시 승리하라 / 득승得勝

6장

최후의 승자가 되라 / 조국肇國

卒
卒
漢
卒
卒

01

큰 꿈을 품어라

분방奔放

01 환경에 억눌리지 마라

불사계
不事計

유방은 사람이 어질어 다른 사람을 사랑하고, 베풀기를 좋아했고, 성격이 활달했다. 늘 큰 포부를 품고 있었던 까닭에 일반 백성처럼 돈을 버는 생산 작업에 얽매이려 하지 않았다.

「고조본기」

중국 최초의 평민 출신 황제인 한고조 유방劉邦은 지금의 강소성 서주시 서북부에 위치한 패현 풍읍 중양리 출신이다. 이름 대신 부르는 별명인 자字는 계季였다. 그러나 이는 엄밀히 말해 '자'라고 보기도 어렵다. '계'는 통상 백伯, 중仲, 숙叔, 계로 이뤄지는, 막내아들을 가리키는 말에 지나지 않기 때문이다. 실제로 그에게는 유백과 유중으로 불리는 친형이 있었다. 많은 학자들은 유방, 즉 유계 위에 존재했을 유숙은 어렸을 때 죽은 것으로 추정한다.

사마천의 『사기』에 따르면 그밖에도 그의 동생으로는 유교가 있었다. 유교와 관련해 『사기』는 어머니가 같다는 뜻의 동모소제同母少弟, 『한서』는 아버지가 같다는 뜻의 동부소제同父少弟로 기록해 놓았다. 이에 대한 학자들의 해석이 엇갈린다.

지난 2005년 일본 학자 사다케 야스히코는 중앙공론신사에서 펴낸 『유방』에서 『한서』의 손을 들어주었다. 유백과 유중, 유방, 유교

모두 같은 부모로부터 태어났다고 본 것이다. 그러나 『한서』는 유방의 일대기를 크게 윤색해 놓은 사서라는 게 학계의 중론이다. 『사기』의 기록을 종합해 보면 이름이 알려지지 않은 유방의 부친 태공太公 역시 유방과 마찬가지로 호색한好色漢이었다. 아들이 딸린 여인을 자신의 첩으로 들였을 가능성이 높다. 『사기』의 기록을 좇아 유교는 유방의 '동모소제'로 보는 게 타당할 듯싶다. 이게 통설이기도 하다.

틀을 깨면 격이 올라간다

원래 태공은 주무왕의 조상인 고공단보에 대한 존칭이다. 그러나 역설적으로, 사서에 유방 부친의 이름이 알려지지 않은 채 '태공'으로 기록된 것은 그가 원래 극히 한미한 평민 출신이었음을 알려준다.

강태공의 유래

흔히 낚시꾼의 별칭으로 사용되는 '강태공'은 주나라 건국에 대공을 세워 제나라에 봉해진 여상呂尙의 별칭이다. 그가 위수에서 낚시를 하며 주무왕이 찾아오길 기다린 데서 낚시꾼의 별칭으로 사용됐다. 여상의 또 다른 별칭인 태공망太公望은 고공단보 태공이 꿈에도 바라던 인물이라는 취지에서 나온 말이다. 후대에 노인에 대한 존칭으로 '태공'이라는 말이 사용된 역사적 배경이다.

이는 유방의 모친 이름에 대한 기록을 보면 더욱 쉽게 알 수 있다. 『사기』「고조본기」는 유방 모친의 이름을 유오劉媼로 기록했다. '유씨 집안의 아주머니'라는 뜻이다. 「고조본기」에 유방의 단골술집 여주인의 이름 왕오王媼가 나온다. 현대 중국어의 발음은 '아오ao'다.

'아오ao'와 짝이 되는 것은 '옹翁'으로 현대 중국어의 발음은 '웡wēng'이다. 유방의 부친도 '유씨 집안의 아저씨'라는 취지에서 '유옹劉翁'으로 기록하는 게 타당하다. 그럼에도 거창한 명칭인 '태공'의 이름을 붙인 것은 유방이 진시황의 진나라에 이어 사상 두 번째로 천하통일을 이룬 한나라의 건국 시조가 되었기 때문이다. 한나라 때 건국 시조의 부친을 '유옹'이라고 부르는 것은 죽음을 자초하는 것이나 다름없다. 『사기』를 쓴 사마천도 예외가 될 수 없다. 그렇기 때문에'태공'의 존칭을 사용해 기록했다.

그렇다면 유방의 모친인 '유오'는 왜 '태공'과 같은 존칭을 덧붙이지 못하고 '아주머니'의 뜻에 불과한 '오'를 붙인 것일까? 유방의 부친에게 '태공'의 존칭을 덧붙인 것에 균형을 맞추려면 그의 모친 역시 주문왕의 모친인 태임太妊이나 부인인 태사太姒의 존칭을 사용해 '유임'이나 '유사'로 기록하는 게 그럴듯하다. 더구나 '유임'이나 '유사' 등의 존칭을 덧붙이는 게 그리 어려운 일도 아니었을 것이다.

이와 관련해 일본학자 사다케 야스히코는 나름 그럴듯한 주장을 펼쳤다. 그는 자신의 저서 『유방』에서 유방의 모친을 '유오'로 기록한 것은 '유오'가 그의 생모가 아니었기 때문이라고 보았다. 생모가 일찍 죽은 까닭에 계모로 들어온 여인에게 '유임'이나 '유사' 등의 존칭을 덧붙일 수 없었다는 것이다.

사다케 야스히코는 자신의 추론을 뒷받침하기 위해 '패공이 기병하여 야전을 치를 때 그의 모친을 위나라 수도 대량 부근의 소황에서 잃었다.'는 내용의 『진류풍속전陳留風俗傳』 기록을 근거로 제시했다. 기병할 당시 유방은 소규모 반란 집단의 우두머리에 불과했기 때문에 그의 모친은 '유오'로 불렸지만, 그의 부친은 그가 즉위한 이후까지 살아 있었기에 '태공'이라는 존칭을 얻었다는 분석이다.

역사는 승리자의 붓으로 기록된다

한나라를 세운 유방 역시 역대 왕조의 건국 시조와 마찬가지로 출생부터 신비한 인물로 묘사돼 있다. 「고조본기」의 에서도 그런 대목을 볼 수 있다.

"전에 유오가 큰 연못가에서 휴식을 취한 적이 있다. 그때 잠깐 잠이 든 사이 꿈을 꾸었는데 신을 만나게 됐다. 꿈속에서 보니 천둥과 번개가 치며 문득 사방이 어두컴컴해졌는데 태공이 달려가 보니 교룡이 유오의 몸 위에 올라가 있었다. 과연 얼마 후 유오가 임신해 마침내 한고조 유방을 출산했다."

"꿈을 꾸었는데 신을 만나게 됐다."는 구절의 원문은 '몽여신우夢與神遇'다. 신화나 전설에 나오는 '우遇'는 대개 단순한 만남이 아니라 통정通情의 의미로 사용된 것이다. 이 대목은 『성경』에 등장하는 아기 예수의 탄생을 연상시킨다. 인간의 자식이 아니라 하늘에서 내려온 신의 자식이라는 뉘앙스를 짙게 풍기고 있다. 역대 왕조의 건국 시조 모두 이와 유사하게 미화돼 있기 때문에 이를 크게 문제 삼을 것은 없다. 대표적인 예로 『장자』「거협」의 다음 대목을 들 수 있다.

"혁대 고리를 훔친 자는 죽임을 당하지만 나라를 훔친 자는 오히려 제후가 된다. 일단 제후가 되면 사람들은 그의 가문을 온통 인의로 포장한다. 이게 곧 도적놈이 인의와 성인의 지혜를 훔친 게 아니고 무엇인가?"

고금을 막론하고 역사는 승자의 기록으로 채워지기 마련이다. 이기는 순간 모든 것이 미화되고, 패배하면 모든 것이 일거에 폄훼되거나 왜곡된다. 20세기 초 중국의 이종오李宗吾 역시 『후흑학厚黑學』에서 이같이 갈파했다.

"나는 역대 왕조의 역사서인 24사史를 읽으면서 많은 진실이 누락된 사실을 발견했다. 사관의 논평은 흥망성쇠의 이치와 완전히 상반될 뿐만 아니라 성현이 말한 도리에도 부합하지 않았다. 처음에는 이를 눈치채지 못했으나 우연히 삼국시대의 인물을 생각해 내면서 문득 옛 사람의 성공 비결은 낯가죽이 두꺼운 이른바 '면후面厚'와 속마음이 시꺼먼 '심흑心黑'에 지나지 않는다는 것을 알게 됐다.

사마천은 『사기』를 쓰면서 유방과 항우의 관상만 언급해 놓았을 뿐 두 사람이 얼마나 뻔뻔하고 음흉한지에 대해서는 한마디도 쓰지 않았다. 『사기』를 좋은 사서史書로 평하는 것은 문제가 있다. 『후흑학』은 바로 『사기』를 포함한 24사의 흑막을 파헤친 것이다."

전래의 역사서는 하나같이 승자를 미화해 놓았기 때문에, 역사적 진실을 파악하기 위해서는 사서를 읽을 때 반드시 그 이면을 읽을 줄 알아야 한다고 주문한 것이다. 그는 사서의 행간을 읽어 '절세의 구세주'와 '만고의 역적'이 엇갈리게 된 배경을 찾았다고 주장했다. '절세의 구세주'가 되기 위해서는 반드시 승리해야 하고, 승리하기 위해서는 반드시 '후흑'의 달인이 되어야 한다는 게 바로 그가 24사를 통독한 뒤 최종적으로 내린 결론이다.

그의 이런 언급은 혁대 고리를 훔친 절구자竊鉤者와 나라를 훔친 절국자竊國者의 운명이 하늘과 땅의 차이만큼 벌어진 배경을 설파한 『장자』「거협」의 지적을 뒤늦게 통찰한 결과로 볼 수 있다. '절구자'와 '절국자'의 운명은 엄연히 다를 수밖에 없다. '절국자'의 '절'은 통상 '절도'의 의미로 사용되는 글자이나 여기서는 사실 창업創業을 풍자해 표현한 말이다. 나라를 잃은 세력의 입장에서 보면 '절'의 표현이 마땅하겠지만 새 나라를 만든 세력의 입장에서 보면 '개開' 또는 '창創'으로 표현하는 게 타당하다.

대표적인 예로 고려조의 패망과 조선조의 개창 과정을 들 수 있다. 조선조 개국 당시 고려의 유신들 중 상당수가 선비의 도리로 두 왕조를 섬길 수 없다는 이유를 들어 관직을 버리고 개경 근방의 두문동 골짜기로 숨어들었다.

이들을 '두문동 72현'이라고 불렀다. 이들 가운데 일부는 도중에 두문동을 빠져 나와 신생 왕조인 조선조에 적극 가담해 커다란 공을 세웠다. 대표적인 인물로 권근權近과 하륜河崙을 들 수 있다. 이들은 두문동에 계속 잔류한 자들로부터 '변절자'라는 비난을 받았다. 그러나 이미 새 왕조가 들어섰는데도 고집스럽게 패망한 왕조의 신하로 남는 것을 칭송할 수만도 없다. 새 왕조에서 치국평천하의 원대한 구상을 실현하기 위해 협조

두문불출

문을 닫고 밖으로 나가지 않는 것을 두고 두문불출이라 한다. 두문동 골짜기로 숨어 들어간 고려의 유신들로 인해 두문불출杜門不出이라는 말이 나온 것으로 알고 있으나 사실은 훨씬 이전부터 이 말이 쓰이고 있었다.
사마천의 『사기』「상군열전」에 보면 "공자 건이 두문불출한 지 이미 8년이나 되었다."라는 구절이 있다. 이 시기는 조선의 건국보다 천년도 더 이전이다. 기원전에 쓰여진 다른 책에서도 두문불출이라는 말은 어렵지 않게 발견할 수 있다.

를 요청하면 능히 응할 수도 있는 일이다.

공자조차 천하유세 도중 반적叛賊(자기 나라를 배반한 역적)으로 지목된 인물로부터 초청을 받고 망설이다가 제자인 자로의 만류에 눈물을 머금고 이를 포기한 적이 있다. 유학의 기본 정신은 어디까지나 벼슬길에 나서 치국평천하의 이상을 펼치는 데 있었기 때문이다.

권근과 하륜이 변절자라는 소리를 들으며 신생 조선에 참여할 즈음 정국의 실권은 이성계의 절대적인 신임을 받고 있던 정도전이 장악하고 있었다. 가슴에 치국평천하의 이상을 품고 있던 하륜은 정도전의 속셈을 읽었다. 그가 정도전의 최대 정적으로 부상한 이방원에게 접근한 뒤 이방원이 주도하는 '왕자의 난'에 깊숙이 개입해 정도전 제거의 선봉에 선 것은 바로 이 때문이다. 이에 반해 권근은 시종 이론가로서 학자의 삶에 충실했다. 그래서 두 번에 걸친 '왕자의 난'에도 초연할 수 있었다.

'무엇'이 아니라 '어떻게'가 역사의 중심이다

이런 갈등은 비단 창업 과정에서만 빚어지는 것도 아니다. 모든 왕조는 창업 이후 곧바로 수성守成(조상들이 이루어 놓은 일을 이어서 지킴)의 단계에 들어서게 마련이다. 이때 어김없이 부자지간 또는 형제와 숙질 사이에 하나밖에 없는 보위를 놓고 피가 난무하는 사투가 전개된다. 사서의 기록에 비춰볼 때 가장 먼저 등장한 부자지간의 혈투로는 주유왕과 주평왕 사이의 갈등을 들 수 있다.

『사기』「주본기」에 따르면 주유왕 3년인 기원전 779년에 후궁인 포사가 아들 백복을 낳자 주유왕은 태자 의구를 폐위시키려 했다. 이로 인해 주유왕 11년인 기원전 771년에 혈전이 벌어졌다. 주유왕과 백복은 북방 민족인 견융에게 피살되고, 포사는 전리품으로 잡혀갔다. 태자 의구가 주평왕으로 즉위하면서 지금의 서안 부근인 호경에서 낙양으로 천도했다. 이게 바로 그 유명한 '주나라의 동천' 사건이다. 이를 계기로 주나라는 동천 이전의 서주, 동천 이후의 동주로 나뉘게 된다.

사서에 주유왕이 전례 없는 폭군으로 기록된 것도 폐위 위기에 몰렸던 태자가 보위에 오르며 낙양으로 천도한 사실과 관련이 있다. 태자 폐위 사건이 실패로 돌아가면서 부왕은 '절구자'와 유사한 폭군, 태자는 '절국자'와 닮은 성군으로 규정된 셈이다. '절구자'와 '절국자'의 갈림길이 창업 과정의 승자와 패자 사이에서만 일어나는 게 아니라 수성 과정의 부자지간에서도 얼마든지 일어날 수 있음을 보여준다.

사서에 수록된 이전 왕조와 정권에 대한 기록을 맹신해서는 안 된다. 사서 기록의 행간을 읽어야 역사적 진실을 찾아낼 수 있다. 동서고금을 막론하고 새 왕조 내지 새 정권이 들어서면 자신들의 집권을 정당화하기 위해 통상 두 가지 책략을 예외 없이 구사한다. 첫째, 앞선 왕조 내지 정권을 가차 없이 매도하는 것이다. 둘째, 자신들의 치부를 감추면서 작은 사안도 크게 부풀려 미화하는 것이다. 이렇게 만들어진 온갖 종류의 항설이 무차별적으로 인용돼 훗날 신화와 전설로 굳어진다.

현대에는 신화와 전설을 역사적 사실과 분리해 내는 게 그리 어려운 일이 아니다. 그러나 미신이 횡행했던 시절에는 이 또한 결코 쉬운 일이 아니었다. 어떤 왕조든 유독 마지막 왕 시기에 생긴 천재지변이 사서에 대거 수록되어 있는 것도 이런 맥락에서 이해할 수 있다. 천명이 바뀔 때 하늘이 미리 조짐을 보인다는 믿음에서 나온 것이다. 이를 가장 먼저 써먹은 왕조가 바로 주나라이다. 주나라는 중국 역사상 신권 세력이 왕권 세력을 제압하고 새 왕조를 세운 첫 번째 사례이다.

원래 주나라 때 등장한 천명론天命論은 양날의 칼과 같다. 남을 벨 때는 매우 유용하지만 자칫하면 자신이 베일 수 있기 때문이다. 실제로 모든 왕조는 그 존속의 길고 짧음만 달랐을 뿐 멸망한 후 폭군이 다스린 나라로 매도되며 허무하게 무너져 내린 것은 모두 같다.

그렇기 때문에 왕조교체기에 충역忠逆의 기준이 크게 헷갈리게 된다. 이전 왕조 및 정권에 충성한 자를 일률적으로 충신으로 평하는 것도 잘못이고, 새 왕조 및 정권에 참여한 자를 획일적으로 역신으로 매도하는 것 역시 잘못인 것이다. 여말선초 고려에 충성한 정몽주를 기린다는 이유로 조선조 개창에 참여한 정도전과 권근 및 하륜 등을 일률적으로 매도할 수 없는 것과 같다.

평가의 잣대가 이처럼 상대적이면서 불완전한 모습을 보이는 것은 새 왕조의 창업과 새 정권의 수립 과정이 대부분 '인의' 등의 윤리 도덕 대신 '힘'이라는 한 물리적인 폭력에 기초해 있기 때문이다. 철학과 역사의 분기점이 바로 여기에 있다. 철학 이론과 경서經書는 통일적인 원칙과 이상적인 가치를 추구하는 까닭에 심지를 굳건히 하는 데에는 도움이 되나 인간의 온갖 추악한 모습이 적나라하게 드러나는 난세에는 실용성이 떨어진다. 이와 정반대로 역사 경험과 사서는 있는 사실을 그대로 수록하는 것을 원칙으로 하는 까닭에 사람과 세상을 보는 안목을 키워준다.

죽을 때까지 대표적인 사서인 『자치통감』을 옆에 끼고 산 모택동이 국공내전 당시 모든 면에서 압도적인 우위를 자랑하며 경서의 상징인 『주역』을 탐독한 장개석에게 승리를 거둔 것을 보면 알 수 있다. 사서 탐독을 통해 사람과 세상을 보는 안목을 키운 모택동의 승리다. 이는 「고조본기」 내용 분석에도 그대로 적용된다. 해당 내용을 그대로 믿어서는 안 된다는 얘기다.

'무엇을' 먹고사느냐가 아니라 '어떻게' 살 것인가를 고민하라

주목할 것은 대다수의 사가들이 거의 예외 없이 새 왕조에 아부하는 모습을 보였음에도 '역사의 아버지'를 뜻하는 사성史聖의 칭송을 들은 사마천은 한고조 유방을 일방적으로 미화하지는 않았다는 점이다. 승자인 유방의 사적을 그린 「고조본기」 앞에 패자인 항우의 전기를 담은 「항우본기」를 수록한 사실이 이를 뒷받침한다.

실제로 첫머리에 나오는 "유방은 사람이 어질어 다른 사람을 사랑하고, 베풀기를 좋아했고, 성격이 활달했다. 늘 큰 포부를 품고 있었던 까닭에 일반 백성처럼 돈을 버는 생산 작업에 얽매이려 하지 않았다."는 대목은 유방을 크게 미화한 것도 아니다. '사람이 어질어 다른 사람을 사랑하고, 베풀기를 좋아했다.'는 대목 정도만 약간 미화한 느낌이 있고 나머지 대목은 오히려 있는 그대로의 모습을 요약해 묘사한 느낌이 강하다.

특히 '일반 백성처럼 돈을 버는 생산 작업에 얽매이려 하지 않았다.'는 대목이 눈에 띈다. 이는 요즘 버전으로 해석하면 정시에 출근해 정시에 퇴근하는 회사원의 삶을 살지 않았다는 것이다.

이 대목의 중요한 메시지는 유방이 먹고사는 문제에 얽매이지 않았다는 점이다. 『사기』의 전체 내용에 비춰볼 때 한고조 유방의 삶은 '건달'에 가장 가까웠다. 빈한한 집안 출신 유방이 이처럼 '건달'의 삶을 살 수 있었던 것은 나중에 얻은 정실부인 여씨의 집안이 크게 부유했던 사실과 관련이 있다. 이는 21세기 디지털 시대에도 마찬가지다. 내조나 외조를 받는 사람이 다른 사람에 비해 훨씬 자유로운 입장에서 자신이 원하는 일을 지속적으로 추구할 수 있다. 그렇기 때문에 한고조 유방이 보여준 '건달'의 삶은 통상적인 의미의 '건달' 행보와 달리 해석해야 한다.

인생에서 원하는 것을 얻기 위한 첫 번째 단계는

내가 무엇을 원하는지 결정하는 것이다.

- 벤 스타인Ben Stein 미국의 배우

02 지위가 아니라 사람을 보라

압모계
狎侮計

유방은 장년이 되어 임시 관원에 발탁돼 사수정泗水亭의 정장亭長이 됐다. 관아의 관원들 가운데 유방이 깔보고 멸시하지 않은 자가 없었다. 유방은 주색酒色을 좋아했다. 늘 왕오王媼와 무부武負의 주점에 가 외상으로 술을 마셨다. 술에 취하면 아무데나 드러눕곤 했다. 왕오와 무부는 그럴 때마다 유방의 몸 위에 늘 용이 나타나는 것을 보고는 기이하게 여겼다. 유방이 이들의 주점에 와 술을 사마시는 날이면 술이 평소의 몇 배씩이나 더 팔렸다. 그 기이한 일을 본 이후 연말이 되면 두 주점에서는 유방의 외상장부를 찢고 술값을 받지 않았다.

「고조본기」

호족 출신 아내를 맞은 미관말직의 유방

유방이 장년이 되어 맡은 일은 정장이다. '정장'은 10리마다 세워진 '정'의 치안과 소송을 담당한 관원을 말한다. 요즘으로 치면 파출소장과 역장을 합쳐놓은 자리에 가깝다. 그가 떠맡은 '정'은 패현이 속해 있는 사수군 내에서 가장 규모가 큰 사수정이었다. '건달' 경력이 규모가 큰 정의 정장으로 임명될 때 유리한 배경으로 작용했다.

그는 당시 아전의 우두머리로 있던 소하蕭何의 천거 덕분에 정장이 되었다. 소하는 사수정의 상급 기관인 사수군의 호족 출신이다. 그는 같은 호족으로 있던 조씨와 가까웠다. 유방은 조씨 집안 여인을 부인으로 두고 있었다. 소하가 유방을 천거한 것은 조씨 집안이 사위를 위해 평소 친하게 지내는 소하에게 적극적으로 부탁했을 가능성이 크다.

유방과 조씨 집안 여인 사이에 태어난 아들이 훗날 제왕에 봉해진 유비劉肥이다. 유방이 조씨 집안 여인과 정식으로 혼인을 하지 않은 까닭에 유비는 유방의 장남임에도 불구하고 적장자嫡長子가 아닌 서장자庶長子가 되었다. 당나라 때 사마천의 『사기』에 주석을 가한 사마정司馬貞은 『사기색은史記索隱』에서 조씨 집안 여인을 '조희'로 표현했다. 후한 초기에 나온 반고班固의 『한서』「제도혜왕유비전齊悼惠王劉肥傳」에는 외부外婦로 나온다. '외부'는 정실 이외에 다른 곳에서 맞아들인 첩 등을 말한다.

『사기』와 『한서』는 유방이 혼인식도 올리지 않은 채 조씨 여인을 얻은 배경에 침묵한다. 당시의 여러 정황에 비춰 보면, 아무런 직업도 없던 유방에게 아무도 귀한 딸을 내주었을 리 없다. 더구나 조씨 집안은 사수군의 호족 출신이었던 까닭에 더욱 그랬음 직하다. 그렇다면 유방이 호족 출신인 조씨 여인을 아내로 맞아들일 수 있었던 이유는 무엇일까? 크게 두 가지 가능성을 생각할 수 있다.

첫째, 유방이 조씨 여인을 유혹했을 가능성이다. 예나 지금이나 '건달'은 무리들과 어울리며 자유분방하게 노는 모습을 보인다. 출신이 한미한 집안의 유방이 호족 집안 출신의 여인을 겨냥해 여러 수법을 동원했을 가능성을 배제할 수 없다. 이 경우 집안 간의 결연을 뜻하는 혼인식을 올리지 못하는 것은 말할 것도 없다.

둘째, 조씨 여인이 유방에게 마음이 끌려 접근했을 가능성이다. 이는 전혀 불가능한 일이 아니다. 전국시대 말기 훗날 제양왕으로 즉위한, 제민왕의 태자 법장法章은 부왕이 비명횡사하는 바람에 신분을 속이고 거나라 태사 교敫의 하인으로 있었다. 그때 태사의 딸로부터 유혹을 받고 부부관계를 맺었다. 당시 태사의 딸은 법장의 용모를 보고는 그가 범상하지 않음을 알고 내심 흠모하면서 몰래 의복과 음식을 제공하며 정을 통했다. 두 사람 사이에 난 자식인 건이 바로 진시황에게 흡수된 제나라의 마지막 왕이다.

어느 경우든 유방이 젊은 나이에 조씨 여인과 부부 관계를 맺고 유비라는 자식을 둔 것만큼은 분명한 사실이다. 유방은 소하의 천거로 정장의 자리에 오른 뒤 비로소 사방에 이름을 널리 알리게 됐다. 이게 유방의 변신에 결정적인 역할을 했다. 난리 통에 패현으로 이주한 호족 출신 여씨의 딸 여치呂雉와 정식으로 혼인식을 올리게 된 것이다. 당대 최고의 문벌 출신인 항우를 물리치고 마침내 새 왕조를 열 수 있었던 요인이 여기에도 있다. 객관적으로 볼 때 여씨 일족의 도움이 없었으면 중국 사상 최초의 평민 출신 황제로 즉위하는 일은 불가능했을 것이다.

당시 유비의 생모 조희는 유방이 여치와 정식으로 혼인식을 올리려고 하자 뒤로 물러났다. 그러나 이는 강압적으로 이뤄졌을 것이다.

유방이 함양에 입성한 뒤 항우와 정면충돌하여 위기를 맞았다. 이때 유방의 좌사마로 있던, 조희의 오라비 조무상이 항우를 만나 유방이 장차 관중의 왕이 되려고 한다며 고자질했다.

조희가 순순히 물러났다면 오라비인 조무상이 유방을 이처럼 죽음의 위기로 몰아가지는 않았을 것이다. 평소 여동생인 조희가 강압에 의해 뒤로 물러난 것에 앙심을 품고 있었음 직하다. 결국 조무상은 고자질로 인해 빠졌던 사지에서 가까스로 헤어나온 유방에 의해 죽는다.

지위에 관계없이 변하지 마라

주목할 것은 유방이 사실혼 관계에 있던 조희를 뒤로 물리고 훗날 여태후로 군림하는 여치와 정식으로 혼인식을 올린 후에도 이전의 난봉꾼 버릇을 버리지 못한 점이다. 이전처럼 술집을 경영하는 왕오王媼와 무부武負의 집을 뻔질나게 드나들었다. 사마천은 「고조본기」에서 이같이 기록했다.

"유방은 주색을 좋아했다. 늘 왕오와 무부의 주점에 가 외상으로 술을 마셨다. 술에 취하면 아무데나 드러눕곤 했다. 왕오와 무부는 그럴 때마다 늘 유방의 몸 위에 늘 용이 나타나는 것을 보고는 기이하게 여겼다. 유방이 이들의 주점에 와 술을 사마시는 날이면 술이 평소의 몇 배씩이나 더 팔렸다. 그 기이한 일을 본 이후 연말이 되면 두 주점에서는 유방의 외상 장부를 찢고 술값을 받지 않았다."

"늘 유방의 몸 위에 늘 용이 나타나는 것을 보고는 기이하게 여겼다."는 대목은 유방을 미화하기 위해 항간에 떠도는 얘기를 덧붙인 것에 지나지 않는다. 『사기』는 사마천 개인이 완성한 사찬 사서이다. 국가나 관공서에서 지원한 관찬이 아니기 때문에 역사적 사실을 소신껏 기록하는 면에서 상대적으로 자유롭다. 그러나 아무리 사찬이라해도 표현에는 한계가 있을 수밖에 없다. 아무래도 황실의 눈치를 보지 않을 수 없었을 것이다. 더구나 그는 강력한 왕권을 행사한 한무제 때 『사기』를 썼다. 목이 10개가 아닌 한 황실의 심기를 거스르는 얘기를 임의로 쓰기는 어려웠을 것이다.

그렇다고 역사적 사실을 중시하는 역사가가 굳이 "유방의 몸 위에 늘 용이 나타나는 것을 보고는 기이하게 여겼다."는 식의 비현실적인 속설을 기록할 필요가 있었던 것일까? 여기에는 나름 사마천의 속셈이 있었다고 보는 게 합리적이다. 그 속셈은 무엇일까? 『사기』의 내용 및 편제 등을 감안해 볼 때 황실의 눈에 거슬리는 것을 미리 무마하기 위해 이같이 한 것이다.

한고조 유방의 정적이었던 항우의 전기인 「항우본기」를 「고조본기」 앞에 배치한 것 등이 좋은 예이다. "유방은 주색을 좋아했다."와 "외상으로 술을 마셨다.", "술에 취하면 아무데나 드러눕곤 했다."는 등의 대목도 같은 맥락이다. 결코 칭찬할 만한 내용이 아니다. 이런 대목만 계속 나오면 황실의 심기가 불편해질 수밖에 없다. 그러나 "늘 유방의 몸 위에 늘 용이 나타나는 것을 보고는 기이하게 여겼다."는 식으로 유방을 미화하는 대목이 간간히 섞이면 뭐라고 말하기도 어렵게 된다. 사마천은 비록 사찬 사서를 썼으나 황실의 눈치를 피하기 위해 절묘한 문체를 쓴 것이다.

결국 사마천은 이런 식의 문체를 통해 있는 사실을 가감 없이 기록하는 사가의 소임을 다한 셈이다. 유방의 젊었을 때 행보를 있는 그대로 소개한 대목으로 봐야 하는 이유다. 나아가 이 대목은 전체적으로도 유방을 비방하는 내용이 아니다. 오히려 그의 활달한 성격과 호방한 행보를 칭송한 것으로 봐야 한다. "유방이 이들의 주점에 와 술을 사마시는 날이면 술이 평소의 몇 배씩이나 더 팔렸다."고 표현한 대목이 그렇다.

진실은 그 다음에 나오는 대목에 숨겨져 있다. 아무 곳에서나 누워 자고 있는 유방의 몸 위에 늘 용이 나타났고, 그럴 때마다 술이 평소의 몇 배씩이나 더 팔렸고, 그 기이한 일을 본 이후 연말이 되면 두 주점에서는 유방의 외상 장부를 찢고 술값을 받지 않았다고 표현한 대목이다. 핵심은 마지막으로 언급한 "연말이 되면 두 주점에서는 유방의 외상 장부를 찢고 술값을 받지 않았다."는 내용에 있다.

이는 무슨 얘기일까? 예로부터 장사하는 사람은 대부분 이익이 있는 곳이라면 물불을 가리지 않고 달려간다. 왕오와 무부 역시 이익을 얻기 위해 주점을 열었을 것이다. 술에 취해 아무 곳에서나 누워 자고 있는 유방의 몸 위에 늘 용이 나타났고, 그럴 때마다 술이 평소의 몇 배씩이나 더 팔렸다는 이유만으로 연말에 외상 장부를 찢었을 리 없다. 장사하는 사람은 결코 손해 보는 일을 하지 않는 법이다. 『사기』「화식열전」에 나오는 다음 대목이 이를 뒷받침한다.

"여염집의 소년이 강도질을 하여 사람을 죽인 후 땅에 묻고, 협박 공갈하며 사기를 치고, 도굴하며 위조지폐를 만들고, 이리저리 망나니짓을 일삼고, 패거리를 대신해 복수하고, 후미진 곳에서 물건을 빼앗고, 법에 저촉되는 일을 마다하지 않는 등 죽을 곳을 향해 마구 달려가는 말처럼 날뛰는 것은 무엇 때문인가? 실은 용돈을 얻기 위한 것에 지나지 않는다.

지금 조나라와 정나라의 미인들은 얼굴을 아름답게 꾸민 채 거문고를 연주하고, 긴 소매를 나부끼며 경쾌한 발놀림으로 춤을 추어 보는 이들의 눈과 마음을 설레게 만든다. 그들이 천 리 길을 마다하지 않고, 노소를 가리지 않는 것은 사람들이 부를 좇아 물불을 가리지 않고 내달리는 것과 같다. 농공과 상업에 종사하는 일반 백성들이 곡식을 키우고 물건을 만들며 재화를 유통시키는 것은 무엇 때문인가? 모두 재산을 더욱 늘리고자 하는 것이다. 다양한 일에 종사하는 사람들이 각자 자신의 지식과 능력을 다 짜내 일에 임하는 것은 결국 따지고 보면 전력을 다해 재물을 얻으려 하는 것에 지나지 않는다."

사마천이 지적한 것처럼 이런 문제는 상식적으로 생각해 볼 필요가 있다. 21세기 현재에도 허름한 술집이든 값비싼 룸살롱이든 술값의 고하를 떠나 그 손님이 올 때마다 매상이 크게 오르면 특별히 연말에 술값을 받지 않는 경우가 있다. 이는 무엇을 말하는 것일까? 모두 엄청난 양의 술을 팔아주었기 때문에 가능한 일이다.

그렇다면 그 많은 액수의 술값은 누가 어떻게 지불한 것일까? 비록 유방이 호족 집안 출신 여치와 혼인식을 올렸을지라도 처갓집 덕에 원 없이 술을 먹을 수 있었다고 하는 것은 무리가 있다. 여러 차례에 걸쳐 많은 사람들을 이끌고 가 흐드러지게 먹는 술잔치 비용을 처갓집으로부터 매번 지원받기는 쉽지 않았을 것이다.

정장의 자리에 주목할 필요가 있다. 정장은 원래 미관微官(지위가 낮은 관리)의 자리에 지나지 않는다. 그런대로 먹고살 정도의 봉급을 수령하는 데 그친다. 그러나 부수입이 만만치 않았을 것이다. '정장'의 역할이 10리마다 세워진 '정'의 치안과 소송을 담당한 관원이라는 점을 감안해야 한다. 이런 저런 이유로 민원이 많이 들어올 수밖에 없는 자리이다. 특히 주점의 경우는 더욱 그랬을 것이다.

술에 취해 다투는 손님들 간의 사사로운 싸움과 술값 지불을 둘러싼 시비 등이 많을 수밖에 없다. 잘 나가는 주점일수록 더욱 심하다. 손님과 시비가 붙었을 때 치안을 담당하는 '정장'의 수완에 따라 판결이 전혀 달라질 수 있다. 주점을 운영하는 사람의 입장에서는 어떻게 해서든 '정장'과 끈을 댈 필요가 있는 것이다. '정장'으로 있던 유방과 주모인 왕오나 무부 사이에 사적인 끈이 맺어졌을 개연성이 높다.

"연말이 되면 두 주점에서는 유방의 외상장부를 찢고 술값을 받지 않았다."는 대목의 역사적 진실은 '정장' 유방과 주모들 사이의 사적인 끈에서 찾는 게 옳다. 이같이 해석하지 않으면 미관말직인 정장 출신 유방이 수시로 두 주점에 많은 사람들을 데려가 진탕하게 외상으로 술을 마신 비결을 알 수 없다.

윗사람이라도 행실을 보고 평가하라

정장으로 있던 유방의 젊은 시절 행보를 기록한 이 대목에서 가장 주목할 것은 "관아의 관원들 가운데 유방이 깔보고 멸시하지 않은 자가 없었다."는 구절이다. 여기의 관아는 정장의 상급 기관인 패현 내지 사수군을 가리킨다. 유방이 자신의 상급 기관 관원들을 모두 깔보며 멸시했다는 얘기나 다름없다. 일개 정장에 불과한 유방이 도대체 무엇을 믿고 상급 관청의 관원들을 이토록 멸시할 수 있었던 것일까?

이 또한 상식적으로 생각할 필요가 있다. 사마천은 『사기』 「화식열전」에서 당시 관원들의 행태를 이같이 갈파했다.

"관리가 문서와 법문을 갖고 교묘히 농간하고, 문서와 인장을 위조하고, 나중에 적발될 경우 작두와 톱 등에 의해 몸이 잘려나가는 형벌을 당하는데도 이를 피하지 않는 것은 무엇 때문인가? 뇌물에 마음을 빼앗겼기 때문이다."

관원은 문서 관리와 법문 해석 및 인장 날인 등의 권한을 지니고 있다. 이들의 허락을 받지 못하면 공공연히 할 수 있는 게 아무것도 없다. 다양한 직종에 관련된 허가권을 쥐고 있는 셈이나 다름없다. 농공상에 종사하는 백성들 모두 이들 앞에서 머리를 조아릴 수밖에 없다. 관원과 뇌물이 불가분의 관계를 맺을 수 밖에 없는 것이다.

진시황이 사상 최초로 천하를 통일한 데에는 진나라가 진효공秦孝公 때 시행된 상앙商鞅의 변법變法을 진시황 때까지 변함없이 유지한 게 크게 작용했다. 진나라가 진효공 때 문득 최강국으로 우뚝 선 배경이기도 하다. 그러나 사마천이 「화식열전」에서 지적했듯이 아무리 엄법嚴法이 시행될지라도 말단 행정기관의 소리小吏(관아에서 벼슬아치 밑에서 일을 보던 사람)들에게까지 흔히 말하는 '공무원의 청렴'을 기대하기는 어렵다. 길바닥에서 살았던 유방의 눈에 이들의 비리가 보이지 않았을 리 없다. 자신도 비록 미관에 지나지 않았으나 유방의 눈에 차지 않은 것이다.

상앙의 변법

기원전 4세기, 진의 상앙은 부국 강병을 위한 개혁 정책을 실시했다. 그는 법가 사상에 입각한 군현제의 실시와 새로운 토지, 조세 제도 등을 만들고, 일률적인 기준에 의해 법이 시행될 것을 강조했다.
또한 모든 사람들에게 생산적인 직업을 갖도록 강제했고, 농사나 군역을 제외한 상업 등의 산업을 억제했다. 또한 엄격한 법제 시행을 위해 백성들 사이에 상호 감시 체제를 작동시켰다.

03 큰 뜻은 신중히 세워라

장부계
丈夫計

유방은 일찍이 정장으로 있을 때 함양에서 요역을 감독한 적이 있다. 한번은 진시황의 행차를 종관縱觀하게 됐다. 이를 보고는 길게 탄식했다.
"아, 대장부라면 응당 이래야 할 것이다!"

「고조본기」

여기의 '종관'은 구경을 허락받아 마음대로 본다는 뜻이다. 이 구절은 유방이 젊었을 때 요역徭役(나라에서 세납 대신 시키던 노동) 감독차 함양에 갔고, 이때 진시황의 행차를 관람했을 가능성을 시사한다.

사다케 야스히코는 『유방』에서 전후 맥락에 비춰 진시황 31년인 기원전 216년의 일로 보았다. 배인의 『사기집해』 주석을 좇아 유방의 출생 시기를 진소양왕 51년인 기원전 256년으로 잡을 경우 진시황의 행차를 관람했을 당시 그의 나이는 40세가 된다. 사다케 야스히코는 정장으로 임명된 지 3년 뒤의 일로 보았다.

당시의 정황에 비춰 '정장' 유방은 패현 아전의 우두머리로서 자신의 상관으로 있던 소하의 재가를 받고 갔을 것이다. 출장의 명목은 강제 노동에 징발된 인부의 인솔과 감독이었다. 진시황은 당시

의욕적으로 사상 최초의 제국 진나라를 새롭게 만들고 있었기 때문에 함양에서는 연일 토목 공사가 진행되고 있었다.

『사기』「진시황본기」는 진시황 생전에 거주할 아방궁과 사후에 거주할 수릉의 보수에 동원된 죄수가 70만 명에 달한다고 기록했다. 당시의 총인구가 약 6백만 가구, 3천만 명가량이었던 점을 감안하면 실로 엄청난 인원이 동원된 셈이다.

유방이 죄수 출신 인부를 이끌고 패현에서 함양까지 갈 경우 대략 800킬로미터에 달한다. 왕복 1,600킬로미터이다. 서울에서 부산까지 두 번에 걸쳐 왕복하는 거리다. 중간에 휴식을 취하는 일정 등을 감안하면 두 달 이상의 시간이 소요됐을 것이다.

당시 그는 인솔해 온 인부들의 현장 감독을 동료에게 맡기고 함양을 두루 관람했다. 이때 여섯 마리 말이 끄는 황금 장식 수레 위에 앉아 있는 진시황의 웅장하고 화려한 모습을 처음으로 목도했을 것이다. 포부가 큰 촌뜨기 정장 유방의 입에서 절로 감탄이 터져 나왔음 직하다. '아, 대장부라면 마땅히 저러해야 할 것이다!'라고 찬탄한 대목이 이를 뒷받침한다.

범부 유방은 어떻게 황제가 되었나?

진시황 사후 천하가 혼란에 빠지고 이에 편승해 진승陳勝 및 오광吳廣이 반기를 들었을 때 덩달아 시골 건달 유방도 반진反秦의 깃발을 들고 나선 배경을 짐작할 수 있다. 유방은 내심 '진승과 오광 같은 인물도 왕후장상王侯將相의 씨가 따로 있느냐고 말했는데 내가 그들보다 못한 게 무엇인가?'라는 식으로 자문했을 것이다.

사실 진승과 오광은 어느 모로 보나 유방보다 별로 나은 게 없는 인물이었다. 그럼에도 사마천이 진승의 전기를 「열전」이 아닌 제후들의 전기를 수록한 「세가」에 편제한 이유는 무엇일까? 진승의 전기를 담은 「진섭세가」는 「공자세가」와 마찬가지로 제후왕이 아닌 사람을 「열전」이 아닌 「세가」에 기록한 두 번째 사례이다. 진승을 공자만큼 높이 산 것이다. 진시황 사후 최초로 군사를 일으킨 진승의 행보를 높이 평가했다고 할 수 있다. 일개 머슴에서 어지러운 난세를 틈타 일약 왕의 자리까지 오른 것을 경이로운 눈으로 파악한 것이다.

유방이 진시황의 행차를 보고 "아, 대장부라면 응당 이래야 할 것이다!"라고 언급한 것도 진승이 왕후장상의 씨가 따로 있을 수 있겠냐며 반진의 깃발을 높이 든 것에 비하면 범부凡夫의 탄식에 지나지 않는다. 그렇다면 사마천이 그토록 높이 평가한 진승은 왜 새로운 왕조의 건립에 실패하고, 범부 수준의 탄식을 내뱉은 유방은 평민 출신 최초로 황제의 자리에 오른 것일까?

난세에 성급했던 진승과 오광

사마천은 「진섭세가」에서 그 배경을 자세히 추적했다. 이에 따르면 진승은 지금의 하남성 등봉현인 양성 출신으로 자는 섭涉이다. 오광은 양하 사람으로 자는 숙叔이다. 진승은 젊었을 때 머슴살이를 했다. 어느 날 밭두둑에서 잠시 일손을 멈추고 휴식을 취했다. 그가 불평과 원망을 하며 다른 사람들에게 제안했다.

"만일 부귀하게 된다면 피차 모두 서로를 잊지 맙시다."

머슴들이 비웃으며 대꾸했다.

"그대는 고용당해 머슴살이를 하고 있다. 장차 무슨 부귀가 있겠는가?"

진승이 탄식했다.

"아, 연작이 어찌 홍혹의 뜻을 알리오!"

연작은 제비와 참새 등의 작은 새로 소인을 상징한다. 많은 사람들이 홍혹을 기러기인 홍안이나 고니인 황혹 등의 큰 새를 지칭한 것으로 새기고 있으나 이는 잘못이다. 전국시대 중엽 진나라를 최강의 군사대국으로 만든 상앙의 스승으로 알려진 시자尸子의 저서 『시자』에 이런 구절이 나온다.

"홍혹은 날개가 합쳐지지 않는다. 사해四海를 품은 마음이 있기 때문이다."

'홍혹'은 봉황처럼 상서로운 새라는 의미다. 진승은 머슴살이를 할 때부터 '홍혹'의 마음을 품고 있었으니 범상치 않은 인물이었음에 틀림없다.

2세 황제 호해 원년 7월, 조정에서는 동네 어귀에 세운 문 왼편에 거주하는 빈민들을 변경 부근인 어양으로 옮겨가도록 명했다. 9백여 명이 가는 도중 대택향에 주둔했다. 진승과 오광은 이 행렬 가운데 끼어들어 한 무리의 우두머리, 둔장을 맡았다. 마침 천하에 내린 큰 비 때문에 도로가 막혀서 기한 내 도착할 수 없었다. 진나라는 엄법을 시행한 까닭에 기한을 어긴 자는 모두 참수를 당했다. 진승과 오광이 서로 상의했다.

"지금 도망을 해도 죽고 의거義擧를 일으켜도 또한 죽는다. 이왕 똑같이 죽을 바에는 나라를 위해 죽는 것이 좋지 않겠는가?"

진승이 말했다.

"천하의 사람들이 진나라의 가혹한 정사에 고통을 받은 지 오래됐다. 나는 2세 황제가 막내아들이므로 제위를 계승해서는 안 되고, 응당 제위를 이어야 하는 것은 장자인 부소라는 말을 들었다. 부소가 누차 간했다는 이유로 진시황은 부소로 하여금 병사를 이끌고 외지로 나가게 했다. 지금 사람들이 2세 황제가 죄 없는 부소를 죽였다고 한다. 백성들 모두 부소가 어질고 재능이 있다고 말하는데 그가 죽었는지의 여부를 모른다.

초나라 장군 항연은 생전에 누차 공을 세웠고 병사들을 사랑했다. 초나라 백성 모두 그를 우러러 받든다. 어떤 사람들은 그가 죽었다고 말하고, 어떤 사람들은 그가 외지로 도망을 가 숨었다고도 한다. 지금 만일 우리가 부소와 항연을 가장해 천하 사람들을 위해 앞장서면 호응하는 사람들이 매우 많을 것이다."

두 사람이 곧 점을 치러 가자 점쟁이는 이들이 온 의도를 알고 이같이 말했다.

"당신들의 일이 성공하면 커다란 공을 세우는 것입니다. 그러나 당신들은 귀신에게 점을 쳐야만 합니다."

진승과 오광이 크게 기뻐했다. 내심 귀신에게 점칠 일을 모두 생각해 두고는 이같이 말했다.

"이는 우리들이 먼저 귀신인 척해 사람들에게 위신을 얻으라는 뜻이다."

이들은 붉은색으로 비단 위에 '진승왕陳勝王' 세 글자를 써서 몰래 남들이 그물로 잡아온 물고기의 뱃속에 쑤셔 넣었다. 수졸戍卒들이 이 물고기를 사서 먹은 후 물고기 뱃속에서 비단에 쓴 글을 보게 했다. 진승은 또 오광에게 몰래 주둔지의 나무숲에 있는 신사神祠에 가 밤중에 장작불을 피워놓고 여우로 위장을 해 큰소리로 '대흥초大興楚, 진승왕'을 외치게 했다. 수졸들은 모두 심야에 무서워서 불안해했다. 다음날 아침, 수졸들이 도처에서 이를 얘기했다. 모두 진승을 주목하기 시작했다.

오광이 평소에 사람들을 자상하게 돌보아주었기 때문에 수졸들 대부분은 기꺼이 그가 시키는 대로 했다. 수졸을 인솔하는 장위가 술에 취하자 오광은 일부러 누차 도망가자고 떠벌리며 장위를 분노하게 했다. 장위가 많은 사람들 앞에서 오광을 모욕하자 여러 사람들이 분노했다. 과연 장위는 채찍으로 오광을 때렸다. 장위가 검을 빼어들려고 하자 오광이 벌떡 일어나 검을 빼앗고 장위를 죽였다.

진승 또한 오광을 거들어 함께 2명의 장위를 죽였다. 아울러 부하들을 불러 모아 호소했다.

"너희들은 비를 만나 모두 기한을 어기게 됐다. 기한을 어기면 응당 모두 죽음을 당해야 한다. 만일 죽지 않는다고 해도 변경을 지키다 죽는 사람이 원래 열에 6~7명은 된다. 하물며 장사는 죽지 않을 뿐이다. 만일 죽으려면 세상에 커다란 명성을 남겨야 하는 것이다. 어찌 왕후장상의 씨가 따로 있을 수 있겠는가?"

부하들 모두 입을 모아 말했다.

"경건히 명을 받들겠습니다."

그러고는 이내 부소와 항연을 사칭해 반진의 깃발을 올렸다. 이들은 곧바로 대택향을 공략한 뒤 지금의 안휘성 숙주시 동남쪽의 기현까지 손에 넣었다. 이어 지금의 안휘성과 하남성 경계에 있는 질현, 찬현, 고현, 자현, 초현 등지를 차례로 공략했다. 점령할 때마다 병사들을 수습하자 지금의 하남성 회양현인 진현에 이르렀을 때는 이미 전거가 600~700량, 기병이 1천여 명, 보병은 수만 명에 달하게 되었다. 진현의 현위는 엄청난 숫자의 반란군에 놀라 미리 달아났다. 약간의 충돌이 있었지만 사실상 무혈입성이나 다름없었다. 진승이 지역 원로와 호걸들을 모두 소집했다. 이들이 입을 모아 말했다.

"장군은 몸에는 갑옷을 걸치시고 손에는 예리한 무기를 드시고 무도한 자들을 토벌하고 포학한 진나라를 제거하시어 초나라의 사직을 중건하시고자 하시니 공을 논하면 왕을 칭해야 마땅합니다."

진승이 이내 즉위한 뒤 국호를 '대초'에서 장초張楚로 바꿨다. '장초'는 초나라의 힘을 확장해 나가겠다는 취지를 담고 있다. 당시 여러 군현은 진나라 관원의 폭정으로 고생하고 있었기 때문에 장리長吏(지역을 맡아 다스리던 지방관)를 모두 죽이고 진승에 호응했다. 진승이 동료인 오광을 대리왕에 임명했다. 무신과 장이張耳 및 진여陳餘 등 명망이 높은 인사들도 대거 찾아와 그의 입성을 축하했다. 진승은 크게 감격한 나머지 진현을 자신의 근거지로 삼았다.

그러나 진승은 성급했다. 진나라의 심장부인 함양을 함락시켜 새 왕조인 '장초'의 세상을 만들고자 서둘렀다. 진나라가 비록 진시황 사후 거대한 힘의 공백으로 인해 크게 흔들리고 있었으나 진승이 한 번에 뒤엎을 정도로 쇠약하지는 않았다. 결국 '장초'의 군사는 무리하게 함양을 향해 진군하다가 진나라 장수 장함의 반격에 치명상을 입고 더 이상 전투를 할 수 없을 정도로 궤멸되고 말았다.

진승의 죽음으로 반진 세력의 구심점이 무너졌을 때 그 틈을 타 급속히 세력을 확장한 인물이 바로 항우의 숙부인 항량項梁이었다. 당시 항우와 유방 모두 비슷한 시기에 기병해 항량의 휘하 장수로 활약했다.

귀족 출신 금수저로 직설적이었던 항우

항량이 지금의 강소성 소주시인 오현에서 기병할 당시 강소성 서주시 북부에 위치한 패현에서 유방도 기병했다. 이들이 초나라 땅에서 반기를 든 배경은 역사 문화적인 맥락에서 추적할 필요가 있다.

원래 전국시대 말기 초회왕은 종횡가縱橫家(중국 전국시대, 정치적 책략으로 활약했던 유세객들) 장의張儀의 속임수에 넘어가 함양으로 갔다가 억류된 뒤 객사했다. 이로써 초나라 백성들은 진나라에 이를 갈게 되었다. 그렇기에 항량이 범증의 계책을 받아들여 초나라 왕족의 후예를 찾아내 옹립한 뒤 '초회왕'이라는 왕호를 붙인 것이다. 비록 비명횡사하기는 했으나 선왕의 시호를 살아 있는 군왕의 왕호로 사용한 것은 유일무이하다. 초나라 백성들이 가졌던 진나라에 대한 증오가 얼마나 컸는지를 반증한다. 진시황이 급서할 당시 초나라 땅에서는 거대한 반진의 파도가 일렁이고 있었다.

항량은 초나라의 명문가 출신이다. 「항우본기」는 이를 세세장가世世將家로 표현했다. 대대로 장수를 배출한 가문이라는 뜻이다. 그의 부친은 초나라 장수 항연項燕이다. 항연은 진시황이 천하를 통일하기 2년 전인 기원전 223년 초나라 군사를 이끌고 진나라 군사와 결전을 치렀다. 이 싸움에서 항연이 진나라 장수 왕전에게 패사하면서 초나라도 이내 패망하고 말았다. 항량이 기병하기 14년 전의 일이다.

원래 항씨라는 성씨는 그의 조상이 지금의 하남성 침구현인 항읍에 봉해진 데서 나온 것이다. 위나라 도성 대량에서 동남쪽으로 약 160킬로미터가량 떨어져 있다. 항우는 항읍에서 다시 280킬로미터가량 떨어진, 지금의 강소성 숙천현 서남쪽 하상에서 태어났다. 숙부인 항량이 하상으로 이주할 때 그의 부친도 함께 왔기 때문이다.

유방과 항우의 나이

예로부터 두 사람의 나이에 관해서는 이설이 분분하다. 유방이 항우보다 연상이었다는 데는 이론이 없으나 연령 차이에 관해서는 일치되지 않는다. 「항우본기」에 '항우가 처음 기병했을 때 24세였다'는 기록이 나온다. 2세 황제 호해 원년인 기원전 209년이다. 기원전 232년에 태어난 셈이다. 문제는 유방이다. 사서에는 유방의 출생시기와 나이 등에 관한 기록이 전혀 없다. 『사기집해』는 후한 말기의 사학자 황보밀皇甫謐의 말을 인용해 '고조는 진소양왕 51년(기원전 256)에 태어났다. 즉위한 지 12년 되는 한 12년(기원전 195)에 서거할 당시 62세였다'고 기록해 놓았다. 그러나 『한서』의 주석은 '고조는 42세에 즉위했다. 즉위 12년 만에 서거했다. 당시 나이 53세였다.'라고 되어 있다.

다른 사료가 없는 까닭에 학자들은 두 설 가운데 하나를 취한다. 유방이 천하를 통일한 것은 재위 5년째인 기원전 202년이다. 당시 그는 낙양에 도읍을 두려고 했지만 유경과 장량의 주장을 좇아 그해에 장안으로 천도했다. 『사기』의 주석을 좇으면 당시 유방의 나이는 54세, 『한서』의 주석을 좇으면 45세가 된다. 이에 대해 사다케 야스히코는 유방과 항우의 나이 차이가 크지 않았을 것으로 보고 천도 당시 유방의 나이를 36세였을 것으로 추정했다. 현재 중국에서는 『사기집해』의 기록을 좇아 유방의 출생년도를 기원전 256년으로 보는 게 통설이다. 이 경우 항우와의 나이 차이는 24세가 된다.

항량은 일찍이 사람을 죽인 일로 관중에 있는 약양의 감옥에 갇힌 적이 있다. 함양으로 압송될 때 인근 기현의 옥을 감독하던 옥리 조구曹咎가 나선 덕분에 간신히 형벌을 면할 수 있었다. 기현은 유방의 고향인 패현과 함께 사수군의 관할하에 있었다. '초한지제' 당시 전국 36개 군 가운데 가장 중요한 군이 바로 사수군이었다. 당시 항량은 조구를 시켜 약양의 옥리 사마흔司馬欣에게 서신을 보내도록 부탁해 일을 무사히 마무리 지었다. 조구와 사마흔은 항량 사후 항우의 핵심 측근으로 활약한다.

당시 가까스로 감옥에서 빠져나온 항량은 조카인 항우와 함께 지금의 강소성 소주시인 오현으로 몸을 피했다. 이후 그는 오현에 요역과 상사가 있을 때마다 늘 일을 주관해 처리하며 명성을 쌓았다. 「항우본기」는 당시 항량이 은밀히 병법을 사용해 빈객과 젊은이들을 요지에 배치하고 지휘하는 식으로 이들의 재능을 알아보았다고 기록해 놓았다. 병법을 깊이 연구하며 때가 오기를 기다린 듯하다.

한번은 항량이 조카 항우와 함께 밖에 나갔다가 회계산을 유람하고 지금의 전단강인 절강을 지나는 진시황의 행차를 보게 됐다. 장려한 행렬을 유심히 바라보던 항우가 문득 이같이 탄식했다.

"저 자리를 빼앗아 대신할 수 있을 것이다!"

항량이 급히 그 입을 막았다.

"함부로 말하지 마라, 삼족이 멸하게 된다!"

「항우본기」는 항량이 내심 항우를 기재로 여겼다고 기록했다. 내심 흐뭇해했던 것이다. 유방이 정장의 자격으로 함양에서 요역을 감독하다가 진시황의 행차를 보고 "아, 대장부라면 응당 이래야 할 것이다!"라고 탄식한 것과 취지를 같이 한다. 누가 먼저 진시황의 행차를 보고 이같이 탄식했는지 알 길은 없으나 두 사람 모두 전부터 큰 뜻을 품고 있었던 게 확실하다.

'큰 뜻'은 정교하고 은근하게 세워 나가라

공교롭게도 반진의 깃발을 처음으로 올린 진승을 비롯해, 진승과 항량 사후 천하를 놓고 다툰 항우와 유방 모두 기개가 큰 인물이었다. '어찌 왕후장상의 씨가 따로 있을 수 있겠는가?', '저 자리를 빼앗아 대신할 수 있을 것이다!', '아, 대장부라면 응당 이래야 할 것이다!'라는 식의 언급이 그렇다. 솜씨는 같으나 표현된 내용만 다른 동공이곡同工異曲이다. 가장 격렬한 표현은 '저 자리를 빼앗아 대신할 수 있을 것이다!'라는 항우의 언급이다. 한문 원문은 '가취이대可取而代'다. 세 사람 모두 장차 황제의 자리를 차지하겠다는 뜻을 밝힌 셈이나 항우의 언급은 너무 직설적이다. 진승의 표현은 간접적이면서도 계략적이다. 유방의 탄식은 인간적이면서도 은근하다.

일본 전국시대의 세 사람

오다 노부나가는 관서지방의 성주로부터 두견새를 선물받는다. 그런데 두견새가 울지 않자 격노하여 울지 않는 새는 필요없다며 "당장 죽여라!"고 명령한다. 그러자 곁에 있던 부하 도요토미 히데요시가 말리며 자신이 방법을 연구해서 "어떻게든 울게 해보겠습니다."고 설득한다.

그러자 곁을 지나던 또 한명, 도쿠가와 이에야스가 한마디 던진다.

"참고 기다리면 두견새는 언젠가는 울 것입니다."

직설적인 오다, 책략적인 도요토미, 때를 기다리는 도쿠가와. 이들은 항우, 진승, 유방의 모습과 각각 닮아 있다. 결국 때를 기다리던 유방이 중국을 평정했듯 일본 역시 도쿠가와 이에야스가 전국시대를 마무리짓고 일본 전역을 통일한다.

사마천이 『사기』를 편제하면서 진승의 전기를 「열전」이 아닌 「세가」로 격상시키고, 항우의 전기를 「본기」로 높이면서 「고조본기」 앞에 배치한 것도 이들 세 사람의 이런 기개를 높이 평가한 결과로 볼 수 있다. 성패를 떠나 난세에 뜻을 펴고자 할 경우 일단은 이들 세 사람과 마찬가지로 천하를 거머쥐려는 대지大志를 품을 필요가 있다. 스스로 그릇을 키우는 게 관건이다. 그러나 주목할 것은 결국 유방이 최후의 승자가 된 점이다. 난세에 큰 뜻을 품는 것도 중요하지만 뜻을 이루기 위한 정교한 접근도 매우 중요하다는 사실을 알 수 있다.

04 때로는 허풍도 전략이다

하만계
賀萬計

선보 출신 여공은 패현 현령과 사이가 가까웠다. 그는 원수진 사람을 피해 현령의 식객이 돼 패현에 거주했다. 패현의 호걸과 향리들이 현령에게 귀빈인 중객이 와 있다는 소식을 듣고 모두 인사를 드리러 왔다. 당시 아전의 우두머리인 주리로 있던 소하가 진상한 예물을 관리했다. 그가 여러 대부들에게 말했다.

"진상한 예물이 1천 전에 이르지 않는 사람은 당하에 앉으시오."

당시 정장이었던 유방은 평소 뭇 관원들을 경시했기에 짐짓 명함에 이같이 써넣었다.

"하례금 1만 전!"

그러나 실은 단 1전도 지니고 있지 않았다.

「고조본기」

유방은 비록 건달 출신이기는 했으나 '왕후장상의 씨' 운운한 진승 못지않게 큰 뜻을 품고 있었다. 진승이 반진의 깃발을 높이 들기 전까지 이를 겉으로 드러내지만 않았을 뿐이다. 진시황의 행차를 보고 '아, 대장부라면 응당 이래야 할 것이다!'라고 탄식하며 은근히 때가 오길 기다렸다. 그는 평소 자신의 이런 큰 뜻을 가슴속에만 품고 있었던 것은 아니다. 비록 겉으로 표현하지는 않았지만 자신의 일거수일투족을 통해 그 취지를 은연 중 표현했다. 정실부인으로 맞아들인 여치의 부친 여공呂公을 처음으로 상면했을 때의 행보가 이를 말해 준다.

적기의 허풍은 뜻밖에 디딤돌이 된다

「고조본기」에 따르면 유방은 정장의 자리에 오르면서 정식으로 혼인식을 올리게 됐다. 그가 반진의 깃발을 들기 전에 가장 '횡재'한 사건을 들라면 바로 선보 출신 호족 여공의 딸 여치를 부인으로 맞은 일이다. 이 또한 난세가 만들어낸 기이한 인연이다.

유방의 장인 여공은 패현에서 서쪽으로 약 70킬로미터가량 떨어진 지금의 산동성 선현 남쪽에 있는 선보 출신이다. 선보의 '선單'은 통상 '단'으로 읽으나 인명 또는 지명으로 사용될 때는 '선'으로 읽는다. 「고조본기」의 기록만으로는 선보 출신 호족인 여공이 어떤 이유로 원수진 사람을 피해 패현으로 오게 됐는지 자세히 알 길이 없다. 다만 『사기』의 전체 기록에 비춰 원수진 사람을 피해 이웃 마을로 피하는 일이 그리 드문 일은 아니었던 것으로 보인다. 항우의 숙부 항량이 그랬듯이 살인 사건에 연루된 듯하다.

이것은 결과적으로 유방에게 '호박이 덩굴째 굴러 들어오는 형국'이었다. 비록 혼인식은 올리지 않았지만 이미 사수군의 호족인 조씨 집안의 여인 '조희'를 아내로 맞아들여 자식까지 둔 상황에서 이웃 선보의 호족 출신 여공의 딸을 새 신부로 맞아들였기 때문이다. 그렇다면 여공은 귀한 딸을 왜 아내와 자식까지 둔 유방에게 보내고자 한 것일까?

「고조본기」의 기록을 좇아 추론할 수밖에 없다. 여공은 평소 패현의 현령과 가까운 사이였다. 그게 인연이 돼 현령의 빈객으로 있다가 유방을 만나게 됐다. 귀한 손님을 흔히 빈객 또는 중객이라고 한다. 현령의 중객이 와 있다는 소문이 인근에 금방 퍼졌다. 패현의 호걸과 향리들이 이 소식을 듣고 모두 찾아와 인사했다. 이때 패현의 공조연으로 있던 소하가 진상하는 예물을 주관했다. '공조연'은 아전의 우두머리로, 지금으로 치면 관청의 집사이다. 그가 여러 하객들에게 말했다.

"진상한 예물이 1천 전에 이르지 않는 자는 당하에 앉으시오!"

객관적으로 볼 때 '1천 전'에 달하는 비싼 예물을 준비할 수 없는 미관말직의 정장 자리에 있는 유방은 당상에 오를 가능성이 없었다. 상식적으로 아무리 현령과 가까운 귀한 손님이라고 할지라도 '1천 전'의 거금을 들여 굳이 만나볼 필요는 없었다. 그럼에도 유방은 '1천 전'의 10배나 되는 '1만 전'의 거금을 들여 당상에 올랐다. 물론 현찰이 아니라 '공수표'였지만 말이다.

유방의 속셈은 무엇이었을까? 크게 세 가지로 요약할 수 있다. 첫째, 호기심이다. 도대체 소하는 현령과 가까운 '중객'이 과연 어떤 인물이기에 '1천 전' 이상의 예물을 준비하지 않으면 당상에 오를 수 없다고 공언한 것일까? 궁금할 수밖에 없다. 어떤 식으로든 가까이서 보고 싶어 했음 직하다. 둘째, 유방의 오기이다. 큰 뜻을 품고 있던 유방은 자신을 정장으로 천거한 소하조차 깔보고 얕볼 수 있었다. 그런 소하가 '1천 전' 운운하는 것에 비위가 틀렸을 가능성이 있다. 일종의 반발심이 작동해 굳이 당상에 오르고자 했을 것이다. 셋째, 중국인 특유의 체면치레, 즉 멘즈面子이다. 사실 이게 가장 크게 작용했음직하다. 「고조본기」의 다음 기록이 그 증거다.

"당시 정장이었던 유방은 평소 뭇 관원들을 경시했기에 짐짓 명함에 이같이 써넣었다. '하례금 1만 전!' 그러나 실은 단 1전도 지니고 있지 않았다."

'하례금 1만 전'의 원문은 '하전만賀錢萬'이다. 축하의 의미로 1만 전을 바치겠다는 뜻이다. 당시 쌀값은 1말에 60~70전이었다. 1만 전은 20킬로그램들이 쌀 평균 가격을 5만 원으로 잡을 경우 7백만 원가량이다. 면식도 없는 인물에게 단순한 축하 인사 명목으로 7백만 원가량의 금액을 써넣은 것은 파격이다. 그러나 그는 단 1전도 지참하지 않았다. '허풍'의 전형이다.

중국인에게 '허풍'은 '멘즈'의 이면이다. 중국인을 상대할 때 '멘즈'와 '허풍'의 실체를 모르면 낭패를 당하기 쉽다. 이종오는 『후흑학』에서 '허풍'의 위력을 이같이 설명했다.

“‘충沖’ 자는 보통 ‘허풍 떤다’는 의미의 ‘취이뉴吹牛’를 뜻하는데 사천 방언으로는 ‘충마오커즈沖帽殼子’라고 한다. 허풍 떠는 재주는 두 종류가 있다. 말재주로 하는 것과 글재주로 하는 것이 그것이다. 말로 하는 것은 다시 일반적인 장소에서 하는 것과 상관 앞에서 하는 것으로 구별된다. 글로 할 때도 신문과 잡지를 이용할 때와 편지나 진술서를 이용할 경우로 나뉜다.”

실력없는 허풍은 역풍을 부른다

나관중의 『삼국연의』를 보면 전투가 벌어질 때마다 자신들이 이끄는 군사의 숫자를 한없이 부풀리는 것을 알 수 있다. 적을 지레 겁먹게 만들려는 술책이다. 적벽대전 때 조조가 1백만 대군을 동원했다고 떠벌린 게 그 증거다. 그러나 실제로 동원된 숫자는 20만~30만 명이었다. 일종의 허장성세虛張聲勢인 것이다. 그러나 적벽대전 당시 조조의 허장성세는 실패로 끝났다. 지나친 자만심이 화근이었다.

그러나 원소와 하북의 패권을 놓고 건곤일척의 싸움을 벌인 관도대전 당시만 해도 조조는 매우 신중했다. 오히려 그는 원소의 ‘허장성세’를 꿰뚫어 싸움을 승리로 이끌 수 있었다. 당시 그의 책사 곽가는 조조가 원소에게 이길 수밖에 없는 열 가지 이유를 거론하면서 원소의 ‘허장성세’를 이같이 질타했다.

“원소는 허장성세만을 구사할 줄 알아 용병의 요체를 모릅니다. 그러나 장군은 적은 군사로써 대군을 이겨 용병이 신과 같고 공의 군사가 모두 공을 믿고 적들은 공을 두려워하니 이는 군사 면에서 그를 이긴 것입니다."

유비도 함부로 '허장성세'를 드러냈다가 곤욕을 치른 바 있다. 이릉대전 당시 손권은 비록 육손을 내세워 유비의 군사를 대파하기는 했으나 유비가 복수전에 나설까 크게 우려했다. 유사시에 대비해 태사대부 정천을 촉한에 화해 사자로 보냈다. 촉한도 동오를 적으로 돌릴 경우 조조와 연합해 협공할 것을 우려해 태중대부 종위를 답례 사절로 보냈다. 이로써 동오와 촉한이 다시 왕래하기 시작했다.

당시 유비는 백제성에 머물고 있었다. 그는 마침 위나라 군사가 대거 동오로 진격한다는 소식을 듣고 크게 기뻐했다. 이 틈을 타 동오를 공격해 원수를 갚고자 한 것이다. 그러나 지난번 패배의 상처가 너무 커 또다시 동오로 진격할 상황이 아니었다. 이에 유비는 말로라도 육손을 겁주기 위해 다음과 같은 내용의 편지를 육손에게 보냈다.

"적이 이미 장강과 한수 일대에 있으니 나는 장차 다시 동쪽으로 내려갈까 한다. 그대는 능히 이리 될 줄 생각이나 했겠는가?"

육손이 이 편지를 받아보고 속으로 웃었다. 유비의 '허장성세'가 너무 훤히 들여다보였기 때문이다. 그는 곧바로 이런 내용의 회신을 보냈다.

"군주의 군사가 방금 전에 패하여 상처가 제대로 치유나 되었을지 걱정입니다. 다시 우리와 왕래를 재개한 마당에 스스로 보완하기에도 바쁠 터인데 어찌 군사력을 증강할 여가가 있겠습니까? 만일 이를 고려하지 않고, 요행히 살아 돌아간 패잔병이 또다시 먼 길을 온다면 이번에는 목숨을 부지할 길이 없을 것입니다."

따끔한 충고다. 유비는 자신의 속셈이 훤히 드러난 사실에 크게 화를 냈다. 그러나 달리 도리가 없었다. 이처럼 '허장성세'는 주어진 상황 및 구사 방법 등에 따라 전혀 다른 결과를 가져온다. 충분한 무력을 갖춰야만 '허장성세' 수법이 효력을 발휘할 수 있는 것이다.

허풍이 맞아 떨어지면 진언보다 강력하다

허장성세가 절묘하게 맞아떨어진 경우가 있다. 제갈량은 북벌 당시 마속이 지키던 가정이 무너지자 몰래 철수할 때 허장성세를 이용했다. 먼저 일부 장수를 남겨두고 허장성세를 활용해 촉한의 대군이 그대로 주둔하고 있는 것처럼 꾸며 위나라 병사들의 추격을 저지하도록 했다. 그리고 그 사이 군사들을 보내 검각의 산길을 수선해 촉병의 돌아갈 길을 정비하게 하고 은밀히 영을 하달해 전 군사들로 하여금 몰래 철군하도록 조치했다.

모택동은 국공내전 당시 그는 장개석을 능히 제압할 수 있다고 자신했다. 1946년 8월 6일 미국 기자 안나 루이스 스트랑과 가진 인터뷰에서 이같이 말했다.

"일체의 반동파들은 모두 '지노호紙老虎(종이호랑이)'에 불과합니다. 내가 보기에 반동파는 일견 대단해 보이나 사실 그 역량은 별 볼 일

없습니다. 장기적인 관점에서 보면 진정한 강한 힘은 반동파에 속하는 것이 아니라 인민에게 속합니다."

'지노호'는 장개석이 이끄는 국민당 정부군을 지칭한 것이다. 그의 이런 말이 과연 타당한 것이었을까? 부분적으로만 타당했다. 현실적으로 국민당 정부군은 나름대로 상당한 무력을 가지고 있었다. 홍군은 국민당 정부군을 일거에 제압할 만한 역량을 가지지 못했다. 이는 중국인 특유의 '허풍'에 지나지 않았다.

그럼에도 그가 일단의 진실을 언급한 게 사실이다. 당시 장개석군은 막강한 화력과 병력에도 불구하고 전략적인 실수로 인해 만주를 상실해 갔다. 이를 계기로 패배주의가 퍼져나가기 시작했다. 치명타였다. 결과적으로 허장성세의 호언이 진언이 된 것이다.

상대방의 '진언'을 '허장성세'로 잘못 읽어 대세를 그르친 경우도 있다. 주은래가 모스크바에서 '중소우호동맹 상호원조조약'을 체결한 지 불과 다섯 달 만인 1950년 6월 한반도에서 전쟁이 터졌다. 미국의 응징은 전광석화와 같았다. 트루먼은 즉각 군사를 파견하는 한편 대만에 있는 장개석 정권을 보호하기 위해 제7함대를 대만해협으로 이동시켰다. 주은래는 즉각 성명을 통해 제7함대의 이동을 '중국영토에 대한 무력침공'으로 비난했으나 트루먼은 이를 일축했다.

이해 9월 유엔군의 '인천상륙작전'으로 북한군이 연달아 패배했다. 유엔군이 북진이 계속될 경우 만주가 전쟁터로 변할지도 몰랐다. 주은래가 중국의 외교부장 자격으로 포문을 열었다.

"중국은 절대로 외세의 침략을 용납할 수 없고, 이웃 나라가 무참하게 유린당하는 것을 좌시하지 않을 것이다."

그는 주중 인도 대사를 시켜 유엔군이 압록강까지 진격해 올 경우 중국이 전쟁에 개입할 것이라는 경고를 미국 정부에 전하게 했다. 트루먼은 이것도 묵살했다. 내전이 끝난 지 얼마 안 된 중국이 허장성세의 엄포를 놓은 것으로 간주한 것이다. 그러나 이는 트루먼의 실수였다.

이해 11월 26일 주은래의 성명이 결코 허언이 아니었음이 증명됐다. 수많은 중국군이 한반도로 밀려들었다. 이듬해인 1951년 1월 북한군과 중국군은 남한의 수도 서울을 다시 점령했다. 이를 '1.4후퇴'라고 부른다. 이때 맥아더는 전세를 일거에 뒤집을 속셈으로 만주의 중국군 기지에 대한 공습을 트루먼에게 건의했다. 그러나 소련의 개입으로 인한 제3차 세계 대전으로의 비화를 우려한 트루먼은 이를 거부했다. 유엔군이 재차 공세를 펴 가까스로 서울을 탈환했다. 곧이어 협상이 시작돼 휴전협정이 체결됐다. 이는 상대측의 엄포를 '허장성세'로 오독해 대세를 그르친 대표적인 사례로 꼽힌다.

허풍의 필수 조건 – 은밀히 키운 진짜 실력

'허장성세'는 군사 및 외교 방면에서 자주 구사하는 술책이다. 이는 기본적으로 막강한 무력이 뒷받침될 때 효과를 발휘한다. 그렇지 못할 경우 기껏해야 소위 '블러핑Bluffing'으로 상대방을 일시적으로 속일 수 있을 뿐이다. 이를 계속해서 구사할 경우 오히려 자신의 허약한 패를 상대방에게 읽혀 낭패를 당할 수 있다. 그렇기 때문에 드러내지 않고 실력을 키워야 한다. 바로 칼날의 빛을 칼집에 감추고 실력을 기르는 도광양회韜光養晦이다.

이게 중국인의 '허풍'이 지니고 있는 또 다른 모습이다. 중국인의 허풍은 그 연원이 깊을 뿐만 아니라 중국의 역사와 문화에 깊이 각인돼 있다. 중국인의 허풍은 '멘즈'와 불가분의 관계를 맺고 있다. '멘즈'가 정면이라면 '허풍'은 그 반대쪽의 이면이다.

중국의 역사를 살펴보면 난세의 시기에는 수없이 많은 군벌이 황제와 왕을 칭하며 우후죽순처럼 등장한다. 결국 힘 센 군벌이 천하를 통일할 때까지 대소 군벌 모두 황제와 왕을 칭하는 '허풍'이 난무할 수밖에 없다. 유방의 '하전만'은 장차 천하를 거머쥐기 위한 그의 '허풍'이 간단하지 않을 것임을 예고했다.

05 변화에 신속하게 대처하라

왕견계
往見計

유방은 항량이 설현에 있다는 소식을 듣고는 100여 명의 기병을 이끌고 그를 만나러 갔다. 항량이 병사 5천 명과 오대부 작위의 장수 10명을 보태주었다. 유방이 돌아온 뒤 이들을 이끌고 가 풍읍을 쳤다.

「고조본기」

「고조본기」에 따르면 유방이 거병할 당시 패현의 젊은이들 가운데 유방을 따르고자 하는 자가 매우 많았다. 「고조본기」는 그 배경을 이같이 기록했다.

"진시황은 일찍이 '동남쪽에 천자의 기운이 있다.'며 동쪽으로 순수巡狩(임금이 나라 안을 두루 살피며 돌아다니던 일)해 그 기운을 진압하려고 했다. 유방은 화를 당하지 않을까 우려해 망산과 탕산 사이의 늪과 암석이 많은 골짜기로 달아나 숨었다. 여치는 사람들과 함께 유방을 찾을 때마다 숨어있는 곳을 용케 찾아냈다. 유방이 기이하게 여겨 묻자 여치가 대답하기를, "당신이 있는 곳은 그 위에 늘 운기雲氣가 있습니다. 이를 좇으면 늘 당신을 쉽게 찾을 수 있습니다."라고 했다. 이 얘기를 듣고 유방이 크게 기뻐했다. 패현의 젊은이들 중에는 이 소식을 듣고 유방을 따르고자 하는 자가 매우 많았다."

진시황 재위 시절 동남쪽에 천자의 기운이 있었다는 얘기와 여치가 유방이 있는 곳에 늘 '운기'가 있어 쉽게 찾아낼 수 있다고 언급한 대목 역시 유방을 미화하기 위해 후대인들이 만들어낸 얘기일 가능성이 높다. 구름의 모습을 보고 운세를 짚는 술법을 '상운술相雲術'이라고 한다. 사람의 얼굴이나 몸매를 보고 미래를 예측하는 관상법이 확장된 술법으로 보면 된다. 당시에는 이런 일이 매우 흔했다. 『사기』「천관서天官書」에 '상운술'에 관한 얘기가 자세히 수록된 사실이 이를 뒷받침한다. 다음 대목이 그 증거다.

"운기를 관찰해 점을 치고자 하면 고개를 들어 위를 바라봐야 한다. 운기의 길이는 통상 300~400리에 이른다. 수평으로 뽕나무나 느릅나무 위를 보면 1천~2천 리에 이른다. 높은 곳에 올라가 바라보면 3천여 리가 된다. 운기가 금수의 형상으로 웅크리고 있으면 승리한다. 전쟁의 조짐을 보이는 운기는 흰색이다. 방어물을 쌓기 위한 토목공사의 조짐을 보이는 구름은 황색이다. 병거를 동원한 전쟁의 조짐을 보이는 운기는 오르내리고, 가끔 한 자리에 모인다. 기병을 동원한 전쟁의 조짐을 보이는 운기는 낮고 평평하게 깔린다. 보병을 동원한 전쟁의 조짐을 보이는 운기는 한 자리에 모여 있다."

이는 당시 상운술이 매우 폭넓게 유행한 사실을 암시한다. 또한 여치가 운기를 좇아 유방을 찾아냈다는 얘기가 「고조본기」에 실린 것은 유방이 패현의 젊은이들을 모을 때 '상운술'의 미신을 적극 활용했을 가능성을 이른다.

진시황 재위 시절 동남쪽에 천자의 기운이 있는 얘기도 유방의 무리가 만들어 퍼뜨렸을 것이다. 유방은 패현의 젊은이들과 초나라 유민들의 정서를 자극해 자신의 휘하로 들일 때, 당시에 유행하던 미신을 적극 활용했다. 이런 식의 세력 확산을 크게 나무랄 것도 없다. 역대 왕조의 교체기 때 똑같은 일이 수도 없이 일어났기 때문이다.

섣불리 드러내지 말고 때를 기다려라

주목할 것은 유방이 거병 초기 이런 식의 술책을 구사해 무리를 모았는데도 '토패'로 도약하지 못한 채 '군도'와 큰 차이 없는 수준에 머물러 있었다는 점이다. 진승 내지 항우가 거병 초기부터 커다란 세력을 형성한 것과 대비된다.

그 이유는 무엇일까? 「고조본기」에 따르면 진승은 거병한 뒤 진현에 이르러 보위에 올랐을 때, 주변의 여러 군현이 진나라 조정에서 파견한 지방관들을 죽이고 이에 호응했다. 패현 현령은 두려운 마음에 패현 백성을 동원해 진승에게 호응하여 목숨을 부지하고자 했다. 당시 패현에서 아전의 우두머리로 있던 소하와 옥리 조참曹參이 패현의 현령에게 이같이 말했다.

"현령은 진나라의 관원인데 지금 진나라를 배신하고 패현의 젊은이들을 거느리고자 하나 젊은이들이 말을 듣지 않을까 우려됩니다. 전에 다른 곳으로 달아난 패현 사람을 부르면 수백 명을 모을 수 있습니다. 이들을 이용해 마을의 젊은이들을 위협하면 감히 따르지 않을 수 없을 것입니다."

'전에 다른 곳으로 달아난 패현 사람'은 곧 '군도'와 다르지 않은 삶을 살고 있는 유방을 가리켰다. 현령은 이 말에 귀가 솔깃했다.

곧 백정 출신인 번쾌樊噲를 시켜 유방을 불러오게 했다. 「번역등관열전樊酈滕灌列傳」에 따르면 번쾌는 유방과 같은 고향인 패현 출신으로 개 잡는 일을 생업으로 했다. 「번역등관열전」은 "한때 유방과 함께 숨어 살기도 했다."고 기록해 놓았다.

모두 유방과 미리 짜고 이런 계책을 올린 것이다. 진나라 조정에서 파견한 현령을 제거한 뒤 '군도'의 신세를 벗어나 '토패'로 도약하고자 한 계책이었다.

당시 유방은 이미 100명에 가까운 무리를 이끌고 있었다. 번쾌가 유방을 데리고 오자 현령은 뒤늦게 사태의 심각성을 깨달았다. 유방이 모반하지 않을까 두려워 성문을 걸어 잠근 채 성을 굳게 지키면서 자신을 속인 소하와 조참을 죽이려고 했다. 겁이 난 소하와 조참이 급히 성벽을 넘어가 유방에게 몸을 맡겼다.

유방이 이내 비단에 글을 쓴 뒤 화살에 꽂아 성 안으로 쏘아 보냈다. 마을의 부로父老(원로)에게 보낸 것이다. 서신은 자신들과 합세해 현령을 제거하자는 내용이었다.

"천하가 진나라로 인해 고통을 받은 지 이미 오래됐습니다. 지금 부로들은 현령을 위해 성을 지키고 있으나 제후들 모두 봉기해 이제 곧 패현을 도륙하러 올 것입니다. 패현 사람들이 우리와 함께 현령을 죽이고 젊은이들 가운데 그럴 만한 자를 우두머리로 세운 뒤 제후들과 호응하면 가족과 재산을 보전할 수 있습니다. 그렇지 않으면 부자 모두 도륙당해 의미 없는 죽음을 맞게 될 것입니다."

일견 회유하는 듯한 내용으로 꾸며져 있으나 자세히 보면 매우 위협적이다. '모두 도륙당해 의미 없는 죽음을 맞게 된다.'는 부분이다. 부로들이 젊은이들을 이끌어 현령을 죽인 뒤 성문을 열고 유방을 맞이했다. 『사기』「고조공신후자연표」에 따르면 훗날 경후에 봉해진 마을의 부로 팽조가 패현의 성문을 가장 먼저 열어 유방을 맞이했다. 유방은 팽조를 비롯한 패현의 부로들이 현령으로 추대하려 하자 짐짓 사양하는 모습을 보였다.「고조본기」의 대목이다.

"천하가 바야흐로 크게 어지러워 제후들이 일거에 궐기하고 있습니다. 지금 무능한 장수를 두면 단 한 번의 싸움에 무참히 패할 것입니다. 내가 감히 저 자신을 아껴 그런 게 아니라 능력이 부족해 부형과 젊은이들을 제대로 보호하지 못할까 두려워하기 때문입니다. 이는 큰일이니 적임자를 신중히 택하도록 하십시오."

여기서 단 한 번의 싸움에 무참히 패해 달아난다는 뜻의 '일패도지一敗塗地' 성어가 나왔다. 싸움에 한 번 패하여 간과 뇌가 땅바닥에 으깨어진다는 뜻이다. 회복이 불가능한 상황이다. 당시 유방은 나름 사양하는 모습을 보였으나 이 또한 연극에 지나지 않았다. 그가 거듭 고사하자 부로들이 간곡히 청했다.

"평소 들은 바로는 그대에게 여러 진귀하고 기이한 일이 많이 있었다고 하오. 틀림없이 귀인이 될 것이오. 거북점과 시초점蓍草占인 복서卜筮를 해보니 당신만큼 길한 사람은 없었소."

'평소에 들은 여러 진귀하고 기이한 일' 운운의 구절에 비춰보면 후대인이 미화한 대목일 가능성이 높다. 사마천의 해석은 독특하다. 그는 「고조본기」에서 소하와 조참 등은 담력이 작아 감히 현령의 자리에 나서지 못했다고 분석했다.

"소하와 조참 등은 모두 문리文吏이다. 이들은 제 몸을 아꼈고 혹여 일이 실패하면 후에 진나라에 멸족의 화를 당할까 두려워했다. 모두 유방에게 양보한 이유다."

고금을 막론하고 대다수 아전들은 변화보다는 안정을 중시한다. 소하와 조참 등의 아전들이 유방에게 현령의 자리를 양보했다는 사마천의 지적이 틀린 게 아니다. 이들 모두 아직 천하가 어찌될 수 없는 상황에서 선불리 움직였다가 이내 진나라로부터 보복을 당할까 두려워했을 것이다.

유방이 누차 사양했으나 그 누구도 감히 우두머리가 되고자 하는 자가 없었다. 결국 유방을 패공沛公으로 내세웠다. 초나라는 춘추전국시대부터 각 현의 지방관을 모두 '공'으로 칭했다.

당시의 정황에 비춰 볼 때 유방이 반진의 깃발을 든 뒤 패현의 현령 자리에 오른 것은 나름 그 의미가 크다. '군도'의 단계를 벗어나 지방 군벌인 '토패'의 자리에 앉게 됐기 때문이다. 아무리 많은 무리를 거느리며 막강한 실력을 행사할지라도 '군도'의 처지를 벗어나지 못하면 천하를 놓고 다투는 이른바 중원축록中原逐鹿의 각축전에서는 실격이다. 실제로 유격전의 명수인 팽월彭越은 막강한 무력을 자랑했어도 빛이 나지 않았다. 큰 틀에서 볼 때 '군도'의 처지를 벗어나지 못한 탓이다.

최소한의 타이틀을 차지해라

난세에는 실력이 중요한 게 사실이지만 형식도 무시할 수 없다. 고금을 막론하고 '타이틀'은 설령 그것이 날림으로 만든 것일지라도 일정한 효력을 발휘한다. 유방은 현령의 '토패'에서 시작해 토왕과 토황제를 거쳐 마침내 천하를 석권했다.

역대 왕조의 교체 역사를 보면 군도와 토후, 토패, 토왕, 토황제는 각각 한 끗 차이다. 이들 가운데 토패부터는 그 아래의 군도 및 토후와 차원이 다르다. 토패와 토왕, 토황제는 동급이다. 토패로 발돋움하는 게 관건이다. 이들 간의 각축전에서 최후의 승리를 거두는 자가 새 왕조의 창업주가 된다. 그 기반이 바로 토패이다. 패현의 새 현령이 된 유방도 천자가 될 수 있는 기본 요건을 어느 정도 갖춘 셈이다.

그러나 엄격히 따지면 당시 유방이 차지한 패현의 현령 자리는 '토패'가 아닌 '토후'에 가깝다. 여러 현을 거느린 군의 수장인 군수 정도가 '토패'이다. 진나라 말기, 군수는 통틀어 37개밖에 없었다. 이는 어디까지나 이론적인 것이다. 현실적으로는 유방처럼 비록 현 단위이기는 했으나 나름 실력을 지니고 반진의 깃발을 든 경우는 '토패'로 볼 수 있다. 다만 진승 등이 이미 왕호王號를 사용하고 있는 상황에서 유방이 현령을 뜻하는 '패공'을 칭한 것은 그의 세력이 아직 미약했음을 반증한다.

최소한의 '타이틀'을 확보한 뒤에는 역시 실력이 관건이다. 토후와 토패, 토왕, 토황제 등의 명칭에 구애받을 필요가 없다. 왕호를 칭한 진승은 몰락의 길을 걸으면서 마지막 단계에서는 토후만도 못한 처지로 전락했다. 난세의 실력은 곧 군사력을 뜻한다. 당시에는 병기의 차이가 거의 없었기 때문에 많은 무리를 이끄는 자가 바로 최고의 무력을 보유한 자였다.

그렇다면 당시 유방의 '실력'은 어느 정도였을까? 「고조본기」는 유방이 거병할 당시 소하와 조참 등이 패현의 자제 2천~3천여 명을 가졌다고 기록했다. 이는 처족인 여택과 여석지를 비롯해 죽마고우인 노관, 패현의 아전 우두머리인 소하와 조참 등이 이끄는 무리를 모두 합친 것이다. 초기에 이 정도의 병력을 보유했다면 이는 나름 '토패'의 체면을 유지했다고 평할 수 있다.

당시 유방은 '토패'의 타이틀을 각인시키기 위해 나름 장중한 의식을 치렀다. 패현의 관아에서 전설적인 인물인 황제와 치우蚩尤에게 제사를 올리고, 짐승을 잡아 그 피를 북에 바르며 무운을 빌었다. 치우에게 제사를 올린 것은 당연히 초나라 유민들이 신봉하는 '치우 신앙'을 이용하려는 속셈이었다. '삼황오제' 전설에 따르면 치우는 황제에게 도전장을 내 결전을 벌였다가 패한 후 몸이 여러 개로 잘렸다. 황제가 치우의 뛰어난 무력을 두려워한 탓이다. 그러나 치우는 백성들 사이에서 오히려 전쟁의 신으로 받들어졌다. 특히 남쪽 초나라 지역에서 더욱 그랬다.

이어 유방은 깃발을 모두 붉은 색으로 통일했다. 이전에 유방은 길에서 뱀을 죽인 적이 있었다. 그때 죽인 뱀을 백제白帝의 아들, 뱀을 죽인 유방은 적제赤帝의 아들로 선전했다. 실제로 이후 한나라는 패망할 때까지 적색을 숭상했다. 원래 유가의 최고 경전인 『주역』에는 음양설만 있을 뿐 오행설은 없다. 전국시대 말기에 미신적인 오행설이 극성하면서 교묘히 음양설과 접합했다. 백성들은 이를 크게 믿었다. 진시황 역시 수덕水德으로 천하통일의 대업을 이뤘다고 여겨 모든 것을 흑색으로 통일하고, 10월을 세수歲首로 삼은 바있다.

중국의 역대 왕조에서 도참설을 이용해 천하를 거머쥔 대표적인 인물로 전한 말기 신나라를 세운 왕망王莽과 그 뒤를 이어 후한을 세운 광무제 유수劉秀를 들 수 있다. 특히 왕망의 경우는 도참설을 활용해 유일무이하게 무혈로 새 왕조를 세웠다. 유수도 왕망과 동일한 방법으로 도참술을 활용해 민심을 모았다. 천하를 통일한 후 유방과 동향인 패현 출신 환담桓譚은, 광무제 유수가 예언에 의해 일을 판단하려고 할 때 도참서는 경전이 아니라고 지적했다가 하마터면 목숨을 잃을 뻔했다. 환담은 이마에서 피가 흘러나올 정도로 머리를 조아리고 나서야 겨우 목숨을 구할 수 있었다. 명군으로 이름난 광무제조차 왕망과 마찬가지로 도참의 미신에 탐닉했던 것이다. 유방이 도참을 활용한 것을 문제 삼을 필요는 없다.

당시 소하와 조참, 번쾌 등과 같이 실력을 갖춘 아전들이 패현의 젊은이들을 2천~3천 명 단위로 모아 호릉과 방여를 공략한 뒤 다시 돌아와 풍읍을 지켰다. 유방의 고향인 패현의 풍읍을 반란군의 둥지로 삼았기 때문이다.

그러나 이후 일이 복잡하게 전개됐다. 진승이 거병한 이듬해, 즉 2세 황제 2년인 기원전 208년, 진승의 부장 주장周章의 군사가 함양 부근의 희수까지 진격했다가 패배하고 돌아온 게 결정적인 계기였다. 당시 진나라 사천군감 평平이 군사를 이끌고 유방의 근거지인 풍읍을 포위했다. 유방이 옹치雍齒에게 풍읍 수비를 명한 뒤 군사를 이끌고 설현으로 진격했다. 얼마 후 옹치가 진왕 진승 휘하의 위나라 출신 장수 주불周市의 꼬임에 넘어가 유방을 배신했다. 유방이 이를 크게 원망했다. 훗날 유방이 항우를 제압하고 보위에 오른 뒤에도 옹치의 배신을 잊지 못했을 만큼 그에 대한 앙금은 컸다.

당시 유방이 풍읍의 탈환에 거의 목숨을 걸다시피 한 사실도 이런 맥락에서 이해할 수 있다. 마침 동양현 출신 영군甯君과 진가秦嘉가 초나라 왕족 출신 경구景駒를 초나라의 가왕으로 삼아 유현에 머물고 있었다.

영군과 진가

영군과 진가가 동일 인물인가 여부를 둘러싸고 예로부터 이론이 분분하다. 「고조본기」는 「항우본기」와 달리 같은 사건을 다루면서 영군이 진가와 함께 경구를 초왕으로 옹립했다고 기록해 놓았으나 그가 어떤 인물인지에 대해서는 입을 다물고 있다. '영군'을 진가의 직책으로 보는 견해와 전혀 다른 인물로 보는 견해가 대립하는 이유다. 별개의 인물로 파악한 『사기색은』의 주석을 좇는 게 통설이다.

당시 유방은 이 얘기를 듣고 곧바로 경구에게 달려가 군사를 빌려 다시 풍읍을 치고자 했다. 그러나 상황이 녹록지 않았다. 진나라 장수 장함이 진승의 패잔병을 급속히 추격하고 있었기 때문이다. 장함의 별장인 사마 니는 군사를 이끌고 북진해 초나라 땅을 평정하고 상현을 함락시킨 뒤 탕현으로 돌아가 있었다. 동양현에 있던 영군과 유방이 군사를 이끌고 서쪽으로 진격해 소현 서쪽에서 사마 니와 교전했으나 이기지 못했다. 유현으로 퇴각한 영군과 유방은 병사들을 다시 모아 탕현을 쳐 3일 만에 함락시켰다. 덕분에 탕현의 병사를 그러모아 5천~6천 명의 군사를 얻게 됐다. 유방이 여세를 몰아 다시 하읍을 함락시킨 후 풍읍 쪽으로 진군했다.

이때 항량이 설현에 있다는 소식을 듣고는 지체 없이 100여 명의 기병을 이끌고 그를 만나러 갔다. 근거지인 풍읍을 차질 없이 탈환하고자 한 것이다. 당시 항량은 아무런 조건 없이 병사 5천 명과 오대부 작위의 장수 10명을 유방에게 보태주었다. 유방이 이들을 이끌고 가 풍읍을 쳐 손에 넣었다. 영군에 이어 항량의 도움으로 마침내 근거지인 풍읍을 탈환한 것이다.

세상의 변화에 맞춰 처신하라

기존의 왕조에 반기를 들고 거병을 할 때 근거지를 확보하는 것은 매우 중요한 일이다. 설령 패했을지라도 힘을 충전할 수 있는 최후의 보루가 필요하기 때문이다. 이 대목에서 주목할 것은 유방이 풍읍 탈환이라는 목적을 이루기 위해 항량이라는 실력자에게 몸을 굽히고 들어가 도움을 청한 일이다. 모두 천하를 손에 넣기 위한 과정이었다.

유방은 건달 생활을 하면서 자유분방한 처신을 몸으로 익혔다. '초한지제'의 난세에 일개 말단의 관리가 몸을 일으켜 지존의 자리에 오를 수 있었던 것은 수시로 실력자에게 몸을 굽히고 들어가 도움을 청하는 이런 능굴능신能屈能伸의 처신이 있었기에 가능했다. 난세의 시기에 알량한 자존심과 자부심에 얽매인 경직된 처신은 매우 위험하다. 요행히 천하를 거머쥔다고 해도 오래 갈 수 없다. 항우가 바로 그런 덫에 걸려 있었다.

삼국시대 명문가 출신 원소는 항우의 전철을 밟았다. 이에 반해 사람들에게 손가락질을 받았던 환관 집안 출신 조조는 능굴능신하는 자세 덕분에 자신의 출신 성분의 한계를 뛰어넘어 천하통일의 발판을 마련할 수 있었다. 유방의 능굴능신 처신을 흉내 낸 덕분으로 해석할 수 있다.

모든 관행과 가치가 뒤집히는 난세에, 항우 및 원소와 같은 이른바 '금수저'에게 자존심과 자부심은 치명적이다. 스스로 과거의 성공과 명성에서 벗어나려고 노력해야 한다. 이는 동서고금의 차이가 없다. 마키아벨리는 『군주론』 제25장에서 그 배경을 이같이 분석했다.

"흥망성쇠가 부단히 거듭되는 이유를 보면, 당사자가 신중하고 끈기 있게 접근하고 시대 상황 또한 이에 부합하는 쪽으로 진행되면 성공한다. 그러나 시대 상황이 재차 바뀌고 있는데도 성공을 거뒀을 때의 기존 방식을 고집하면 이내 패망한다. 시대의 변화에 맞춰 스스로를 유연하게 바꿀 줄 아는 지혜로운 자는 거의 없다. 타고난 성향을 벗어나기 어렵기 때문이다. 특히 외길을 걸어 늘 성공을 거둔 경우는 더욱 심해 기존의 방식을 바꾸는 게 불가능에 가깝다. 시대 상황의 변화를 좇아 이전의 성공 방식을 과감히 변화시킬 줄 알면 운도 바뀌지 않을 것이다."

시류는 늘 변한다. 특히 난세의 시기는 더욱 심하다. 항우 및 원소와 같은 '금수저'는 시류에 둔감하다. 과거의 영광과 명성에 얽매인 탓이다. 유방을 비롯해 사람들의 손가락질을 받았던 환관 집안 출신인 조조는 상대적으로 자유로웠다. 난세는 큰 꿈을 지니고 시류를 좇아 임기응변의 처신술을 익힌 '흙수저' 출신에게 더 없이 좋은 기회이다. 현대의 난세는 '흙수저' 출신 기업 CEO들에게 더 없이 좋은 시대인 것이다. 바로 천시天時이다.

맹자는 천하를 거머쥐기 위해서는 천시 이외에도 지리地利와 인화人和가 필요하며, 천시는 지리만 못하고 지리는 인화만 못하다고 주장했다. 인화의 중요성을 강조한 취지는 이해할 수 있으나 순서만큼은 약간 다르게 해석해야 한다. 지리는 인화, 인화는 천시만 못하다. 지리적 불리함은 지리적 유리함을 지닌 사람들을 휘하로 그러모음으로써 능히 극복할 수 있다. 그러나 아무리 인화에 애를 쓸지라도 천시가 오지 않으면 뜻을 펼 길이 없다. 난세가 영웅을 만든다는 얘기는 이런 맥락에서 나온 것이다.

신중하고 끈기 있게 접근하고 시대 상황 또한
이에 부합하는 쪽으로 진행되면 성공한다.
그러나 시대 상황이 재차 바뀌고 있는데도
성공을 거뒀을 때의 기존 방식을 고집하면 이내 패망한다.

- 마키아벨리 『군주론』 제25장

06 자신을 이미지 메이킹하라

사제계
祠祭計

소하와 조참 등은 모두 글을 담당하는 아전인 문리文吏였던 까닭에 목숨을 매우 아꼈다. 이들은 실패할 경우 진나라에 의해 멸족의 화를 당할까 두려운 나머지 모두 유방에게 자리를 양보했다. 부로父老들이 유방을 향해 입을 모아 이같이 말했다.

"평소 들은 바로는 그대에게 여러 진귀하고 기이한 일이 많이 있었다고 하오. 틀림없이 귀인이 될 것이오. 거북점과 시초점蓍草占인 복서卜筮를 해 보니 당신만큼 길한 사람은 없었소."

유방이 누차 사양했으나 그 누구도 감히 우두머리가 되고자 하는 자가 없었다. 결국 부로들이 유방을 패공으로 내세웠다. 유방이 패현의 관청에서 삼황오제의 일원인 황제黃帝에게 기원하고, 전쟁의 신인 치우蚩尤에게 제사를 올렸다.

「고조본기」

2세 황제 원년인 기원전 209년 가을, 기현에서 봉기한 진승이 세력을 확장해 마침내 진현에 이르러 장초를 세우고 보위에 올랐다. 도성을 진현에 둔 까닭에 사가들은 그를 흔히 진왕陳王으로 칭했다. 진시황 사후 사상 최초로 반기를 든 진승의 기의에 각지의 군웅이 호응했다. 이들은 진나라 조정에서 파견한 지방 장관을 죽이고 스스로 제후 또는 왕을 칭했다. 이른바 지방의 군소 군벌인 토패이다.

토패의 수준에서 더 이상 나아가지 못하면 이내 지방에 근거지를 두고 양민을 괴롭히는 도적떼인 이른바 군도群盜로 몰락하고 만다. 그러나 토패에서 한발 더 나아가 천하를 대상으로 싸움을 전개하면 최소한도 일정 크기의 영토와 백성을 다스리며 황제 또는 왕을 칭하는 토왕 내지 토황제로 발돋움하게 된다.

난세에 군웅들이 최후의 결전을 벌이는 것은 결국 이들 토왕 내지 토황제들이 모든 것을 걸고 다투는 것에 지나지 않는다. 이 싸움에서 승리를 거두는 자가 마침내 새 왕조를 여는 주인공이 된다. 『삼국연의』의 역사 무대인 삼국시대는 크게 볼 때 조조와 유비 및 손권이라는 3명의 토황제들이 다툰 시기였고, 『초한지』의 역사 무대인 '초한지제'는 유방과 항우라는 2명의 토황제가 천하를 놓고 다툰 시기이다.

난세에 군웅들이 펼치는 모든 싸움은 운동경기의 토너먼트 경기와 매우 흡사하다. 단지 패한 팀을 탈락시키는 게 아니라 흡수해서 몸집을 불린다는 룰만 다를 뿐이다. 어느 경기든 토너먼트의 경우는 결국 마지막까지 살아남은 자가 최후의 결전을 벌여 승패를 가르게 된다. 무승부는 존재하지 않는다. 연장전을 계속해서라도 반드시 최후의 승자를 뽑아야 한다. 하늘 아래 2개의 태양이 존재할 수는 없다는 것이다.

진시황의 급작스러운 죽음으로 출현한 '초한지제'의 난세 역시 처음에는 많은 군웅들이 자신의 근거지에서 들고 일어나 서로 왕 또는 제후를 자처하는 등 매우 혼란스러운 상황이었다. 토너먼트 경기의 초반과 흡사하다. 어느 정도 시간이 지나면 각지에서 벌어진 1차 접전의 승리자들이 다시 이웃한 지역의 승리자들과 쟁봉爭鋒하는 2차 접전이 벌어진다. 이런 식으로 사방의 군웅이 차례로 정리되면 결국 2~3개의 팀만 남게 된다.

삼국시대는 최후의 결전에 이르는 과정이 3파전의 리그전 양상으로 오랫동안 전개된 데 반해 '초한지제'는 거의 항우와 유방을 중심으로 한 2파전의 토너먼트 양상으로 전개되었다. 이는 삼국시대가 약 100년, 초한지제가 약 7년 동안 지속된 사실과 관련이 있을 것이다. 그러나 삼국시대도 결국은 최후에 가서는 서쪽 유씨의 촉한을 흡수한 북쪽의 사마씨와 남쪽 동오의 손씨 싸움으로 압축됐다. 어느 경우든 최종 단계에 가서는 양자 대결 구도로 정리되게 마련이다.

사람들로부터 경외받아라

유방이 반진의 대열에 가담하게 된 것은 진승이 거병한 시점으로부터 두 달 뒤인 진 2세 호해 원년인 기원전 209년 9월이었다. 『사기집해』의 주석을 좇을 경우 당시 그의 나이 48세가 된다. 비교적 일찍 가담한 셈이다.

「고조본기」에 따르면 유방은 209년 9월께 현령의 명을 받아 노역에 동원된 죄수를 이끌고 함양의 여산으로 향했다. 가는 길에 많은 죄수들이 달아났다. 유방은 내심 여산에 이를 때면 모두 달아나 한 사람도 남지 않을 것이라고 생각했다. 풍읍의 서쪽 늪지에 이르러 행렬을 멈추고 술을 마셨다. 밤이 되자 인솔해 가던 죄수들을 풀어주며 말했다.

"너희들은 모두 떠나도록 해라. 나 역시 이제 달아날 것이다."

죄수들 가운데 유방을 따르고자 하는 장사가 10여 명이었다. 유방이 술을 더 마신 뒤 한밤중에 늪지의 좁은 길을 가다가 사람을 시켜 앞길을 살펴보게 했다. 그가 돌아와 보고했다.

"앞에 큰 뱀이 길을 막고 있습니다. 되돌아가는 게 좋을 듯합니다."

술에 취한 유방이 말했다.

"장사가 길을 가는데, 무엇을 두려워할 것인가?"

두 번의 함양행

「고조본기」의 기록을 보면 유방은 최소한 두 번에 걸쳐 일꾼들을 함양으로 이끌고 가 요역을 감독한 사실을 확인할 수 있다. 첫 번째는 그의 나이 40세 때인 기원전 216년의 일이다. 이때 그는 진시황의 행차를 처음으로 관람하게 됐다. 두 번째는 진승이 반진의 깃발을 들기 직전인 기원전 209년의 일이다. 당시 그의 나이는 47세였다. 문맥에 비춰보면 그 사이에도 몇 차례 더 죄수들로 꾸려진 일꾼들을 데리고 상경해 요역을 감독했을 것이다. 단지 자세한 기록이 없어 확인이 어려울 뿐이다.

앞으로 가더니 칼을 뽑아 뱀을 베어 죽였다. 뱀이 두 동강이 나면서 길이 열렸다. 다시 몇 리를 걷다가 취기를 이기지 못해 길에 누워버렸다. 뒷사람들이 오다가 뱀이 죽은 곳에 이르자 한 노파가 한밤중에 통곡하고 있었다. 연유를 묻자 노파가 이같이 대답했다.

"어떤 자가 내 아들을 죽였기에 통곡하는 것이오."

"노파의 아들은 무슨 이유로 죽게 됐소?"

"내 아들은 백제白帝의 아들이오. 뱀으로 변해 길을 막고 있다가, 적제赤帝의 아들에게 참살을 당했소. 그래서 통곡하는 것이오."

노파가 허황된 말을 한다고 여겨 혼내주려고 하자 문득 사라졌다.

뒷사람들이 도착할 무렵 유방은 술에서 깨어나 있었다. 사람들이 방금 있었던 일을 얘기하자 유방이 내심 기뻐하며 뱀을 죽인 것을 자랑스럽게 여겼다. 수행하던 자들 모두 날이 갈수록 유방을 더욱 경외하게 됐다. 이상이 「고조본기」의 기록이다.

'백제'는 전적으로 사람들이 지어낸 것으로 보는 게 옳을 것이다. 당시에는 미신이 크게 유행했다. 백제와 적제 운운은 음양오행설의 상극론相克論에서 나온 것이다. 백제는 서방의 금金, 적제는 남방의 화火에 속한다. '불은 금속을 녹인다.'는 취지에서 화극금火克金 이론이 나왔다. 진나라는 서방에서 흥기한 나라인 까닭에 '금'에 속한다. '금'을 제압하기 위해서는 남방의 '화'가 필요하다. 유방이 무리와 함께 늪지에서 군도의 삶을 살 때 늪지의 뱀을 동강낸 것을 두고 진나라를 상징하는 백제를 제압한 것으로 해석할 수 있다. 장차 적제를 상징하는 한나라가 들어설 것임을 암시한 것이다.

음양오행설의 상극론에 입각할 경우 금덕金德의 진나라를 제압하고 새 왕조를 세울 사람은 응당 화덕火德을 지닌 자여만 한다. 그래서 유방이 늪지의 뱀을 동강낸 것을 두고 백제와 적제의 전설을 만들어 낸 것이다 실제로 유방은 사람들을 그러모을 때 이를 적극 활용했다.

21세기의 관점에서 보면 황당하기 그지없는 얘기이나 당시에는 이런 미신이 그대로 먹혔다. 이는 유방의 한나라 건국에만 이용된 것도 아니다. 청나라가 패망하는 20세기까지도 음양오행설에 입각한 왕조흥망 이론이 면면이 이어졌다. 크게 문제 삼을 것도 없다는 얘기다.

시작은 크게 – 성대한 제사를 지내다

중요한 것은 이런 미화된 내용 가운데서 역사적 사실을 찾아낼 줄 아는 안목이다. 「고조본기」는 유방이 패현 일대의 늪지대에서 자신을 추종하는 젊은이들과 함께 몸을 숨긴 채 때가 오기를 기다렸다고 기록했다. 이는 군도와 다를 바 없는 시간을 보낸 것을 미화한 것이다. 『사기』를 비롯한 사서 모두 '군도'가 아니라 지방의 군소 군벌인 토패처럼 묘사해 놓았으나 이는 '역사의 승리자'를 미화한 것에 지나지 않는다.

원래 군도와 토패는 종이 한 장 차이에 불과하다. 결과가 모든 평가를 좌우한다. 객관적으로 볼 때 당시 유방은 결코 '토패'의 수준에 이르지 못했다. 군도의 삶을 살고 있던 유방의 급선무는 실력의 배양을 통한 '토패'로의 변신이었다. 그러기 위해서는 세력 범위를 확장하고, 병력 자원의 근원인 백성을 대거 확보할 필요가 있었다. 진나라를 타도하고 초나라를 부흥시키겠다는 '슬로건'이 가장 그럴 듯했다. 실제로 당시 유방은 초나라 사람을 자처했다. 짧은 옷을 입지 않은 자는 동료로 인정하지 않았고, 초나라 노래와 춤에 기대 시름을 달랬다.

이런 점 등을 감안할 때 초나라 유민을 적극 끌어들이기 위해서는 '초나라 광복'을 기치로 내거는 게 가장 효과적이었다. 최초로 반진의 깃발을 든 진승도 그런 식으로 '장초'를 세웠다. 초나라 유민들의 감성을 자극하기 위해서는 초나라 백성들의 수호신이자 군신軍神인 치우를 성대하게 제사 지낼 필요가 있었다.

당시 진나라는 비록 진시황의 급작스러운 죽음으로 크게 흔들리고 있었으나 나름 완벽한 중앙집권체제를 구축해 놓았던 까닭에 쉽게 무너질 대상도 아니었다. 그만큼 막강했다. 반진의 깃발을 드는 데 따른 위험 부담이 매우 컸다. 건곤일척乾坤一擲의 승부를 각오하지 않으면 안 되었다. 이를 먼저 실행한 인물이 바로 진승이었다.

유방도 비슷한 심경이었을 것이다. 비록 진승에게 선수를 빼앗기기는 했으나 그 역시 진시황이 급서한 난세를 최대한 활용해 옥좌에 오르고자 하는 마음이 간절했기 때문이다. 그러기 위해서는 초나라 유민들을 끌어들이는 게 관건이었다.

이를 위해 거창한 출정식이 필요했다. 유방은 삼황오제의 일원인 황제에게 기원하고, 초나라 백성들의 수호신인 치우에게 제사를 지냈다. 청나라 말기와 민국시대 초기에 활약한 이종오는 『후흑학』에서 자신을 위엄 있는 인물로 내보임으로써 사람들을 제압하는 비법을 제시한다.

"'뺑繃'자는 속어에서 '뻣뻣하게 굴다'는 뜻으로 '꿍恭'자와 대비되는 말이다. 이는 아랫사람과 백성들을 대하는 태도를 말하는데 두 가지로 나눌 수 있다. 하나는 외관상 위엄을 갖춘 큰 인물이라는 인상을 풍겨 감히 범접하지 못하게 만드는 것을 말한다. 또 하나는 장중한 어투를 통해 흉중에 큰 뜻을 지닌 위대한 인물로 여기도록 만드는 것을 말한다."

감히 범접하지 못하도록 하라

'뺑'자 비결은 합종연횡의 종횡술縱橫術과 맥이 닿는다. 춘추시대에는 이미 전국시대 말기 활약했던 소진과 장의 등과 같은, 종횡가의 선구적인 인물이 등장했다. 공자의 제자 가운데 가장 뛰어난 언변을 자랑한 자공子貢이 그 주인공이다. 사마천은 『사기』「화식열전」에서 자공을 칭송했다.

> **종횡술**
>
> 중국 전국시대에 소진이 역설한 합종책合從策과 장의가 내세운 연횡책連衡策을 동시에 뜻하는 말로, 능란한 변론으로 이해관계를 들어 정치적 책략으로 유세를 하는 것을 말한다.
>
> 합종책은 약한 자들끼리 연합해 강한 자에 대항하는 것이고, 연횡책은 약한 자들이 강한 자와 동맹을 맺어 안위를 구하는 것이다.
>
> 소진은 당시 진나라의 동쪽에 남북으로 있던 연燕, 초楚, 한韓, 위魏, 조趙, 제齊의 6국이 연합하여 강대국 진에 대항하자는 합종책을 주장했고 장의는 진나라와 동쪽 6국이 각각 손을 잡고 함께 발전을 도모하자는 연횡의 주장을 했다.

"자공은 공자 제자들 중 가장 부유했다. 그가 많은 수레에 국가 간 교섭에서 공경의 뜻으로 보내는 예물인 속백을 가득 싣고 제후들을 방문하면 마당에 나와 대등한 예절인 항례를 하지 않은 자가 없었다. 무릇 공자가 천하에 명성을 떨친 건 자공이 앞뒤를 보살폈기 때문이다."

두뇌가 명석하고 언변이 뛰어났던 자공은 공자의 명을 좇아 '뺑'자를 활용해 위기에 처한 노나라를 구했다. 『사기』「중니제자열전」

에 따르면 공자가 14년간에 걸친 천하유세를 그치고 노나라로 돌아와 제자들을 가르칠 때였다. 당시 자공은 노정공의 총애를 입어 노나라 조정에서 대부로 일하고 있었다. 마침 제나라 군사가 노나라로 쳐들어올 것이라는 소문이 나돌았다. 공자가 이 소문을 듣고 크게 우려했다. 곧 제자들을 불러 놓고 상의했다.

"노나라는 부모의 나라로 조상의 묘가 모두 여기에 있다. 지금 제나라가 장차 우리 노나라를 치려 하니 그대들은 출국하여 한 번 노나라를 위해 노력해 볼 생각이 없는가?"

성질이 급한 자로가 곧바로 작별을 고한 뒤 출국하려고 했다. 공자가 만류했다. 자장 등이 자원했으나 공자가 허락하지 않았다. 이내 가장 언변이 뛰어난 자공이 나섰다.

"제가 가면 어떻겠습니까?"

공자가 허락했다.

"사賜가 가면 괜찮을 것이다."

자공이 바로 제나라를 향해 떠났다. 그는 제나라에 당도해 집정대부 진항陳恒을 배견한 뒤 이같이 말했다.

"노나라는 대단히 공략하기 어려운 나라입니다. 그대가 노나라를 치려는 것은 잘못입니다."

"노나라가 왜 치기 어렵다는 것이오."

자공이 대답했다.

"노나라의 성벽은 얇고도 낮고, 성을 둘러싼 해자는 좁고도 얕고, 군주는 어리석으며 불인하고, 대신들은 쓸모가 없고, 병사들은 전쟁을 싫어합니다. 그러니 그대는 그들과 싸울 수 없습니다. 오나라를 치느니만 못합니다. 오나라는 성벽이 견고하며 높고, 성을 둘러싼 해자는 넓고도 깊고, 갑옷은 견고하고, 사병은 정예하고, 기물들은 진귀하고, 궁노는 강력하고, 뛰어난 장수를 보내 성을 수비하고 있습니다. 이것이 바로 공략하기 쉬운 나라입니다."

진항이 화를 냈다.

"그대가 어렵다고 하는 것은 사람들이 쉽게 여기는 것이고, 그대가 쉽다고 한 것은 사람들이 어렵다고 여기는 것이오. 그대가 이러한 얘기로 나를 가르치려고 하는 것은 무슨 뜻이오?"

자공이 말했다.

"지금 그대가 노나라를 쳐 제나라의 영토를 넓히고, 노나라를 멸함으로써 자신의 위세를 높이려 하나 사실 그대가 세울 공은 오히려 여기에 있지 않습니다. 만일 이같이 되면 그대는 위로는 군주의 생각을 더욱 교만방자하게 하고, 아래로는 군신들로 하여금 더욱 자의적으로 행동하게 만드니 하나의 큰 사업을 성취하기 매우 어렵게 됩니다. 군주가 교만방자하면 사람을 능욕하고, 신하들이 교만방자하면 사람들과 다툽니다. 이러한 상황에서 그대의 제나라에서의 위치는 누란累卵, 즉 포개놓은 계란과 같습니다. 그래서 '오나라를 치느니만 못하다'고 말한 것입니다.

오왕은 강맹하고 과단성이 있고, 자신의 명을 능히 관철시켜 집행할 수 있습니다. 그의 백성들은 공수에 능하고, 법의 금령을 잘 알고 있습니다. 제나라 군사가 그들과 교전하면 곧 그들에게 포획되고 말 것입니다. 그러나 만일 지금 그대가 국내의 모든 갑옷을 끄집어 낸 뒤 대신들을 시켜 이를 입게 하면 백성들은 나라 밖에서 전사하고, 대신들은 군사들을 이끌고 가게 되어 조정은 텅 비게 됩니다. 이같이 하면 위로는 그대에게 대적할 신하가 없게 되고, 아래로는 그대와 다툴 포의지사布衣之士가 없게 됩니다. 군주를 고립시켜 제나라를 제압하는 것은 오직 그대의 선택에 달려 있습니다."

장차 제나라를 삼키고자 하는 권신 진항의 입장에서 이보다 귀를 솔깃하게 만드는 계책도 없었다. 진항이 즉시 얼굴을 부드럽게 하여 은근히 물었다.

"그러나 다만 우리 군사가 이미 노나라 성벽 아래까지 갔소. 만일 내가 노나라를 떠나 다시 오나라를 향하면 대신들은 곧 나에 대해 의심할 것이오. 어찌 대처하는 것이 좋겠소?"

자공이 대답했다.

"그대는 단지 군사들을 장악한 채 움직이지 마십시오. 그러면 내가 그대를 대신하여 남쪽으로 가 오왕을 만나도록 하겠습니다. 그에게 노나라를 구원하고 제나라를 치도록 청하겠습니다. 그대는 이 기회를 이용해 오나라 군사를 영격迎擊(공격을 맞받아침)하기 바랍니다."

진항이 크게 기뻐하며 이를 수락했다. 자공은 다시 밤낮을 가리지 않고 오나라로 갔다. 당시 그는 천하의 패자霸者로 군림하던 오왕 부차를 배견한 뒤 이같이 말했다.

"신이 듣건대 '왕자는 후사를 단절하지 않고, 패자는 강대한 적을 두지 않는다.'고 했습니다. 지금 제나라를 방치하면 만승의 제나라는 천승의 노나라를 취한 뒤 오나라와 다투게 됩니다. 무릇 노나라를 구하는 것은 아름다운 명분을 얻는 것이고, 제나라를 치는 것은 커다란 실리를 취하는 것입니다. 망하려는 노나라를 보전하는 명분을 얻고, 강포한 제나라에 타격을 가해 강대한 진晉나라로 하여금 오나라를 두렵게 만드는 실리를 취할 수 있습니다. 그러니 대왕은 다시는 이를 의심하여 머뭇거려서는 안 될 것입니다."

천하의 패자가 되겠다는 오왕 부차는 이 말을 듣고 크게 기뻐했다. 그는 곧 군사를 동원해 제나라를 공격했다. 이렇게 노나라는 위기를 면할 수 있었다.

『사기』「화식열전」은 자공이 열국의 제후를 방문할 때면 화려한 수레를 탄 채 수많은 종자를 이끌고 가 제후에 버금하는 대우를 받았다고 기록해 놓았다. 이종오가 말하는 '뻥'자 비결을 실천한 셈이다. 당시 열국의 제후들은 왜 자공 앞에서 몸을 낮춘 것일까? 사마천은「화식열전」에서 이같이 갈파했다.

"대체로 사람들은 상대방의 재산이 자기보다 10배 많으면 몸을 낮추고, 100배 많으면 두려워하고, 1,000배 많으면 그의 일을 하고, 10,000배 많으면 그의 하인이 된다. 이것이 사물의 이치다."

사마천은 일반 백성들만 언급했으나 열국의 제후들이라고 다를 리 없다. 화려한 수레에 수많은 종자를 이끌고 오는 당대의 거부이자 공자의 수제자인 자공 앞에서 주눅이 들지 않을 제후가 몇 명이나 있었겠는가? 공자의 이름이 천하에 널리 알려지게 된 것도 자공이 공자를 모시고 다니며 도왔기 때문이라는 사마천의 주장은 결코 틀린 말이 아니다.

후대의 성리학자들은 안회顔回를 숭상한 까닭에 상대적으로 뛰어난 언변과 이재술理財術(재물을 잘 관리하는 재주)을 자랑한 자공을 낮게 평가했다. 이는 성리학자들이 자공의 종횡가적 행보를 탐탁지 않게 여겼기 때문이다. 그러나 자공은 공자의 제자 중 가장 현실적인 차원에서 난세의 타개 방안을 찾아낸 발군의 인물이었다.

자공의 뛰어난 '빽' 행보가 이를 뒷받침한다. 유방이 본격적인 반진 기의에 앞서 초나라의 군신軍神으로 추앙을 받는 치우에게 성대한 제사를 올리고, '백제' 운운의 얘기를 지어낸 것도 이런 맥락에서 이해할 수 있다.

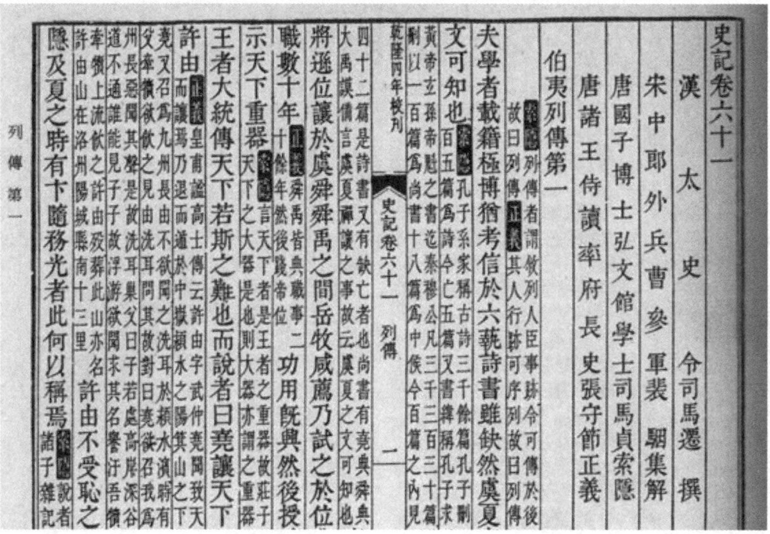

史記卷六十一

漢 太 史 令司馬遷 撰

宋中郎外兵曹參軍裴 駰集解

唐國子博士弘文館學士司馬貞索隱

唐諸王侍讀率府長史張守節正義

伯夷列傳第一

索隱 列傳者謂敘列人臣事跡令可傳於後 故曰列傳 正義 其人行跡可序列故曰列傳

夫學者載籍極博猶考信於六藝詩書雖缺然虞夏之

文可知也

乾隆四年校刊

史記卷六十一 列傳 一

將遜位讓於虞舜舜禹之間岳牧咸薦乃試之於位

職數十年 正義 舜禹皆典職事二十餘年然後踐帝位 功用既興然後授

示天下重器

王者大統傳天下若斯之難也而說者曰堯讓天下

許由 正義

許由不受恥之

隱及夏之時有卞隨務光者此何以稱焉

列傳第一

壯士行 何畏

장사가 길을 가는데, 무엇을 두려워할 것인가?

-『사기』「고조본기」

漢

02

최고의 인재로 팀을 만들어라

득인得人

07 잘못은 과감히 인정하라

기문계
騎問計

주창周昌이 일찍이 한고조 유방이 한가롭게 쉬고 있을 때 내실로 들어가 어떤 일을 고하고자 했다. 마침 한고조 유방이 척희戚姬를 끌어안고 있었다. 주창이 뒤돌아 나가자 유방이 뒤쫓아 달려와 붙잡은 뒤 그의 목을 타고 앉아 물었다.

"나는 어떤 군주인가?"

주창이 고개를 곧추세우고 말했다.

"폐하는 하나라 걸桀이나 은나라 주紂와 다를 바 없는 폭군입니다."

유방이 크게 웃음을 터뜨렸다. 그러나 이후 주창을 더욱 삼가게 됐다.

「장승상열전」

「장승상열전」은 한나라 초기 황제를 보필하면서 명재상으로 이름을 떨친 장창張蒼과 주창周昌, 임오任敖, 신도가申屠嘉 등에 관한 전기이다. 여러 사람의 전기를 하나로 묶은 일종의 합전이다. 「장승상열전」은 초한지제 때 활약한 명재상인 소하와 조참, 장량, 진평 등의 전기를 독자적인 전기로 편제해 「세가」에 배치한 것과 대비된다. 장창 등은 이들의 공에 비해 약간 격이 떨어진다고 생각해 「열전」에 편제한 것으로 보인다.

이 때문인지는 몰라도 「장승상열전」의 체계가 약간 산만하다. 그렇다고 「열전」의 가치가 떨어지는 것은 아니다. 특히 목숨을 내건 주창의 직간에 황제가 아량을 베풀며 군신간의 신뢰를 보인 점 등은 깊은 감동을 안겨주고 있다.

목숨을 바친 충신, 주가

「장승상열전」에 나오는 주창의 전기에 따르면 그는 유방과 같은 고향인 패현 출신이다. 종형인 주가周苛와 함께 진나라 때 사수군의 하급 관원인 졸사로 일했다. 졸사는 중앙 및 지방 관아의 속리로 기록을 담당하는 서좌보다 약간 높았다. 유방이 처음으로 봉직한 관직인 정장과 거의 유사한 지위였다.

주창과 주가는 유방이 패현에서 거병해 사수군 태수와 각 군에 상주하는 감찰관인 군감을 공격할 때 졸사의 신분으로 유방을 따라갔다. 거병 초기부터 가담한 공신이다. 유방은 주창과 깃발을 관리하는 직지였던 주가를 빈객으로 삼았다. 이후 두 사람은 유방을 좇아 관중으로 들어가 진나라 군사를 격파하는 데 일조했다.

유방은 항우에 의해 한왕으로 봉해진 뒤 주가를 어사대부, 주창을 도성의 중위에 임명했다. 어사대부는 요즘으로 치면 감사원장에 해당하는 매우 높은 자리이다. 중위 역시 요즘으로 치면 치안본부장이라고 할 수 있는 고위직이다. 두 사람에 대한 유방의 신임이 두터웠음을 알 수 있다.

한 4년인 기원전 203년, 항우가 유방을 형양에서 포위해 위급했을 때 유방이 포위망을 뚫고 달아나면서 주가로 하여금 형양성을 지키게 했다. 항우가 형양성을 점령한 뒤 주가를 회유해 초나라 장수로 삼으려고 했다. 주가가 항우를 향해 크게 꾸짖었다.

"그대는 속히 유방에게 항복하도록 하라. 그러지 않으면 곧 사로잡힐 것이다!"

「장승상열전」은 항우가 격노해 주가를 삶아 죽였다고 기록했다. 유방에 대한 충성이 어느 정도였는지 짐작할 수 있다.

주가는 항우의 회유를 단호히 뿌리치다가 팽살을 당하고 만 것이다. 항우의 호의를 받아들일 수 없다는 식으로 거부만 했어도 혹형을 면할 수 있었을 것이다. 그러나 주가는 항우를 크게 질타함으로써 항우의 화를 돋우었다. 성정이 매우 강직했음을 알 수 있다. 그의 사촌동생인 주창도 그에 못지않았다. 『사기』의 기록을 보면 오히려 더한 감이 있다.

팽형을 당한 또 한사람

초한지제 당시 적장에 의해 팽형을 당한 사람은 모두 두 사람이다. 주가 외에 다른 한 사람이 유방의 유세 담당 책사로 일한 역이기酈食其다. 그는 유방을 위해 항우와 유방 사이를 오가며 줄다리기를 하던 제나라 왕 전광田廣을 설득하는 데 성공했다. 전광은 초나라를 배신하고 한나라와 강화한 뒤 함께 항우를 치게 된다. 그러나 유방의 군사로 활약한 한신이 책사인 괴철蒯徹의 계책을 써 마침내 제나라를 격파하자 대노한 전광이 역이기를 팽살한 뒤 동쪽 고밀로 달아났다. 역이기는 유방을 위해 자신의 몸을 던진 셈이다.

직언을 아끼지 않았던 주창을 벗으로 대한 유방

당시 유방은 주가가 항우의 호의를 단호히 거부함으로써 팽살을 당하자 곧바로 사촌동생인 주창을 주가의 후임인 어사대부로 삼았다. 몸을 던져 팽살을 자초한 주가의 충성심을 높이 평가했기 때문이다. 유방의 선택은 정확했다. 주창은 유방의 곁을 그림자처럼 따라다니며 보필했다. 사마천은 주창을 높이 평가했다.

"주창이 늘 유방을 보좌하며 따라다니다 마침내 항우를 격파했다."

항우를 격파하고 천하를 거머쥐는 데 주창이 큰 공을 세웠다고 평한 것이다. 예나 지금이나 군주 곁의 보필은 잘 눈에 띄지 않는 법이다. 그러나 그들의 보필은 '초한지제'와 같은 난세에 야전의 장수처럼 그 공과가 잘 드러나지만 않을 뿐이지 성패의 관건으로 작용한다. 주가의 뒤를 이은 어사대부 주창의 보필을 두고 사마천도 똑같은 생각을 한 게 확실하다. '마침내 항우를 격파했다.'라는 표현에서 알 수 있다. 원문은 '상종격파항적常從擊破項籍'이다. 주창이 늘 유방 곁에서 헌신적으로 시종한 덕분에 항우를 격파할 수 있었다는 취지를 담고 있다.

항우를 격파한 이듬해인 한고조 6년인 기원전 201년 8월, 유방이 논공행상을 실시했다. 주창도 소하 및 조참 등과 함께 제후에 봉해졌다. 주창은 분음후, 주가의 아들 주성周成은 부친이 몸을 던져 충성한 덕분에 고경후에 봉해졌다.

당시 주창은 사촌형인 주가 못지않게 매우 강직했던 까닭에 직언을 서슴지 않았다. 황제인 유방에게도 예외가 아니었다. 소하와 조참 등의 건국원훈들에게는 말할 것도 없었다. 사마천이 소하와 조참 모두 그를 두려워했다고 기록한 것도 이런 맥락에서 이해할 수 있다.

한번은 유방이 한가롭게 쉬고 있을 때 주창이 안으로 들어가 어떤 일을 고하고자 했다. 이때 마침 유방이 총희인 척희戚姬를 끌어안고 있었다. 한문 원문은 '방옹척희方擁戚姬'이다. 바야흐로 척희를 끌어안고 있었다는 뜻이다.

주창이 보고 차 궐 안으로 들어갔을 당시 유방은 내실에서 척희를 끌어안고 낯 뜨거운 모습을 하고 있었을 가능성이 높다. '주창이 뒤돌아 달아나자 유방이 뒤쫓아 달려와 붙잡았다.'는 글이 이를 뒷받침한다. 한문 원문은 주창이 어떤 일을 상주하기 위해 안으로 들어갔다는 뜻의 입주사入奏事로 되어 있다. 들어간 곳이 황제가 집무를 보는 정전인지 아니면 사적인 생활을 영위하는 침전인지 여부가 명확하지는 않다. 그러나 상식적으로 볼 때 황제가 집무를 보는 정전에서 총희를 끌어안고 노닥거렸을 리 없다.

그렇다면 주창은 뭔가 긴급한 사안을 보고하기 위해 유방이 한가하게 쉬고 있는 침전으로 직접 쳐들어갔다고 보아야 한다. 원래 어사대부는 요즘으로 치면 감사원장과 검찰총장 및 국정원장을 겸한 자리이다. 나라의 안위와 관련한 모든 종류의 긴급한 사안을 즉각 보고해야 하는 핵심적인 자리로, 환관 등의 내관이 아닌 공식적인 직함을 지닌 외관 가운데 유사시에 황제의 침실까지 와서 긴급 사안을 보고할 수 있는 거의 유일한 직책이다.

더구나 유방은 병사를 일으켰던 초기부터 온몸을 던져 충성을 다했던 주창에게 아무 때나 내실을 드나들 수 있는 특권을 부여했을 가능성이 있다. 삼국시대 당시 조조가 핵심 측근인 하후돈에게 칼을 찬 채 침실을 드나들 수 있는 특권을 부여한 사실이 이런 추론을 뒷받침한다.

당시의 여러 정황에 비춰 보면, 주창이 보고차 유방의 침실로 갔을 때 유방은 척희를 단순히 끌어안고 있었던 게 아니라 낯 뜨거운 모습을 하고 있었을 것이다. 주창의 강직한 성품을 감안할 때, 유방이 단순히 척희를 끌어안고 있는 모습을 보고 발길을 돌려 황급히 달아났을 가능성은 그리 크지 않다고 보이기 때문이다.

유방도 달아나는 주창을 뒤를 곧바로 쫓아가 붙잡을 필요는 없었을 것이다. 사실 황제의 몸으로 보고차 찾아왔다가 급히 달아나는 신하의 뒤를 쫓아가 붙잡은 것도 매우 희귀한 사례이다. 더욱 놀라운 것은 주창을 쫓아가 잡은 뒤 주창의 목을 타고 앉은 점이다. 마치 아이들의 병정놀이를 연상시킨다. 이는 두 가지 가능성을 알려준다.

첫째, 황제와 어사대부라는 공식적인 군신 관계에도 불구하고 유방이 사적으로 아무런 거리낌 없이 속사정을 털어놓고 지낼 수 있을 정도로 주창을 친근하게 여겼을 가능성이다. 그렇지 않고는 달아나는 신하의 뒤를 쫓아가 붙잡은 뒤 목을 타고 앉을 개연성이 없기 때문이다. 둘째, 유방은 황제로 즉위한 이후에도 체통을 생각하지 않는 호방한 모습을 보였을 가능성이다. 『사기』「고조본기」 등의 여러 기록이 이를 뒷받침한다.

당시 유방은 주창이 뒤돌아 달아나자 곧바로 그 뒤를 쫓아가 주창을 붙잡은 뒤 그의 목을 타고 앉아 물었다.

"나는 어떤 군주인가?"

주창이 고개를 곧추세우고 말했다.

"폐하는 하나라 걸이나 은나라 주와 다를 바 없는 폭군입니다."

하나라 걸과 은나라 주는 폭군의 상징이다. 『사기』의 기록을 볼 때 유방이 하나라 걸이나 은나라 주와 같은 폭군의 행보를 보인 적은 없다. 정전에 나와 근무해야 할 시간에 침전에서 총희인 척희를 얼싸안고 있는 것을 지적한 게 아닌가 생각된다. 어느 경우든 분명 주창의 지적은 과한 것이다. 황제를 비롯한 대다수의 군주는 모든 신하들로부터 이런 비난을 받으면 크게 화를 내기 마련이다. 한때 사실상 황제와 거의 진배없는 서초패왕 자리에 오른 항우가 주가를 팽살한 게 좋은 사례다. 사실 유방이 주창으로부터 더 큰 욕을 먹은 셈이다. 그럼에도 유방은 크게 웃으며 주창의 지적을 달게 받아들였다. 「장승상열전」의 다음 대목이 그 증거다.

"유방이 크게 웃음을 터뜨렸다. 그러나 이후 주창을 더욱 삼가게 됐다."

잘못은 바로 인정하고 개선하라

예나 지금이나 최고통치권자에게 잘못을 지적하는 직언을 하는 것은 사실 목을 내놓는 일이나 다름없다. 한비자는 그 위험을 역린逆鱗으로 표현했다. 『한비자』「세난」의 대목이다.

"무릇 용이란 동물은 유순한 까닭에 잘 길들이면 능히 타고 다닐 수 있다. 그러나 그 턱 밑에 한 자나 되는 '역린'이 거꾸로 박혀 있다. 사람이 이를 잘못 건드리면 용을 길들인 자라도 반드시 죽임을 당하게 된다. 군주에게도 역린이 있다. 유세하는 자가 역린을 건드리지 않고 설득할 수만 있다면 거의 성공을 기할 수 있다."

이는 비단 최고통치권자에게만 적용되는 게 아니다. 한비자의 지적은 21세기의 모든 조직에도 그대로 적용된다. 기업 CEO의 경우 특히 그렇다. 그러나 초일류 글로벌 기업을 이끌고자 하면 주변에 직언을 할 수 있는 참모를 두고 수시로 자신의 잘못을 지적받아야 한다. 그래야 현실에 안주하지 않고 스스로를 더욱 채찍질하며 앞으로 나아갈 수 있기 때문이다.

『주역』은 이를 자강불식自强不息으로 표현했다. 사상 최초의 평민 출신 황제가 된 유방이 바로 이런 모습을 보였다. 주창을 곁에 두고 '하나라 걸과 은나라 주와 다를 바 없는 폭군'이라는 소리를 거침없이 내뱉도록 허용했다.

유방의 가장 큰 특징 중 하나가 바로 여기에 있다. 입만 열면 욕을 내뱉는 험한 말버릇을 가지고 있었고 정전에 나와 신하들과 국사를 돌봐야 할 시간에 총희를 끼고 노는 식의 호색이 있었지만, 자신이 잘못했다고 생각하면 곧바로 이를 수긍하고 개선하기 위해 노력했다. 주가를 자신의 사람으로 만들려고 하다가 거친 항의에 화가 난 나머지 혹형을 가한 항우의 좁은 도량과 대비된다. 항우는 알량한 자존심과 좁은 도량 때문에 패망했다고 해도 과하지 않다. 항우의 휘하에 있다가 유방에게 귀의한 한신의 지적이 이를 뒷받침한다.

「회음후열전」에 따르면 유방은 자신에게 귀의한 한신을 대장에 임명한 뒤 이같이 물었다.

"승상 소하가 대장에 대해 자주 얘기했소. 그대는 무엇으로 과인에게 계책을 일러줄 생각이오?"

한신이 사례한 뒤 오히려 반문했다.

"지금 동진하여 천하의 대권을 다툴 자는 항왕이 아니겠습니까?"

유방이 대답했다.

"그렇소."

한신이 물었다.

"대왕이 스스로를 항왕과 비교할 때 용감하고 사납고 어질고 굳센 용한인강勇悍仁彊에서 누가 더 낫습니까?"

유방이 오랫동안 대답하지 않다가 입을 열었다.
"내가 그만 못하오."

한신이 재배再拜하며 칭송한 뒤 이같이 말했다.
"저 또한 대왕이 항왕만 못하다고 생각합니다. 저는 일찍이 그를 섬긴 적이 있기에 그의 사람됨을 말씀드리겠습니다. 그가 화를 내며 큰 소리를 내지르면 1천 명이 모두 엎드립니다. 그러나 현장을 믿고 병권을 맡기지 못하니 이는 일개 사내의 용기인 필부지용匹夫之勇에 지나지 않습니다.

그가 사람을 대하는 태도는 공손하고 자애롭고 말씨 또한 부드럽습니다. 누가 병에 걸리면 눈물을 흘리며 음식을 나눠줍니다. 그러나 부리는 사람이 공을 세워 봉작해야 할 때는 인장이 닳아 없어질 때까지 차마 내주지를 못합니다. 이는 일개 아녀자의 어짊인 부인지인婦人之仁에 지나지 않습니다.

그는 비록 천하의 패자가 돼 여러 제후들을 신하로 삼았지만 관중에 머물지 못하고 팽성에 도읍했습니다. 또 의제와 맺은 약속을 저버리고 자신이 친애하는 정도에 따라 제후들을 왕으로 삼은 것은 불공평한 일입니다. 제후들은 그가 의제를 옮겨 강남으로 쫓는 것을 보고는 모두 자기 나라로 돌아가 그 군주를 쫓아내고 자신들이 좋은 땅의 군주가 됐습니다. 그의 군사가 지난 곳은 학살과 파괴가 휩쓸지 않은 곳이 없습니다. 천하의 많은 사람이 그를 원망하고 있고, 백성은 가깝게 다가가지 않고 있습니다. 단지 그의 강한 위세에 눌려 있을 뿐입니다.

그가 비록 패자로 불리고 있으나 실은 천하의 인심을 잃고 있는 것입니다. 그의 위세는 이내 약화되기 십상입니다. 지금 대왕이 그의 정책과 정반대로 천하의 용장에게 믿고 맡기면 주멸하지 못할 게 어디 있겠습니까? 천하의 성읍을 공신에게 봉하면 심복하지 않을 신하가 어디 있겠습니까? 의병의 기치를 내세워 동진하고자 하는 병사를 거느리면 이들의 전진에 놀라 흩어져 달아나지 않을 적병이 어디 있겠습니까?

삼진의 왕은 원래 진나라 장수들이었습니다. 이들이 진나라의 자제를 거느린 지 여러 해가 됐습니다. 그 사이 죽고 달아난 자의 수는 이루 다 헤아릴 수 없습니다. 이후 휘하 병사들을 속여 제후 연합군에 항복하고 신안으로 왔습니다.

그는 항복한 진나라 병사 20만여 명을 속여 구덩이에 묻어 죽였습니다. 당시 오직 장함章邯과 사마흔司馬欣 및 동예董翳만 죽음에서 벗어났습니다. 진나라 부형들은 이들 3인을 원망해 그 원한이 골수에 사무쳐 있습니다. 지금 초나라가 위력으로 이들 3인을 왕으로 삼았습니다. 그러나 진나라 백성 가운데 이들을 사랑하는 자는 아무도 없습니다. 지금 대왕은 무관을 통해 관중으로 들어가 터럭만큼도 백성을 해치는 일이 없었습니다. 또 진나라의 혹법을 폐지하면서, 진나라 백성에게 삼장의 법만 두기로 약속했습니다. 진나라 백성 가운데 대왕이 진나라 왕이 되는 것을 바라지 않는 자가 없습니다.

제후들끼리 먼저 관중에 들어간 자가 관중왕이 된다고 약속한 만큼 대왕이 응당 관중왕이 돼야 합니다. 관중의 백성도 이를 잘 알고 있습니다. 대왕이 그의 견제로 인해 관중왕이 아닌 한중왕이 된 것을 두고 관중의 백성 가운데 원망하지 않는 자가 없습니다. 이제 대왕이 군사를 이끌고 동진하면 삼진의 땅은 격문 한 장으로 평정할 수 있습니다."

삼장의 법

'약법 3장'의 내용과 관련해 전한 때 나온 순열荀悅의 『한기漢紀』는 '살인자사殺人者死, 상인자형傷人者刑, 도자저죄盜者抵罪.'로 풀이했다. 살인을 한 자는 사형에 처하고, 상해를 가한 자도 법에 정해진 형벌을 가하고, 절도를 행한 자도 죄의 경중에 따라 처벌한다는 뜻이다. 『한서』「형법지」는 당시 비록 '약법 3장'을 약속했지만 '약법 3장'이 너무 소략해 마치 그물의 코가 너무 넓어 배를 삼킬 정도의 대어인 탄주지어呑舟之魚를 놓치게 됐다고 비판했다. 중범을 제대로 단속하지 못한 것을 비판한 것이다.

훗날 유방도 '약법 3장'이 너무 소략하다고 생각해 소하에게 이를 보완하게 했다. 소하는 진나라 법률을 참조해 도율盜律, 적률賊律, 수율囚律, 포율捕律, 잡률雜律, 구율具律의 6편을 만든 뒤 다시 호율戶律, 흥률興律, 구율廐律 3편을 더했다. 이를 『구장률九章律』이라고 한다. 『구장률』의 완성으로 비로소 한나라 율령 제도의 기틀이 마련됐다. '약법 3장'의 요체는 강력한 힘과 많은 권한을 지닌 위정자들이 일반 백성들을 착취하는 것을 원천 봉쇄하고자 하는 취지에서 나왔다.

결점은 버리고 장점을 잡아라

유방이 이를 듣고 크게 기뻐했다. 유방이 모든 면에서 압도적으로 우월했던 항우를 제압하고 천하를 거머쥔 비결이 여기에 있다. 「진승상세가」에 나오는 진평의 유방과 항우에 대한 비교 평가가 이를 웅변한다.

"항우는 사람을 공경하고 사랑합니다. 청렴하며 지조 있고 예를 좋아하는 선비들 대부분 그에게 귀의했습니다. 그러나 논공행상을 하고 작위와 봉지를 내리는 데 매우 인색합니다. 선비들이 그에게 완전히 귀의하지 않는 이유입니다. 지금 대왕은 오만하고 예의를 가볍게 여깁니다. 청렴하고 절개 있는 선비들이 오지 않는 이유입니다. 그러나 대왕은 작위와 봉지를 아낌없이 내리는 까닭에 청렴과 절개를 돌아보지 않은 채 이익을 탐하며 수치를 모르는 자들이 대거 한나라로 귀의했습니다. 만일 양자의 결점을 버리고 장점을 취하면 손만 휘저어도 쉽게 천하를 평정할 수 있을 것입니다."

유방이 항우를 제압한 데에는 당대 최고의 무략을 자랑하는 한신과 같은 인물을 손에 넣은 게 결정적이었다. 사람을 널리 포용하는 분방함이 있기에 가능한 일이었다. 항우는 모든 면에서 압도적으로 우월한 지위에 있었음에도 알량한 인정仁情과 힘만 자랑하는 무용武勇인 '부인지인'과 '필부지용'에 함몰된 나머지 손에 넣은 천하를 유방에게 '상납'한 꼴이 되었다. 정반대로 험구와 호색 등의 '건달' 기질에도 불구하고 자신의 잘못을 알면 곧바로 고치며 사람들을 포용하는 덕목은 유방이 천하를 쥐는 큰 자산이 되었다. 유방이 그랬듯이 자유분방한 행보로 사람을 널리 포용하는 호방함은 21세기 G2 시대에도 여전히 천하를 거머쥐는 창업의 기본 덕목이다.

08 자존심을 버리고 인재를 얻어라

섭의계
攝衣計

유방이 서진하면서 고양을 경유할 때 고양 출신 서생인 역이기가 문을 지키는 감문監門에게 말했다.

"그간 이곳을 지난 장수가 매우 많았소. 내가 패공을 보니 과연 도량이 큰 대인장자大人長者의 풍모가 있소."

그러고는 유방을 만나 유세하고자 했다. 이내 유방을 만나게 됐을 때 마침 유방은 침상에 걸터앉아 두 여자에게 발을 씻기고 있었다. 역이기가 절하지 않고 길게 읍揖하며 말했다.

"족하가 반드시 무도한 진나라를 토벌하고자 하면 걸터앉은 채 장자長者를 만나서는 안 됩니다."

유방이 벌떡 일어나 옷을 여미고 사죄한 뒤 윗자리에 앉혔다.

「고조본기」

원래 유방은 입이 거칠고 행동에 거침이 없었다. 천하를 거머쥔 뒤에도 그 언행은 조금도 바뀐 게 없었다. 그럼에도 모든 면에서 압도적인 우위를 점하고 있던 항우를 누르고 최후의 승자가 됐다. 여기에는 나름 비결이 있었다. 자신에게 도움이 될 만한 현능한 자를 만나면 몸을 굽히고 아낌없이 베풀며 자기 사람으로 만든 것이었다. 그로써 사상 최초의 평민 출신 황제가 될 수 있었다.

유능하다면 자기 사람으로 만들어라

이를 잘 보여주는 게 유방 밑에서 뛰어난 유세가 역할을 수행한 역이기를 처음 만났을 때의 일화이다. 「고조본기」는 간략히 소개하는데 그쳤으나 「역생육가열전酈生陸賈列傳」는 당시 상황을 자세히 묘사해 놓았다. 이에 따르면 역이기는 지금의 하남성 개봉시에 속해 있는 진류현 고양 출신이다. 독서를 좋아했으나 집안이 가난해 뜻하는 바를 이룰 수 없었다. 생계를 유지할 길이 없자 마을 성문을 지키는 아전인 감문리가 됐다. 그러나 진류현의 현자와 호걸 모두 그를 알아주지 않았다. 현의 백성들도 그를 미치광이 광생狂生이라고 불렀다.

진승과 항량 등이 거병한 뒤 장수들이 각지를 경략하자 고양을 지난 자만도 수십 명이나 됐다. 역이기는 이들 장수들 모두 도량이 작고, 자질구레한 예절을 좋아하고, 자기 생각만 옳다고 여기는 탓에 원대한 계책을 말해도 들어주지 않는다는 얘기를 듣게 됐다. 그래서 자신의 계략을 가슴 깊이 감춰두었다.

이후 역이기는 패공 유방이 군사를 이끌고 진류현의 외곽을 공략한다는 얘기를 듣게 됐다. 마침 유방 휘하의 기병騎兵 한 사람이 동향 사람의 아들이었다. 유방은 가끔 그 기병에게 진류현 사람들 가운데 누가 현자이고 호걸인지 물었다. 그 기병이 마을로 돌아왔을 때 역이기가 말했다.

"나는 패공이 비록 거만하고 남을 업신여기지만 원대한 뜻을 지녔다고 들었네. 바로 내가 진정으로 추종하며 사귀고 싶은 사람인데, 소개해주는 사람이 없네. 자네가 만일 패공을 보거든 '신의 고향에 역생이라고 하는 사람이 있는데, 나이는 60여 세이고, 신장은 8척입니다. 사람들은 모두 그를 미치광이라고 부르나 자신은 미치광이가 아니라고 합니다.'라고 전해 주게!"

그 기병이 말했다.

"유방은 선비를 좋아하지 않습니다. 관을 쓴 선비들이 찾아오면 관을 빼앗아 그 안에 오줌을 누곤 합니다. 사람과 얘기할 때면 늘 큰 소리로 욕하곤 합니다. 선비 신분으로 유세하는 것은 불가합니다."

역이기가 당부했다.

"어쨌든 내 말만 전해주게."

그 기병은 차분하게 역이기가 부탁한 말을 전했다. 유방은 고양의 객사에 머물며 사람을 보내 역이기를 불렀다. 역이기가 객사에 이르러 안으로 들어갔을 때 유방은 다리를 벌린 채 침상에 걸터앉아 두 여인에게 발을 씻기고 있었다. 그런 모습으로 역이기를 맞이했다. 역이기가 들어가 두 손으로 길게 읍하면서 절하지 않고 말했다.

"족하는 진나라를 도와 제후들을 치려는 것입니까, 아니면 제후들을 이끌고 진나라를 치려는 것입니까?"

유방이 대뜸 역이기를 꾸짖었다.

"이 어린 선비 놈아豎儒! 천하가 진나라로 인해 고통을 당한 지 이미 오래됐다. 제후들이 서로 협력해 진나라를 치려고 하는 이유다.

어찌하여 진나라를 도와 다른 제후들을 친다고 말하는 것인가?"

역이기가 말했다.

"실로 사람을 모으고 의병을 합쳐 무도한 진나라를 치고자 하면 이렇게 걸터앉은 자세로 나이든 사람을 만나서는 안 됩니다."

유방이 그 말을 듣고는 문득 발 씻던 것을 그만두고 벌떡 일어나 의관을 정제하고 역이기를 윗자리에 앉힌 뒤 사과했다. 유방의 인간적 매력이 바로 여기에 있다. 자신의 잘못을 깨달으면 곧바로 격식을 가리지 않고 사과를 하며 상대를 존중했다. 험한 말과 거친 행동이 몸에 밴 사람이 이토록 놀라운 변신을 보인 경우는 없었다. 역이기를 비롯한 수많은 재사들이 유방의 이런 천의무봉天衣無縫한 행동에 감탄하며 기꺼이 자신의 몸을 맡겼다. 건달 출신 유방이 끝내 누대에 걸친 명문가 출신 항우를 누르고 천하를 쥘 수 있었던 이유가 바로 여기에 있다.

인정하고 전폭적으로 지지하라

현능한 자를 자기 사람으로 만드는 유방의 인간적 매력과 장점은 여기에 그치지 않았다. 그는 전폭적인 신뢰와 더불어 파격적인 예우를 베푼 것으로 유명하다. 이 또한 역이기의 사례를 통해 쉽게 확인할 수 있다.

「역생육가열전」에 따르면 유방이 옷을 여미는 섭의攝衣를 한 뒤 사죄하며 천하를 평정할 계책을 물었을 때, 역이기는 전국시대 말기 6국이 합종연횡하며 진나라에 대항했던 때의 형세를 자세히 말해 주었다. 유방이 크게 기뻐하며 음식을 대접한 뒤 다시 물었다.

"장차 어떤 계책을 써야 좋겠소?"

역이기가 대답했다.

"족하는 오합지졸을 모으고 뿔뿔이 흩어진 병사를 모았지만 1만 명도 채 안 됩니다. 이 정도의 병력으로 강한 진나라를 치고자 하는 것은 호랑이의 입속으로 뛰어드는 자인 이른바 탐호구자探虎口者와 같습니다. 진류현은 천하의 요충지로 사통오달하는 지역입니다. 현재 성 안에 많은 식량을 비축해 놓고 있습니다. 저는 진류현 현령과 친분이 있습니다. 저를 사자로 보내면 족하를 위해 항복하도록 만들겠습니다. 제 말을 듣지 않으면 족하가 군사를 일으켜 치십시오. 제가 성 안에서 대응하겠습니다."

유방이 역이기를 사자로 보낸 뒤 군사를 이끌고 그 뒤를 따라갔다. 마침내 진류현을 평정한 뒤 역이기를 광야군으로 삼았다. 역이기가 동생 역상酈商을 천거했다. 역상이 수천 명의 군사를 이끌고 패공 유방을 좇아 서남쪽을 공략했다. 이후 역이기는 늘 제후국을 오갔다.

한고조 3년인 기원전 204년 가을, 초나라 군사가 한나라 군사를 공격해 형양을 함락시켰다. 한나라 군사가 공과 낙양 일대로 물러나 주둔했다. 당시 항우는 회음후 한신이 조나라를 치고, 팽월이 누차 위나라 땅에서 반기를 들었다는 소식을 듣고는 군사를 보내 조나라와 위나라를 구했다. 한신은 동쪽으로 제나라를 칠 생각이었다. 이때 유방은 누차 형양과 성고에서 고전해 성고로 가기를 포기한 뒤 공과 낙양 사이에 군사를 주둔시켜 항우의 서진을 막고자 했다. 역이기가 간했다.

"신이 듣건대 '하늘이 하늘인 까닭을 아는 자는 왕업을 이루고, 모르는 자는 왕업을 이룰 수 없다. 왕자王者는 백성을 하늘로 아는 이민위천以民爲天, 민인民人은 먹는 것을 하늘로 아는 이식위천以食爲天을 행한다.'고 했습니다. 저 오창敖倉에 천하의 양곡을 채워 넣은 지 오래됐습니다. 신은 거기에 엄청난 식량이 비축돼 있다고 들었습니다. 초나라 군사가 형양을 함락시킨 뒤 오창을 견고하게 수비하지 않고, 오히려 군사를 이끌고 동진하며 죄를 지어 수자리(국경을 지키던 일)를 서야 하는 자들로 하여금 성고를 나눠 수비하게 한 것은 하늘이 한나라를 돕는 것입니다. 지금이야말로 초나라 군사를 공격해 쉽게 취할 수 있는 때입니다.

그런데도 한나라가 도리어 물러나는 것은 스스로 좋은 기회를 버리는 것입니다. 신은 이것이 잘못된 것이라고 생각합니다. 두 강국이 구립俱立할 수는 없는 것입니다. 초나라와 한나라가 오랫동안 대치하기만 하고 결전하지 않으면 백성은 안정을 찾지 못하고, 천하가 불안해하고, 농부는 쟁기를 버리고, 베 짜는 여인은 베틀에서 내려올 것입니다. 천하의 민심이 안정될 리 없습니다. 원컨대 대왕은 곧바로 다시 진격해 형양을 회복하고, 오창의 식량을 차지하십시오. 연후에 성고의 요새를 막아 태항산으로 가는 길목을 차단하고, 비호의 입구를 가로막아 백마진을 견고히 지키십시오. 그러고는 제후들에게 실질적인 형세를 누가 제압하고 있는지 보여주십시오. 그러면 천하가 돌아갈 곳을 자연스레 알게 될 것입니다. 지금 연나라와 조나라는 이미 평정됐지만 오직 제나라만 항복하지 않고 있습니다. 제나라 왕 전광은 1천 리의 넓은 제나라를 차지하고 있고, 전간田間은 20만 대군을 이끌며 역성현 일대에 주둔하고 있습니다. 전씨 일족의 세력은 아직 강하고, 바다를 등진 채 황하와 제수를 앞에 두고 있고, 남쪽으로 초나라에 가깝고, 백성은 권모술수에 능합니다. 대왕이 설령 수십만 대군을 보내 공격할지라도 단기간에 격파할 수는 없습니다. 원컨대 신이 조칙을 받들고 가 제나라 왕에게 가서 한나라에 귀속해 동쪽의 속국이 되도록 설득하겠습니다."

유방이 말했다.
"좋은 방안이오."

이상이 역이기가 유방을 처음 만났을 당시의 모습을 담은 「역생육가열전」의 기록이다. 특이하게도 「역생육가열전」은 이와 관련한 또 다른 일화를 실어 놓았다. 유방이 군사를 이끌고 진류현을 지나갈 때 역이기가 직접 군문 앞까지 찾아가 만났다는 내용이다. 다른 버전의 이 일화에 따르면 당시 역이기는 군문 앞까지 찾아가 알자謁者(빈객을 주인에게 인도하는 사람)에게 명함을 내주며 이같이 말했다.

"고양 땅의 천민 역이기는 패공이 의관을 따가운 햇살과 찬 이슬에 드러내는 이른바 폭로暴露의 고난을 무릅쓴 채 군사를 이끌고 초나라를 도와 불의한 진나라를 친다는 얘기를 들었습니다. 삼가 패공을 추종하는 분들의 노고에 위로의 말을 올립니다. 저는 패공을 만나 천하 대사에 관해 말씀드리고자 합니다."

알자가 들어가 이를 고했다. 당시 유방은 마침 다리를 씻고 있다가 알자에게 물었다.

"어떤 자인가?"

알자가 대답했다.

"용모로 보아서 대유大儒 같습니다. 유의를 입고 높은 관을 쓰고 있습니다."

유방이 명했다.

"정중히 사절하며 '내가 지금 천하를 평정하는 일로 바쁜 탓에 선비를 만날 겨를이 없다.'라고 전해라."

알자가 밖으로 나와 정중히 거절했다.

"패공이 정중히 사절하며 사과하라고 했습니다. 지금은 천하를 평정하는 일로 바쁜 탓에 선비를 만날 겨를이 없다고 했습니다."

역이기가 눈을 부릅뜬 채 칼을 만지며 호통을 쳤다.

"다시 들어가 패공에게 선비가 아닌 고양 땅의 술꾼이 만나려 한다고 전하라."

알자가 크게 놀라 명함을 떨어뜨렸다. 다시 허리를 굽혀 명함을 주운 뒤 다시 들어가 유방에게 고했다.

"손님은 천하의 장사입니다. 호통을 칠 때 두려운 나머지 명함을 떨어뜨렸을 정도입니다. 그가 말하기를, '다시 들어가 패공에게 고양 땅의 술꾼이 만나려 한다고 전하라.'고 했습니다."

유방은 곧바로 발을 닦은 후 창을 잡고 말했다.

"손님을 들여보내라!"

역이기가 들어와서는 읍한 뒤 말했다.

"족하는 고생이 많습니다. 의관을 따가운 햇살과 차가운 이슬에 드러내는 폭의노관暴衣露冠의 고난을 무릅쓴 채 군사를 이끌고 초나라를 도와 불의한 진나라를 치고 있습니다. 족하는 어찌하여 스스로를 소중히 여기는 자희自喜를 하지 않습니까? 저는 천하를 평정하는 일로 인해 만나고자 한 것입니다. 그런데도 오히려 '내가 지금 천하를 평정하는 일로 바쁜 탓에 선비를 만날 겨를이 없다.'고 말하는 것입니까? 족하는 천하대사를 일으켜 천하의 대공을 세우고자 하면서 사람을 피상적으로 판단하니 천하의 재능 있는 선비를 잃을까 우려됩니다. 게다가 제가 판단컨대 족하의 지혜는 저만 못하고, 용맹 또한 저만 못합니다. 천하대사를 이루고자 하면서 저를 만나려 하지 않는 것은 족하의 큰 실수인 듯합니다."

유방이 즉시 사과했다.

"아까는 선생의 용모만 들었을 뿐이오. 이제야 선생의 마음을 알았소."

그러고는 역이기를 맞아들여 윗자리에 앉힌 뒤 천하를 손에 넣는 방략을 물었다.

역이기가 대답했다.

"무릇 족하가 대공을 이루고자 하면 진류에 머무는 것보다 나은 계책은 없습니다. 진류는 사통팔달한 천하의 요충지로 군사가 모이는 곳입니다. 게다가 수천만 석의 양곡이 비축돼 있습니다. 성의 수비도 매우 견고합니다. 저는 전부터 이곳 현령과 잘 알고 있습니다. 족하를 위해 설득해보겠습니다. 저의 말을 듣지 않으면 공을 위해 그를 죽이고 항복하도록 만들겠습니다. 족하는 진류의 군사를 이끌고 성을 차지한 뒤 비축된 양곡을 활용해 천하의 군사를 모으십시오. 천하의 군사가 모이면 이들을 이끌고 천하를 횡행할지라도 족하를 막을 자는 아무도 없을 것입니다."

유방이 말했다.

"삼가 가르침을 좇도록 하겠소."

역이기가 이날 밤 진류의 현령을 만나 설득했다.

"무릇 진나라는 무도해 천하가 반기를 들고 있습니다. 지금 족하가 천하대세를 좇으면 대공을 이룰 수 있습니다. 그런데도 망해 가는 진나라를 위해 홀로 성을 굳게 지키고 있습니다. 내가 보기에 족하는 매우 위태로운 처지에 놓여 있습니다."

현령이 말했다.

"진나라 법은 매우 엄해 함부로 말할 수 없소. 함부로 말하는 자는 멸문지화滅門之禍를 당하오. 그대의 말을 따를 수 없는 이유요. 그대가 가르쳐 준 계책은 나의 뜻이 아니니 다시는 이런 말을 하지 마시오."

역이기가 그곳에 머물러 자다가 한밤중에 현령의 머리를 벤 뒤 성을 넘어가 이를 패공에게 보고했다. 유방이 군사를 이끌고 성을 쳤다. 현령의 머리를 장대에 매달아 성 위에 있는 사람에게 보여주며 외쳤다.

"빨리 항복하라! 현령의 머리는 이미 베어졌다. 이제부터 늦게 항복하는 자는 반드시 먼저 목을 벨 것이다!"

진류현 사람들은 현령이 죽은 것을 알고는 앞 다퉈 항복했다. 유방은 진류성 남쪽 성문 위에 주둔했다. 그곳의 병기를 사용하며 비축한 식량으로 세 달 동안 머물렀다. 수만 명의 군사가 따랐다. 마침내 무관을 통해 입성한 뒤 진나라를 격파하게 됐다.

이상이 역이기에 관한 또 다른 버전의 일화이다. 이 일화에서는 역이기가 자객으로 나온다. 역이기는 유방에게 몸을 맡긴 뒤 줄곧 유세가로 활약했다. 자객으로 활약했을 가능성은 매우 희박하다. 당시 항간에는 역이기와 관련한 여러 일화가 나돌았을 것이다.

이 일화에서 주목할 점은 건달의 습성에 몸이 밴 유방이 침상에 걸터앉은 채 두 여자에게 발을 씻기는 자세로 손님인 역이기를 만났다고 혼이 난 뒤 곧바로 옷을 여미고 사죄하며 윗자리에 앉힌 점이다. 유방은 건달 출신이니 예절을 제대로 배웠을 리 없다. 역이기가 무례를 책망하자 곧바로 자신의 잘못을 깨달은 것이다. 많은 인재가 항우의 곁을 떠나 그의 곁으로 다가온 이유다. 자신의 잘못을 즉각 깨닫고 예를 갖추며 인재를 인재로 알아주는 장자長者의 모습을 보여준 게 적중한 결과로 해석할 수 있다.

09 사과는 진심을 담아서 하라

사사계
賜謝計

유방이 진평陳平에게 사과하며 많은 상을 내린 뒤 호군중위護軍中尉에 임명해 모든 장수들을 감독하게 했다. 여러 장수가 감히 더 이상 말을 하지 못했다.

「진승상세가」

이 대목은 유방이 주변 사람들의 무함誣陷(모함과 같은 뜻)을 듣고 당대의 책사인 진평을 의심했다가 이내 자신의 잘못을 사과하며 파격적인 포상을 한 사실을 기록한 것이다. 역이기를 처음으로 만났을 때 예의에 어긋남을 사과하며 윗자리에 앉힌 것과 같은 맥락이다.

가난 속에서 치열하게 공부했던 진평

원래 진평은 지금의 하남성 난고현 일대인 양무현 호유향 출신이다. 예로부터 양무현은 크게 두 가지 일로 인해 명성이 높았다. 첫째, 장량이 창해군 역사를 부추겨 진시황 척살을 꾀한 박랑사가 이곳에 속해 있기 때문이다. 둘째, 이곳에서 그리 멀지 않은 곳에 진평의 고향인 호유향이 있기 때문이다.

호유향의 명칭은 공교롭게도 진평의 삶을 상징하고 있다. 호유의 호戶는 옛날 가옥에서 마루와 방 사이의 문이나 부엌의 바깥문을 뜻하는 지게문을 지칭한다. 후에 '문호' 용어가 보여주듯이 문門과 동일한 뜻으로 사용됐다. 유牖자는 현재 잘 쓰지 않는 글자이나 옛날 문헌에는 자주 등장한다. 방에 햇빛을 들게 하려고 벽의 위쪽에 낸 작은 창을 말한다. 흔히 양쪽으로 여닫게 돼 있어 우리말로는 '쌍바라지'로 풀이한다. 후대인들은 문과 창을 뜻하는 '호유'가 안과 밖을 연결시키는 통로인 점에 주목해 뛰어난 학문을 배경으로 하나의 학파를 이루는 것을 비유할 때 '호유'라는 표현을 썼다.

진평은 젊은 시절에 집이 매우 가난했으나 독서를 좋아했다. 집에는 30무의 땅이 있었다. 그는 형 진백은 늘 농사를 지으면서도 진평만큼은 마음껏 다른 곳으로 가 공부를 하도록 배려했다. 진평의 고향인 호유향은 위나라 수도 대량과 그리 멀지 않았다. 천하대사에 관한 모든 얘기를 생생히 들을 수 있는 곳이었다. 나이로 보면 진평은 대략 장량보다 20세, 유방보다는 10세가량 젊었을 것으로 추정한다. 진평은 기골이 장대하고 풍채가 좋았다. 「진승상세가」는 장대미색長大美色으로 표현해 놓았다. 빈한한 집안 출신이 '장대미색'의 용모를 한 것을 보고 한번은 어떤 사람이 이같이 힐난했다.

"집도 가난한데 무엇을 먹었기에 이토록 살이 쪘는가!"

형수는 시동생인 진평이 주야로 책을 읽느라 집안일을 전혀 돌보지 않는 것이 늘 못마땅했다. 이 말을 듣고는 형수가 이같이 맞장구쳤다.

"아니, 쌀겨와 싸라기를 먹인 것밖에 없어요. 밥만 먹고 하는 일 없이 지내는 이런 식충이 시아주버니는 차라리 없느니만 못해요!"

이 얘기가 진백의 귀에 들어갔다. 「진승상세가」는 진백이 크게 화를 내며 아내를 내쫓아버렸다고 기록해 놓았다. 역대 사서 가운데 동생의 공부를 뒷바라지하기 위해 불만을 털어놓는 아내를 쫓아낸 일화는 이게 유일하다. 진평의 학업이 얼마나 치열했는지 보여준다.

사서의 기록을 토대로 보면 그가 구가한 일련의 책략은 유가와 법가, 병가, 종횡가, 도가 등 제자백가의 가르침을 하나로 녹인 것이다. 특히 병가와 종횡가의 색채가 짙다. 『손자병법』 등의 병서와 『귀곡자』 등의 종횡가 서적을 두루 읽었음을 알려준다.

혼란스러운 시대에 2인자를 자처하다

한번은 진평이 사는 마을에 사당에 지내는 제상인 이른바 사제社祭가 열리게 됐다. 진평이 제사를 관리하는 사재社宰가 되었다. '사재'는 사제에 사용된 제사고기를 분배하는 자를 말한다. 고기를 나누는 게 매우 공평했다. 동네 어른들이 그를 크게 칭송했다.

"진씨네 젊은이가 사재 노릇을 실로 잘한다!"

이 얘기를 들은 진평이 탄식했다.

"아, 슬프다! 나를 천하의 재상으로 삼으면 고기를 나누듯 공평히 할 터인데!"

이 일화에서 '진평분육陳平分肉' 성어가 나왔다. 이 성어는 이후 사안을 공평하게 처리해 칭송을 받는 사람과 행위를 지칭하는 말이 되었다. 이 일화에서 주목할 것은 진평이 '천하의 부귀' 운운하며 탄식한 대목이다. 천하의 부귀를 나눌 수 있는 자는 황제밖에 없다. 그도 유방이나 항우처럼 황제가 되고자 한 것일까?

사서의 기록을 토대로 보면 그는 성장하면서 자신의 자질이 2인자에 적합하다는 사실을 깨달았다. '초한지제'의 난세에 직접 뛰어든 후에도 줄곧 2인자의 길을 걸었다. 제갈량이 융중에서 농사를 지으면서 스스로를 관중과 악의에 비유한 것과 같은 맥락이다. 진평과 제갈량의 이런 행보는 진시황 척살을 꾀한 장량이 유방에게 몸을 굽히고 들어가 참모의 길을 걸으면서도 시종 '1인자의 스승'을 자부한 것과 대비된다.

난세에 진평이나 제갈량처럼 공부를 많이 한 사람은 1인자보다 2인자에 잘 어울린다. 1인자는 오히려 유방과 같은 건달이 잘 어울린다. 삼국시대의 유비도 관우 및 장비 등과 어울려 정처 없이 떠돈 사실이 보여주듯 제갈량을 만나기 전까지는 건달이나 다름없었다. 학문을 깊이 닦은 조조의 경우는 사정이 약간 다르기는 하나 크게 보면 그 역시 탁류 출신이었기에 1인자에 적합했다고 볼 수 있다.

유방 및 조조와 정반대되는 인물이 바로 항우와 원소이다. 두 사람 모두 당대 최고의 명문가 출신이다. 임기응변의 지략을 빼면 모든 면에서 유방이나 조조를 압도했다. 이들이 스스로 몸을 낮추며 천하의 인재를 그러모아 적극 활용했다면 천하는 그야말로 '떼어놓은 당상'이었다. 그러나 이들은 하나같이 자만하다가 유방이나 조조에게 패해 천하의 웃음거리가 되었다. 자신의 능력에 대한 '지나친 자신감'이 원흉이었다. 난세에는 자타가 부러워하는 여러 장점이 오히려 스스로의 발목을 잡는 덫으로 작용한다는 것을 보여준다.

그런 점에서 학문을 깊이 연마한 진평이 제갈량처럼 '초한지제'의 급류에 몸을 던진 이후 시종 2인자의 길을 걸은 것은 높이 평가할 만하다. 이도 저도 아닌 어중간한 모습을 보였다면 한신의 전철을 밟았을 것이다. 유방의 입장에서는 진평과 같은 '당대의 지낭'이 반심을 보일 경우를 생각하면 오히려 한신보다 더 위험하게 느껴졌을 것이다. 삼국시대 때 『오자병법』에 주석을 가하며 당대 최고의 전술을 자랑한 가후賈詡가 시종 신중한 행보를 취해 천수를 다한 것도 바로 이 때문이다. 당시 그는 전술 면에서 군계일학 같은 존재였다. 조조는 전략에는 뛰어났지만 전술에는 가후만 못했다. 일각에서는 전술 측면만 놓고 볼 때 삼국시대의 진정한 주인공은 가후였다는 주장을 내놓는다. '초한지제'의 진평도 가후와 유사한 평가를 받을 만하다.

큰 그릇을 찾아 난세를 떠돌다

진평이 성장해 장가를 갈 나이가 됐다. 부잣집에서는 그에게 딸을 주고자 하지 않았다. 가난한 집에 장가드는 것은 그 자신이 수치스럽게 여겼다. 한참 지나 호유향에 장부張負라는 부자가 있었다. 그의 손녀가 다섯 번이나 시집을 갔으나 그때마다 남편이 죽어버렸다. 사람들은 감히 그녀에게 더 이상 장가들려고 하지 않았다. 그러나 진평은 오히려 그녀를 아내로 맞이하고자 했다.

하루는 마을에 초상을 당한 집이 생기자 집안이 가난했던 진평은 상가 일을 도와주러 갔다. 남들보다 먼저 가 늦게 돌아오는 방법으로 보탬이 되고자 했다. 장부는 상가에서 진평을 보고 특히 그의 뛰어난 풍채를 주시했다. 진평 역시 장부에게 잘 보이기 위해 가장 늦게 상가를 떠났다. 장부가 진평을 따라 그의 집으로 가보았다. 그의 집은 성벽을 등진 후미진 골목에 있었고, 비록 해진 자리로 문을 만들어놓았지만 문 밖에는 많은 귀인들의 수레가 멈추었던 바퀴 자국이 남아 있었다. 장부가 집으로 돌아와 아들 장중張仲에게 말했다.

"나는 손녀를 진평에게 시집보낼 생각이다."

장중이 반대했다.

"진평은 집이 가난한데도 생업에 종사하지 않아 온 고을 사람들이 모두 그를 비웃고 있습니다. 어찌하여 저의 딸아이를 굳이 그에게 주려는 것입니까?"

장부가 말했다.

"진평처럼 뛰어난 용모를 지닌 사람이 끝까지 빈천하게 지낸 경우가 있었는가?"

그러고는 마침내 손녀를 진평에게 출가시켰다. 진평이 가난했기에 장부는 그에게 예물을 빌려주어 약혼시켰다. 또 술과 고기를 살 돈을 대주어 아내를 맞게 했다. 장부가 손녀를 타일렀다.

"진평이 가난하다고 해 섬길 때 불손하게 대하는 일이 없도록 하라. 시숙을 섬길 때 아버님을 섬기듯 하고, 동서를 섬길 때 어머님을 섬기듯 하라."

진평은 장부의 손녀에게 장가를 든 뒤 쓸 재물이 나날이 넉넉해졌다. 그로 인해 교유의 범위가 날로 넓어졌다. 「진승상세가」에 따르면 각지의 군웅들이 진나라에 반기를 들 때 진평은 지금의 하남성 진류현인 임제에서 위왕 위구를 모셨다고 한다. 당시 그가 맡은 직책은 거마를 담당한 태복이다. 요즘으로 치면 경호실장 정도이다. 특별한 신임이 없으면 안 되는 자리이다.

그러나 위구는 그릇이 작았다. 진평이 큰 계책으로 여러 차례 유세했음에도 이를 전혀 받아들이지 않았다. 어떤 자가 그를 헐뜯자 이내 위구 곁을 달아나듯 떠났다. 얼마 후 항우가 사방을 경략經略(침략하여 점령한 지방이나 나라를 다스림)하며 황하 부근까지 이르렀다. 진평이 항우를 찾아가 귀순한 뒤 함께 관중으로 들어가 진나라 군사를 격파했다. 항우가 진평의 능력을 인정해 객경에 임명했다. 나름 높은 자리이기는 하나 실무에 관여할 수 있는 실직實職이 아니라 명예직에 가까운 허직虛職에 불과했다.

유방이 한중을 빠져나와 관중을 공략한 뒤 다시 동쪽으로 진출하고자 할 때 과거 조나라 장군으로 있다가 은왕에 책봉된 사마앙이 항우에게 반기를 들었다. 항우가 진평의 능력을 시험할 요량으로 군사를 이끌고 가 그를 치게 했다. 진평이 곧바로 사마앙의 항복을 받고 의기양양하게 개선했다. 항우가 크게 기뻐하며 도위에 제수하고, 부상으로 400량 값어치가 나가는 황금 20일鎰을 내렸다. '도위'는 전국시대에 만들어진 관직으로 장군 다음의 고위 무관 자리였다. 진평이 항우 곁을 떠나게 된 것은 '도위' 자리를 맡은 지 얼마 안 돼 유방이 은왕 사마앙의 영지를 공격해 손에 넣은 데서 비롯됐다.

당시 항우는 이런 보고를 받고 대노했다. 평정에 나섰던 장군과 관원들이 일을 대충 처리한 뒤 포상을 받은 것으로 오해한 것이다. 주살 대상 1순위는 군사를 지휘했던 진평이었다. 피살될 것을 두려워한 진평은 사람을 시켜 항우가 준 황금과 관인을 항우에게 돌려준 뒤 칼 한 자루를 찬 채 단신으로 샛길로 달아났다.

진평이 황하를 건널 때, 사공은 기골이 장대한 호남아가 혼자 가는 것을 보고는 그를 망명하는 장수로 여겼다. 허리에 틀림없이 황금이나 옥 같은 보물을 감추고 있을 것으로 생각해 틈을 보아 죽이려고 했다. 진평이 두려운 나머지 옷을 벗어던진 뒤 알몸으로 사공이 배 젓는 것을 도왔다. 사공은 그가 아무것도 갖고 있지 않다는 것을 알고 죽이려던 생각을 그만두었다.

진평이 마침내 수무에 이르러 유방이 이끄는 한나라 군사에 투항했다. 유방이 5국의 제후들과 함께 연합군을 형성해 항우의 본거지인 팽성을 향하던 때였다. 진평이 유방을 좇아 종군하고 있는 유방의 측근 위무지를 통해 유방을 만나고자 했다. 유방이 진평을 불렀다. 당시 만석군 석분石奮이 유방의 시종인 중연으로 있었다. 진평의 명함을 접수한 뒤 진평을 이끌고 안으로 들어가 유방을 만나게 했다. 진평 등 7인이 함께 유방 앞으로 나아갔다. 유방이 이들에게 술과 음식을 내리면서 말했다.

"먹고 난 후 숙소로 가 쉬도록 하라!"

진평이 말했다.

"저는 중요한 일 때문에 왔습니다. 제가 드려야 할 말씀은 오늘을 넘길 수가 없습니다."

유방이 진평과 함께 얘기를 나누고는 기뻐했다.

"그대가 초나라에 있을 때 무슨 벼슬을 했는가?"

진평이 대답했다.

"도위였습니다."

인재를 부릴 때는 행실이 아닌 능력에 따라 하라

그날로 진평을 도위로 삼아 함께 수레를 탈 수 있도록 참승을 허락했다. 이어 군사를 감찰하는 호군의 직책을 맡겼다. 여러 장수들이 이구동성으로 떠들었다.

"대왕은 어찌하여 하루 만에 초나라에서 도주한 졸병을 얻어 그 재능을 알아보지도 않은 채 참승을 허락하고, 나아가 우리 같은 노장들을 감독하게 하는 것인가?"

유방이 그 소리를 듣고는 진평을 더욱 총애했다. 이후 마침내 진평과 함께 동쪽으로 항우를 치러 갔으나 팽성에 이르러 대패하고 말았다. 유방은 군사를 이끌고 돌아오면서 간신히 흩어진 군사들을 수습해 형양에 이르렀다. 이때 진평을 아장으로 삼아 한왕 한신에게 예속시킨 뒤 광무에 주둔하게 했다. 강후絳侯와 관영灌嬰 등이 모두 진평을 헐뜯었다.

"진평이 비록 미장부이기는 하나 용모만 관옥과 같을 뿐, 그 속에는 틀림없이 아무것도 없을 것입니다. 신들이 듣건대, 진평이 집에 있을 때는 형수와 사통했고, 위나라를 섬길 때는 받아들여지지 않자 달아나 초나라에 귀의했고, 초나라에 귀순한 뒤에는 뜻대로 되지 않자 다시 달아나 한나라에 귀의했다고 합니다. 오늘 대왕은 그를 높여 관직을 주시고 호군을 삼았습니다. 또 신들이 듣건대, 진평은 여러 장군에게 금을 받으면서 금을 많이 준 자는 좋은 자리에 배치하는 선처를 하고, 적게 준 자는 나쁜 자리에 배치하는 악처를 했다고 합니다. 진평은 반복무상反覆無常한 난신일 뿐입니다. 원컨대 대왕은 그를 자세히 살피도록 하십시오."

유방이 의심하여 진평을 천거한 위무지를 불러 꾸짖었다. 위무지가 말했다.

"신이 말씀드린 바는 능력이고, 대왕이 물으신 바는 행실입니다. 지금 만일 그에게 신의를 지키기 위해 목숨을 바친 미생尾生이나 천하의 효자로 소문난 효기와 같은 행실이 있다고 해도 승부를 다투는 데에는 아무런 보탬이 되지 않습니다. 대왕이 어느 겨를에 그런 사람을 쓸 수 있겠습니까? 지금 바야흐로 초나라와 한나라가 서로 대치하고 있기에 신은 기묘한 꾀가 있는 선비를 천거한 것입니다. 그 계책이 실로 나라에 이로운지 여부만 살피면 됩니다. 어찌 형수와 사통하거나 금을 받은 것을 의심할 필요가 있겠습니까?"

유방이 진평을 불러 나무랐다.

"선생은 위왕을 섬기다가 마음이 맞지 않자 마침내 초왕을 섬기러 갔고, 지금은 또 나를 따라 일을 하고 있소. 신의 있는 사람은 원래 이처럼 여러 마음을 품는 것이오?"

진평이 말했다.

"신이 위왕을 섬길 때 위왕은 신의 말을 채용하지 않았습니다. 그래서 위왕을 떠나 항우를 섬겼습니다. 항우는 다른 사람은 믿지 못했습니다. 오직 그가 신임하고 총애하는 사람은 항씨 일가가 아니면 곧 그 처남들이었습니다. 설령 뛰어난 책사가 있을지라도 중용되지 않는 까닭에 저는 초나라를 떠난 것입니다. 듣건대 대왕은 사람을 잘 가려 쓴다기에 대왕에게 귀순한 것입니다. 신은 맨몸으로 온 탓에 여러 장군들이 보내준 황금을 받지 않고서는 쓸 돈이 없었습니다. 만일 신의 계책이 쓸 만한 것이 있다면 원컨대 채용해 주시고, 쓸 만한 게 없다면 황금이 아직 그대로 있으니 청컨대 잘 봉해 관청으로 보내고 사직하도록 해 주십시오."

유방이 그 말을 듣고는 진평에게 곧바로 사과하며 많은 상을 내린 뒤 호군중위에 임명했다. 호군중위는 여러 장수들을 감독하는 자리이다. 요즘으로 치면 사령관 휘하의 헌병대장 내지 감찰참모이다. 여러 장수가 감히 더 이상 말을 하지 못했다.

이 대목에서 주목할 것은 뭇사람들의 참언을 곧이들은 자신의 잘못을 곧바로 사과한 뒤 두터운 상을 내린 점이다. 즉각적인 사과와 포상이 관건이다. 말로만 해서는 안 되고 포상으로 상대의 마음을 풀어주어야 한다. 난세의 시기에는 그리해야만 진평과 같은 당대의 기재奇才를 계속 자신의 곁에 둘 수 있다.

능력 있는 사람을 찾으면서 돈을 아껴서는 안 된다.
나의 비결은 돈으로 인재를 사는 것이다.
사물을 대하는 눈이 날카롭고 사람됨이 믿을 만하면
급여는 아무리 많이 줘도 아깝지 않다.

- 호광용胡光墉 중국의 전설적인 거상

10 과거의 허물은 과감히 감싸라

후우계
厚遇計

진여가 남피를 비롯한 3개 현의 군사를 모두 이끌고 상산왕 장이를 습격했다. 장이가 패해 달아났다. 그는 몸을 의탁할 만한 제후가 없다고 생각해 주변에 말했다.

"유방과 나는 예로부터 친분이 있기는 하다. 그러나 항우가 강성한 데다 나를 왕으로 세워주었으니 초나라로 가는 게 낫다."

천문에 뛰어난 감공甘公이 간했다.

"유방이 함곡관으로 입관할 때 금성과 목성, 수성, 화성, 토성이 동쪽 정수에 모였습니다. 동쪽 정수는 진나라 분야입니다. 그곳에 먼저 이르는 사람이 반드시 천하를 차지하게 될 것입니다. 초나라가 비록 강하지만 이후 분명히 한나라에 종속될 것입니다."

결국 장이가 한나라로 달아났다. 당시 유방은 관중의 삼진을 평정한 뒤 장함의 군사를 폐구에서 포위하고 있었다. 장이가 유방을 배알하자 유방이 그를 후하게 대우했다.

「장이진여열전」

이 대목은 서로를 위해서라면 목이 잘린다 해도 후회하지 않을 정도로 가까운 이른바 '문경지교刎頸之交'의 대표적인 사례로 거론되는 장이張耳와 진여陳餘가 철천지원수가 된 배경을 설명하고 있다. '문경지교'는 원래 전국시대 말기 조혜문왕 때의 명신인 인상여藺相如와 염파廉頗 장군이 맺은 교우에서 나온 말이다. 한때 인상여의 출세에 비판적인 염파의 시기로 인해 불화했으나 나라를 위하여 인내하는 인상여의 넓은 도량에 감격한 염파가 깨끗이 사과한 후 서로 죽음을 함께 해도 변치 않는 친교를 맺었다.

'초한지제' 당시 인상여와 염파 못지않게 두터운 우정을 맺은 대표적인 인물이 바로 장이와 진여였다. 그러나 장이와 진여는 죽을 때까지 '문경지교'의 우정을 유지한 인상여 및 염파와 달리 도중에 서로 원수가 되고 말았다. 결과적으로 '사이비 문경지교'를 맺었던 셈이다.

이후 유방에게 몸을 맡긴 장이는 제후왕이 된 데 반해 유방과 맞선 진여는 횡사하고 말았다. 유방은 장이가 귀순했을 때 두텁게 대우함으로써 관후寬厚한 장자長者의 모습을 보였다. 이 사건으로 많은 호걸들이 유방에게 귀의하게 되었다.

함께 도망하며 큰 뜻을 키웠던 장이와 진여

「장이진여열전」에 따르면 원래 장이는 지금은 하남성 개봉시인 당시 위나라 도성 대량 출신이다. 어릴 때 위나라 공자 신릉군 위무기魏毋忌를 추종해 그의 빈객이 된 적이 있다. 그는 일찍이 대량에서 죄를 짓고 달아나 지금의 하남성 상구시인 외황에서 떠돌이 생활을 하고 있었다. 외황의 한 부잣집에는 아리따운 딸이 있었다. 용렬한 자에게 시집을 갔다가 도망쳐 나와 부친의 빈객에게 신세를 지고 있었다. 부친의 빈객은 평소 장이를 잘 알고 있었다. 그가 부잣집 딸에게 말했다.

"반드시 현명한 지아비인 현부賢夫를 구하고자 하면 장이를 따르도록 하라."

여인은 이 말을 좇아 마침내 남편과 헤어진 뒤 장이에게 시집갔다. 장이는 혐의가 풀린 데다 부인의 후원을 받아 사람들과 널리 사귈 수 있었다.

진여도 대량 출신이다. 유가의 학문을 좋아해 조나라의 고형 땅을 자주 드나들었다. 그곳의 부자인 공승씨는 진여가 평범한 수준의 인물이 아니라는 것을 알고 딸을 그에게 시집보냈다.

당시 동향 출신인 장이와 진여 두 사람은 커다란 나이 차이에도 불구하고 허물없이 사귀는 이른바 망년지교忘年之交와 더불어 서로를 위해 목숨도 내놓을 수 있는 '문경지교'를 맺었다. 서로 뜻과 기개가 부합했던 탓이다. 다만 장이가 진여보다 훨씬 나이가 많았던 까닭에 진여는 장이를 부친처럼 섬겼다.

진나라는 위나라를 병탄한 지 여러 해가 지났을 때 비로소 이들 두 사람이 위나라의 명사名士라는 소문을 듣게 됐다. 장이에게 1,000금, 진여에게 500금의 현상금을 내걸고 포획하려고 했다. 장이와 진여는 이름과 성을 바꾸고 함께 진현陳縣으로 가 어떤 마을의 문지기 노릇을 하며 끼니를 이었다. 두 사람은 서로 마주 보며 문을 지켰다.

하루는 마을의 아전이 진여에게 잘못이 있다며 매질을 가했다. 진여가 발끈해 대들려고 하자 장이가 진여의 발을 밟아 매를 맞게 했다. 아전이 떠나자 장이가 진여를 뽕나무 아래로 데려가 힐난했다.

"당초 나와 그대가 약속한 게 무엇이오? 지금 하찮은 치욕 때문에 일개 아전의 손에 죽으려는 것이오?"

진여가 이를 수긍했다. 진나라가 현상금을 내걸고 두 사람을 찾는 조서詔書를 내리자, 두 사람은 오히려 문지기 신분으로 마을 안에 조서를 포고하는 등 태연한 모습을 보였다. 진시황 사후 진승이 처음으로 기蘄 땅에서 봉기한 뒤 무리를 이끌고 진현에 이르렀다. 군사가 수만 명에 달했다. 장이와 진여가 곧 진승에게 면회를 청했다. 진승과 그의 측근들은 평소 장이와 진여가 현명하다는 얘기를 자주 들은 까닭에 크게 기뻐했다. 당시 진현의 호걸과 원로들은 진승에게 속히 보위에 오를 것을 촉구했다. 진승이 이 문제를 두 사람에게 묻자 대답했다.

"저 진나라는 무도해 남의 나라를 멸망시키고, 사직을 없애고, 남의 후대를 끊고, 민력을 피폐하게 하고, 백성의 재산을 약탈했습니다. 이때 장군은 눈을 부릅뜨며 담력을 키우는 진목장담瞋目張膽의 자세로 1만 번 죽을지언정 구차히 살지 않겠다는 계책을 냈습니다. 천하를 위해 잔악한 진나라를 제거하려고 한 게 그렇습니다. 이제 처음으로 진현에 왔는데 제왕의 자리에 오르는 것은 천하에 자신의 사사로운 욕심을 드러내는 것입니다. 원컨대 장군은 서둘러 보위에 오를 생각을 하지 말고, 속히 군사를 이끌고 서쪽 진나라를 치고, 사람을 각국에 보내 6국의 후계자를 왕으로 내세우십시오. 이는 장군이 당여黨與(같은 편에 속하는 사람들)를 심는 것이고, 진나라에게는 적을 더욱 불어나게 하는 것입니다. 적이 많으면 힘이 분산되고, 당여가 많으면 군사는 강해집니다. 이리하면 들에는 싸우는 병사가 사라지고, 공격을 받는 현縣에서는 성을 지킬 자가 없게 됩니다.

저 포악한 진나라를 멸할 수 있는 계책이 바로 이것입니다. 연후에 함양을 차지해 천하의 제후들을 호령하십시오. 저들은 패망했다가 다시 일어선 자들이니 덕으로 복종시키면 됩니다. 그러면 제왕의 대업을 이룰 수 있습니다. 지금의 호로 진현에서 보위에 오르면 천하의 인심이 흩어질까 두렵습니다."

당시의 정황상 가장 바람직한 길을 제시한 것이다. 그러나 욕심이 앞선 진승은 두 사람의 말을 듣지 않은 채 초나라를 확장한다는 뜻의 '장초'를 세운 뒤 보위에 올랐다. 사람들은 진승을 두고 진현에서 즉위한 까닭에 진왕으로 불렀다. 진여가 진왕 진승에게 말했다.

"대왕은 양나라와 초나라의 병사를 이끌고 서쪽으로 함곡관을 통해 관중關中으로 들어가고자 애썼습니다. 이로 인해 아직 하북河北의 땅을 거두지 못했습니다. 신은 일찍이 조나라를 돌아본 적이 있어 그곳의 호걸과 지형에 관해 잘 알고 있습니다. 원컨대 기병술奇兵術을 구사해 북쪽 조나라 땅을 공략하십시오."

진왕 진승이 전부터 친하게 지낸 진현 출신 무신武臣을 장군, 소소邵騷를 호군으로 삼았다. 이어 장이와 진여를 장군 무신 휘하의 좌우 교위로 삼은 뒤 3천 명의 병사를 내주며 북쪽 조나라 땅을 공략하게 했다. 진왕 진승의 명을 받은 무신 등이 마침내 백마진에서 황하를 건넌 뒤 장이와 진여를 내세워 호걸들을 설득했다. 그리하여 행진 도중 수만 명의 병사를 불러 모을 수 있었다.

이때 여러 장수가 진왕 진승을 위해 땅을 탈취했으나, 억울하게 죽은 자가 많다는 참소와 비방이 들려왔다. 더구나 장이와 진여에 관해서는 '자신들의 계책이 채택되지 않은 것과 장군이 아닌 교위로 임명된 것을 원망하고 있다.'는 얘기까지 나돌았다. 자칫 참소와 비방에 걸려 비명횡사할 수도 있었다. 두 사람은 두려운 나머지 무신을 설득했다.

"진왕 진승은 기 땅에서 봉기한 후 진현에 이르러 보위에 올랐습니다. 반드시 산동 6국의 후예를 세울 것 같지도 않습니다. 장군은 현재 3천 명의 군사로 조나라의 수십여 성읍으로부터 항복을 받아 홀로 하북에 주둔하고 있습니다. 장군은 왕이 되지 않으면 이곳을 진압할 수 없습니다. 게다가 진왕은 무함하는 말을 듣고 있으니 돌아가서 보고를 할지라도 화를 면치 못할 것입니다. 그는 자기 형제를 왕으로 앉히든지 아니면 조나라의 후손을 세울 것입니다. 장군은 이 기회를 놓치지 마십시오. 시간은 숨 돌릴 틈도 없이 촉박합니다."

무신이 이 말을 듣고 마침내 조왕으로 즉위했다. 진여를 대장군, 장이를 우승상으로 삼았다. 이어 한광韓廣에게 연나라, 이량李良에게 상산, 장염張黶에게 상당을 치게 했다. 이량이 상산을 평정하고 돌아와 보고하자 조왕 무신이 다시 이량에게 명해 태원太原을 공략하도록 했다. 이때 진나라 장수가 2세 황제의 사자라고 속여 이량에게 서신을 전했다.

"그대는 일찍이 나를 섬긴 덕분에 귀한 인물이 돼 남다른 총애를 받았다. 그대가 만일 조나라를 버리고 진나라를 위해 일하면 그대의 죄를 용서하고 귀하게 해주겠다."

이량은 이 글을 받고 의심하면서 믿지 않았다. 그리고 한단으로 돌아가 증원군을 청했다. 이들이 한단에 도착하기 전에 길에서 연회를 마치고 돌아오는 조왕 무신의 누이 행렬과 만났다. 기병 100여 명이 따르고 있었다. 이량이 멀리서 바라보고는 조왕의 행렬로 생각해 길 옆으로 비켜서 엎드려 절했다. 조왕의 누이는 술에 취해 그가 장군인 줄도 모르고 기병을 시켜서 이량에게 답례했다. 이량은 원래 귀인 출신이다. 길에서 일어났을 때 자신을 따르는 부하들 보기가 부끄러웠다. 부하 가운데 한 사람이 말했다.

"천하가 진나라에 반기를 들고 있습니다. 능력 있는 사람이 먼저 왕이 되는 때입니다. 조왕은 원래 장군 밑에 있던 자입니다. 지금 그의 누이조차 장군을 보고도 수레에서 내리지 않습니다. 청컨대 제가 뒤쫓아가 죽이도록 하겠습니다."

당시 이량은 내심 진나라의 서신을 받고 조나라를 배신하려는 마음이 일었으나 아직 결정을 내리지 못하던 때였다. 그러던 중 이 사건이 일어난 것이다. 이량은 화가 나 사람을 보내 조왕의 누이를 죽인 뒤 마침내 군사를 이끌고 한단을 습격했다. 한단에서는 이런 일이 일어나리라고는 생각지도 못했다. 결국 무신은 죽임을 당했다.

조나라 백성 가운데 장이와 진여의 눈과 귀가 되어주는 사람이 많았다. 그래서 두 사람은 무사히 탈출할 수 있었다. 흩어진 병사를 거두자 수만 명이 됐다. 빈객 가운데 어떤 자가 장이를 설득했다.

"두 분은 타국 출신의 신하인 이른바 기려지신羈旅之臣의 몸이기에 조나라에 발을 붙이고자 해도 어려울 것이오. 조나라의 후손을 옹립한 뒤 의義를 명분으로 내세워 도우면 가히 공을 이룰 수 있을 것입니다."

이들은 조헐趙歇이라는 사람을 찾아서 조왕으로 옹립한 뒤 지금의 하북성 기주시 일대인 신도信都에 자리를 잡았다. 이량이 진격해 진여를 쳤으나 오히려 진여가 이량을 깨뜨렸다. 이량이 달아나 진나라 장수 장함에게 투항했다. 장함은 군사를 이끌고 한단에 이르러 그곳 백성을 모두 하내로 옮긴 뒤 성곽을 모두 허물어뜨렸다. 장이는 조왕 헐과 함께 달아나 거록성으로 들어갔다. 진나라 장수 왕리王離가 이들을 포위했다.

과거를 잊은 장이, 과거에 얽매인 진여

이때 진여는 북쪽으로 가 상산의 병력을 거둬 수만 명을 얻은 뒤 거록성의 북쪽에 주둔했다. 진나라 장수 왕리의 군사가 거록성에 맹공을 가했다. 거록성 안은 군량이 거의 바닥나고, 병력도 매우 적었다. 장이가 누차 진여에게 사람을 보내 전진할 것을 요구했다. 진여는 병력이 적어서 진나라 군사를 대적할 수 없다고 판단해 감히 전진하지 못했다. 몇 달이 지나자 장이가 크게 노해 진여를 원망했다. 이내 장염과 진택陳澤을 진여에게 보내 이같이 책망했다.

"당초 나는 그대와 '문경지교'를 맺었소. 지금 조왕과 나는 아침저녁으로 죽을 지경에 놓여 있소. 그런데도 공은 수만 명의 병사를 보유하고도 우리를 구원하려 하지 않소. 서로를 위해 목숨을 버리자던 의리는 어찌 된 것이오? 실로 그대에게 신의가 있다면 어찌하여 진나라 군사를 향해 돌진해 함께 죽으려 하지 않는 것이오? 그리하면 열에 한둘은 살아남을 수 있을 것이오."

진여가 반박했다.

"나는 전진해도 조나라를 구원하지 못한 채 군사만 잃게 될 뿐이오. 내가 그대와 함께 죽기를 각오하고 싸우지 않는 것은 조왕과 그대를 위해 장차 진나라에 복수하려는 생각 때문이오. 지금 함께 죽으면 이는 굶주린 범에게 고기를 던지는 것과 같소. 무슨 이로움이 있겠소?"

장염과 진택이 물었다.

"사태가 이미 급박한데 함께 죽어 신의를 세워야지, 어찌 뒷일만 생각하는 것입니까?"

진여가 대답했다.

"내가 죽는다고 무슨 보탬이 되겠소? 하지만 그대의 말에 좇도록 하겠소."

그러고는 먼저 시험 삼아 5천 명의 군사에게 명해 장염과 진택을 좇아 출정하게 했다. 진나라 군사에 맞서 싸웠으나 이내 몰살당하고 말았다. 당시 연나라와 제나라 및 초나라는 조나라의 위급한 정황을 전해 듣고 모두 달려와 원조했다. 이들 모두 진여의 주둔지 곁에 보루와 성벽을 쌓고 주둔했지만 감히 진나라 군사를 치지는 못했다. 이때 항우의 군사가 달려와 왕리를 생포하고 거록성의 포위를 풀었다. 조왕 조헐과 장이가 거록성에서 나와 제후들에게 일일이 사례했다. 장이는 진여를 만나자 진여가 조나라를 구원하지 않은 것을 책망하고, 장염과 진택의 소재를 캐물었다. 진여가 화를 냈다.
"장염과 진택은 반드시 죽기를 각오해야 한다며 나를 책망했소. 내가 그들로 하여금 5천 명의 군사를 이끌고 먼저 시험 삼아 진나라 군에 맞서보게 했소. 이들은 모두 몰살당해 돌아오지 못했소."

장이는 그 말을 믿지 못했다. 진여가 이들을 죽였다고 생각해 끈질기게 캐물었다. 진여는 더욱 노했다.
"그대가 나를 이토록 심하게 책망할 줄은 생각지도 못했소! 내 어찌 장수의 자리에서 물러나는 것을 아쉬워하겠소?"

그러고는 장수의 인수를 풀어서 장이에게 내밀었다. 장이가 당황해 받지 않았다. 진여가 일어나 측간으로 가자 빈객 가운데 한 사람이 장이에게 말했다.

"신이 듣건대, '하늘이 주는 것을 받지 않으면 오히려 그 화를 입는다.'고 했습니다. 지금 진여가 공에게 장수의 인수를 내주었습니다. 받지 않으면 이는 하늘의 뜻을 거역하는 것으로 상서롭지 못합니다. 서둘러 받으십시오."

장이는 인수를 찬 뒤 휘하 병사를 거뒀다. 측간에서 돌아온 진여는 장이가 인수를 돌려주지 않은 것을 원망하며 급히 그곳을 나와 버렸다. 진여는 휘하 가운데 친하게 지낸 수백 명과 함께 황하로 가 고기잡이를 하며 지냈다.

유방의 장수 장이, 유방을 배신한 진여

한 원년인 기원전 206년 2월, 항우가 제후들을 각지에 봉했다. 장이는 평소 널리 교유했기에 그를 천거하는 사람이 많았다. 항우는 조나라를 나눠 장이를 상산왕에 봉하고 신도를 다스리게 했다. 신도의 이름을 양국으로 바꿨다. 항우는 진여가 함곡관으로 입관入關할 때 함께 따라오지 않은 것을 문제 삼아 남피 부근의 3개 현에 봉했다. 장이가 봉국인 상산국으로 가자 진여가 더욱 노했다.

"장이와 나는 공이 같다. 지금 그는 왕이 되고, 나는 다만 후가 됐을 뿐이다. 이는 항우가 공평하지 못하기 때문이다."

진여는 장이를 격파한 뒤 조나라 땅을 모두 거둬들이고 대 땅에서 조헐을 맞이해 다시 조왕으로 세웠다. 조헐은 진여의 공을 높이

사 대의 왕으로 삼았다. 진여는 조헐이 아직 약하고, 나라가 겨우 안정됐을 뿐이라고 여겨 봉지로 가지 않고 그대로 도성에 머물며 조왕 조헐을 보필했다.

한 2년인 기원전 205년, 유방이 동쪽으로 초나라를 치면서 사자를 조나라에 보내 함께 칠 것을 제의했다. 진여가 말했다.

"한나라가 장이를 죽이면 따르겠소."

유방은 장이를 닮은 사람을 찾아 죽인 뒤 그 수급을 진여에게 주었다. 진여가 군대를 보내 유방을 도왔다. 얼마 후 유방이 팽성대전에서 대패하고, 장이가 죽지 않은 사실이 밝혀지자 진여는 유방을 배반했다. 한 3년인 기원전 204년, 유방이 장이와 한신을 보내 조나라 군사를 정형에서 격파했다. 지수 가에서 진여를 베고, 조왕 헐을 추격해 양국에서 죽였다. 이어 장이를 조왕으로 세웠다.

결과적으로 진여는 유방을 배신하는 바람에 횡사하고, 장이는 유방에게 귀의한 덕분에 조왕에 임명됐다. 장이가 유방에게 몸을 맡긴 것은 천문에 뛰어난 감공의 건의를 좇은 덕분이다. 주목할 것은 유방이 자신에게 귀의한 장이를 후하게 대우하며 자신의 사람으로 만든 점이다. 관건은 두터운 대우로 상대를 감복시킨 데 있다. 난세에 천하를 거머쥐는 비결이 바로 뛰어난 인재의 수합收合과 운용에 있다는 사실을 뒷받침하는 대표적인 사례이다. 결국 득인得人과 용인用人 문제로 귀결된다.

11 인재에겐 아낌없이 대우하라

과망계
過望計

회남왕 경포가 군영에 이르렀을 때 유방은 마침 평상에 걸터앉은 채 시녀들을 시켜 발을 씻기고 있었다. 그 상태로 경포를 불러들여 만났다. 경포가 너무 화가 나서 이곳으로 온 것을 후회하며 자진하고자 했다. 물러나와 숙소로 가보니 의복과 마차, 음식, 시종 등이 유방의 거처와 똑같았다. 기대보다 융숭한 예우에 크게 기뻐했다.

「경포열전」

항우의 숙부를 섬겼던 경포와의 오랜 인연

이 대목은 유방이 항우의 핵심 장수로 활약했던 경포를 자기 사람으로 만든 비결을 언급한 것이다. 관건은 상대가 기대하는 것보다 더 큰 것을 내주는 데 있다. 앞서 언급한 것처럼 크게 포상하며 사과하는 사사계賜謝計 내지 귀의한 자를 후대하는 후우계厚遇計와 기본 취지를 같이하는 것이다.

유방과 손을 잡고 천하를 평정하는 대공을 세운 경포의 본명은 영포英布이다. '경포'는 그가 일찍이 죄를 범해 경형黥刑을 당하는 바람에 붙여진 별명이다. 그는 원래 지금의 안휘성 육안현인 육 땅 출신으로, 성은 영씨다. 젊었을 때 어떤 자가 그의 관상을 보고 말하기를, "형벌을 받은 뒤 왕이 될 것이다."라고 했다. 그는 경형을 받게 되었을 때 기쁘게 웃으며 말했다.

"어떤 자가 나의 관상을 보고 형벌을 받은 뒤 왕이 될 것이라고 했다. 아마 이를 두고 한 말일 것이다."

이 말을 들은 사람들 모두 그를 비웃었다. 당시 그는 경형의 판결을 받고 진시황의 수릉을 만드는 여산으로 보내졌다. 그곳에는 형을 받고 끌려 온 자가 수십만 명이나 있었다. 그는 무리의 우두머리 등과 사귀었다. 천하가 어지러워지자 이내 무리를 이끌고 장강 부근으로 달아난 뒤 떼를 지어 도둑질을 하며 살았다.

진시황 사후 진승이 최초로 거병하자 이내 그 역시 독자적인 무력을 배경으로 파양의 수령인 파군 오예吳芮과 합세했다. 함께 진나라에 반기를 들고 군사를 모으는 과정에서 오예가 자신의 딸을 경포의 아내로 내주었다. 오예와 손을 잡은 덕분에 훗날 군벌로 성장할 수 있는 기반을 확보할 수 있었다.

이때 진나라 장수 장함이 진왕 진승을 쳐 진승의 행적이 묘연해졌다. 이 와중에 항우의 숙부인 항량이 반란군을 지휘했다. 경포가 이내 휘하 군사를 이끌고 그의 휘하로 들어갔다. 항량이 회수를 건너 서진하며 초왕의 자리에 오른 초나라 귀족 출신 경구와 휘하의 대사마로 있던 진가 등을 치자 경포가 선봉을 자처했다. 대공을 세워 자신의 위치를 확고히 하고자 한 것이다.

설 땅에 이르러 진승이 쫓기던 와중에 부하에 의해 피살됐다는 소식을 듣게 된 항량이 곧바로 초나라 왕족의 후예인 미심을 찾아 초회왕으로 옹립했다. 항량은 무신군, 경포는 당양군에 봉해졌다. 경포는 열심히 싸운 덕분에 자신도 모르는 사이에 문득 항량과 어깨를 나란히 하는 반군의 우두머리로 성장한 셈이다.

대를 이어 항우의 수족이 된 경포

얼마 후 항량이 전사하고 초회왕이 도읍을 팽성으로 옮기면서 경포는 항량의 조카인 항우와 힘을 합쳐 반군을 이끌게 됐다. 당시 조나라는 진나라 장수 장함에 의해 포위 공격을 받게 되자 초회왕에게 누차 사자를 보내 도움을 청했다. 초회왕이 송의를 상장, 범증을 말, 항우를 차장으로 삼은 뒤 군사를 이끌고 가 조나라를 돕게 했다. 경포도 송의의 휘하 장수로 배속됐다. 진군 도중 송의가 미적거리는 모습을 보이다가 항우에 의해 죽자 초회왕이 부득불 항우를 상장군으로 삼았다. 경포는 여타 장군과 함께 항우 휘하로 들어가게 됐다. 경포의 입장에서 보면 오히려 일이 더욱 순조롭게 풀린 셈이다.

항우는 숙부인 항량의 핵심 장수로 활약한 경포에게 커다란 신뢰를 보냈다. 경포를 선봉장으로 삼은 뒤 먼저 황하를 건너가 진나라 군사를 치게 했다. 경포에게 큰 공을 세우도록 배려한 것이다. 경포 역시 항우의 기대를 저버리지 않았다. 진나라 군사와 싸울 때마다 승리를 거뒀다. 주력군을 이끌고 있던 항우는 매번 승리를 거두는 경포의 선봉대 뒤를 좇아 별다른 어려움 없이 진군했다. 항우가 진나라의 도성인 함양을 점령하기 전에 진나라의 명장 장함을 투항하게 만든 것도 바로 이런 맥락에서 나온 것이다. 항우의 입장에서 볼 때 경포가 거둔 전공은 단연 발군이었다. 「경포열전」에 나오는 사마천의 평이 이를 뒷받침한다.

"항우가 이끄는 초나라 군사가 늘 승리를 거두면서 그 공이 제후의 연합군 가운데 으뜸이었다. 제후의 연합군이 항우에게 복속한 것은 경포가 누차 적은 군사로 많은 적군을 깨뜨리는 이소패중以少敗衆의 승리를 거둔 덕분이다."

당시 항우는 함양을 향해 진군하다가 지금의 하남성 낙양시 서쪽인 신안에 이르렀을 때 경포에게 사람들로부터 크게 지탄받을 수밖에 없는 일을 시켰다. 야음을 틈타 투항한 진나라 군사 20여만 명을 구덩이에 묻어 죽이는 갱살을 시행하도록 한 것이다. 자신이 신뢰하는 장수 경포에게 궂은일을 떠맡긴 셈이다. 경포는 이 일을 조용히 해치웠다.

경포의 충성 행보는 여기에 그치지 않았다. 제후 연합군을 이끌고 함곡관에 이른 항우 앞에 뜻하지 않은 일이 빚어졌을 때 이를 과감히 돌파했다. 항우에 앞서 먼저 함양에 입성한 유방이 병사들을 보내 관문을 틀어막았다. 격노한 항우가 경포에게 명해 샛길로 쳐들어가 관문을 지키는 유방의 군사를 깨뜨리도록 했다. 경포가 샛길을 통해 관문 안으로 진입한 뒤 일거에 유방의 군사를 격파하고 함곡관의 관문을 활짝 열었다.

이로 인해 유방은 졸지에 항우를 중심으로 한 군웅들로부터 '배신자'로 몰리게 됐다. 위기에 처한 유방은 장량이 건의한, 사실상의 투항을 뜻하는 '홍문연의 계책'을 전격 수용한 덕분에 가까스로 목숨을 부지할 수 있었다. 항우가 홍문에서 유방의 항복을 받고 마침내 천하를 손에 넣을 수 있었던 결정적인 계기를 마련한 장본인이 바로 경포였던 셈이다. 사마천은 「경포열전」에서 그 의미를 이같이 설명해 놓았다.

"항우가 마침내 함곡관으로 입관해 함양에 이르게 됐다. 당시 경포는 늘 항우군의 선봉에 섰다. 항우가 장수들을 봉할 때 경포를 넓은 영지를 지닌 구강왕으로 삼고 육 땅에 도읍하게 한 이유다."

항우로부터 커다란 신뢰를 얻은 경포의 심복 역할은 여기에 그치지 않았다. 한고조 원년인 기원전 206년 4월에 봉지를 받은 제후들이 항우 곁을 떠나 각자 자신의 봉지로 갈 당시 그는 의제로 받들어진 초회왕 미심을 제거하는 데 앞장섰다.

당시 항우는 의제로 하여금 장사長沙로 도읍을 옮기도록 한 뒤 은밀히 구강왕 경포에게 명해 의제를 제거하도록 했다. 이해 8월, 경포는 휘하 장수를 시켜 의제를 제거했다. 항우가 천하를 호령하는 과정에서 빚어진 온갖 궂은 일을 스스로 도맡아 행한 셈이다.

유방의 관대함에 끌려 주군을 바꾼 경포

그렇다면 당시 항우의 선봉장 역할을 충실히 수행해 구강왕에 봉해진 경포는 무슨 일로 항우를 저버리고 유방에게 몸을 맡긴 것일까? 당초 항우는 군웅을 각지의 제후왕에 봉한 지 두 달 만에 제나라의 실권자 전영田榮으로부터 정면 도전을 받았다. 내심 '관중왕'을 기대하다가 '한중왕'으로 밀려난 유방을 비롯한 군웅들이 이에 적극 호응하며 노골적으로 항우에게 반기를 들었다. 이들 모두 천하의 향배가 아직 정해지지 않았다고 판단했기 때문이다. 항우의 입장에서 볼 때 천하를 모두 손에 넣었다고 생각한 순간 느닷없이 뒤통수를 맞은 것이다.

항우는 곧바로 자신의 심복인 경포에게 도움을 청했다. 그가 다스리는 구강국에서 병사들을 동원하고자 시도했다. 그러나 경포의 반응은 뜻밖이었다. 그는 이제 일국을 다스리는 제후왕이었다. 일개 선봉장의 역할을 자임했던 과거의 경포가 아니었다.

경포의 입장에서 볼 때 항우의 요청을 받아들이는 것은 생사를 좌우하는 중대 사안이었다. 유방을 비롯한 많은 군웅들이 반기를 들었다는 것은 천하의 향방이 아직도 정해진 바 없다는 것이었다.

이런 상황에서 항우의 요청을 덜컥 수용할 경우 유방을 비롯한 여러 군웅과 죽기 살기로 싸워야만 한다. 항우가 유방 세력을 제압하면 큰 문제가 없으나 그렇지 못할 경우 최악의 상황을 맞이하게 된다. 유방이 항우의 수족과 같은 경포를 그대로 둘 리 만무하기 때문이다. 구강왕의 자리에서 쫓겨나 목숨을 잃는 것은 물론 일족까지 몰살당하게 된다.

이와 정반대로 항우의 주문을 거부할 경우 이내 자신이 충성을 바친 항우와 원수가 되고 만다. 유방이 항우를 제압한다면 별 탈이 없게 되나 그렇지 못할 경우 화를 자초하는 것이나 다름없다. 경포의 입장에서 볼 때 어느 경우든 곤혹스럽기는 마찬가지였다.

결국 그는 어중간한 입장을 취했다. 병을 핑계로 항우를 좇아 종군하지 않은 채 휘하 장수로 하여금 수천 명의 군사를 이끌고 가게 한 것이다. 경포를 선봉장으로 내세우고자 한 항우의 의도는 사실상 좌절된 것이었다.

당시 항우는 경포의 입장을 전혀 고려하지 않은 채 자신의 입장에서만 생각했다. 천하의 향배가 아직 정해지지 않은 상황에서 이런 식의 사고방식은 위험하다. 당시 항우는 내심 경포에게 크게 화를 내며 훗날 손을 볼 생각을 했다. 「경포열전」에 나오는 사마천의 평이 이를 뒷받침한다.

"경포의 재능을 높이 산 항우는 가까이 두고 쓸 요량으로 공격을 가하지 않았다."

경포는 항우의 이런 속셈을 눈치챘다. 두 사람 사이에 틈이 벌어져 이후 경포가 유방 쪽으로 넘어가게 된 결정적인 계기가 바로 여기에 있다.

인재에게는 아낌없이 베풀어라

당시 경포를 회유한 유방의 책사는 빈객 및 문서 담당인 알자 수하隨何였다. 수하가 경포를 만나 설득했다.

"지금 대왕은 모든 것이 안전한 한나라와 함께 하지 않고, 패망의 위기에 처한 초나라에 기대려고 하니 신은 대왕을 위해 곰곰이 생각해도 의아하기만 합니다. 청컨대 신이 대왕을 모시고 칼을 찬 채 한나라에 돌아가게 해주십시오. 한나라 왕은 반드시 땅을 떼어 대왕을 봉하실 것입니다. 하물며 회남 땅뿐이겠습니까? 회남 땅은 반드시 대왕의 소유가 될 것입니다. 한나라 왕은 삼가 신을 사자로 보내 우계愚計를 진언하게 했습니다. 원컨대 대왕은 이를 유념해 주십시오."

회남 일대를 미끼로 내세워 경포를 회유한 것이다. 경포가 여기에 넘어갔다. 항우 몰래 초나라를 배반하고 한나라와 한편이 되겠다고 허락했다. 경포의 배신은 훗날 항우를 제압하는 주요 배경이 되었다.

당시 항우가 보낸 초나라 사자도 비슷한 시기에 경포에게 와 있었다. 그러나 그는 항우를 설득하는 데 실패했다. 여기에는 수하의 임기응변이 큰 역할을 한 것이다. 당시 항우가 보낸 초나라 사자는 황급히 군사를 출동시킬 것을 독촉하며 객사에 머물고 있었다. 이를 알게 된 수하가 곧바로 협상 장소로 뛰어들어가 초나라 사자의 윗자리에 앉은 뒤 이같이 물었다.

"구강왕이 이미 한나라에 귀의했는데, 초나라가 어떻게 병력을 동원할 수 있겠소?"

경포가 깜짝 놀랐다. 초나라 사자가 벌떡 일어나자 수하가 경포에게 말했다.

"일은 이미 벌어졌습니다. 초나라 사자를 죽여 돌아가지 못하게 하고, 빨리 한나라로 달려가 힘을 합치는 게 좋습니다."

경포가 체념한 듯이 말했다.

"그대의 말대로 군사를 일으켜 초나라를 칠 수밖에 없게 됐소."

그러고는 이내 초나라 사자를 죽인 뒤 군사를 일으켜 초나라를 쳤다. 항우와 유방의 운명이 갈리는 순간이었다.

당시 항우는 경포가 배반했다는 소식을 접하고는 불같이 화를 내며 곧바로 휘하 장수 항성項聲과 용저龍且에게 명해 경포를 치게 한 뒤 자신은 군사를 이끌고 하읍下邑을 공격했다. 용저가 회남을 쳐 경포의 군사를 깨뜨리는 데 몇 달이 걸렸다. 항우는 중차대한 시기에 전력을 분산시켜 유방의 본진을 제대로 공략하지 못했다.

당시 커다란 피해를 입은 경포는 군사를 이끌고 한나라로 달아나고자 수하와 함께 샛길을 택했다. 그가 군영에 이르렀을 때 유방은 마침 평상에 걸터앉은 채 시녀들을 시켜 발을 씻기고 있었다. 그 상태로 경포를 불러들여 만났다. 사마천은 「경포열전」에서 경포의 당시 심경을 이같이 묘사했다.

"경포가 너무 화가 나서 이곳으로 온 것을 후회하며 자진하고자 했다. 물러나와 숙소로 가보니 의복과 마차, 음식, 시종 등이 유방의 거처와 똑같았다. 기대보다 융숭한 예우에 크게 기뻐했다."

유방은 항우와 정반대로 사람을 대할 때는 안하무인의 모습을 보였으나 인재라고 판단될 경우는 아낌없이 베푸는 모습을 보였다. 그렇기에 항우 쪽에 서 있던 한신과 경포 등이 유방에게 몸을 맡긴 것이다. 그가 경포의 마음을 사로잡은 일련의 조치는 득인술의 정수이다. 상대가 기대하는 것보다 더욱 융숭히 예우하는 게 관건이다.

이런 방법으로 천하를 손에 넣은 인물이 바로 청나라 말기, 비록 짧은 기간이었지만 중화제국의 황제 자리에 오른 원세개袁世凱이다.

과감하게 발탁하고 가차없이 제거하라

청일전쟁이 1895년 초에 이홍장과 이토 히로부미의 마관조약馬關條約으로 끝나자 청국은 조야가 이홍장을 격렬히 비난했다. 이때 이홍장의 심복으로 알려진 원세개 역시 청일전쟁을 유발한 괴수魁首로 낙인찍혀 운신이 어려웠다. 그러나 그는 여론의 비난을 무릅쓰고 천진에 칩거한 이홍장을 찾아가 위로한 뒤 휴가를 얻어 귀향했다.

그가 고향에서 낙담하여 소일하고 있을 때 문득 조정으로부터 광서제를 알현하기 위해 서둘러 상경하라는 전보가 왔다. 이는 청일전쟁 참패를 계기로 군제를 서양식으로 전면 개편해야 한다는 그의 제안이 높이 평가받았기 때문이었다. 당시 그는 주변의 도움으로 병서 등을 번역해 군사에 능통하다는 명성을 얻고 있었다. 서둘러 상경한 그는 이해 8월 2일에 광서제를 배견하는 자리에서 군제 개편의 필요성을 역설했다.

"차제에 군사방침을 바꾸지 않을 경우 외국의 침략을 막아내지 못해 사직을 보전하기 쉽지 않을 것입니다."

광서제가 크게 기뻐하며 곧 그를 공친왕 혁흔과 경친왕 혁광이 총책임자로 있는 군무처로 보냈다. 그는 군무처의 실무 책임자인 장경에 임명되었다. 당시 청조는 청일전쟁 패배를 계기로 호유분胡燏芬과 장지동張之洞이 각각 정무군과 자강군을 새로이 편성해 서양식으로 훈련을 시키고 있었다. 이해 12월 그는 철도 건설의 책임자로 발령이 난 호유분을 대신해 정무군의 훈련을 떠맡게 되었다.

정무군은 10개 영 4천5백 명으로 편성되어 독일인 퇴역장교 한네켄 등이 훈련을 담당하고 있었다. 그는 임명 즉시 천진으로 가 정무군의 정원을 7천 명으로 확대한 뒤 명칭도 '신건육군新建陸軍'으로 바꿨다. '신건육군'은 독일과 일본의 군대를 본받아 보병과 기병, 포병, 공병, 군수 등 5개 병과로 편제되었다. 병사들은 독일제 장총과 대포 등으로 무장했다.

그가 '신건육군'을 자신의 수족으로 만든 비결은 간단했다. 자신의 명을 따르는 자는 과감히 발탁하고, 불복하는 자는 가차 없이 제거했다. 그리고 재능 있는 부하는 수단 방법을 가리지 않고 자신의 심복으로 만들었다.

당시 원세개는 부하인 완충추阮忠樞를 마치 유방이 경포를 대하듯이 예우해 자신의 사람으로 만들었다. 하루는 경충추가 총애하는 기생을 첩으로 맞아들이는 방안을 상의하자, 표면상 부대의 명예를 깎는 일이라며 불허했다. 그러고는 은밀히 거금을 들여 그 기생을 기적에서 빼낸 뒤 집과 살림을 마련해 주었다. 이후 완충추가 죽을 때까지 그에게 충성을 다한 것은 말할 것도 없다. 경포가 유방의 심복이 된 배경과 흡사하다.

원세개의 이런 행보는 비단 왕충추에 그치는 게 아니었다. 그는 신건육군의 장병들에게 겉으로는 충군애국忠君愛國을 강조하면서도 '모든 일은 총사령관을 중심으로 해야 한다'고 역설했다. 군영에 자신의 위패를 모셔 놓고 경의를 표하도록 조치한 게 대표적이다. 특히 급료를 주는 일은 자신이 친히 감독했다. 중간에서 편취하는 일을 미연에 방지한다는 명목을 내세웠으나 은혜를 베푸는 당사자가 바로 자신이라는 사실을 각인시키고자 한 것이다.

신건육군의 장병들에게 원세개가 우선이고 청조 황제는 뒷전으로 밀린 이유다. 원세개는 신해혁명 직후 천하를 거머쥔 뒤 사상 최초로 세워진 '중화제국'의 처음이자 마지막 황제가 되었다. 원세개가 부하인 왕충추를 심복으로 만든 일련의 행보는 유방이 경포를 심복하게 만든 과정과 똑같다.

사람을 얻고 제대로 쓰는 득인술의 명수, 유방

당시 유방에게 마음이 완전히 기울어진 경포는 이내 처자식을 부르기 위해 사람을 시켜 은밀히 구강으로 들여보냈다. 항우는 이때도 커다란 실수를 범했다. 구강의 군사를 몰수한 뒤 경포의 처자식들을 모두 죽인 것이다. 구강의 군사를 몰수한 것은 당연한 조치이나 경포의 처자식을 몰살한 것은 악수이다. 경포의 사자가 경포의 옛 친구와 총신 등 수천 명을 이끌고 한나라로 돌아왔기 때문이다. 이로써 경포를 비롯한 인재들을 일거에 잃고 말았다. 패망을 자초한 셈이다.

이와 정반대로 유방은 적장으로 있던 경포를 최대한 활용했다. 한 4년인 기원전 203년 7월에 경포를 회남왕에 봉한 뒤 함께 군사를 이끌고 가 항우를 쳤다. 이듬해에 경포가 사람을 구강으로 들여보내 여러 고을을 손에 넣었다. 한 6년인 기원전 201년에는 경포가 유방의 사촌형인 유가劉賈와 함께 구강으로 은밀히 잠입한 뒤 초나라의 대사마 주은周殷을 설득해 초나라를 배반하게 했다.

이는 항우에게 치명타로 작용했다. 대사마는 군사를 총괄하는 자리이다. 대사마 주은이 유방에게 넘어갔다는 것은 곧 항우 세력의 기둥이 무너진 것이나 다름없었다. 유방이 경포를 심복시키는 과정을 통해 인재를 얻는 득인술의 정수를 볼 수 있다.

12 얻지 못한 인재는 과감히 쳐내라

매노계 罵奴計

유방이 위표의 반란 소식을 들었으나 동쪽 초나라가 우려돼 위표를 칠 겨를이 없었다. 역이기에게 말했다.

"그대가 위표를 설득해 항복시킬 수 있다면 1만 호戶를 식읍으로 내리겠소."

역이기가 위표를 만나 설득했으나 위표가 거절했다.

"사람의 일생은 마치 흰 망아지가 작은 틈을 달려 지나가는 백구과극白駒過隙처럼 극히 짧소. 현재 유방은 오만해 다른 사람을 업신여기고, 제후와 군신들을 마치 노비를 혼내듯이 마구 꾸짖고 욕하며 위아래의 예절이 조금도 없소. 나는 그런 꼴을 두 번 다시 볼 수는 없소."

유방이 한신을 보내 하동에서 위표를 치게 했다.

「위표팽월열전」

유방은 타고난 험구와 거친 행동으로 사람들을 경악하게 만들었다. 위나라 왕에 봉해진 위표魏豹는 이 때문에 유방 곁을 떠난다. 여기서 주목할 것은 그의 거친 언행 뒤의 행위이다. 역이기와 장이 및 경포 모두 유방의 즉각적인 사과와 은밀한 후대厚待에 모두 마음을 빼앗겼다. 역설적으로 사전에 험구와 거친 행동이 없었다면 이들의 마음을 얻지 못했을 것이다.

사실 이는 경찰이나 검찰 또는 국정원 내지 보안사 등의 사찰 기관에서 피의자 내지 간첩 등을 회유하거나 심문할 때 자주 사용하는 수법이기도 하다. 심문을 하는 우월적 지위에 있는 자가 피의자 내지 불리한 여건에 놓인 자를 마구 다룰 경우 당사자는 이내 분노 내지 비탄의 심경에 처하게 된다. 뒤이어 같은 위치에 있는 자가 다가와 부드러운 말로 예우를 하며 다독이면 대부분 울컥하는 마음이 들어 순순히 토설하고 만다. 유방이 경포에게 써먹은 수법이 대표적이다.

유방에게서 튕겨져 나간 위표

문제는 위표처럼 끝내 받아들이지 않는 경우다. 위표는 조상이 위나라 왕족이다. 유방과는 출신 성분 자체가 천지 차이였다. 특히 진시황이 일찍 세상을 떠나는 바람에 당시 열국의 왕족 출신들은 그 이전과 크게 다를 바 없는 삶을 살고 있었다. 위표는 유방의 회유에 넘어가지 않았다. 유방 같은 야비한 인물과는 어울릴 수 없다는 자부심이 컸기 때문이다.

누대에 걸친 초나라 명문가 출신인 항우도 위표와 큰 차이가 없다. 항우는 알량한 자부심 때문에 최후의 결전에서 패해 자결하는 순간까지 스스로 반성하지 않고 하늘을 원망했다. 고금동서의 난세에는 이런 모습을 자주 보게 된다. 난세의 의미를 제대로 파악하지 못하거나 적응치 못한 결과다. 유방을 받아들이고 심복한 역이기와 장이 및 경포와 달리 위나라 왕족 출신 위표도 끝내 유방에 맞서다가 횡사하게 되었다.

난세의 시기에 위표와 같은 인물을 만날 경우 어찌 대처하는 게 좋은 것일까? 결론적으로 말해 토벌하는 수밖에 없다. 삼국시대 당시 탁류 출신 조조는 자신의 위왕 진작을 반대하는 핵심 참모 순욱荀旭과 유대를 끊고 끝내 다른 길을 걸었다.

순욱은 천하대세의 흐름을 무시한 채 조조가 사실상 패망한 한나라에 계속 충실할 것을 요구했다. 순욱의 행보는 고려 말에 정몽주가 이성계와 이방원에게 계속 고려의 신하로 남기를 기대한 것과 닮았다. 유방이 역이기를 보내 적극 회유했음에도 불구하고 제후와 군신들을 마치 노비를 혼내듯이 마구 꾸짖고 욕하는 험구와 거친 행동을 비난한 위표는 순욱 내지 정몽주와 사뭇 닮았다.

본서가 유방이 제후와 군신들을 마치 노비를 혼내듯이 마구 꾸짖고 욕하는 모습을 득인술의 한 계책으로 거론한 것도 이런 맥락에서 나온 것이다. 이는 상대의 감복하게 만드는 사전 조치이다. 그 의미를 이해하려 들지 않고, 이런 계책에 경멸을 표하는 위표와 같은 인물은 난세에 횡사를 면하기 어렵다. 실제로 그는 그런 최후를 맞았다. 새 왕조를 세우고자 하는 유방의 입장에서도 이런 사람들까지 모두 껴안고 갈 수는 없는 노릇이다. 유방이 당대의 병법가인 한신을 보내 위표를 토벌한 것도 이런 차원에서 이해할 수 있다.

당초 위표를 비롯한 군웅들은 유방이 항우의 기습 공격을 받고 참패를 당한 팽성대전 이후 문득 유방 쪽에 서 있던 기존의 입장을 바꿔 관망하는 쪽으로 선회했다. 유방이 패할 경우 순식간에 항우 쪽에 설 가능성이 높았다. 이들을 탓할 수는 없다. 급변하는 전황에 제대로 대처하지 못할 경우 멸문지화를 당할 수도 있기 때문이다.

유방의 입장에서는 속히 이들 군웅을 다시 우호세력으로 끌어들일 필요가 있었다. 그러나 그게 쉽지 않았다. 오히려 가장 우려했던 상황이 빚어졌다. 유방 쪽에 서 있었던 위왕 위표가 다시 항우 쪽으로 돌아선 것이다. 왕족 출신이 '건달' 출신을 지지한 특이한 사례였기 때문에 유방의 진영에서 볼 때 위표의 존재는 그 상징성과 의미가 매우 컸다. 위표의 배반이 뼈아프게 느껴질 수밖에 없었다.

왕족 출신으로 한때 유방을 지지하다

「위표팽월열전」에 따르면 위표는 원래 위나라의 여러 공자 가운데 한 사람이다. 그의 사촌형 위구魏咎는 위나라 때 영릉군에 봉해진 인물이다. 진나라가 위나라를 멸한 후 위구를 서인으로 격하시켰다. 진승이 봉기해 왕이 되자 위구는 진승 밑으로 가 그를 섬겼다. 진왕 진승은 위나라 출신 주불周市로 하여금 위나라 땅을 탈취하게 했다. 위나라 땅이 평정되자 위나라 사람들이 주불을 왕으로 세우고자 했다. 주불이 거절했다.

"천하가 어지러우면 충신이 나타나게 마련입니다. 지금 천하가 함께 진나라에게 반기를 들고 있습니다. 도의상 반드시 위나라 왕의 후예를 왕으로 세우는 게 옳습니다."

제나라와 조나라가 각기 수레 50승을 보내 주불을 위나라 왕으로 세우고자 했다. 주불이 사양한 뒤 진왕 진승 밑에 있던 위구를 맞이해 왔다. 사자가 다섯 번 오간 뒤 비로소 진왕 진승이 겨우 위구를 보내 겨우 위나라 왕으로 삼을 수 있었다.

당시 진나라 장수 장함은 이미 진왕 진승을 격파하고, 여세를 몰아 임제에서 위왕 위구를 공격했다. 위구가 주불에게 명해 제나라와 초나라에게 구원을 요청하도록 했다. 제나라와 초나라가 각각 항타項它와 전파田巴에게 명해 군사를 이끌고 주불을 따라가 위나라를 구원했다. 그러나 오히려 장함은 주불 등이 이끄는 장초의 군사를 대파했다. 주불을 죽이고 임제를 포위했다.

위구는 자신의 목숨보다 백성들의 안위를 더 중시했기 때문에 투항을 약속했다. 약속이 이뤄지자 위구는 스스로 불에 타죽었다. '초한지제' 당시 백성들의 안위를 자신의 목숨보다 더 소중히 여겨 적장에게 투항한 뒤 스스로 불 속으로 뛰어든 유일한 사례에 속한다. 그의 뛰어난 애민愛民 정신이 돋보이는 대목이다.

당시 위험을 느낀 위나라 왕족 출신 위표는 즉각 초나라로 달아났다. 초회왕이 위표에게 군사 수천 명을 내주면서 다시 위나라의 땅을 공략했다. 마침 그때 항우는 이미 진나라 군사를 격파하고 장함의 항복을 이끌어 냈다. 위표가 위나라의 20여 개 성읍을 함락시키자 항우도 위표의 실력을 인정해 이내 위나라 왕에 봉했다. 위표가 곧 정예병을 이끌고 항우를 좇아 함곡관 안으로 들어갔다.

한 원년인 기원전 206년, 항우가 제후들을 봉한 뒤 자신은 양나라 땅을 차지하고자 했다. 그래서 위왕 위표를 하동 땅으로 옮겨 평양에 도읍하도록 하고 서위왕으로 삼은 이유다. 얼마 후 제나라의 전영에 이어 항우에게 반기를 든 유방이 한신의 '암도진창' 계책을 이용해 삼진三秦을 평정한 뒤 돌아오는 길에 지금의 섬서성 대려현에 있는 임진 나루를 건너게 됐다. 위기감을 느낀 위표가 이내 나라를 들어 유방에게 귀의했다. 이후 다른 제후들과 함께 연합군을 결성한 뒤 유방을 좇아 초나라의 팽성을 쳤다.

그러나 유방을 비롯한 5국 제후들은 팽성 함락의 승리에 취해 수비를 소홀히 하다가 항우의 기습을 받고 궤멸 상태에 이르렀다. 유방이 참패를 당한 뒤 형양으로 물러나자 위표가 어버이의 병간호를 구실로 귀국을 청했다. 그는 위나라에 이르자마자 황하의 나루를 끊고 한나라를 배반했다. 내심 참패를 당한 유방이 항우를 제압하고 역전승을 거두기는 불가능하다고 판단했음에 틀림없다.

유방은 위표의 반란 소식을 들었으나 동쪽 초나라의 추격이 우려된 나머지 위표를 칠 겨를이 없었다. 유방이 자신의 유세가로 활약하고 있는 책사 역이기에게 말했다.

"그대가 위표를 잘 설득해 항복시킬 수만 있다면 1만 호를 식읍으로 내리겠소."

역이기가 위표를 만나 설득했으나 위표가 거절했다.

"사람의 일생은 마치 흰 망아지가 작은 틈을 달려 지나가는 백구과극白駒過隙처럼 극히 짧소. 현재 유방은 오만해 다른 사람을 업신여기고, 제후와 군신들을 꾸짖고 욕하며 위아래의 예절이 조금도 없소. 나는 그런 꼴을 두 번 다시 볼 수는 없소."

백구과극

'백구과극'은 원래 『장자』 「지북유知北遊」에 실려 있는 일화에서 나온 성어이다. 이에 따르면 하루는 공자가 노자에게 물었다.
"오늘 조금 한가한 듯 보여 감히 지극한 도에 대해 여쭙고자 합니다."

노자가 대답했다.
"그대는 우선 재계하여 그대의 마음을 소통시키고, 정신을 깨끗이 씻어내 그대의 지혜를 밀쳐 내도록 하시오. 무릇 도란 심원하여 말로 표현하기 어렵소. 그대를 위해 그 언저리나마 대략 말해주겠소. 박학다식한 사람일지라도 반드시 도를 아는 것도 아니고, 말재간이 뛰어난 사람일지라도 반드시 도를 아는 것도 아니니 성인은 바로 이런 것들을 끊은 사람들이오. 더하려고 해도 더해지지 않고, 덜어내려 해도 덜어지지 않으니 성인은 다만 보존할 뿐이오. 함께 화합하면서 대하는 것은 덕이고, 만나서 호응하는 것은 도이오. 도와 덕은 제왕이 흥기하는 근거에 해당하오. 사람이 천지 사이에 사는 것은 마치 빨리 달리는 흰 망아지가 문틈으로 지나가는 순간을 언뜻 보는 '백구과극'처럼 홀연히 끝날 뿐이오. 줄줄이 쑥쑥 자라나 생성되지 않는 게 없고, 스스로 흘러가 죽음으로 들어가지 않는 게 없소."

여기서 흰 망아지가 달려가는 것을 문틈으로 내다보는 것처럼 인생이 몹시 짧음을 비유하는 '백구과극' 성어가 나왔다

위표가 역이기의 설득을 거절하면서 '백구과극'을 언급한 것은 유방의 험구와 거친 행동을 비판하려는 속셈에서 나온 것이다. 짧은 생애에 유방과 같은 야비한 건달 출신에게 욕을 먹어가면서 보위에 앉아 있을 생각이 전혀 없다는 취지를 드러낸 것이다. '그런 꼴을 두 번 다시 볼 수는 없소.'라고 단언한 대목이 그 증거다. 원문은 불인부견不忍復見이다. 여기의 불인不忍은 더 이상의 참을성을 발휘할 수 없다는 취지로 쓰인 것이다. 이는 사마천이 표현을 순화시킨 것으로 보인다. 위표는 유방 못지않은 험구로 유방의 야비한 언행을 질타했을 가능성이 높다. 죽어도 다시는 유방과 같은 인물과 행보를 함께 할 생각이 없다는 취지를 분명히 드러낸

셈이다.

끌어들인 인재는 전폭지지하고 얻지 못한 인재는 쳐내라

난세의 시기에 이런 모습을 보이는 것은 매우 위험하다. 실제로 위표는 비명에 횡사하고 말았다. 유방은 위표를 제거하기 위해 당대 최고의 병법가인 한신을 동원했다. 객관적으로 볼 때 역이기의 설득을 거절할 때 위표는 이미 죽은 목숨이나 다름없었다.

기원전 205년 가을 8월, 유방이 마침내 최전방인 형양으로 떠나면서 소하에게 관중의 수비 임무를 맡기고, 동시에 한신에게 위나라 토벌의 명을 내렸다. 유방 역시 더 이상 위표를 회유할 생각이 없음을 드러낸 것이다. 이때 그는 한신을 좌승상으로 삼은 뒤 관영 및 조참 등에게 명해 한신을 곁에서 보필하게 하면서 한신에게 전결권을 부여했다. 장수에게 일단 맡겼으면 전폭 믿어야 한다는 병법의 기본 원리를 충실히 좇은 셈이다. 유방의 용병술이 빛을 발하는 대목이다.

이와 관련해 「외척세가」는 한신의 이름을 생략한 채 조참 등에게 명해 위왕 위표를 치게 했다고 기록했다. 이는 후대인의 가필이 확실하다. 당시 한신은 위표의 의표를 찔러 하양에서 도하를 감행해 위나라 군사의 배후를 쳤다. 이른바 의병도군疑兵渡軍의 전술이다. 의병疑兵의 계책을 구사해 황하를 도강하는 전술을 말한다.

후대 사가들은 한신의 대표적인 용병 사례로 크게 네 가지를 든다.

위나라를 격파할 때 써먹은 '의병도군'의 계책을 포함해 관중을 점거할 때 사용한 '암도진창', 조나라 공략 때 이용한 전술로 인구에 회자하는 배수지진背水之陣, 제나라 구원에 나선 초나라 군사를 수공으로 깨뜨린 유수지전濰水之戰이다.

'의병도군'은 병법에서 말하는 이른바 허허실실虛虛實實의 전형이다. 『한서』는 이를 유방의 공으로 돌려놓았다. 한신의 위나라 공략 작전은 '암도진창'의 계책만큼이나 유명하다.

당시 위왕 위표는 한신의 군사가 몰려오자 지금의 산서성 서남쪽 포판에 방어 진지를 구축하면서 지금의 산서와 섬서 임진관 사이에 있는 황하 나루터를 봉쇄했다. 포판은 남쪽으로 흘러 온 황하가 동쪽으로 흘러온 위수와 합류하는 지점에 있다. 합류한 물줄기가 동쪽으로 방향을 틀기 직전의 동쪽 강가에 포판이 위치해 있었다. 위표가 다스리고 있던 곳은 남쪽으로 흐르는 황하의 동쪽 강가인 분수 유역이었다. 남쪽으로 흐르는 황하는 강폭이 좁고, 경사진 협곡을 탁류가 소용돌이치면서 흐르는 까닭에 강을 건널 수 있는 도하 지점이 한정돼 있었다. 한신의 입장에서 보면 임진에서 포판으로 가는 뱃길이 거의 유일한 도하 노선이었다.

이해 9월, 한신이 임진에 많은 군기를 세우고 많은 배를 있는 대로 그러모았다. 대부대가 일거에 도강하려는 것처럼 위장한 것이다. 병법에서 말하는 이른바 의병계를 구사한 셈이다. 그러고는 황하를 따라 대군을 북상시켰다. 이어 상류에 있는 지금의 섬서성 한성시 일대인 하양에서 병사들에게 명해 나무통이든 나무 막대든 물에 뜨는 것을 가슴에 안고 강을 건너게 했다. 하양의 맞은편 강기슭에는 황하로 들어가는 분수가 흐르고 있었다. 분수를 따라 올라가면 위표의 서위국 도성인 평양을 향해 곧장 진격할 수 있다. 평양은 지금의 산서성의 성도인 임분시다.

도강을 마친 한신은 우선 위표의 군사가 주둔하고 있는 포판과 평양 사이의 요충지인 안읍을 습격했다. 안읍은 하동군의 군도이다. 이곳을 빼앗기면 평양이 위험해진다. 일종의 급소였다. 소식을 접한 위표가 황급히 군사를 이끌고 나와 한신의 군사와 맞섰다. 그러나 이는 한신이 친 그물망에 걸려든 물고기 신세를 자처한 것이나 다름없었다.

임진 나루 일대에서 도하를 준비 중이던 한신의 군사들이 곧바로 황하를 건너 위표 군대의 후미를 쳤다. 협공을 받은 위표의 군사는 제대로 싸우지도 못한 채 자멸하고 말았다. 한신이 포로로 잡은 위표를 형양으로 보내고 여세를 몰아 위나라 전역을 모두 평정했다. 위나라를 향해 출진한 지 한 달 만이었다.

당시 위표는 전마에 실려 유방이 있는 형양으로 압송됐다. 유방은 위표를 보자 마음이 약해졌다. 죽일 생각이 없어진 것이다. 한고조 3년인 기원전 204년 4월, 항우가 형양을 포위했다. 유방이 이를 근심하다가 진평의 계책을 써 범증과 항우를 이간질했다. 항우가 의심하자 범증이 사의를 표한 뒤 팽성으로 가다가 악성 종기가 나 죽었다.

당시 유방은 형양성을 빠져나가면서 어사대부 주가를 비롯해 종공樅公과 위표로 하여금 형양성을 지키게 했다. 이때 주가와 종공이 상의했다.

"나라를 배신한 위왕 위표와는 함께 성을 지키기 어렵다."

그러고는 함께 위표를 죽여 버렸다. 초나라 군사가 형양성을 함락시키는 와중에 주가를 생포했다. 항우는 주가를 회유했으나 주가가 욕을 해대자 대노하여 주가를 팽살하고, 종공도 죽여 버렸다. 결국 유방으로부터 형양성 수비의 책임을 맡은 주가와 종공 및 위표 모두 비명횡사하고 만 셈이다.

후대의 일부 사가들은 유방이 위표를 계속 살려두다가 형양성 수비를 맡긴 배경에 의문을 표하고 있다. 위급 상황에 처하자 주가와 종공의 손을 빌려 위표를 제거하는 이른바 차도살인借刀殺人의 계책을 쓴 게 아닌가 하는 의심을 보낸 것이다. 조선조가 안팎으로 난이 빚어질 때 죄수들을 미리 제거한 것처럼 역대 왕조 모두 전쟁 등의 내우외환 상황에서는 먼저 죄수들부터 처리했다.

여러 정황에 비춰 가능성을 배제할 수 없다. 여후 사후에 즉위한 한문제漢文帝의 생모가 원래 위표의 후궁 출신인 박씨薄氏였던 점이 그렇다. 위표가 죽은 뒤 유방이 그녀를 거둬 한문제를 낳았다. 한문제는 유방의 혈통을 이은 여후 소생의 한혜제와 달리 후대 사가들로부터 명군의 칭송을 받았다. 험구와 거친 행동으로 비난을 받기는 했으나 끝내 천하를 거머쥐고 위표의 후궁 출신 박씨를 취함으로써 천하의 명군인 한문제를 낳아 유씨의 천하를 400년이나 유지시킨 셈이다.

큰 틀에서 볼 때 한문제의 출현은 결과가 과정을 합리화하고, 최후의 승리가 중간의 패배를 미화한 대표적 사례이다. 사실 이런 현상은 '초한지제'에만 나타나는 것도 아니다. 동서고금의 모든 난세가 정리될 때 이런 모습을 보인다. 유방이 천하를 얻는 과정에서 거친 언행으로 여타 제후들과 신하들을 노비 다루듯 꾸짖었던, 이른바 '매노계'는 하나의 계책이라고 할 수 있다. 그러나 만약 그가 천하를 거머쥐지 못했다면 그의 험구와 거친 행동은 패망을 자초하는 망언망동妄言妄動으로 치부되었을 것이다.

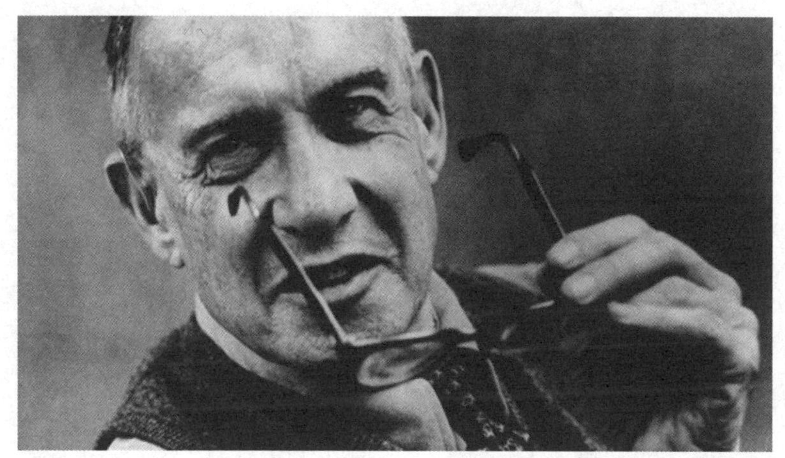

조직에서 가장 어려운 결정은
채용, 해고, 승진 등 사람에 관한 것이다.
인사결정은 관심을 가장 덜 받는 부분이긴 하지만,
원 상태로 돌리기 가장 어려운 부분이기도 하다.
좋은 인재를 선별하는 것을 포함한 사람을 관리하는 능력은
매우 적은 기업이 보유하고 있기에
지속적으로 신뢰도가 높은 경쟁 우위 근원 중 하나이다.

- 피터 드러커 Peter Ferdinand Drucker

漢
卒

03

계획적으로 팀을 지휘하라

치장治將

13 최강의 팀을 만들어라

빈혼계
賓婚計

장량이 항우의 숙부인 항백으로 하여금 패공 유방을 만나게 했다. 항백이 유방을 만나자 유방은 그와 함께 술을 마시며 축수하고 서로 친구가 되었다. 아울러 인척의 관계도 맺었다. 그러고는 항백을 시켜 유방은 항우를 감히 배반하지 않았고, 함곡관을 지킨 것은 다른 도적들을 막기 위한 것이라는 식으로 얘기토록 했다. 마침내 유방이 항우를 만나 서로 화해하게 됐다.

「유후세가」

유방은 천하를 놓고 항우와 각축을 벌이는 '초한지제' 내내 병사들을 지휘하는 것보다 장수들을 장악하는 데 더 큰 관심을 기울였다. 사실 이게 모든 면에서 자신보다 압도적인 우위에 있던 항우를 제압하고 천하를 거머쥔 비결이기도 하다. 병사들을 움직여 작전을 펴는 통상적인 치병治兵 대신 장수들을 확고히 장악한 뒤 장기알이나 바둑알처럼 운용하는 이른바 치장治將이 관건이다.

'치장'의 시작은 장수를 끌어모으는 것부터

유방이 구사한 '치장'의 용인술은 치국평천하의 비결을 백성을 다스리는 치민治民이 아니라 관리를 다스리는 치리治吏에서 찾은 한비자의 주장과 맥을 같이하는 것이다. 이를 뒷받침하는 『한비자』「외저설 우하」의 해당 대목이다.

"명군은 관원을 다스리는 데 애쓸 뿐 백성을 직접 다스리지 않는다. 나무 밑동을 흔들어 나무 전체의 잎을 흔들고, 그물의 벼리를 당겨 그물 전체를 펴는 것과 같다."

이른바 '치리불치민治吏不治民'의 치국평천하 원리이다. 이 원리는 난세에 더욱 절실하게 요구된다. '초한지제'와 같은 군웅쟁패의 시기에는 더 말할 것도 없다. 평민 출신인 유방이 치세와 난세의 이치에 관해 배운 게 있을 리 없다. 그럼에도 '치병'이 아닌 '치장'의 이치를 통찰한 것은 아무래도 그의 건달 경력에서 찾을 수밖에 없다.

마치 마피아와 야쿠자 조직의 정점에 있는 우두머리가 조직을 운영할 때 말단의 하부 조직 운용에 대해서는 개의치 않은 채 중간 보스들의 움직임에 모든 신경을 기울이는 것과 같다. 유방은 건달의 삶을 통해 조직의 운영 원리인 이른바 치장불치병治將不治兵의 이치를 터득했을 것이다.

한비자가 역설한 '치리불치민'과 유방이 건달의 삶 속에서 생래적으로 터득한 '치장불치병'의 이치는 대상의 규모에서만 차이가 날 뿐 기본 이치는 똑같다. '치리불치민'은 치국평천하治國平天下가 대상이다. 나라와 천하가 기본 단위다. '치장불치병'은 전술이 아닌 전략의 이치로, 승패가 갈리는 크고 작은 주요 전장戰場이 기본 단위가 된다.

주목할 것은 '치장불치병'의 이치가 전장의 승패를 가르는 전략의 차원을 넘어 득국득천하得國得天下의 이치로 작동하고 있는 점이다. 치국평천하는 득국득천하 다음에 행해지는 일이다. 군사적 우위가 관건으로 작용하기 때문이다. 동서고금을 막론하고 난세 때마다 강력한 무력을 지닌 자가 들고 일어나고, 이들 군웅들의 각축전에서 최후의 승자가 천하를 거머쥐는 패턴이 반복된다. 치세에는 문文, 난세에는 무武가 앞설 수밖에 없는 이유다. 건달 출신 유방이 누대에 걸쳐 명장을 배출한 집안 출신인 항우에게 최후의 승리를 거둔 것도 이런 맥락에서 이해할 수 있다.

숙적도 자신의 팀으로 끌어오라

유방이 통상적인 '치병' 대신 '치장'에 심혈을 기울인 대표적인 예로 숙적인 항우의 숙부인 항백과 인척 관계를 맺고 자신의 사람으로 만든 것을 들 수 있다. 어떻게 이런 일이 가능했던 것일까?

항백은 젊었을 때 사람을 죽인 일로 인해 쫓겨 다니다가 장량 덕분에 목숨을 구한 적이 있다. 이후 두 사람은 매우 절친하게 지냈다. 「고조공신후자연표高祖功臣侯者年表」에는 항백의 원래 이름이 항전項纏으로 나온다. 그는 항우의 막내 작은아버지였는데 『사기』는 항계項季로 쓰지 않고 큰아버지를 뜻하는 항백으로 기록해 놓았다. 이로 인해 예로부터 많은 논란이 있었다. 그중 유방이 항백을 형으로 섬겼기 때문에 유방 진영에서 그를 '항백'으로 불렀을 가능성이 높다는 주장이 가장 그럴 듯하다.

당시 유방이 항백과 인척 관계를 맺은 것은 전적으로 장량 덕분이었다. 덕분에 유방은 홍문의 연회 당시 피살되기 일보 직전에 살아날 수 있었다. 「항우본기」에 따르면 원래 항우가 진나라 땅을 공략할 속셈으로 함곡관에 도착했을 때 ,관문을 지키는 병사의 저지로 인해 안으로 들어갈 수 없었다고 한다. 유방이 이미 함양을 함락시켰다는 소식을 듣게 된 항우는 대노한 나머지 곧바로 휘하 장수 경포 등을 보내 함곡관을 치게 했다.

항우가 이끄는 제후 연합군은 함곡관을 돌파한 뒤 곧바로 함양 인근의 희수 서쪽에 이르렀다. 당시 유방은 장량의 권유를 받아들여 군사들을 이끌고 함양에서 빠져나온 뒤 파상에 주둔하고 있었다. 항우와 아직 만나지 못했을 때 유방의 좌사마左司馬 조무상曹無傷이 사람을 시켜 항우에게 이같이 고했다.

"패공 유방이 관중의 왕이 되려고 합니다. 자영을 재상으로 삼은 뒤 진귀한 보물을 모두 차지하려는 속셈입니다."

항우가 대노했다.

"내일 아침 병사들을 잘 먹인 뒤 패공의 군사를 쳐부술 것이다!"

당시 항우의 병사는 40만 명으로 신풍의 홍문에, 유방의 병사는 10만 명으로 파상에 주둔하고 있었다. '홍문'은 지금의 섬서성 임동구성에서 동쪽으로 약 5킬로미터가량 떨어진 신풍진 홍문보촌을 말한다. 여산에서 흘러내린 빗물이 빠져 나가는 북쪽 끝의 출구가 문의 형상을 하고 있고, 그 모습이 홍구鴻溝와 매우 닮은 데서 '홍문'이라는 명칭이 나왔다. 당시 항우의 책사인 범증은 항우에게 이같이

주의를 주었다.

"유방은 산동에 있을 때만 해도 재물을 탐하고 미색을 밝혔습니다. 그러나 지금 관내에 들어가서는 재물을 취하지도 않고 여인을 가까이하지도 않습니다. 이는 그의 뜻이 작은 데 있지 않다는 것을 말합니다. 제가 사람을 시켜 그 기운을 살펴보았습니다. 모두 용과 범의 기운으로 오색 찬연했습니다. 이는 천자의 기세입니다. 급히 공격을 가해 기회를 잃지 마십시오."

평소 장량과 친하게 지낸 항백이 야음을 틈타 유방의 군영으로 달려갔다. 몰래 장량을 만나 자초지종을 고하고 함께 달아날 것을 권했다.

"패공을 따라 죽지 마시오."

장량이 말했다.

"나는 한왕 한성韓成을 위해 패공을 따르고 있는 중이오. 패공이 지금 위태롭다고 해서 나만 달아나는 것은 의롭지 못하오. 이를 패공에게 고하지 않을 수 없소."

그러고는 안으로 들어가 유방에게 모두 것을 고했다. 유방이 크게 놀랐다.

"어찌해야 좋소?"

장량이 반문했다.

"누가 대왕에게 함곡관을 막는 계책을 건의한 것입니까?"

유방이 대답했다.

"어떤 소인배 서생이 권하기를, '관문을 막고 제후들을 받아들이

지 않으면 진나라의 넓은 땅에서 왕 노릇을 할 수 있을 것입니다.'라고 했소. 내가 그 말을 따랐소."

관중왕이 되고 싶은 욕심에 터무니없는 권고를 덜컥 받아들인 것이다. 항백이 장량에게 항우가 이끄는 제후 연합군의 상황을 알리지 않았으면 유방은 이튿날 여지없이 궤멸되고 말았을 것이다. 「고조본기」의 다음 대목이 이를 뒷받침한다.

"항우가 병사들을 배불리 먹인 뒤 다음날 아침 유방과 교전하고자 했다. 당시 항우의 병사는 40만 명인데 1백만 명으로 부풀렸고, 유방도 10만 명인데 20만 명으로 부풀렸다. 유방의 병력은 항우와 대적할 수 없었다."

장량은 이를 통찰하고 있었다. 그는 유방으로부터 이 얘기를 전해 듣고는 유방에게 이같이 물었다.

"대왕의 병졸이 항우를 당해낼 수 있다고 봅니까?"

유방이 잠자코 있다가 말했다.

"실로 그렇지 못하오. 장차 이를 어찌하면 좋겠소?"

장량이 대답했다.

"청컨대 항우의 숙부인 항백이 이곳에 와 있으니 그에게 가서 말하기를, '유방은 감히 항우를 배신하지 않을 것이다.'라고 하십시오."

유방이 물었다.

"그대는 어떻게 항백을 알게 된 것이오?"

장량이 대답했다.

"신이 진나라에서 있을 때 그와 어울렸습니다. 항백이 사람을 죽여 신이 그를 살려준 적이 있었습니다. 지금 위급한 일이 생기자 다행히 신을 찾아와 알려 주었습니다."

유방이 다시 물었다.

"두 사람 가운데 누가 연장이오?"

"항백이 연장입니다."

유방이 청했다.

"그대가 나를 위해 항백을 불러주시오. 내가 그를 형으로 섬기겠소."

장량이 밖으로 나가 항백을 불러들였다. 항백이 곧바로 들어와 유방을 알현했다. 유방이 술잔을 들어 장수를 기원하며 사돈을 맺기로 약속했다.

"나는 관내로 들어온 뒤 추호도 감히 보물을 가까이 한 적이 없고, 관원과 백성의 호적을 정리하고, 부고府庫를 관리하며 항 장군이 오기만 기다렸습니다. 장수를 보내 관문을 지킨 것은 다른 도적의 출몰과 비상사태를 미연에 막고자 한 것입니다. 밤낮으로 장군이 속히 오기를 고대한 이유입니다. 어찌 감히 반역할 수 있겠습니까? 원컨대 그대는 나를 위해 감히 배은망덕한 짓을 할 사람이 아니라는 것을 자세히 말해 주십시오."

항백이 이를 허락했다.

"내일 아침 일찍 와서 항왕에게 사죄하지 않으면 안 될 것이오."

"좋소!"

항백이 다시 밤에 왔던 길을 되돌아가 군영에 이른 뒤 유방이 한 말을 항우에게 소상히 보고했다.

"유방이 먼저 관중을 격파하지 않았다면 공이 어찌 들어올 수 있겠습니까? 지금 그가 큰 공을 세웠는데도 그를 치면 이는 의롭지 못한 일입니다. 잘 대우해주느니만 못합니다."

항우가 이를 허락했다. 이튿날 아침, 유방이 100여 기를 이끌고 항우를 만나러 왔다. 홍문에 이르러 사죄했다.

"신은 장군과 함께 죽을힘을 다해서 진나라를 쳤습니다. 장군은 하북, 신은 하남에서 싸움을 벌였습니다. 본의 아니게 신이 먼저 관중에 진입해 진나라를 격파하고, 이곳에서 다시 장군을 뵐 수 있게 됐습니다. 지금 소인배의 참언으로 인해 장군과 신 사이에 틈이 벌어졌습니다."

항우가 말했다.

"이는 그대의 좌사마 조무상이 말한 것이오. 그렇지 않았다면 내가 무엇 때문에 이리했겠소?"

항우는 이날 함께 술을 마시기 위해 유방을 홍문에 머물게 했다. 항우와 항백은 동쪽, 범증은 남쪽을 향해 앉았다. 유방은 북쪽을 향해 앉고, 장량은 서쪽을 향해 앉았다. 범증이 항우에게 누차 눈짓을 하며 차고 있던 옥결을 들어 속히 유방의 목을 칠 것을 암시했다. 이러기를 세 번이나 했으나 항우는 묵연히 응하지 않았다. 범증이 일어나 밖으로 나온 뒤 항우의 사촌 동생인 항장項莊을 불렀다.

"우리 대왕은 사람이 모질지 못하오. 그대는 안으로 들어가 앞에서 축수祝壽(오래 살기를 빎)를 올리고, 축수를 마친 뒤 검무를 청하도록 하시오. 기회를 틈타 유방을 쳐 죽이면 되오. 그리하지 않으면 그대들 모두 패공의 포로가 되고 말 것이오."

항장이 곧바로 들어가 축수를 올렸다. 축수가 끝난 뒤 청했다.

"군왕과 패공이 주연을 즐기는데 군중에 취흥을 돋을 만한 것이 없습니다. 신이 검무를 추고자 합니다."

항우가 허락했다.

"좋소."

항장이 검을 뽑아 춤을 췄다. 이때 항백이 곧바로 검을 뽑아들고 일어나 춤을 추며 계속 몸으로 유방을 감쌌다. 항장이 유방을 치지 못한 이유다.

큰 일을 할 때는 작은 허물에 개의치 말라

당시 장량은 군문軍門까지 가 유방의 휘하 장수인 번쾌를 만났다. 번쾌가 물었다.

"지금 상황이 어찌 돼가고 있는 것입니까?"

장량이 대답했다.

"심히 위급하오! 지금 항장이 검을 뽑아들고 춤을 추고 있소. 계속 패공의 목숨을 노리고 있는 것이오."

번쾌가 말했다.

"실로 급박한 일입니다. 신이 안으로 들어가 패공과 함께 생사를 같이하고자 합니다."

번쾌가 곧바로 검을 차고 방패를 든 채 군문 안으로 들어갔다. 파수를 서는 위사가 막으며 들여보내려 하지 않았다. 번쾌가 방패로 비껴 치자 위사들이 땅에 엎어졌다. 마침내 안으로 들어가 장막을 들추고 서쪽을 향해 섰다. 눈을 부릅뜬 채 항우를 노려봤다. 머리카락이 위로 솟고, 눈 꼬리가 찢어질 대로 찢어졌다. 항우가 칼을 만지며 무릎을 세웠다.

"그대는 무엇을 하는 자인가?"

장량이 대신 대답했다.

"패공의 참승 번쾌입니다."

'참승'은 군주의 수레에 함께 타 호위하는 자를 가리킨다. 항우가 말했다.

"장사로다. 술 한 잔을 내리도록 하겠다."

그러고는 한 말이나 되는 큰 잔에 술을 부어주었다. 번쾌가 감사의 절을 한 뒤 일어나 선 채로 마셔버렸다. 항우가 좌우에 명했다.

"그에게 돼지 어깻죽지를 주어라."

사람들이 곧바로 익지 않은 돼지 어깻죽지 하나를 주었다. 번쾌가 방패를 바닥에 엎어놓고 그 위에 돼지 다리를 올려놓은 뒤 칼을 뽑아 썰어서 먹었다. 항우가 물었다.

"장사로다. 더 마실 수 있겠는가?"

번쾌가 대답했다.

"신은 죽음도 피하지 않는데, 술 한 잔을 어찌 사양하겠습니까! 진나라 왕은 호랑이나 승냥이의 마음을 갖고 있습니다. 다 죽이지 못할까 우려하는 듯 사람을 마구 죽이고, 형벌을 다 사용하지 못할까 우려하는 듯 사람을 마구 형벌에 처했습니다. 천하가 모두 그에게 등을 돌린 이유입니다.

초회왕이 여러 장수들 앞에서 약조하기를, '먼저 진나라를 격파하고 함양에 들어가는 자를 왕으로 세울 것이다.'라고 했습니다. 지금 패공은 먼저 진나라를 격파하고 함양에 진입했지만 터럭만 한 작은 물건도 감히 가까이 한 바 없습니다. 궁실을 굳게 봉하고 다시 파상으로 철군한 뒤 대왕이 오기를 고대했습니다. 일부러 장수를 보내 관문을 지키게 한 것은 다른 도적들의 출입과 비상사태를 대비한 것입니다. 애써 수고한 공이 이처럼 큰데 봉후封侯의 상을 내리기는커녕 소인배의 참언만 듣고 공을 세운 자를 죽이려 합니다. 이는 멸망한 진나라를 잇는 것일 뿐입니다. 제 생각에는 장군이 그런 일을 해서는 안 된다고 봅니다."

항우가 말했다.

"앉게."

번쾌가 장량을 좇아 앉았다. 번쾌가 앉은 지 얼마 안 돼 유방이 일어나 측간을 가면서 이들을 밖으로 불러냈다. 유방이 나간 뒤 항우가 도위 진평에게 유방을 불러오게 했다. 당시만 해도 진평은 항우 휘하에 있었다. 훗날 유방은 자신의 책사로 활약한 진평의 반간계를 이용해 항우를 제압했다. 항우가 진평을 시켜 밖으로 나간 유방을 안으로 불러들인 것은 음미할 만한 대목이다. 만일 항우가 진평을 자신의 책사로 중용했다면 유방이 달아나는 일이 애초부터 불가능했을지도 모를 일이다. 항우가 진평을 시켜 유방을 불러오게 했을 때, 밖에 나가 있던 유방은 번쾌에게 황급히 물었다.

"지금 하직 인사도 하지 않고 나왔으니 어찌하는 게 좋겠소?"

번쾌가 대답했다.

"큰일을 할 때는 사소한 예절은 돌보지 않고, 큰 예절을 행할 때는 작은 허물을 마다하지 않는 법입니다. 지금 저들이 바야흐로 칼과 도마, 우리는 그 위에 놓인 물고기의 신세가 돼 있습니다. 무슨 인사말을 한다는 것입니까?"

마침내 그곳을 떠나며 장량으로 하여금 남아서 사죄하도록 했다. 장량이 물었다.

"대왕은 무슨 선물을 갖고 왔소?"

이 대목의 원문은 '대왕래하조大王來何操'이다. 조操는 잡을 집執의 뜻이다. 당시 항우와 유방 모두 왕호를 사용한 초회왕 밑에 있었던 점을 감안할 때 여기의 '대왕' 표현은 부적절하다. 일본 학자 사다케 야스히코는 유방이 항우를 최초로 배알한 홍문연은 원래 유방이 항복하는 의식의 일환으로 치러졌다고 파악했다. 「항우본기」와 「고조본기」에 나와 있는 '홍문연' 기사는 유방의 항복을 미화했다는 게 한중일 학계의 통설이기도 하다. 『사기』에는 이처럼 한고조 유방을 미화해 놓은 대목이 매우 많다. 당시 유방은 장량의 질문에 이같이 대답했다.

"백벽白璧(흰 옥으로 만든 고리 모양 구슬) 한 쌍을 가져와 항우에게 바치고, 옥두玉斗(옥으로 만든 술잔) 한 쌍은 아부亞父(임금이 공신을 존경하여 부르던 말)에게 주려고 했소. 그들이 화가 나 있어 감히 바치지 못했소. 그대가 나를 대신해 바치도록 하시오."

"삼가 받들겠습니다."

위기 상황일수록 적을 가까이 두어야 한다

당시 항우의 군사는 홍문 아래, 패공의 군사는 파상에 있었다. 서로 40리가량 떨어져 있었다. 유방은 자신의 거기車騎를 버려둔 채 몸만 빠져나와 홀로 말에 올랐다. 번쾌와 하후영夏侯嬰, 근강靳彊, 기신紀信 등 4인은 검과 방패를 들고 도보로 수행했다. 유방 일행은 여산을 내려와 지양의 샛길을 이용했다. 이에 앞서 유방은 장량에게 이같이 당부했다.

"이 길을 따라가면 우리 군영까지는 20리에 지나지 않소. 내가 군영에 이르렀다고 생각될 즈음 안으로 들어가시오."

유방이 떠난 뒤 샛길을 통해 군영에 이르렀다고 여겨질 즈음 장량이 안으로 들어가 사죄했다.

"패공이 술을 이기지 못해 하직 인사를 드리지 못했습니다. 삼가 신 장량으로 하여금 백벽 한 쌍을 받들어 대왕 족하에 재배再拜의 예를 올리며 바치고, 옥두 한 쌍은 대장군 족하에게 재배의 예를 올리며 바치게 했습니다."

항우가 물었다.

"패공은 지금 어디에 있는가?"

장량이 대답했다.

"대왕이 심하게 질책하려 한다는 얘기를 듣고 몸만 빠져나가 홀로 떠났습니다. 이미 군영에 당도했을 것입니다."

항우가 백벽을 받아 자리 위에 두었다. 범증이 옥두를 받아 땅에 놓고는 칼을 뽑아 깨뜨리며 이같이 탄식했다.

"아, 어린애와는 더불어 대사를 도모할 수 없구나. 항우의 천하를 빼앗을 자는 반드시 패공일 것이다. 우리는 이제 그의 포로가 되고야 말리라!"

유방은 군영에 이르자마자 곧바로 조무상을 베었다. 이상이 「항우본기」에 나오는 홍문연의 일화이다. 당시 항백이 장량에게 항우 연합군의 소식을 전해 주지 않았다면 훗날 유방이 보위에 오르는 일도 없었을 것이다.

유방이 항백을 처음 만나자마자 인척 관계를 맺었다. 이는 인척 관계를 적극 활용해 사지死地에서 몸을 빼내고자 한 것이다. 위기 상황에서 적장을 자기 사람으로 만드는 임기응변을 발휘한 셈이다.

병사를 다스리는 '치병' 대신 장수를 다스리는 '치장'의 대표적인 사례로 꼽을 만하다. 훗날 유방이 보위에 오를 수 있었던 결정적인 이유였다.

17 호장계 號葬計

적에게도 예의는 갖춰라

유방이 기장騎將 관영이 항우를 추살追殺할 당시 항우의 봉지인 노현의 백성들은 초나라를 위해 굳게 지키며 항복하지 않았다. 유방이 제후군을 이끌고 북진해 노현의 부로들에게 항우의 머리를 보이자 노현의 백성들이 비로소 항복했다. 유방이 노공魯公의 예로 항우를 곡성에 장사지냈다.

「고조본기」

항우는 초회왕 미심에 의해 공자의 고국인 노나라 땅의 제후인 노공魯公에 봉해졌다. 『사기』는 항우가 생전에 노나라의 백성들을 어떻게 다스렸는지 별다른 기록을 남기지 않았다. 다만 그가 유방에게 패사한 뒤 초나라 모든 지역이 한나라에 항복했음에도 불구하고 유독 항우의 봉지인 노현의 백성만 그러지 않았다는 기록을 보면 항우는 나름 커다란 신망을 얻었던 것으로 보인다. 「항우본기」는 항우를 노공으로 표현한 「고조본기」와 달리 노왕魯王으로 표현해 놓았다.

"당초 유방은 항우를 패사하게 만든 뒤 천하의 군사를 이끌고 가 노현을 도륙하고자 했다. 노현의 백성들은 예의를 지키며 노왕으로 있던 항우를 위해 목숨을 바쳐 절개를 지키는 사절死節을 행하고자 했다. 유방이 항우의 머리를 갖고 가 노현의 백성에게 보였다. 비로소 노현의 부형들이 항복했다."

이 기록을 통해 당시 노나라 백성들은 항우가 살아 있는 한 목숨을 바쳐 노나라 땅을 지키고자 결의한 사실을 짐작할 수 있다. 항우는 비록 전장에서 대부분의 시간을 보냈지만 자신을 대신해 노나라를 다스리는 부하를 통해 나름 매우 관후한 정사를 펼친 것으로 보인다.

라이벌에게도 그만 한 대우를 하라

여기서 주목할 것은 노나라 땅의 백성들이 항복하자 유방이 이내 항우를 노공의 예로 정중히 장사를 지내준 점이다. 「고조본기」는 이를 호장號葬으로 표현했다. 항우를 노공 내지 노왕의 호號로 예장했다는 뜻이다.

패사한 항우에 대한 예우는 여기에 그치지 않았다. 「항우본기」는 항우의 숙부인 항백을 사양후에 봉한 데 이어 항우의 일족인 항양項襄을 도후, 항타項佗를 평고후 등에 봉하면서 이들에게 모두 유씨劉氏 성을 내렸다고 기록했다. 항우의 죽음을 애도하는 노나라 땅의 백성은 물론 여타 지역의 민심을 두루 수습하기 위한 상징적인 조치다.

천하를 놓고 한 치의 양보도 없는 자웅을 겨루었을 경우 일단 천하의 귀속이 확정되었다면, 한때 자신과 치열한 각축을 벌인 상대에게 너그러운 모습을 보일 필요가 있다. 상대 진영의 참모는 물론 자신과 다투었던 상대까지 모두 거두는 포용력을 발휘할 필요가 있다.

자신을 죽이려고 했던 자도 포용하여 인재를 얻다

한때 자기를 죽이려고까지 하던 자를 너그럽게 포용한 대표적인 사례로 춘추시대 중엽 제환공齊桓公이 관중管仲을 재상으로 임명해 사상 최초의 패업을 이룬 것을 들 수 있다. 관중은 인구에 회자하는 관포지교管鮑之交의 주인공이다. 적잖은 사람들이 제환공과 관중의 만남을 삼국시대 당시의 유비와 제갈량의 만남에 비유한다. 객관적으로 봐도 두 사람의 만남은 명군과 현신의 만남인 수어지교水魚之交의 전형이다. 실제로 제갈량은 평소 관중을 흠모한 나머지 스스로를 관중에 비유하곤 했다.

> **공자의 롤모델, 자산**
>
> '만세萬世의 사표師表'인 공자의 사상적 스승으로 손꼽히는 춘추시대 말기의 정나라 재상 자산子産은 관중의 복사판이다. 부국강병을 추진해 약소국 정나라를 문득 춘추시대 말기의 '허브국가'로 만들었다. 공자가 『논어』에서 자산을 군자의 '롤모델'로 칭송하고, 관중이 이룬 패업을 인仁의 실천으로 평한 것은 바로 이 때문이다.

사상사적으로 볼 때, 관중은 제자백가의 효시이다. 제자백가는 공자가 사상 최초로 유가儒家라는 학단學團 을 창설한 이후 우후죽순으로 등장한 수많은 학파들이다. 실제로 그의 저서 『관자』에는 유가와 도가, 법가, 병가 등 제자백가의 모든 사상이 녹아 있다. 전국시대 때 『관자』에 대한 수요가 폭발적으로 늘어난 것도 이런 맥락에서 이해할 수 있다. 『한비자』 「오두」의 다음 대목이 이를 뒷받침한다.

"지금 나라 안의 백성 모두 정치를 말하고, 상앙의 저서인 『상군서商君書』와 관중의 저서인 『관자』를 집집마다 소장하고 있다. 그런데도 나라가 더욱 가난해지는 것은 무슨 까닭인가? 입으로 농사짓는 자만 많을 뿐 정작 손에 쟁기나 호미를 잡고 농사를 짓는 자는 적기 때문이다. 나라 안의 백성 모두 군사를 말하고, 『손자병법』과 『오자병법』의 병가 서적을 집집마다 소장하고 있다. 그런데도 군사가 더욱 약해지는 것은 무슨 까닭인가? 입으로 용병하는 자만 많을 뿐 정작 갑옷을 입고 전쟁터로 나가 싸우는 자는 적기 때문이다."

이는 한비자가 활약하는 전국시대 말기에 『상군서』와 더불어 『관자』가 부국강병의 책략의 고전으로 널리 통용됐음을 시사한다. 주목할 것은 당초 관중은 제환공과 적대적인 관계에 있었던 점이다.

제환공의 이름은 소백小白이다. 관중은 '관포지교'의 또 다른 당사자인 포숙아와 정반대로 소백의 이복형인 공자 규糾를 섬겼다. 제나라의 내란으로 인해 망명을 떠난 소백과 공자 규는 비어 있는 보위를 놓고 치열한 각축을 벌였다. 객관적으로 볼 때 모든 면에서 공자 규가 유리했다. 단 한 가지 불리한 점이 있었다. 제나라 도성 임치성을 기준으로 할 때 소백이 머무는 거나라가 공자 규가 머무는 노나라보다 가까웠던 것이다. 무사히 잠입할 수만 있다면 소백이 역전승을 거둘 가능성이 높았다.

『사기』「제태공세가」에 따르면 노나라가 이내 이 사실을 알아챘다. 노장공이 급히 관중에게 명해 별도로 경병輕兵을 이끌고 가 거나라에서 제나라로 통하는 길목을 차단하게 했다. 양측의 속도 경쟁은 이해 여름에 판가름 났다. 소백이 한발 빨랐던 것이다.

그러나 이 과정에서 매우 아슬아슬한 장면이 연출됐다. 「제태공세가」에 따르면 당시 관중이 이끄는 별동대가 급히 달려가 소백이 오는 길목을 지키고 있다가 화살을 날렸다. 소백이 풀썩 쓰러지자 관중은 소백이 죽은 것으로 알고 급히 첩보를 띄웠다. 그러나 소백은 죽지 않았다. 「제태공세가」의 기록이다.

"화살이 소백의 혁대 갈고리에 맞았다. 소백이 거짓으로 죽은 척했다. 관중이 급히 노나라로 사람을 보내 이를 보고하게 했다. 공자 규의 행렬이 더욱 늦어져 6일 만에 제나라 경계에 이르렀다. 이때는 이미 소백이 고혜의 도움으로 보위에 오른 뒤였다. 그가 바로 제환공이다. 당시 제환공은 혁대 갈고리에 화살을 맞자 곧바로 짐짓 죽은 체하여 관중을 착각하게 만든 뒤 침대용 수레인 온거로 갈아타고 황급히 임치성을 향해 달렸다."

「제태공세가」는 혁대 갈고리를 쏜 당사자가 누구인지 구체적으로 명시하지 않았다. 후대에 만들어진 얘기일 가능성이 높다. 『춘추좌전』의 다음 기록이 그 증거이다.

"여름, 노장공이 군사를 보내 제나라 군사를 친 뒤 공자 규를 제나라로 들여보내려고 했다. 그러나 거나라가 가까웠기 때문에 제환공이 공자 규보다 한 발 앞서 먼저 제나라로 들어갔다."

이는 소백이 별다른 방해도 받지 않고 급속히 귀국했고, 이어 보위에 오른 후 곧바로 군사를 보내 공자 규를 호위하는 노나라 군사의 입경을 저지했다는 것을 알려준다. 관중이 별동대를 이끌고 길목을 지키고 있다가 화살을 날렸다는 「제태공세가」의 기록이 사실이라면 소규모 접전이 있었다고 보아야 한다. 소백은 양측이 교전하는 틈을 이용해 급히 오솔길 등을 통해 임치성을 향해 질주했을 수도 있다.

소백이 제환공으로 즉위할 당시 노나라의 상황이 매우 급박하게 돌아갔다. 대군을 동원한 노장공이 소백의 즉위를 묵과하지 않았기 때문이다. 사실 간발의 차이로 자신이 미는 공자 규가 '속도 경쟁'에서 패한 사실을 놓고 노장공은 통탄했을 것이다. 당사자인 공자 규와 그를 모시던 관중과 소홀의 경우는 더 말할 것도 없다. 「제태공세가」는 이같이 기록해 놓았다.

"소백이 한 발 앞서 제나라로 들어오자마자 곧바로 군사를 동원해 노나라를 막았다."

이는 소백이 보위에 오를 즈음 제나라와 노나라 사이에 본격적인 접전이 일어났음을 시사한다. 싸움이 일어난 장소는 지금의 산동성 박흥현인 제나라의 간시였다. 노나라 군사가 내친 김에 제나라 영내로 밀고 들어온 것이다. 『춘추좌전』의 기록이다.

"가을, 노나라 군사가 간시에서 제나라 군사와 접전했다가 패했다. 노장공이 패해 전차를 잃고 다른 전차를 타고 돌아왔다."

「제태공세가」는 '제나라 병사가 노나라로 돌아가는 길을 차단했다.'고 덧붙여 놓았다. 노나라 군사가 참패한 것이다. 이는 제나라가 이미 노나라 군사가 밀고 들어올 것을 예상해 철저히 준비했음을 시사한다. 실제로 『춘추좌전』에는 노장공이 허둥지둥 달아나던 상황을 그대로 기록해 놓았다.

"이때 노장공의 수레를 모는 어자御者와 호위병인 융우戎右가 노장공을 엄호하기 위해 노장공의 깃발을 들고 다른 길로 도망가면서 제나라 군사를 유인했다. 이로 인해 이들은 모두 제나라 군사에게 포로로 잡혔다."

노장공의 수레를 몰던 '어자'와 '융우'가 거짓으로 노장공으로 위장해 제나라 군사를 유인해야 했을 정도로 상황이 다급했음을 알 수 있다. 병거에서 뛰어내려 옷을 갈아입고 군사들 사이에 끼어 달아났을 것이다. 제환공이 보위에 오른 직후 제양공의 장사를 치른 지 채 한 달도 안 된 기원전 685년 가을 8월의 일이었다. 『춘추좌전』에 따르면 당시 제나라 군사를 이끈 사람은 포숙아였다.

"이때 포숙아가 승세를 몰아 군사를 이끌고 노나라로 들어간 뒤 노장공을 만나 이야기했다."

「제태공세가」는 당사자가 포숙아인지 여부를 밝히지 않았다. 전후 상황에 비춰 포숙아가 관중을 살리기 위해 직접 군사를 이끌고 노나라로 들어가 참패한 후 경황이 없는 노장공을 압박했을 것이다. 『춘추좌전』에 수록된 포숙아의 언급이 이를 뒷받침한다.

"공자 규는 우리 군주의 육친이니 청컨대 군주가 그를 죽이기 바랍니다. 그러나 관중과 소홀은 우리 군주의 원수이니 청컨대 그들을 산 채로 넘겨 저희 군주가 친히 그들을 죽여 분을 풀 수 있도록 해 주십시오."

「제태공세가」는 제나라가 노나라에 국서를 보낸 것으로 기록해 놓았다. 골자는 포숙아의 언급과 비슷하나 그 내용은 훨씬 심각하다.

"공자 규는 우리 군주의 형제입니다. 그러나 죽이지 않을 수 없으니 청컨대 노나라 스스로 그를 죽여주기 바랍니다. 소홀과 관중은 우리 군주의 원수입니다. 청컨대 우리 군주가 그들을 죽여 젓을 담금으로써 마음을 통쾌하게 만들 수 있도록 넘겨주기 바랍니다. 그렇지 않으면 장차 노나라 도성을 포위할 것입니다."

포숙아의 언급은 은근한 으름장에 가까웠으나 「제태공세가」에 나온 국서의 내용은 노골적인 협박이나 다름없다. 노장공은 곧바로 사람을 보내 공자 규를 죽였다. 노장공이 돌변한 것은 그만큼 제나라의 압력이 컸음을 시사한다. 당시 관중을 제나라로 보내 달라고 압박한 것은 전적으로 포숙아의 의중이 반영된 결과로 보아야 한다. 소홀은 공자 규가 죽자 곧바로 그의 뒤를 따라 스스로 목숨을 끊었다.

당시 관중은 포숙아에게 자신을 묶어갈 것을 청했다. 이는 포숙아와 관중이 서로 교신하고 있었음을 암시한다. 포숙아가 임치성으로 돌아와 제환공에게 고한 내용이 이를 뒷받침한다.

"관이오管夷吾의 정치적 재능이 매우 뛰어나니 그를 재상으로 발탁해 쓰는 것이 가할 것입니다."

『춘추좌전』은 당시 제환공이 자신을 옹립하는 최고의 공을 세운 포숙아의 건의를 좇아 관중을 곧바로 재상에 발탁했다고 짤막하게 기록했다. 그러나 어떻게 가까스로 보위에 오른 제환공이, 아무리 포숙아의 건의라고 해도 곧바로 관중을 재상으로 기용했을까? 「제태공세가」에는 이같은 기록이 있다.

"제환공은 보위에 오른 즉시 군사를 동원해 노나라를 치고, 내심 관중을 죽이고자 했다."

이것이 사실에 가까웠을 것이다. 지략이 뛰어난 관중을 그대로 놓아둘 경우 무슨 일이 빚어질지 예측하기가 어려웠다. 이를 제지한 장본인이 바로 포숙아이다. 「제태공세가」에 따르면 포숙아가 관중을 천거한 이유가 보다 명쾌하게 드러나 있다.

"신은 단지 운이 좋아 군주를 좇아 군주의 옹립에 참여했을 뿐입니다. 군주가 보위에 오르는 과정에서 신이 도움을 준 것이라고는 아무 것도 없습니다. 군주가 장차 제나라를 다스리는 것으로 만족한다면 저로도 족할 것입니다. 그러나 장차 패왕이 되고자 한다면 관중이 없으면 안 됩니다. 그가 보필하는 나라는 반드시 패권을 차지할 것이니 그를 놓쳐서는 안 됩니다."

적이었던 과거를 잊고 대우하라

『춘추좌전』을 쓴 좌구명의 또 다른 저서인 『국어國語』「제어齊語」에는 당시 상황을 구체적으로 묘사돼 있다. 이에 따르면 제환공이 보위에 오른 후 포숙아를 재상으로 삼고자 했다. 포숙아가 이같이 사양했다.

"신은 단지 군주의 평범한 일개 신하에 불과할 뿐입니다. 군주가 신에게 은혜를 베풀려 한다면 제가 헐벗고 굶주리지 않게만 해 주십시오. 이는 군주의 막대한 은혜입니다. 만일 나라를 잘 다스리고자 하면 이는 제가 능히 할 수 있는 일이 아닙니다. 만일 그리하고자 하면 오직 관중이 있을 뿐입니다. 신은 다섯 가지 점에서 관중을 따라갈 수 없습니다.

백성이 편히 살며 즐거이 생업에 종사하게 할 수 있는 점에서 신은 그만 못합니다. 나라를 다스리면서 근본을 잃지 않는 점에서 그만 못합니다. 충성과 신의로써 백성의 신임을 얻는 점에서 그만 못합니다. 예의규범을 제정해 천하인민의 행동법칙으로 삼는 점에서 그만 못합니다. 영문 앞에서 북을 치며 전쟁을 지휘하여 백성들을 용기백배하도록 만드는 점에서 그만 못합니다."

제환공이 반박했다.

"그러나 관중은 전에 나의 혁대를 쏘아 맞춘 자요. 당시 나는 거의 죽을 뻔했소."

포숙아가 말했다.

"그것은 당시 그가 자신의 주군을 위해 온 힘을 기울였기 때문입니다. 만일 군주가 그를 능히 사면하여 제나라로 돌아오게 하면 그는 똑같은 충성심으로 군주에게 보답할 것입니다."

관중과 함께 공자 규를 모신 소홀은 의리를 좇아 자진의 길을 택했다. 관중은 이와 정반대로 자신이 죽이려고 했던 제환공을 도와 사상 최초의 패업을 이루는 데 결정적인 공을 세웠다. 치국평천하의 대절을 이루기 위해 사적인 의리인 소절을 희생한 것이다.

당대의 명군 제환공과 현신 관중의 만남은 이런 우여곡절 끝에 이루어졌다. 제환공은 자신을 죽이고자 화살을 날린 관중을 재상으로 임명한 덕분에 마침내 사상 최초의 패업을 이룰 수 있었다. 관중을 과감히 발탁해 민심을 얻는 데 성공한 결과다. 사적인 원한을 버리고 천하의 인재를 과감히 기용하는 난세 리더십의 정수이다.

유방이 한때 정적으로 있던 항우를 노공 내지 노왕의 예로 장사를 지낸 것도 이런 맥락에서 이해할 수 있다. 난세에 천하의 민심을 수습하는 방안으로 한때 정적으로 있던 자를 감싸는 모습을 보이는 것보다 나은 것도 없다. 유방의 이런 행보는 삼국시대 당시 위무제 조조가 정적으로 있던 원소의 무덤 앞에서 눈물을 흘리며 정중히 제사를 올린 것과 닮았다. 말할 것도 없이 모두 주변에 있던 장수와 재상을 비롯한 백성들의 마음을 사기 위한 것이었다. 득국득천하得國得天下의 일환이었던 것이다.

인재가 있다는 소문이 들리면 난 앞뒤 가리지 않고
그에게 달려가 도움을 청할 것이다.
인재를 얻을 수만 있다면 그의 비위를 맞추기 위해
염치를 무릅쓰고 아부하는 일조차 마다하지 않겠다.

\- 나폴레옹 Napoleon

15 책임은 맡기되 사람은 장악하라

탈부계
奪符計

한 3년인 기원전 204년 6월, 유방이 성고를 빠져나왔다. 동쪽으로 황하를 건너 등공 하후영만 데리고 수무에 있는 장이의 군대에 몸을 맡기려고 했다. 수무에 이르러 객사에서 잠을 잔 뒤 새벽에 한나라 사자를 칭하면서 말을 달려 한신과 장이가 자고 있는 조나라 성 안으로 뛰어 들어갔다. 장이와 한신이 아직 일어나지 않은 상황에서 유방이 이들의 침실로 뛰어 들어가 이들의 인수印綬와 병부兵符를 빼앗은 뒤 제장들을 모아놓고 자리를 재배치했다.

한신과 장이는 뒤늦게 일어나 유방이 와 있는 것을 알고는 크게 놀랐다. 유방이 두 사람의 군사권을 빼앗은 뒤 장이에게 조나라를 지키게 하고, 한신을 조나라 상국으로 임명했다. 이어 조나라의 병력 자원 가운데 아직도 징집되지 않은 자를 거둬 제나라를 치게 했다.

「회음후열전」

유방은 위기에 처했을 때마다 자신에게 귀의한 한신과 장이 등의 휘하 장수들이 거느린 군사를 빼앗아 자신이 직접 거느리는 한편 이들을 사방으로 보내 병사를 모집하거나 군웅들을 치는 데 사용했다. 병사들을 지휘하는 것보다 장수들을 장악하는 데 더 큰 관심을 기울인 셈이다.

이는 항우가 항연과 항량으로 이어지는 초나라 명장 집안 출신답게 당대 최고의 병법가로 활약한 사실과 관련이 있다. 막강한 무력을 자랑하던 30만 명의 진나라 군사를 일거에 격파한 거록대전과 반나절도 되지 않는 시간에 56만 명에 달하는 유방의 연합군을 궤멸시킨 팽성대전의 휘황한 승리가 이를 말해 준다. 누대에 걸친 뛰어난 무인 집안 출신이 아니고는 이런 승리를 거두기가 쉽지 않다.

그러나 여기에는 치명적인 약점이 도사리고 있다. 난세가 기존의 가치관과 관행이 뒤집히는 격변기라는 것이다. 배신과 투항, 무함 등이 난무한다. 난세라는 시기 자체가 삶과 죽음이 일순간에 교차하는 전장의 상황을 방불케 한다. 막강한 병력과 뛰어난 무기를 대거 보유했다고 반드시 승리를 거두는 게 아니라는 얘기다.

병사를 다스리는 장수를 장악하라

보다 중요한 것은 장병들에게 승리의 각오를 다지고 용감히 싸우도록 하는 것이다. 이를 위해서는 우선 뛰어난 장수들을 선발해 병사들을 다스리는 치병治兵에 만전을 기해야 하고, 더 중요한 것은 치병의 당사자인 장수들의 마음을 확고히 장악해 의도대로 활용하는 치장治將에 뛰어나야만 한다.

유방은 과거 길거리에서 '치장불치병'의 이치를 습득했다. 유방은 이를 통해 휘황한 무공도 없고, 항우에게 백전백패에 가까운 패배를 당하며 궤멸 직전의 위기에 몰렸으면서도 최후의 승자가 될 수 있었다. 『한비자』가 역설한 나무 밑동을 흔들어 나무 전체의 잎을 흔들고, 그물의 벼리를 당겨 그물 전체를 펴는 이치를 통찰한 덕분이다.

전국시대 말기 당대 최고의 석학인 순자荀子 밑에서 수학한 한비자는 스승 못지않은 당대 최고의 학자였다. 그가 평생에 걸쳐 연구한 법가 사상의 요체를 한마디로 축약한 것이 바로 '치리불치민'의 치국평천하 원리이다. 공교롭게도 무학無學에 가까웠던 유방은 건달의 삶을 통해 한비자가 평생에 걸쳐 탐구한 '치리불치민'의 치국평천하 이치를 '치장불치병'의 득국득천하 이치로 터득한 셈이다. 더 근본적인 것을 몸으로 깨우친 것이다. 유방과 항우의 엇갈린 삶은 '초한지제'와 같은 난세에는 많이 배우거나 아는 자가 아니라 유방과 같이 길거리의 삶을 산 자가 오히려 유리하다는 것을 보여줬다.

전권을 주고 장수를 부려라

유방은 시종 최고의 병법가인 한신을 적극적으로 활용하면서도 그의 무력이 비대해지는 것을 계속 견제했다. 유방은 장이와 한신이 아직 일어나지 않은 새벽에 침실로 뛰어 들어가 이들의 인수를 빼앗은 뒤 제장들을 모아놓고 자리를 재배치했다. 「회음후열전」의 기록이 대표적이다. 『사기』 「고조본기」에도 이를 뒷받침하는 유사한 내용의 기록이 매우 많다.

"초나라 군사가 문득 유방을 형양에서 포위했다. 유방이 남쪽으로 달아나다가 완과 섭 사이에서 경포를 자기편으로 만든 뒤 성고로 함께 들어갔다. 초나라 군사가 다시 그곳을 급히 포위했다. 궁지에 몰린 유방이 등공 관영과 단 둘이 수레를 타고 성고성의 북문인 옥문玉門을 통해 황급히 달아났다. 북쪽으로 황하를 도하한 뒤 말을 내달려

수무에서 하룻밤을 묵었다. 이어 다음날 새벽 자신을 사자라고 칭하며 급히 말을 몰아 장이와 한신의 군영에 들어간 뒤 이들의 군대를 빼앗았다. 이어 장이를 북쪽으로 보내 조나라 땅에서 병사를 더 많이 모집했다. 또 한신을 시켜 동쪽으로 제나라를 치게 했다."

이 기록에서 주목할 것은 크게 두 가지다. 첫째, 휘하 장수인 장이와 한신이 전혀 예상치 못하는 새벽 시간에 그들의 군영으로 뛰어들어가 그들의 인수와 병부를 빼앗은 점이다. 사실상 병권을 박탈한 것이나 다름없다. 둘째, 장이와 한신을 북쪽과 동쪽으로 보내 병사를 모으고 적과 싸움을 벌이게 한 점이다. 쉽게 말해 이들이 가지고 있던 나머지 힘마저 소진시킨 것이다.

장이는 당대 최고 수준의 학문과 병략을 자랑하는 문무겸전文武兼全의 인물이다. 한신은 더 말할 것도 없이 당대 최고의 병법가였다. 난세에는 이런 자들을 휘하에 둔 것이 자랑스러운 일인 동시에 위험한 일이기도 하다. 끝없는 충성을 바치며 적과 대치할 때는 보물과 같은 존재가 되나 문득 저항하며 독립 세력으로 떨어져 나갈 경우에는 가장 무서운 적이 되고 만다. 그렇기에 유방은 위기상황에서 장이와 한신을 적극 견제하고 나섰다.

난세에는 논리보다 힘이 지배한다. 문文이 아닌 무武가 앞서는 이유다. '무'의 상징이 병부兵符이다. 병부는 군대를 동원할 때 쓰던 신표信標를 말한다. 옥玉, 석石, 목木, 동銅 등으로 만들었다. 호랑이 모양으로 만든 까닭에 호부虎符라고도 불렀다. 병부를 반으로 쪼개 절반은 군주, 절반은 군사를 지휘하는 장수가 지녔다. 군주가 긴급히 군사를 동원하고자 할 때 절반의 병부를 장수에게 보내면 장수가 완벽히 맞춰지는지 여부를 확인한 뒤 군사를 출동시켰다.

유방이 장이와 한신의 인수와 병부를 거둔 것은 병권을 박탈한 것이나 다름없다. 병권을 박탈당한 장수는 무기를 빼앗긴 병사와 하등 다를 게 없다. 무인의 입장에서 볼 때 단순히 군사 동원의 권한을 잃는 차원에 그치는 게 아니라 생사여탈권마저 잃은 것이다.

두려울 만큼 뛰어난 인재를 휘하에 두라

전국시대 말기 위나라 공자인 신릉군 위무기魏無忌는 무지막지한 방법으로 병부를 탈취했다. 절부구조竊符救趙 일화이다. 『사기』「위공자열전」에 따르면 신릉군은 위소왕의 막내아들이고, 위안희왕의 이복동생이다. 위소왕 사후 위안희왕이 즉위하면서 신릉군에 봉해졌다. 그는 사람이 어질고, 선비를 예우할 줄 알았다. 현불초賢不肖를 막론하고 누구에게나 겸손하게 예를 갖춰 사귀었다. 부귀하다고 선비들 앞에서 교만하게 굴지 않았다. 선비들은 사방 수천 리 먼 곳에서도 앞다퉈 모여들었다.

당시 그의 문하에는 식객이 3천 명이나 됐다. 제후들은 신릉군이 현명한 데다 그에게 지략에 밝은 식객이 많은 것을 알았기 때문에 감히 군사를 일으켜 위나라를 침공할 생각을 못했다. 그런 세월이 10여 년이나 됐다. 신릉군이 이복형인 위안희왕과 바둑을 두고 있을 때 북쪽 변경에서 적군이 쳐들어왔다는 보고가 들어왔다.

"조나라 군사가 침공 중입니다. 지금 막 국경을 넘어서려 하고 있습니다."

위안희왕이 바둑 두는 것을 멈추고 대신들을 소집해 대책을 논의하고자 했다. 신릉군이 만류했다.

"조나라 왕은 사냥을 하는 것일 뿐 침공하려는 게 아닙니다."

그러고는 다시 바둑을 두었다. 위안희왕은 두려운 나머지 바둑에 마음이 없었다. 얼마 후 북쪽 변경에서 전언傳言이 왔다.

"조나라 왕은 사냥을 나왔을 뿐입니다. 침공하려는 게 아닙니다."

위안희왕이 크게 놀라 신릉군에게 물었다.

"공자는 어떻게 이를 알았소?"

신릉군이 대답했다.

"신의 빈객 가운데 조나라 왕의 은밀한 일까지 정탐할 수 있는 자가 있습니다. 매번 조나라 왕의 동정을 신에게 보고합니다. 이번 일도 능히 알 수 있었던 이유입니다."

이후 위안희왕은 신릉군의 현능賢能을 두려워한 나머지 신릉군에게 국정을 맡기려고 하지 않았다. 당시 위나라에 한 은사가 있었다. 이름은 후영侯嬴으로, 70세였다. 집이 가난해 대량의 동쪽 문인 이문을 지키는 문지기로 있었다. 신릉군이 소문을 듣고는 빈객으로 모시기 위해 많은 예물을 보냈다. 후영이 받으려고 하지 않았다.

"몸을 닦고 행실을 깨끗이 한 지 수십 년이 됐습니다. 지금 문지기 생활이 고달프다고 해서 공자의 재물을 받을 수는 없습니다."

신릉군이 곧 연회를 열고, 빈객을 대거 초대했다. 자리가 정해지자 신릉군이 거마를 이끌고 수레의 왼쪽 자리를 비워둔 채 직접 동문으로 후영을 맞이하러 갔다. 당시 수레의 왼쪽 자리는 상석上席이었다. '왼쪽 자리를 비우다.'의 원문은 허좌虛左로, 존경을 표한 것이다. 후영이 해진 의관을 정제한 뒤 바로 수레에 올랐다. 신릉군보다 상석에 앉으면서 조금도 사양하지 않았다. 신릉군의 태도를 살피려고 한 것이다. 신릉군이 말고삐를 쥐고 더욱 공손한 모습을 보였다. 후영이 신릉군에게 말했다.

"저에게는 시장의 푸줏간에 친구가 1명 있습니다. 수고스럽지만 수레를 돌려 그곳에 들러 주었으면 합니다."

신릉군이 수레를 끌고 시장으로 들어가자 후영이 수레에서 내려 친구 주해朱亥을 만났다. 일부러 오랫동안 서서 얘기하면서 곁눈질로 조용히 신릉군을 관찰했다. 신릉군의 안색이 더욱 부드러워졌다. 당시 신릉군의 집에는 위나라의 장상과 왕족, 빈객들이 가득 모여 있었다. 이들 모두 신릉군이 속히 돌아와 연회의 시작을 알리는 거주擧酒 하기를 고대하고 있었다. 사람들 모두 신릉군이 말고삐를 쥐고 있는 것을 보았다. 수레를 따르던 자들 모두 속으로 후영을 욕했다.

후영은 신릉군의 안색이 끝내 변하지 않는 것을 보고, 친구 주해와 헤어져 수레에 올랐다. 집에 이르자 신릉군이 후생을 인도해 상석에 앉혔다. 이어 두루 빈객들을 소개하자 빈객들 모두 크게 놀랐다. 술자리가 한창 무르익어 갈 때 신릉군이 일어나 후영의 앞에서 나아가 장수를 기원하는 술잔인 축수를 올렸다. 술자리가 끝남을 알리는 파주罷酒가 이뤄진 뒤 후영이 신릉군의 상객이 됐다. 그가 신릉군에게 말했다.

"제가 들렀던 백정 주해는 현인입니다. 세인들은 이를 잘 알지 못합니다. 푸줏간 사이에 숨어 사는 이유입니다."

수단 방법을 총동원해서 뜻을 이뤄라

신릉군이 자주 찾아가 빈객으로 영접하고자 했다. 주해가 일부러 답례도 하지 않았다. 위안희왕 20년인 기원전 257년, 진소양왕이 장수 백기白起를 시켜 장평에 주둔한 조나라 군사를 대파한 뒤 여세를 몰아 조나라 도성 한단을 포위했다. 신릉군의 누이는 조혜문왕의 동생인 평원군의 부인이다. 평원군 조승이 누차 위안희왕과 신릉군에게 서신을 보내 도움을 청했다. 위안희왕이 장수 진비晉鄙로 하여금 군사 10만 명을 이끌고 가 조나라를 구하게 했다. 진소양왕이 사자를 위안희왕에게 보내 이같이 통고했다.

"내가 하루 사이인 단모에 조나라의 항복을 받아낼 것이다. 제후들 가운데 감히 조나라를 구하는 자가 있으면 조나라를 함몰시킨 후 반드시 군사를 시켜 그부터 먼저 칠 것이다."

위안희왕이 두려운 나머지 사람을 시켜 진비의 진격을 멈추게 한 뒤 업 땅에 머물러 보루를 쌓게 했다. 겉으로는 조나라를 구한다고 떠벌리면서, 속으로는 조나라의 형세를 관망하자는 취지였다. 조나라의 평원군이 사자를 잇달아 위나라로 신릉군에게 보내 책망했다.

"내가 공자와 인척 관계를 맺은 것은, 공자가 의리를 중시해 다른 사람이 위급한 상황에 있으면 망설이지 않고 구해줄 수 있다고 여겼기 때문이오. 지금 한단이 함락 직전인데도 위나라 원병은 오지 않고 있소. 이러고도 어찌 공자가 남의 어려움을 보고 구해줄 수 있는 인물이라고 하겠소? 또 공자는 나를 업신여겨 진나라에 항복하게 내버려두고 있소. 공자의 누이가 가엾지도 않소?"

신릉군이 이를 걱정했다. 여러 차례 위안희왕에게 속히 조나라 구원에 나설 것을 청했다. 빈객과 변사를 통해 다양한 방법으로 설득했다. 그러나 위안희왕은 진나라를 두려워한 나머지 끝내 신릉군의 청을 들어주지 않았다. 신릉군은 이내 빈객들과 의논해 거기 100여 승을 준비했다. 출정을 떠나는 길에 동문에 들러 후영을 만났다. 후영이 말했다.

"제가 들으니 장군 진비의 병부兵符가 늘 왕의 침실 안에 있다고 합니다. 여희如姬는 가장 총애를 받는 까닭에 왕의 침실을 자유롭게 드나들 수 있습니다. 그녀가 힘을 쓰면 능히 병부를 빼내올 수 있습니다. 제가 들으니 여희는 자신의 부친이 피살된 후 3년 동안 재물을 써가며 원수를 찾았으나 실패했고, 왕 이하 여러 사람 역시 그녀의 원한을 갚아주기 위해 발 벗고 찾아 나섰으나 모두 찾지 못했습니다.

여희가 이를 공자에게 울며 말하자 공자가 곧바로 식객을 시켜 그 원수를 찾아낸 뒤 목을 베어다 바치게 했습니다. 여희는 공자의 은혜를 갚는 일이라면 죽음도 마다하지 않을 것입니다. 지금까지 그럴 기회가 없었을 뿐입니다. 공자가 한번 입을 열어 도움을 청하면 여희는 반드시 허락할 것입니다. 병부를 얻으면 진비의 군사를 빼앗아 북쪽으로 조나라를 구하고, 서쪽으로 진나라 군사를 물리칠 수 있습니다. 이는 춘추오패春秋五霸의 공에 비할 만한 일입니다."

신릉군이 이를 좇아 여희에게 도움을 청했다. 여희가 진비의 병부를 훔쳐 신릉군에게 건네주었다. 신릉군이 떠나려고 하자 후영이 말했다.

"장수는 전쟁터에 있을 때 군명도 좇지 말아야 할 경우가 있습니다. 그러는 게 나라에 이로울 때 그렇습니다. 공자가 병부를 맞춰도 진비가 군사를 내어주지 않은 채 다시 왕에게 군명을 요청하면 사태는 틀림없이 위급해질 것입니다. 저의 친구 백정 주해를 함께 데리고 가십시오. 그는 역사力士입니다. 진비가 부탁을 들어주면 다행이고, 듣지 않으면 제거하십시오."

주해가 신릉군을 좇았다. 신릉군이 업 땅에 이르러 위안희왕의 명을 사칭해 진비를 대신하려고 했다. 진비가 병부를 합쳐 본 뒤에도 의심을 거두지 않았다. 곧 손을 들어 신릉군을 노려보며 말했다.

"지금 저는 10만 대군을 이끌고 국경에 주둔하고 있습니다. 이는 존망과 직결된 중차대한 사안입니다. 그런데도 공자가 단신으로 와 저를 대신하려고 하니 이것이 어찌 된 일입니까?"

이때 주해가 소매에서 40근 되는 철추鐵椎를 꺼내 진비를 쳐 죽였다. 마침내 신릉군이 진비의 군사를 통솔하면서 군중에 명을 내렸다.

"부자가 함께 군중에 있는 경우 아비가 집으로 돌아가고, 형제가 함께 군중에 있는 경우 형이 집으로 돌아가도록 하라. 또 독자로 형제가 없는 자는 돌아가 부모를 봉양하라."

이어 정예병 8만 명을 선발한 뒤 진나라 군사를 향해 진격했다. 진나라 군사가 마침내 포위를 풀고 물러났다. 신릉군이 마침내 한단을 구하고 조나라를 보존하게 된 배경이다.

위기 상황에서 유방이 문득 장이와 한신의 군영으로 쳐들어가 병부를 빼앗은 것도 따지고 보면 자신의 뜻에 맞춰 군사를 임의로 운용하고자 한 점에서 신릉군이 병부를 훔친 것과 취지를 같이하는 것이다. 병부를 빼앗는 것이 관건이다. 유방은 장수들을 임의로 부리고자 하는 치장治將의 차원에서 병부를 빼앗는 탈부奪符를 하고, 신릉군은 조나라의 위기를 구하는 구조救趙 차원에서 병부를 훔치는 절부竊符를 한 것만이 다를 뿐이다.

16 조직을 흔드는 자는 제압하라

장장계
將將計

한고조 유방이 일찍이 한신과 함께 제장들의 능력을 허심탄회하게 논하며 등급을 매긴 적이 있다. 한고조가 물었다.

"나 같은 사람은 얼마나 많은 군사를 거느릴 수 있겠소?"

한신이 대답했다.

"폐하는 그저 10만 명을 이끌 수 있을 뿐입니다."

유방이 물었다.

"그대는 어떠한가?"

한신이 대답했다.

"신은 많으면 많을수록 좋은 다다익선多多益善입니다."

유방이 웃으며 말했다.

"다다익선이라면서 어째서 나에게 사로잡혔는가?"

한신이 대답했다.

"폐하는 병사를 이끄는 장병將兵에는 무능하지만, 장수를 이끄는 장장將將에는 능합니다. 이것이 바로 신이 폐하에게 사로잡힌 이유입니다. 폐하의 장장 능력은 하늘이 내린 능력인 천수天授이지 인력으로 될 수 있는 게 아닙니다!"

「회음후열전」

유방이 항우를 패사시키고 천하를 거머쥔 뒤 행한 일련의 토사구팽 행보 가운데 가장 상징적인 사람은 당대 최고의 군사전략가였던 한신이다. 「회음후열전」은 젊었을 때 가난한 데다 품행이 단정치 못했다고 기록해 놓았다. 한문 원문은 '빈무행貧無行'이다. 유방도 젊어서 '빈무행'의 처지에 있었다. 그러나 그는 하급 관원인 정장의 자리에 있었다. '빈무행'은 고위 관원의 결격사유는 될 수 있어도, 하급 관리의 결격사유는 될 수 없었던 것이다.

그렇다면 한신은 왜 '빈무행'의 처지에 있었음에도 정장과 같은 자리로 나아가지 않은 것일까? 한신은 유방과 달리 청류를 자처하며 처음부터 하급 관원의 길로 나아갈 생각이 없었던 것이다. 생계를 도모하거나 장사를 하는 등의 치생상고治生商賈에도 소질이 없었다는 「회음후열전」의 표현이 이를 반증한다. 좌상坐商과 행상行商을 뜻하는 '상고'는 당시 가장 천시된 직업이었다. 한신은 아무리 빈궁할지라도 이런 식의 천한 일은 할 수는 없다는 식의 생각을 갖고 있었을 것이다.

사서의 기록에 나오는 한신의 행보를 보면 이런 추론이 터무니없는 게 아님을 알 수 있다. 대표적인 예로 초왕의 신분이 된 후 젊었을 때 신세를 진 남창의 정장을 불러 단돈 100전을 준 것을 들 수 있다. 그가 100전을 내주며 비판하기를, "자네는 소인배다. 모처럼 남을 도와주면서 도중에 내팽개치는 자이다!"라고 했다. 그가 소리의 의리를 '소인배의 의리'로 간주하고 있음을 방증하는 대목이다.

이는 남창의 정장에게 버림을 받은 후 주린 배를 안고 강가에서 낚시를 할 당시 수십 일간에 걸쳐 자신에게 밥을 갖다 준 표모漂母에게 1천 금의 거액을 포상한 것과 극명한 대조를 이룬다. 1천 금은 전국시대 말기 거상 여불위가 조나라에 인질로 와 있던 진시황의 부친 자초子楚에게 보위에 오르기 위한 활동비로 제공한 액수이다. 표모의 '조건 없는 선행'은 공자의 제자 자로가 보여준 '군자의 의리'로 여긴 것이다. 이는 그가 군자와 소인배를 철저히 구분했음을 암시한다.

큰 키에 길고 큰 검을 허리에 차고 늘 천천히 걸어갔다는 「회음후열전」의 기록도 이런 추론을 뒷받침하고 있다. '빈무행'을 지독한 가난에도 불구하고 뜻이 너무 높았기에 사람들의 지적을 받았다는 뜻의 빈고행貧高行으로 바꿔 해석해야 하는 이유다.

원래 '무행'은 유방처럼 상황에 따라 의리를 헌신짝처럼 내던지는 건달에게나 어울리는 법이다. 동서고금을 막론하고 마피아와 조폭의 세계가 보여주듯이 이는 예외가 없다. 실제로 유방의 천하통일 과정이 그렇다. 한신 등의 공신에 대한 가차 없는 토사구팽이 그 증거다.

최고의 병법가 한신은 왜 토사구팽 당했는가?

그렇다면 진시황에 이어 사상 두 번째로 천하를 통일한 유방의 대업에 결정적인 공헌을 한 한신은 왜 토사구팽의 희생양이 된 것일까? 「회음후열전」에 따르면 한 6년인 기원전 201년 겨울 10월, 항우를 제압하고 천하를 통일한 지 2년째 되던 해였다. 어떤 사람이 유방에게 제나라 왕에서 초나라 왕으로 자리를 옮긴 한신이 모반을 꾀하고 있다는 내용의 상서를 올렸다. 유방이 진평을 불러 대책을 묻자 진평이 계책을 냈다.

"예로부터 천자는 순수를 하면서 제후들을 불러 모았습니다. 폐하는 거짓으로 노닐면서 제후들을 초나라의 서쪽 경계에 있는 진현으로 불러 모으십시오. 한신은 별일이 없을 것으로 생각하고 마중을 나올 것입니다. 이때 그를 잡으십시오."

한신이 마중을 나오자 유방이 무사에게 명해 그를 포박한 뒤 황제의 뒤를 따르는 예비용 수레인 후거에 싣게 했다. 한신이 탄식했다.

"과연 사람들이 교활한 토끼가 죽고 나면 훌륭한 사냥개를 삶아 죽이는 '교토사狡兔死, 양구팽良狗烹', 높이 나는 새가 없어지면 훌륭한 활도 한쪽으로 치워버리는 '고조진高鳥盡, 양궁장良弓藏', 적국을 깨뜨리고 나면 지모가 있는 신하를 죽이는 '적국파敵國破, 모신망謀臣亡'을 언급한 게 맞다. 천하가 이미 평정된 뒤 내가 팽살을 당하는 것은 당연하다!"

토사구팽

사서에 기록된 최초의 토사구팽 사례는 춘추시대 말기 월왕 구천이 대부 문종文種을 제거한 일이다. 그러나 사실 이에 앞서 오왕 부차가 자신의 즉위에 공을 세운 오자서에 대해 토사구팽을 행한 게 그 효시다. 단지 문종과 함께 월왕 구천의 패업 완성에 결정적인 공헌을 한 범리范蠡가 월왕 구천 곁을 떠날 때 대부 문종에게 함께 떠날 것을 권하면서 토사구팽 운운한 일로 인해 월왕 구천이 최초의 토사구팽을 행한 인물로 거론됐을 뿐이다.

『춘추좌전』의 기록을 보면 그 이전에도 군주가 공신을 제거하는 토사구팽과 유사한 일이 비일비재했다. 왜 이런 일이 빚어지는 것일까? 바로 개국 초기에 필연적으로 등장할 수밖에 없는 강신 때문이다. '강신'은 군주를 떨게 만드는 신하의 위엄인 이른바 진주지위振主之威를 지닌 권신을 말한다.

창업주는 온갖 고난을 겪고 새 왕조를 창건한 까닭에 능히 강신을 제어할 수 있다. 그러나 궁중에서 자란 후사는 강신을 제어하는 일이 거의 불가능하다. 후사가 개국공신 등의 강신에게 제압을 당하고 뒤이어 이를 우려한 숙부 등의 야심 많은 종실이 들고 일어나 강신을 제어하고 '제2의 창업'을 하는 이유가 여기에 있다. 명나라 영락제와 조선조 세조가 대표적인 경우다.

이를 미연에 방지하기 위해 창업주들은 나름 자신의 손에 피를 묻히는 토사구팽의 악역을 맡곤 하지만 아무리 철저히 해도 이런 흐름을 막을 수는 없다. 크게 보면 유방의 경우도 예외가 아니다. 본인은 토사구팽의 악역을 자처했지만 그의 후손들은 정실인 여후의 소생을 빼고는 여후에게 탄압받는 신세로 전락했다. 진평이 주발과 합세해 여씨 일족을 몰아내지 않았다면 유씨의 천하는 이내 여씨의 천하로 바뀌었을 것이다. 진평이 제2의 창업을 도운 셈이다.

유방이 한신을 토사구팽의 희생양으로 삼을 때 진평의 조언을 구한 것은 그가 자신의 보위를 위협하지 않을 것이라는 확신이 들었기 때문이다. 유방의 이런 판단은 정확했다. 그런 면에서 한신은 진평과 대비된다. 한신은 처형장으로 실려 가면서 자신을 '모신謀臣'에 비유했지만 이는 틀린 비유이다.

내부의 라이벌은 신중히 주시하라

객관적으로 볼 때 당대 최고의 무략을 자랑한 한신은 진평과 달리 유방의 '라이벌'이었다. 유방이 곧바로 한신의 목을 치지 못하고 초왕에서 회음후로 강등시킨 것은 한신의 공이 너무 현저한 데다 명분이 약했기 때문이다. 건국 초기인 까닭에 아직 천하가 안정된 것도 아니고, 천하의 모든 백성들이 모두 지켜보고 있는 상황에서 함부로 최고의 공신을 곧바로 토사구팽 할 수는 없는 일이었다. 좀 더 시간이 필요했다. 그런 점에서 유방은 놀라운 인내력을 발휘한 셈이다.

당시 유방은 귀경하는 길에 천하에 대사령을 내렸다. 짐짓 황제의 관후寬厚한 인정仁政을 널리 선전하고자 한 것이다. 이어 그간 한신이 세운 공을 감안해 목숨을 살려주는 식으로 '너그러움'을 보여 주면서 회음후로 강등하는 조치를 내렸다. 이는 사실 한신의 수족을 자른 것이나 다름없었다. '후'는 회음 일대의 몇 개 현을 보유한 토후土侯에 지나지 않는다. 휘하에 용병할 군사가 없다. 죽은 목숨이나 다름없었다. 유방은 사냥개를 삶아 먹을 시기만을 저울질하고 있었던 셈이다.

당시 제후왕들 가운데 성씨가 다른 사람은 모두 8명이었다. 유방은 이들의 움직임에 촉각을 곤두세웠다. 이들 모두 탄탄한 무력을 바탕으로 천하평정에 핵심적인 역할을 수행한 까닭에 마음을 놓을 수 없었던 것이다. 한신은 비록 회음후로 강등됐지만 경계 대상 1호였다. 그만큼 두려운 존재였다. 불순한 움직임이 조금이라도 보일 경우 이를 구실로 그의 목을 치고자 했다.

빌미는 한신 자신이 제공했다. 그는 회음후로 강등된 후 마음이 늘 우울해 집안에 머물며 거의 외출을 하지 않았다. 그러던 중 한번은 유방이 장수들을 초청해 연회를 베풀었다. 유방이 한신에게 얼마나 많은 군사를 지휘할 수 있는지 여부를 묻자 한신은 '당신은 그저 10만 명을 이끌 수 있을 뿐이다.'라며 자신은 다다익선多多益善이라고 대답했다. 팽성대전 당시 비록 패하기는 했지만 유방은 5국 제후들과 함께 56만 명의 연합군을 지휘했다. 당시 수준에서 10만 명도 대군이었지만 한때 56만 명의 엄청난 대군을 이끈 바 있는 유방을 두고 '겨우' 10만 명 수준이라고 언급한 것은 일종의 모욕에 가까웠다.

이어 그는 '다다익선'을 자랑하는 사람이 자신에게 사로잡히게 된 이유를 물은 유방의 질문에 유방은 병사를 이끄는 장병에는 무능하지만, 장수를 이끄는 장장에는 능하다는 식으로 대답했다. 유방의 군사 운용 능력을 10만 명 수준으로 깎으며 자신을 '다다익선'의 주인공으로 자부한 앞대목과 모순되는 언급이다.

「회음후열전」은 비록 당시 유방이 웃으며 물었다고 표현해 놓았으나 '다다익선'을 자부한 한신의 대답을 들으며 크게 불쾌해했을 것으로 보인다. 한신이 잇단 유방의 질문에 아부성 발언을 한 것이 그 증거다. 특히 유방의 '장장' 능력을 두고 "이는 하늘이 내린 능력인 천수天授이지 인력으로 될 수 있는 게 아닙니다!"라는 식으로 풀이한 것은 앞서 자랑스럽게 언급한 '다다익선'의 버릇없는 언행을 용서해달라는 취지에 가깝다.

당시 유방은 '천수' 운운의 표현이 마음에 들어 더 이상 추궁하지 않았으나 사실 한신은 돌이킬 수 없는 실수를 저지른 것이나 다름없다. 회음후로 강등된 사실에 마음이 답답한 나머지 자신의 재주를 거리낌 없이 자랑한 것이다. 군주를 떨게 만드는 신하의 위엄인 '진주지위振主之威'의 전형이다. 고금동서를 막론하고 군주를 떨게 만드는 '진주지위'를 범하고도 살아남은 자는 없다.

이 경우 선택은 오로지 두 가지 밖에 없다. 첫째, 반기를 들어 군주를 제거하고 스스로 보위에 오르는 길이다. 둘째, 모든 것을 내려놓고 낙향해 은자의 삶을 사는 길이다. 한신은 첫 번째 길을 걸었다. 그러나 이 또한 미리 치밀한 대응책을 마련하지 못한 까닭에 이내 토사구팽의 제물이 되고 말았다. 결과적으로 '진주지위'를 드러냄으로써 스스로 화를 부른 격이다.

안정을 해치는 존재를 확실히 제압하라

유방의 입장에서 볼 때는 당대 최고의 무략을 자랑하는 한신을 시종 견제하면서 수족처럼 부린 게 천하를 통일이라는 대업을 400년 동안 이어지게 만든 요인이었다. 유방이 세운 한나라는 전한과 후한을 합쳐 황제를 칭한 중국의 역대 왕조 가운데 가장 오래도록 유지된 왕조였다. 나머지 왕조는 대부분 300년을 넘기지 못했다. 남북조시대 북조에는 심지어 4년 만에 무너진 왕조도 존재했다.

한신에 대한 토사구팽 역시 병사 대신 장수를 이끄는 장장계의 일환으로 접근할 필요가 있다. 온 몸을 던져 대공을 세웠음에도 토사구팽의 희생양이 된 한신의 입장에서는 매우 억울한 상황일 수밖에 없으나 나라를 새롭게 세우고자 하는 창업주 유방의 입장에서는 어떤 식으로든 강신을 제압할 필요가 있다. 그게 '장장계'의 요체이다. 군주를 두렵게 만드는 신하의 위엄인 '진주지위'를 지니고 있는 한신을 제압하지 않으면 유씨의 한나라가 오래도록 지속될 가능성이 희박했다. 한신이 토사구팽의 시범 케이스로 선택된 것이다.

객관적으로 볼 때 당시에는 유방처럼 건달의 삶을 산 사람이 매우 많았다. 그러나 유방 수준의 '허풍'과 '배짱'을 지닌 자는 없었다. 유방은 자신의 장기인 '허풍'과 '배짱'을 적극 활용해 항우와 한신이 실기失機하자마자 이를 재빨리 틈타 어부지리를 챙겼다. 사서에는 자세한 기록이 나오지 않고 있으나 머뭇거리는 한신에게 '터무니없는' 미끼를 내던져 우군으로 확실히 끌어들인 뒤 항우와 맞붙게 하여 항우가 궤멸되자마자 곧바로 토사구팽에 나섰다.

나관중의 역사소설 『삼국연의』는 이를 이호경식지계二虎競食之計로 표현해 놓았다. 두 호랑이를 서로 다투게 한 뒤 어부지리를 취하는 계략이다. 『삼국연의』의 기록에 따르면 유비와 여포가 서로 다투자 순욱이 조조에게 이같이 건의했다.

"지금 유비가 비록 서주를 이끌고 있으나 아직 황제의 명을 받지 못한 터이니 명공이 주청해 유비를 서주목으로 삼은 뒤 밀서를 내려 여포를 죽이라고 하십시오. 일이 성사되면 유비는 자기를 도와줄 맹장을 잃게 되니 우리는 손쉽게 일을 도모할 수 있고, 성사되지 못하면 여포가 필시 유비를 죽일 것입니다. 이것이 바로 '이호경식지계' 입니다."

한신은 유방이 구사한 '이호경식지계'에 걸려든 셈이다. 유방의 입장에서 볼 때 한신이 항우와 맞붙어 이기면 제1의 적인 항우를 편히 앉아 제거하는 게 되고, 한신이 패하면 제2의 적인 한신을 미리 제거하는 셈이 된다. 두 호랑이가 싸우면 한 쪽이 이길지라도 힘을 모두 소진하게 된다. 이때 다가가 힘을 소진한 호랑이의 숨통을 쉽게 끊을 수 있다. '이호경식지계'는 두 마리 호랑이를 동시에 손에 넣는 최고 수준의 '어부지리' 계책이다. 실제로 '초한지제'의 역사는 그렇게 진행됐다.

한신도 자신이 토사구팽의 제1차 표적이 되리라는 것을 알았다면 결코 사적인 의리에 얽매여 건달 유방의 '이호경식지계'에 걸리는 일을 저지르지는 않았을 것이다. 그 역시 이종오가 『후흑학』에서 지적한 것처럼 '알량한 체면' 때문에 대사를 그르친 셈이다. 『후흑학』이 설파했듯이 난세에는 유방처럼 낯가죽이 두껍고 속마음이 시꺼먼 이들이 천하를 거머쥘 가능성이 높다. 체면에 구애받지 않기 때문이다.

한신은 뒤늦게 자신이 도마 위의 고깃덩이가 되었다는 사실을 깨닫고는 괴철蒯徹의 충고를 듣지 않은 것을 후회했으나 모든 일이 이미 끝난 뒤였다. 한신은 무략에서는 타의 추종을 불허하는 당대 최고의 병법가였다. 그러나 정치적 결단에서는 한없이 우유부단했다. 유방 휘하에서 비록 군사적 재능 면에서는 한신만 못하지만 정치적 판단 면에서 매우 뛰어난 인물이 두 사람을 거느리고 있었다. 장량과 진평이다. 두 사람이 한신과 달리 토사구팽의 도마 위에 오르지 않고 수명을 다할 수 있었던 것도 이런 맥락에서 이해할 수 있다.

난세에 필요한 것은 '누가 라이벌인가'하는 판단력이다

난세에는 군사적 재능도 필요하지만 정치적 재능이 더 위력을 발휘한다. 군사적 재능만 뛰어나면 오히려 토사구팽의 대상이 되고 만다. 이는 삼국시대의 여포가 걸은 길이다. 국공내전 당시에도 유사한 일이 빚어졌다. 뛰어난 군사적 재능을 자랑했던 하룡과 팽덕회, 임표 모두 문화대혁명의 와중에 이슬처럼 사라지고 말았다.

'이호경식지계'에 걸려든 한신은 항우를 제압하고 승리를 거두기는 했으나 이미 만신창이 호랑이가 되어 있었다. 그래서 유방은 항우를 제압하자마자 곧바로 한신에 대한 토사구팽 작업에 들어갔다. 한비자는 이빨과 발톱을 모두 잃은 호랑이는 쥐새끼만도 못하다고 했다. 『한비자』「팔설」의 해당 대목이다.

"호랑이나 표범처럼 사나운 짐승일지라도 발톱과 어금니를 잃어 쓰지 못하게 되면 그 위력은 작은 생쥐와 같게 된다. 억만금을 가진 부자라도 그 많은 재화를 쓰지 못하면 문지기의 재력과 다를 바가 없게 된다."

호랑이가 백수의 왕으로 군림할 수 있는 것은 발톱과 어금니가 있기 때문이다. 『한비자』는 이를 호표조아虎豹爪牙로 표현해 놓았다. '조아'는 공을 세운 신하에게 포상하고 잘못을 범한 신하에게 벌을 내리는 상벌권을 상징하는 것으로 인사대권까지 포함한다. 만일 생쥐가 호랑이의 '조아'를 갖게 되면 어찌되는 것일까? 백수의 왕 수준은 아닐지라도 나름 자신의 관할 영역에서 호랑이처럼 군림할 수 있다. 이른바 혜서조아鼷鼠爪牙가 그것이다.

천하를 거머쥐고자 하는 자에게 군사적 재능은 변변치 않은 재능에 불과하다. 천하대세를 읽는 안목과 비상한 결단, 강고한 의지, 강력한 추진력, 인재를 거둬들여 부릴 줄 아는 용인술 등이 훨씬 중요하다. 물론 유방이 이런 덕목을 모두 지닌 것은 아니다. 그는 부족한 점을 소하와 장량 및 진평 등의 보필로 보충했다.

난세의 시기에 큰 꿈을 꾸는 건달 출신이 터득하는 '허풍'과 '배짱'은 휘황한 빛을 발하게 돼 있다. 도덕의 잣대를 들이대서는 안 된다. 유방은 기존의 관행과 가치관에 얽매이지 않아 난세의 임기응변에 유리했다. 그가 '장장계'를 구사한 것도 이런 까닭이다.

호랑이나 표범처럼 사나운 짐승일지라도
발톱과 어금니를 잃어 쓰지 못하게 되면
그 위력은 작은 생쥐와 같게 된다.

-『한비자』「팔설」

17 배신이 없도록 마음을 사로잡아라

추식계 推食計

한신이 천하를 3분할 것을 권한 항우의 사자인 무섭武涉의 건의를 사절하며 이같이 말했다.

"내가 일찍이 항왕項王을 섬긴 적이 있소. 벼슬은 낭중郎中에 지나지 않았으니, 지위도 창을 잡고 숙위宿衛를 서는 집극執戟에 불과했소. 바른 말을 해도 들어주지 않고, 계책도 받아들여지지 않았소. 초나라를 떠나 한나라로 간 이유요. 한왕漢王은 나에게 상장군의 인수를 내주고 수만 명의 군사를 거느리게 했소. 게다가 자신의 옷을 벗어 나에게 입히고, 자신의 밥을 주어 나에게 먹도록 했소. 건의가 받아들여지고, 계책이 채택됐소. 내가 오늘 여기까지 이르게 된 배경이오. 무릇 남이 나를 깊이 친신親信하는데 이를 배신하는 것은 상서롭지 못하오. 내가 설령 죽을지언정 이 마음을 바꿀 수는 없소. 나를 위해 항왕에게 거절의 뜻을 전해주면 좋겠소!"

「회음후열전」

토사구팽의 제물이 된 한신에게도 천하를 거머쥘 수 있는 기회가 여러 번 있었다. 더구나 그에게는 괴철이라는 뛰어난 책사가 곁에 있었다. 괴철은 항우의 책사로 활약한 범증 혹은 유방의 책사인 장량 및 진평에 못지않은 당대 최고의 책사였다. 한신이 괴철의 말을 좇았다면 유방에게 토사구팽을 당하는 일도 없었을 것이다.

그렇다면 한신은 왜 괴철의 말을 듣지 않고 토사구팽의 제물이 되고 만 것일까? 유방의 입장에서 평가하면 이는 유방의 뛰어난 용인술 덕분이다. 바로 휘하에게 자신의 밥을 내줘 감동시키는 이른바 추식계가 그것이다. 큰 틀에서 볼 때 한신은 유방이 구사한 '추식계'에 넘어가 스스로 토사구팽의 제물이 되는 길로 나아갔다고 해도 무리가 없다.

한신은 왜 유방을 배신하지 못했나?

한신은 병법에서는 유방과 비교할 수 없을 정도로 뛰어났다. 그러나 웅혼한 기개 측면에서는 결코 유방의 상대가 못 되었다. 유방을 딛고 넘어서는 일이 불가능했다고 표현하는 게 옳다. 이는 고양이와 쥐의 관계를 연상하면 쉽게 이해할 수 있다. 아무리 덩치가 큰 쥐라도 고양이 새끼를 두려워하기 마련이다. 유방은 이를 최대한 활용했다. 그가 구사한 계책이 바로 '추식계'였다.

원래 괴철의 이름이 『사기』 원문에는 괴통蒯通으로 나온다. 한무제 유철劉徹의 이름을 꺼려 '철'을 '통'으로 바꾼 것이다. 원래의 이름을 되찾아줄 필요가 있다. 괴철은 역사상 처음으로 천하삼분지계天下三分之計를 건의한 당대 최고의 책사이다. 삼국시대 제갈량이 언급한 '천하삼분지계'의 효시이다. 당시 한신은 핵심 책사인 괴철의 거듭된 '천하삼분지계' 건의에도 불구하고 우물쭈물하다가 결국 토사구팽의 희생양이 되고 말았다.

「항우본기」에 따르면 항우의 기습으로 유방이 이끄는 5국 연합군이 참패를 당했을 때 심이기審食其가 유방의 부친인 태공과 여후를 모시고 샛길로 가며 유방을 찾았다. 그러나 도중에 오히려 초나라 군사를 만나 포로가 되고 말았다. 항우가 이들을 인질로 삼아 늘 군영에 두었다.

당시 여후의 오빠 주여후周呂侯는 유방을 위해 군사를 이끌고 하읍에 주둔하고 있었다. 유방 일행이 샛길로 가 그에게 몸을 의탁한 뒤 사방으로 달아난 한나라 병사들을 거둬들이기 시작했다. 형양에 이르자 패잔병들이 모두 모였다. 관중에 있던 소하는 징집 명부에 없는 노약자까지 모두 징발해 형양으로 보냈다. 덕분에 한나라 군사가 어느 정도 위세를 회복할 수 있었다.

그러나 초나라 군사는 팽성의 승리를 계기로 여세를 몰아 패주하는 한나라 군사를 추격했다. 형양 남쪽의 경읍과 색읍 사이에서 한나라 군사와 접전이 벌어졌다. 한나라 군사가 초나라 군사를 격파하자 초나라 군사는 더 이상 형양을 지나 서진하는 게 불가능했다.

이 소식을 들은 항우가 군사를 이끌고 형양에 이르렀다. 이때 제나라 전횡이 혼란한 틈을 타 제나라를 수습한 뒤 전영의 아들 전광田廣을 제나라 왕으로 옹립했다. 유방이 팽성대전에서 참패하자, 천하의 향배에 민감한 군웅들이 다시 항우 쪽에 붙거나 관망하는 쪽으로 돌아서 유방과 거리를 두었다. 한나라 군사는 형양에 주둔한 뒤 황하로 이어지는 용도甬道(담을 양쪽에 쌓아 만든 통로)를 만들어 오산 기슭에 만든 거대한 곡물 창고인 오창으로부터 군량을 제공받았다.

한 3년인 기원전 204년, 항우가 누차 한나라 군사의 용도를 쳐 군량을 빼앗았다. 군량이 부족해진 유방이 두려운 나머지 강화를 청해 형양 서쪽만 영토로 만들고자 했다. 항우가 이에 응하려고 하자 약책사인 범증이 만류했다.

"지금이야말로 한나라 군사를 쉽게 해치울 때입니다. 지금 놓아주고 취하지 않으면 나중에 반드시 후회할 것입니다."

항우가 이를 받아들여 급히 형양을 포위했다. 유방이 이를 근심하다가 진평의 계책을 써 범증과 항우를 이간질했다. 항우가 범증을 의심하자 화가 난 범증이 사의를 표한 뒤 팽성으로 가다가 도중에 악성 종기가 나 죽고 말았다. 이때 유방은 휘하 장수 기신紀信이 유방의 모습으로 초나라 군사의 눈을 속인 사이 가까스로 형양성을 빠져 나왔다. 유방이 곧 남쪽에 있는 지금의 하남성 남양시인 완성과 하남성 섭현으로 내려가 구강왕 경포를 끌어들였다. 함께 행군하면서 병사를 모은 뒤 성고로 다시 들어가 지켰다.

한 4년인 기원전 203년, 항우가 성고를 포위했다. 여기서 조금 더 밀어붙였으면 천하가 항우의 손에 떨어질 터였다. 위기감을 느낀 유방이 다시 유방이 하후영과 함께 성고의 북문을 빠져나온 뒤 황하를 건너 수무로 달아났다. 그곳에는 장이와 한신이 머물고 있었다. 유방이 새벽에 군영으로 쳐들어가 이들의 군사를 빼앗아 직할 부대로 삼았다. 이때 여러 장수들도 조금씩 성고를 빠져나와 유방이 있는 수무 쪽으로 달려왔다.

항우는 마침내 성고를 함락시킨 뒤 서쪽으로 진격해 수무를 공격했다. 그러나 한나라 군사가 전력을 다해 공 땅에서 이들의 진격을 막아 초나라 군사가 더 이상 서진하지 못했다. 이때 팽월이 황하를 건너 동아에서 초나라 군사를 공격했다. 대노한 항우가 직접 동쪽으로 진격해 팽월을 쳤다. 유방이 일족인 유가劉賈에게 팽월과 합세해 초나라 군량을 불태우도록 명했다. 항우가 이들을 격파하는 사이 유방이 군사를 이끌고 황하를 건너 다시 성고를 빼앗았다. 덕분에 광무에 주둔하며 오창의 곡식을 먹을 수 있었다.

항우가 동해를 평정한 뒤 다시 서쪽으로 돌아와 광무에 진을 쳤다. 이런 상태로 수개월 동안 대치했다. 이때 유방이 광무산 골짜기를 사이에 두고 항우의 죄목을 나열하자, 항우가 노해 일전을 벌이고자 했다. 유방이 응하지 않았다. 항우가 숨겨둔 쇠뇌를 발사해 유방을 맞히자 유방이 부상을 입었다. 곧 팽월의 유격전 덕분에 탈환에 성공한 성고로 달아났다.

이때 항우는 회음후 한신이 하북을 함락시킨 뒤 제나라와 조나라까지 무찌르고, 초나라를 치려고 한다는 소식을 들었다. 곧 휘하 장수 용저龍且로 하여금 한신을 치게 했다. 한신이 용저와 접전했다. 이때 한신 휘하의 기병대장 관영灌嬰이 나서 초나라 군사를 대파하고 용저마저 죽였다. 여세를 몰아 한신 스스로 제왕이 됐다.

유방의 후한 대우에 회유를 물리치다

항우는 용저가 패사했다는 소식을 듣고 크게 놀랐다. 곧 지금의 강소성 회안시인 우이 출신으로 휘하에서 종횡가의 책사로 활약하고 무섭武涉을 보내 한신을 설득했다. 「회음후열전」에 당시 무섭이 행한 유세의 내용이 소상히 소개돼 있다.

"천하인 모두 진나라의 폭정에 괴로움을 당한 지 오래됐습니다. 서로 힘을 합쳐 진나라를 친 이유입니다. 진나라가 무너지자 공을 헤아려 땅을 나누고, 각지에 왕을 봉해 병사들을 쉬게 했습니다. 지금 유방이 다시 군사를 일으킨 뒤 동진해 남의 봉지를 침공하며 마구 빼앗고 있습니다. 이미 삼진三秦을 깨뜨리고 군사를 대동한 채 함곡관을 빠져나와 제후의 군사를 거두면서 동쪽으로 초나라를 치고 있는 게 그렇습니다. 천하를 모두 삼키기 않고는 그치지 않을 것입니다.

그의 탐욕은 이토록 심해 만족을 모릅니다. 그는 결코 믿을 수 없는 자입니다. 그 몸이 누차 항우의 손에 쥐어졌지만 항우는 늘 그를 가엾게 여겨 살려주었습니다. 그러나 그는 위기를 벗어나기만 하면 번번이 약속을 어기고 다시 항우를 쳤습니다. 그를 가까이해 믿을 수 없는 게 이와 같습니다. 지금 족하는 스스로 유방과 후교厚交가 있다고 착각한 나머지 그를 위해 있는 힘을 다해 군사를 지휘하고 있습니다. 그러나 끝내 그의 포로가 되고 말 것입니다.

족하가 아직 살아남은 것은 항우가 살아 있기 때문입니다. 지금 항우과 유방의 싸움에서 승리의 저울추는 족하에게 달려 있습니다. 족하가 추를 오른쪽으로 기울이면 유방, 왼쪽으로 기울이면 항우가 이길 것입니다. 항우가 오늘 망하면 다음에는 족하를 멸할 것입니다. 족하는 항우와 연고가 있습니다. 어찌하여 한나라를 배반한 뒤 초나라와 손을 잡고 천하를 3분하여 왕이 되려고 하지 않는 것입니까? 지금 절호의 기회를 버린 채 스스로 한나라를 믿고 초나라를 치고자 하니, 이것이 어찌 지혜로운 자가 할 일이겠습니까!"

한신은 전에 유방이 자신에게 상장군의 인수를 내주고, 자신의 옷을 벗어 입히면서 자신의 밥을 내주어 먹도록 한 일을 거론하며 무섭의 제의를 거절했다. 나름 의리 있는 모습이기는 하나 사사로운 소절小節에 얽매여 천하대사와 직결된 대절大節을 훼손했다는 지적을 받을 만했다. 유방을 처음 만났을 때 항우를 두고 부인지인婦人之仁과 필부지용匹夫之勇에 얽매여 있다고 지적한 비판을 무색하게 만드는 대목이다. 남의 결점은 정확히 보면서 정작 중요한 자신의 단점을 보지 못한 셈이다.

무섭이 이내 자리를 떠날 수밖에 없었다.

책사의 설득에도 무너지지 않은 한신의 믿음

그의 뒤를 이어 한신의 설득에 나선 사람이 바로 괴철이다. 괴철이 사상 처음으로 제시한 '천하삼분지계'는 무섭의 유세 내용과 취지를 같이하는 것이다. 무섭을 두고 괴철과 함께 '천하삼분지계'의 효시라고 해도 크게 틀린 말은 아니다.

「회음후열전」에 따르면 괴철은 천하대권의 향방이 한신에게 달린 것을 알고는 기책을 동원해 관상을 언급하며 한신을 회유했다.

"제가 일찍이 관상을 배운 적이 있습니다."

"선생의 관상술은 어떤 것이오?"

괴철이 대답했다.

"귀천貴賤은 뼈의 상인 골법骨法, 희우喜憂는 얼굴모양과 얼굴빛인 용색容色, 성패成敗는 결단決斷에 달려 있습니다. 이를 참고하면 만에 하나도 어긋나지 않습니다."

"좋소. 선생이 보건대 과인의 관상을 어떻소?"

"잠시 주위 사람을 물리쳐 주십시오."

"다들 물러가라."

괴철이 대답했다.

"장군의 얼굴을 보면 제후의 상에 불과합니다. 게다가 위태롭고 불안합니다. 그러나 장군의 등을 보면 귀하기가 이를 데 없습니다."

"그게 무슨 말이오?"

괴철이 대답했다.

"천하가 당초 어지러워졌을 때 영웅호걸 모두 왕을 칭하며 한번 소리치자 천하의 선비들이 운무처럼 몰려들었습니다. 마치 물고기 비늘처럼 겹치거나 오색이 뒤섞여 있는 듯하고, 불똥이 튀거나 바람이 일어나는 듯했습니다. 이때는 오직 진나라를 어떻게 멸망시킬까 하는 것만 걱정했습니다. 그러나 지금 초나라와 한나라가 서로 다투면서 상황이 달라졌습니다. 천하의 죄 없는 자들의 간과 쓸개로 땅을 칠하는 간담도지肝膽塗地와 아비와 자식의 해골이 들판에 나뒹구는 폭골중야暴骨中野가 헤아릴 수 없을 정도로 많습니다. 초나라 출신 항우가 팽성에서 기의한 뒤 여기저기 돌아다니며 달아나는 적을 쫓아다니다 형양에 이르게 됐습니다. 여세를 몰아 각지를 석권하자 그 위세가 천하를 진동시켰습니다.

그러나 이내 그의 군사는 형양의 남쪽에 있는 경과 북쪽에 있는 색 땅 사이에서 한나라 군사와 교전하며 곤경에 처하고, 서산에 가로막혀 전진할 수 없게 된 지 벌써 3년이나 됐습니다. 유방은 수십만 명의 군사를 이끌면서 공과 낙 땅 사이에서 험준한 산하를 방패삼아 하루에도 몇 차례 싸웠지만 조그만 공도 세우지 못했습니다. 좌절하고 패배해도 구원해주는 사람이 없어 형양에서 패하고 성고에서 군사를 잃은 채 마침내 완과 섭 땅 사이로 달아났습니다.

이것이 유방처럼 지혜로운 자와 항우처럼 용맹스러운 자가 함께 곤경에 처한 이른바 지용구곤智勇俱困의 형국입니다. 날카로운 예기는 험준한 요새에서 꺾이고, 군량은 창고에서 바닥이 나고, 백성은 지칠 대로 지쳐 원망만 할 뿐 의지할 곳도 없습니다.

제가 보기에 이런 형세 하에서는 천하의 성현이 아니면 그 화란을 그치게 할 길이 없습니다. 지금 유방과 항우의 운명은 족하에게 달려 있습니다. 족하가 한나라를 위하면 한나라, 초나라를 위하면 초나라가 이길 것입니다. 저는 속마음을 터놓고 간과 쓸개를 드러낸 채 어리석은 계책을 건의하고자 합니다. 단지 족하가 받아들이지 않을까 걱정될 뿐입니다. 족하가 실로 저의 계책을 써주면 저는 한나라와 초나라를 이롭게 하면서 항우와 유방을 존속시킨 것보다 나은 계책은 없다고 말하고자 합니다. 천하를 셋으로 나누는 이른바 '삼분천하參分天下'의 계책이 그것입니다.

족하를 포함한 세 사람이 세발솥이 벌려선 형세인 정족지세鼎足之勢로 웅거하면 어느 편도 먼저 움직이지 못할 것입니다. 이후 족하처럼 현성賢聖한 인물이 많은 갑병을 이끌고 강대한 제나라에 의지해 연나라와 조나라를 제압한 후 주인 없는 땅으로 나아가 그 후방을 누르고, 백성이 바라는 대로 서진해 두 나라의 전쟁을 종식시키면 됩니다. 그런 식으로 백성의 생명을 구해주면 천하가 바람처럼 달려오고 메아리처럼 호응할 것입니다. 그 누가 감히 족하의 명을 듣지 않겠습니까? 이후 큰 나라를 나누고, 강한 나라를 약화시켜 제후를 세우십시오. 제후가 들어서면 천하가 복종하고, 그 은덕을 제나라에 돌릴 것입니다.

그리되면 제나라의 옛 땅을 감안해 교와 사 땅을 보유하고 덕으로써 제후들을 회유하도록 하십시오. 궁궐 깊은 곳에서 두 손 모아 읍하며 겸양의 예를 보이면 천하의 군주들이 서로 달려와 입조할 것입니다. 옛날 말에 이르기를, '하늘이 주는 것을 받지 않으면 오히려 벌을 받고, 때가 왔을 때 결행하지 않으면 오히려 그 재앙을 입는다.'고 했습니다. 족하는 이를 깊이 생각해 보십시오."

그러자 한신이 다시 무섭에게 했던 말과 유사한 언급을 했다.

"한나라 왕은 나를 후하게 대해주었소. 자신의 수레에 나를 태워

주고, 자신의 옷을 나에게 입혀주고, 자신의 음식을 나에게 먹여주었소. 내가 듣건대, '남의 수레를 얻어 타는 자는 남의 우환을 제 몸에 싣고, 남의 옷을 입는 자는 남의 근심을 제 마음에 품고, 남의 밥을 먹는 자는 남의 사업을 위해 목숨을 건다.'고 했소. 내가 어찌 이익을 얻기 위해 의리를 저버릴 수 있겠소?"

괴철이 말했다.

"족하는 스스로 한나라 왕과 친하다고 착각해 만세의 공업을 세우려고 하지만 저는 그게 잘못이라고 생각합니다. 당초 상산왕 장이와 성안군 진여는 벼슬이 없었을 때 서로 목을 베어줄 만큼 가까운 문경지교를 맺었습니다. 그러나 나중에 장염과 진택이 죽은 일로 인해 서로를 원망하게 됐습니다. 이후 상산왕 장이는 진여의 공격을 받자 머리와 목을 감싸 안은 채 쥐새끼처럼 황급히 달아나 유방에게 귀의했습니다. 한나라 왕 유방이 장이에게 군사를 내주자 상산왕 장이가 동쪽으로 내려가서 성안군 진여를 지수泜水 남쪽에서 죽였습니다. 진여는 머리와 다리가 따로 떨어져나가 마침내 천하의 웃음거리가 되고 말았습니다. 상산왕 장이와 장안군 진여는 원래 천하에 둘도 없이 친한 사이였는데 마침내 서로 잡아먹으려고 한 것은 무슨 까닭이겠습니까?

우환은 욕심에서 생기는 법이고, 사람의 마음은 예측할 수 없습니다. 지금 족하는 충신忠信을 다해 한나라 왕 유방과 사귀려고 하나 아무리 그럴지라도 상산왕과 성안군의 경우보다 더할 리는 없을 것입니다. 나아가 족하와 한나라 왕 유방 사이에 가로놓인 일은 장염과 진석이 죽은 일보다 더 많고 큽니다. 제가 판단컨대 한나라 왕 유방이 결코 족하를 위태롭게 하지는 않을 것이라는 족하의 믿음은 잘못입니다.

월나라 대부 문종과 범리는 망해가는 월나라를 존속시키고 월왕 구천을 패자로 만드는 대공을 세워 이름을 떨쳤습니다. 그러나 문종의 경우는 막상 죽임을 당하고 말았습니다. 들짐승이 사라지면 사냥개도 쓸모가 없어져 이내 삶아 먹히는 토사구팽兎死狗烹의 신세가 되게 마련입니다.

교분으로 보면 족하와 한나라 왕 유방의 관계는 장이가 진여와 친한 것만 못하고, 충신으로 말할지라도 대부 문종과 범리가 월왕 구천에게 한 것보다 못합니다. 이 두 가지의 일은 거울로 삼을 만합니다. 족하는 이를 깊이 생각해보십시오.

또 저는 용기와 지략이 군주를 진동시키는 용략진주勇略震主는 자신의 몸을 위험하게 만들고, 세운 공이 천하를 덮을 정도로 큰 공개천하功蓋天下는 끝내 포상을 받지 못한다는 얘기를 들었습니다. 제가 족하의 공과 지략을 말하겠습니다. 족하는 서하를 건너 위왕 위표와 재상 하열을 생포했습니다. 군사를 이끌고 정형으로 내려와 성안군 진여를 베어 죽이고 조나라를 항복시켰습니다. 연나라를 위협해 굴복시키고 제나라를 평정했습니다. 남쪽으로 내려와 초나라의 20만 대군을 꺾고, 동쪽으로 진격해 용저를 죽인 뒤 서쪽을 향해 유방에게 승리를 보고했습니다. 이것이 바로 천하에 둘도 없는 공로인 공무이천하功無二於天下와 좀처럼 세상에 나타나지 못할 정도로 뛰어난 지략인 약불세출略不世出을 이룬 것입니다.

지금 족하는 군주를 진동시킬 정도의 위세인 진주지위震主之威를 지녔고, 포상을 받을 수 없을 정도의 대공인 불상지공不賞之功을 이뤘습니다. 족하가 초나라로 갈지라도 항왕이 믿지 않을 것이고, 한나라로 갈지라도 유방이 떨며 두려워할 것입니다. 족하는 그런 위세와 공을 지닌 채 어디로 가려는 것입니까? 형세 상 남의 신하 자리에 있으면서 군주를 떨게 하는 위세를 지니고 있고, 그 명성이 천하에 떨치고 있습니다. 제가 보기에 족하는 매우 위태로운 상황입니다."

한신이 말했다.

"선생은 잠시 쉬도록 하시오. 나도 이에 관해 생각해 보겠소."

며칠 뒤 괴철이 다시 한신을 설득했다.

"원래 의견의 청취는 성패의 조짐, 계획의 수립은 성패의 기틀이 됩니다. 건의를 제대로 받아들이지 못하고 계책에 실패했는데도 오래도록 편한 자는 드뭅니다. 건의의 수용에 조금도 실수하지 않으면 자잘한 말로 어지럽힐 수 없고, 계책의 수립에 본말을 잃지 않으면 교묘한 말로 분란을 일으킬 수 없습니다. 대략 나무를 하고 말을 먹이는 자는 만승의 천자가 될 권위도 잃고, 조그마한 봉록을 지키는데 급급한 자는 경상의 자리를 지키지 못합니다. 지혜는 일을 결단하는 힘이 되고, 의심은 일을 방해하는 장애가 됩니다. 터럭처럼 작은 계책인 호리지계豪釐之計를 자세히 따지면 천하의 큰 술수를 잊게 되고, 지혜를 발휘해 일의 실체를 알게 됐는데도 결행하지 않는 것은 모든 일의 화근이 됩니다.

옛날 말에 이르기를, '맹호라도 꾸물대면 벌이나 전갈만큼도 위협을 줄 수 없고, 기기 같은 준마라도 주춤거리면 노마가 천천히 가는 것만도 못하고, 맹분 같은 용사도 여우처럼 의심하는 호의狐疑를 일삼으며 머뭇거리면 평범한 사내인 용부가 일을 결행하는 것만도 못하고, 순임금이나 우왕인 순우舜禹의 지혜라도 우물거리며 말하지 않으면 벙어리나 귀머거리가 손짓 발짓을 하는 것만도 못하다.' 이는 능히 실행하는 것을 귀하게 여긴다는 뜻입니다. 대략 공은 이루기 힘들지만 실패하기는 쉽고, 시기時機는 얻기 어렵지만 잃기는 쉬운 법입니다. 때는 두 번 다시 오지 않습니다. 족하는 이를 자세히 살피도록 하십시오."

그럼에도 한신은 끝내 망설이면서 괴철의 간언을 받아들이지 못했다. 이를 두고 사마천은 이같이 분석했다.

"내심 자신의 공이 많으니 한나라가 끝내 제나라를 빼앗지는 않을 것으로 여겼다."

그러나 이는 한신의 착각이었다. 그 결과는 참혹했다. 토사구팽의 첫 번째 제물이 된 것이다. 이는 바꿔 해석하면 유방이 구사한 '추식계'가 적중했음을 의미한다. 한신이 끝내 괴철의 끈질긴 간언에도 불구하고 유방을 배신하지 못한 것은 치장불치병治將不治兵의 이치에 입각해 유방이 구사한 '추식계'의 위력을 보여준다.

18 바닥의 민심을 장악하라

무략계
毋掠計

유방은 입관 당시 휘하 장병들로 하여금 지나는 마을에서 약탈을 하지 못하게 했다. 진나라 백성이 크게 기뻐했다. 게다가 진나라 군사가 크게 해이해진 덕분에 대승을 거둘 수 있었다.

「고조본기」

유방은 항우와 함양 입성의 선후를 다툴 당시 초회왕 미심의 배려 덕분에 지름길이었던 무관을 통해 먼저 입성할 수 있었다. 입관 당시 휘하 장병들로 하여금 지나는 마을에서 약탈을 하지 못하게 한 점이다. 원문은 무득약로毋得掠鹵로 표현했다. 노략을 금했다는 뜻이다. 여기의 노는 원래 염전 내지 갯벌을 뜻하는 말이나 여기서는 노략질할 노擄의 의미로 사용된 것이다.

한 원년인 기원전 207년 10월에 유방이 마침내 다른 제후들보다 한 발 앞서 함양 인근인 지금의 섬서성 남전현 북쪽 파상에 이르게 된 배경이다. '파상'은 파수 서쪽 고원에 위치한 까닭에 붙여진 이름이다. 파상의 파覇는 흔히 '패'로 읽으나 여기서는 파수를 뜻하는 파灞의 의미로 사용된 까닭에 '파'로 읽어야 한다.

주목할 것은 「고조본기」에서 휘하 장병들로 하여금 지나는 마을에서 약탈을 하지 못하게 해 진나라 백성이 크게 기뻐했다는 대목이다.

난세는 무법과 약탈이 난무하는 시기이다. 천하를 거머쥐고자 하면 반드시 휘하 장병들로 하여금 백성의 재물을 약탈하는 일을 엄금해야 한다. 이는 민심을 틀어쥐기 위한 최소한의 조건이기도 하다. 이를 제대로 하지 못하면 손에 넣은 천하 강산을 고스란히 상납하는 일이 생기고 만다.

민심을 휘어잡으면 승리한다

대표적인 예로 중국의 국공내전 당시 장개석의 국민당 군사와 모택동의 홍군 사이에 빚어진 엇갈린 행보를 들 수 있다. 당시 『사기』와 『자치통감』 등을 탐독한 모택동은 '무득약로'의 이치를 통찰하고 있었다. 그는 홍군 장병에게 이른바 '3대 규율三大規律'과 '8항 주의八項注意'의 행동지침을 내렸다.

'3대 규율'의 내용은 이렇다. 첫째, 모든 행동은 지휘에 복종한다. 둘째, 인민의 바늘 하나와 실 한 오라기도 취하지 않는다. 셋째, 모든 노획물은 조직에 바친다.

'8항 주의'는 이렇다. 첫째, 말은 친절하게 한다. 둘째, 매매는 공평하게 한다. 셋째, 빌려온 물건은 돌려준다. 넷째, 파손한 물건은 배상한다. 다섯째, 사람을 때리거나 욕하지 않는다. 여섯째, 농작물은 해치지 않는다. 일곱째, 여자를 희롱하지 않는다. 여덟째, 포로를 학대하지 않는다.

모두 11개의 지침으로 이뤄졌지만 한마디로 요약하면 인민의 바

늘 하나와 실 한 오라기도 취해서는 안 된다는 말로 요약할 수 있다. 이 지침은 장개석의 국민당 군사를 포함한 모든 대소 군벌 휘하 군사과 비교해 홍군을 다르게 보이도록 만들었다. 모택동은 홍군의 장병들로 하여금 이를 실천하게 함으로써 천하를 거머쥐었다고 해도 과언이 아니다. 미국의 군사전문가 베빈 알렉산더가 저서 『위대한 장군들은 어떻게 승리했는가』에서 모택동을 세계전사世界戰史에서 가장 출중했던 전략가 중 한 사람으로 지목한 요인이다. 그는 홍군의 특성을 이같이 요약했다.

"홍군은 계층적 명령 체계가 아니라 가능한 한 가장 민주적인 형태를 지향했다. 이들의 군대에는 서방이나 국민당 군대와는 달리 계층과 교육 정도에 의해 사병과 분리되는 명확한 장교단이 없었고, 계급과 기장記章도 없었다. 남자들은 물론 종종 여자들도 자신들의 능력을 보여줌으로써 리더가 되었고, 사병들은 그들을 '소대장 동무' '중대장 동무'처럼 직함으로 호칭했다. 장교들은 병사들을 구타하거나 학대하지 않았다. 모든 사람들은 함께 살았고, 같은 음식을 먹고, 똑같은 옷을 입었다."

그러나 사실 중국은 모택동이 세운 이른바 '신 중화제국'의 역사를 두고 작은 승리에 만족치 않고 계속 더 큰 승리로 나아간 휘황한 역사라고 자찬하고 있으나 내막을 보면 꼭 그렇지만도 않다. 홍군 역시 적군과 싸울 때는 장개석의 국민당 군사 등과 마찬가지로 기만과 선동, 강탈, 이간 등의 수법을 무차별로 구사했다. 다만 국민당 군사 등과 다른 것이 하나 있었다. 그것은 바로 인민의 바늘 하나와 실 한 오라기도 취해서는 안 된다는 지침을 철저히 지킨 점이다. 그게 천하를 놓고 다툰 장개석과 모택동의 운명을 갈랐다. 난세의 군주리더십을 깊숙이 탐사한 서양의 마키아벨리 역시 이를 통찰했다. 그는 『군주론』 제10장에서 이같이 설파했다.

"외적은 통상 포위 공격을 가하기 직전 성의 외곽지역을 불태우며 약탈을 행한다. 이때는 백성의 결사항전 의지가 뜨거울 때이다. 크게 두려워할 이유가 없다. 며칠 지나면 백성이 냉정을 되찾아, 이미 커다란 피해와 희생이 빚어졌음에도 마땅한 구제책이 없다는 사실을 깨닫기 시작한다.

이때 백성들은 군주를 보호하기 위해 자신들의 집이 불타고 재산이 파괴됐다고 생각하는 까닭에 군주가 자신들에게 빚을 지고 있다고 여긴다. 이들이 더욱 뭉쳐 군주와 하나가 되는 이유다. 군주가 견고한 도시를 보유하고 백성의 미움을 받지 않으면 그 어떤 외부 침공에도 안전할 수 있다. 인간은 원래 수혜는 물론 시혜를 통해서도 책임감을 느끼며 유대를 강화하는 존재이다. 필요한 식량과 무기를 보유하고 있으면 백성의 사기를 유지하는 것은 그리 어려운 일이 아니다."

백성의 증오와 경멸을 사지 말라

여기서 마키아벨리는 백성과 군주가 하나가 되는 배경을 설명하고 있다. 주목할 것은 마키아벨리가 군민君民이 하나로 뭉치는 배경을 백성이 군주로부터 혜택을 받는 수혜자에서 군주에게 혜택을 베푸는 시혜자로 바뀐 데서 찾고 있는 점이다.

고금을 막론하고 군주와 백성이 서로 시혜자 겸 수혜자가 될 경우 그 유대는 더욱 돈독해질 수밖에 없다. 마키아벨리가 '인간은 원래 수혜는 물론 시혜를 통해서도 책임감을 느끼며 유대를 강화하는 존재이다.'라고 언급한 이유다. 『군주론』 제9장에서 군주는 시종 백성과 함께 가야만 권력을 계속 유지할 수 있다고 역설한 것도 이런 맥락에서 이해할 수 있다.

"백성의 지지를 받아 보위에 오른 군주는 늘 백성을 자기편에 잡아두어야만 한다. 백성의 소망은 귀족들로부터 억압당하지 않는 것이 전부인 까닭에 이는 그리 어려운 일도 아니다. 설령 백성과 대립하는 귀족들의 지지로 보위에 오른 군주일지라도 무엇보다 민심을 얻는데 진력해야 한다. 이 또한 백성의 보호자로 나서면 어려운 일이 아니다."

백성의 지지로 보위에 올랐든, 아니면 귀족의 대변자로 선택돼 보위에 올랐든 권력 유지의 관건은 백성의 지지에 있다는 주장이다. 백성의 지지를 정권 유지의 요체로 파악한 결과다. 『군주론』 제21장에서 서민의 생업을 안정적으로 보장해야 한다고 주장한 것도 이런 맥락에서 나온 것이다.

"군주는 서민이 안심하고 생업에 전념할 수 있도록 고취해야 한다. 서민이 착취를 두려워해 재산증식을 주저하거나, 무거운 세금을 우려해 개업을 망설이게 만들어서는 안 된다. 나라를 풍족하게 만들려고 하는 자들을 격려하며 포상할 필요가 있다. 또한 1년 중 적절한 시기에 축제와 구경거리를 만들어 사람들을 즐겁게 해주어야 한다."

마키아벨리가 서민의 생업보장을 역설한 것은 말할 것도 없이 백성의 지지를 확고하게 붙들기 위한 방안으로 나온 것이다. 이는 제자백가 가운데 관중을 효시로 하는 이른바 상가商家와 맥을 같이 하는 것이기도 하다.

21세기에 들어와 중국 학계에서 각광을 받고 있는 '상가'는 세계 최초의 정치경제학파였다. 관중을 효시로 하는 상가는 치국평천하의 요체를 군주가 백성들을 이롭게 하는 이민利民에서 찾았다.

마키아벨리는 「고조본기」에 나오듯이 유방이 행한 '무득약로'에서 답을 찾았다. 관중의 '이민'이 적극적인 방안이라면, 백성의 재산에 결코 손을 대서는 안 된다고 역설한 마키아벨리의 '무득약로' 주장은 소극적인 방안이다. 이를 뒷받침하는 『군주론』 제19장의 해당 대목이다.

"군주는 백성의 증오를 사거나 경멸을 받는 일을 삼가야 한다. 이를 삼가면 설령 다른 비행이 있을지라도 그로 인해 위험에 처하는 일은 없게 된다. 군주가 증오의 대상이 되는 가장 큰 이유는 탐욕을 부려 백성의 재산과 부녀자를 빼앗는 데 있다. 대다수 백성은 군주가 자신들의 재산과 명예를 훼손하지 않는 한 대략 자족해하며 살아가지만 소수의 야심 많은 귀족들은 그렇지 않다. 군주가 늘 이들을 경계대상으로 삼아야 하는 이유다."

'무득약로'는 백성에게 이로운 정책을 펼치는 '이민'에 비해 소극적이다. 그러나 그 효과가 '이민' 못지않다. 특히 난세의 시기에는 더욱 그렇다. 난세에는 설령 백성을 이롭게 하지는 못할망정 가지고 있는 것마저 빼앗아서는 안 된다. 그게 바로 '무득약로'의 기본철칙이다. 유방은 한때 항우의 손에 들어갔던 천하를 '무득약로'의 계책을 통해 단단히 움켜쥐었다.

군주가 백성의 재산 및 부녀자에 손을 댈 경우 백성의 격렬한 증오를 야기하고, 이내 권력을 유지할 길이 없게 된다. 이는 제자백가가 대개 군주를 배, 백성을 물로 간주한 것과 취지를 같이한다. 이를 뒷받침하는 『순자』「애공」의 해당 구절이다.

"군주는 배, 백성은 물이다. 물은 배를 띄우기도 하고, 배를 뒤엎기도 한다."

여기서 나온 성어가 '수즉재주水則載舟, 수즉복주水則覆舟'이다. 이는 『순자』가 처음으로 언급한 것이기는 하나 이미 그 이전에 인구에 널리 회자한 말이기도 하다. 『공자가어孔子家语』에는 '수가재주, 역가복주'로 나온다. 동양의 제자백가 모두 이런 토대 위에서 난세의 타개 방략을 제시했다. 백성을 사실상 천하의 주인으로 간주한 결과다. 마키아벨리가 『군주론』에서 군주에게 백성의 지지를 확보하는 데 모든 노력을 기울이라고 당부한 것과 하등 다를 게 없다.

예나 지금이나 '무득약로' 원칙은 난세에 반드시 지켜야 할 취천하取天下의 기본전제이다. 투표로 '취천하'의 성패가 갈리는 21세기는 여기서 한 발 더 나가야 한다. 국민들을 이롭게 하는 이민利民의 정책을 전면에 내세우는 게 그것이다. 지난 1992년에 치러진 미 대통령 선거에서 민주당의 빌 클린턴 후보가 '문제는 경제야, 바보야! It's the economy, Stupid!'라는 심플한 구호로 현직 대통령인 부시를 승리를 거머쥔 게 대표적이다.

백성들의 환심을 사라

유방이 무관을 통해 가장 먼저 함양에 입성한 후 이른바 '약법3장約法三章'을 선포한 것도 이런 맥락에서 이해할 수 있다.

「진시황본기」에 따르면 유방이 무관을 통과할 당시 진나라 궁정 안에서는 엄청난 일이 빚어지고 있었다. 조고의 압박으로 2세 황제 호해가 자진한 것이다. 원래 2세 황제 호해는 늘 금중禁中에 머물며 조고와 함께 모든 국사를 결정했다. 공경들이 천자인 호해를 알현할 수 있는 기회가 드물어졌다. 도적들이 갈수록 많아지자 관중의 병사들을 징발해 동쪽으로 가 도적을 토벌하는 일이 끊이지 않았다.

우승상 풍거질, 좌승상 이사, 장군 풍겁이 간했다.

"관동 일대에서 도적의 무리가 일시에 일어났습니다. 진나라가 군사를 일으켜 토벌하자 죽거나 달아난 자가 매우 많습니다. 그러나 아직 이들을 완전히 평정하지 못했습니다. 도적이 많아지는 것은 모두 수자리를 서거나 각종 요역을 이행하는 것이 고달프고, 부세가 과중하기 때문입니다. 원컨대 아방궁 건조를 일시 중단하고, 변방의 군역과 운송의 요역을 줄여주십시오."

2세 황제가 말했다.

"짐이 듣건대 한비자韓非子가 말하기를, '요순은 나무를 베어다가 깎지도 않은 채로 서까래를 만들었고, 짚으로 지붕을 이으면서 처마 끝도 잘라내지 않았다. 질그릇에 밥을 담아 먹고 질그릇에 물을 담아 마셨으니 설령 문지기의 봉양이라고 해도 이보다 궁핍하지는 않았을 것이다. 우왕은 용문을 뚫어 대하와 통하게 하고, 황하의 막힌 물길을 터 바다로 흐르게 했다. 직접 가래를 들고 흙을 다듬으며 둑을 쌓은 바람에 정강이의 털이 닳아 없어질 지경이 되었다. 노비의 수고도 이보다 심하지는 않을 것이다.'라고 했다. 무릇 천하를 얻어 귀하게 된 자는 하고자 하는 바를 마음 내키는 대로 다할 수 있다. 군주가 엄중히 법을 밝히면 아랫사람들이 감히 그릇된 짓을 하지 못하게 된다. 천하를 제어하는 이유다.

순임금과 하나라 우왕은 천자의 귀한 몸이었는데 직접 궁핍하고 고단한 현실에 처해 백성을 위해 모든 것을 희생했으니 오히려 무엇을 본받을 수 있겠는가? 짐은 존귀하기가 만승萬乘의 천자이나 실상이 없다. 천승千乘의 친위대와 만승의 군대를 조직해 나의 칭호와 이름에 걸맞게 하려고 한다.

선제인 진시황은 제후의 신분에서 일어나 천하를 병탄하고, 천하가 평정된 후에는 밖으로 사방 오랑캐를 물리쳐 변경을 안정시키고,

안으로 궁실을 지어 대업을 이뤘음을 내보였다. 그대들도 선제의 공업을 보았을 것이다. 이제 짐이 즉위한 후 2년 사이 도적떼가 여기저기서 일어났다. 그런데도 그대들은 이를 막지 못하고, 이제 와서는 선제가 시작한 사업마저 버리려고 한다. 이는 위로 선제에게 보답하지 못하고, 아래로 짐에게 충성을 다하지 않는 것이다. 이러고도 무슨 까닭에 자리를 차지하고 있는 것인가?"

그러고는 풍거질, 이사, 풍겁을 옥리에게 넘겨 이들의 죄를 심문하게 했다. 풍거질과 풍겁은 '장상將相은 모욕을 당하지 않는 법이다.'라며 자진했다. 변명을 통해 목숨을 구하고자 했던 이사도 결국 옥에 갇힌 뒤 이내 처형됐다. 이때 항우는 거록성의 포위를 풀고 진나라 장수 왕리王離를 포획했다. 크게 놀란 진나라 장수 장함이 이내 휘하 장병을 이끌고 항복했다. 유방이 함양에 먼저 입성해 놓고도 이내 항우에게 무릎을 꿇은 이유가 여기에 있다. 여러 제후들을 이끌고 서진하던 항우가 진나라 장수 장함의 항복을 받아낸 것이다. 당시의 정황에 비춰 항우와 정면 대결을 펼치는 것은 죽음을 자초하는 길이었다.

당시 항우는 진나라 장수 왕리 등을 생포한 여세를 몰아 함양 입성을 서둘렀다. 소식을 들은 2세 황제 호해가 노하자 승상 조고는 형벌이 자신에게 미칠까 두려워한 나머지 병을 핑계로 조회에 나가지 않았다. 이내 은밀히 사위인 함양령 염락閻樂 및 아우 조성趙成과 논의했다.

지록위마指鹿爲馬

진나라 장수 진함이 항우에게 투항하고 있을 때, 승상 조고가 장악한 진나라 조정은 태평하기만 했다. 황당하기 짝이 없는 지록위마 일화가 만들어진 배경이다. 「진시황본기」에 따르면 조정의 실권을 장악한 조고趙高는 2세 황제 호해를 제거한 뒤 스스로 보위에 오를 생각을 했다. 그는 군신들이 자신의 말을 듣지 않을까 염려돼 먼저 이들을 시험해보고자 했다. 2세 황제에게 사슴을 바치며 이같이 말했다.

"이것은 말입니다."

호해가 웃으며 말했다.

"승상이 틀렸소. 사슴을 말이라고 한 것이오."

그러고는 주변의 신하들에게 물었다. 어떤 자는 묵묵히 있으면서 대꾸를 하지 않았고, 어떤 자는 말이라고 대답해 조고에게 아부했다. 또 어떤 자는 사슴이라고 말했다. 조고는 은밀히 사슴이라고 말한 자를 기억해 두었다가 이내 법을 빌려 무함했다. 이후 신하들 모두 조고를 두려워했다.

"황제가 간언을 받아들이지 않더니 이제 사태가 급박해지자 책임을 우리 가문으로 돌리려고 한다. 나는 천자를 폐위한 뒤 공자 자영子嬰을 세울 생각이다. 공자 자영은 어질고 겸손해 백성들이 모두 그의 말을 따르고 있다."

그러고는 낭중령으로 하여금 궁내에서 호응하도록 했다. 염락이 장수들을 이끌고 궁내로 들어가 이리저리 활을 쏘아댔다. 이내 호해 앞으로 나아가서 죄상을 열거했다.

"족하는 교만하고 방자했소. 사람을 무도하게 주살한 까닭에 천하가 모두 족하를 배신했소. 족하는 스스로 어찌하는 게 좋은지 생각해보시오."

'족하'는 신하들이 자신을 낮추며 군주를 높여 칭할 때 사용한다. 전하殿下, 각하閣下, 집사執事 등과 같은 의미이다. 호해가 제안했다.

"승상을 만나볼 수 있겠소?"

"안 되오."

"나는 일개 군을 얻어 그곳의 왕이 되고자 하오."

"안 되오"

"만호후가 되고자 하오."

"그것도 안 되오."

호해가 애원했다.

"처자를 이끌고 서민이 되어 여러 공자들처럼 어울리고 싶소."

염락이 말했다.

"신은 승상의 명을 받아 천하를 위해 그대를 주벌誅罰하고자 온 것이오. 족하가 설령 여러 말을 할지라도 나는 감히 고할 수 없소."

그러고는 병사들에게 명해 앞으로 나아가게 하자 2세 황제가 이내 자진했다. 조고가 여러 대신과 공자들을 모두 불러 모았다. 이어 2세 황제를 주벌한 상황을 알렸다.

"진나라는 원래 일개 왕국이었소. 시황제가 천하를 통일해 다스린 까닭에 '제帝'를 칭하게 됐소. 이제 6국이 다시 독립해 진나라 영토가 크게 줄어들었소. 헛되이 '제'를 칭해서는 안 될 것이오. 이전처럼 '왕王'을 칭하는 게 옳을 것이오."

그러고는 호해의 사촌형제 자영子嬰을 진왕으로 삼았다. 여기서 주목할 것은 2세 황제 호해가 살아 있었을 당시 유방이 무관을 함락시킨 뒤 은밀히 사람을 조고에게 보내 협상을 시도했다는 내용의 「진시황본기」 내용이다. 이 기록이 사실이라면 유방은 이미 조고가 조만간 호해를 제거하고 사실상의 군주로 군림할 가능성을 미리 내다봤을 것이다. 도중에 조고가 자영에 의해 제거되는 바람에 유방과 조고 사이에 어떤 얘기가 오갔는지 여부를 알 길이 없다. 대략 관중 땅을 내주면 뒷일을 보장하겠다는 식의 협상이 오갔을 것이다.

여기서 중요한 것은 진왕 자영이 흰 수레 흰 말을 타고 목에 끈을 맨 채 황제의 옥새와 부절符節을 봉한 모습으로 지도정 옆에서 항복의식을 거행할 때 유방이 자영을 살려준 점이다. 당시 제장들은 유방 앞에서 자영을 참할 것을 건의했으나 유방은 이를 일축했다.

"당초 초회왕이 나를 보낸 것은 원래 내가 관용을 베풀 수 있을 것으로 여겼기 때문이오. 게다가 이미 항복한 사람을 죽이는 것은 상서롭지 못하오."

그러고는 진왕 자영을 관원에게 맡겼다. 이어 함양으로 들어가 궁궐에 머물며 휴식을 취했다. 얼마 후 번쾌와 장량이 간하자 진나라의 보화와 재물창고를 봉한 뒤 파상으로 회군했다. 회군 때 여러 현의 부로와 호걸을 불러 이같이 말했다.

"부로들이 진나라의 가혹한 법령에 시달린 지 오래되었소. 그간 조정을 비난한 자들은 멸족의 화를 당했고, 모여서 의론한 자들은 저잣거리에서 처형을 당했소. 나는 제후들과 가장 먼저 관중에 입관하는 자가 왕이 되기로 약조했소. 내가 응당 관중의 왕이 될 것이오. 지금 부로들에게 법령 세 가지만 약조하고자 하오.

첫째, 사람을 죽인 자는 사형에 처한다. 둘째, 사람을 다치게 한 자는 그에 준하는 형을 가한다. 셋째, 남의 물건을 훔친 자는 그 죄에 경중에 따라 처벌한다. 진나라의 나머지 법령은 모두 폐지해 관민이 이전처럼 안심하고 생업에 종사할 수 있게 할 것이오. 내가 이곳에 온 것은 부로들을 위해 해로움을 없애고자 한 것이지, 포악한 짓을 하려는 게 아니오. 그러니 조금도 두려워하지 마시오. 내가 파상으로 돌아가 주둔하려고 한 것은 단지 제후들이 오기를 기다렸다가 약조를 확정하려는 것일 뿐이오."

그러고는 사람을 시켜 진나라 관원과 함께 모든 현과 향 및 읍을 돌아다니며 이를 알리게 했다. 그것이 바로 그 유명한 '약법 3장'이다. 유방이 막강한 배경과 무력을 지닌 항우를 누르고 최후의 승자가 된 배경이 바로 '약법 3장'이었다고 해도 과언이 아니다. '약법 3장'으로 관중 백성들의 환심을 산 게 비결이다.

'약법3장'은 유방이 무관을 통한 함양 입성을 꾀할 당시 휘하 장병들로 하여금 백성들을 약탈하지 못하도록 조치한 '무득약로'와 취지를 같이하는 것이다. 천하를 거머쥐기 위한 최소한의 원칙이 '무득약로'이고, 여기서 한 발 더 나아간 적극적인 조치가 바로 관중이 역설한 이민 행보라고 할 수 있다. '약법 3장' 일화는 득인得人이 이민의 토대 위에 서 있다는 사실을 뒷받침하는 대표적인 사례이다.

漢
卒

04

기선을 제압하라

기선機先

19 때를 기다릴 줄 알라

소잔계
燒棧計

항우에 의해 한왕에 봉해진 유방이 봉지로 갈 때 장량이 유방을 배웅했다. 포중 땅에 이르러 고국인 한나라로 돌아가는 장량을 보냈다. 장량이 출발에 앞서 유방에게 권했다.

"대왕은 어찌해 지나간 곳의 잔도棧道를 불태워 끊지 않는 것입니까? 천하 사람들에게 동쪽으로 돌아올 뜻이 없음을 보여주고, 그것으로 항왕의 의심을 없애 안심시켜야 할 것입니다."

유방이 장량을 한나라로 돌아가게 한 뒤 앞으로 나아갈 때마다 지나온 잔도를 모두 불태워 끊어버렸다.

「유후세가」

공격만이 능사가 아니다

원래 잔도는 험한 벼랑에 임시로 놓은 나무 다리를 지칭한다. 잔도를 끊으면 오가는 길이 막히게 된다. 잔도로 이어진 저쪽과 이쪽이 완전히 다른 세상이 되는 셈이다. 유방의 봉지는 지금의 섬서성 남부인 한중과 지금의 사천성 일대인 파촉이었다.

유방이 한중으로 가면서 장량의 건의를 받아들여 관중과 한중을 연결하는 잔도를 모두 불태운 것은 말할 것도 없이 자신을 의심하는 항우의 눈을 속이고자 한 것이다. 한중에서 은밀히 힘을 기른 뒤 관중을 손에 넣으려는 속셈이었다. 달빛 속에서 칼을 갈며 후일을 기약하는, 일종의 도광양회 계책이었다.

큰 틀에서 볼 때 이 또한 상대방보다 먼저 손을 써 유리한 위치에 서고자 하는 계책이다. 우리말에서는 이를 통상 '기선機先을 제압한다.'고 표현한다. 이는 원래 일본어에서 나온 것이다. 중국에서는 이런 표현이 없다. 원래 기선은 남북조시대 당시 크게 유행한 불교 선가禪家의 용어이다. 어떤 사안 내지 사물이 시기가 무르익어 구체적인 모습을 밖으로 드러내기 직전의 조짐을 가리키는 말로 사용됐다.

일본의 선불교는 중국에서 유입된 후 크게 융성했다. 사무라이들이 즐겨 참선을 추구한 덕분이다. 일본어에 유독 선가 용어가 많은 것도 이런 역사와 문화에서 비롯된 것이다. 일본에서는 기선을 제압한다는 의미의 '기센오 세이수루機先を制する'라는 구절이 자주 쓰인다. 여기의 '기선'은 선가에서 사용하는 '기선'과 뉘앙스가 완전히 달라졌다. 일본어를 차용한 우리말 역시 운동경기 또는 싸움 등을 할 때 상대방의 세력이나 기세를 억누르기 위하여 이쪽에서 먼저 행동하는 모든 움직임을 가리키는 의미로 쓴다.

때맞춘 수비는 공격이나 다름없다

유방이 장량의 계책을 받아들여 잔도를 불태운 것은 공격이 아닌 수비 측면에서 이뤄진 것이다. '기선을 제압한다.'는 취지로 사용되는 통상적인 의미와 다르다. 그러나 기본 취지만큼은 동일하다. 상대방을 속여 방심하게 한 뒤 힘을 길러 배후를 치고자 한 점에서 보면 분명 공격의 의미를 담고 있다. 사실 큰 규모의 전쟁과 작은 규모의 전투를 비롯한 모든 종류의 싸움에서는 공격과 방어를 엄밀히 구분하는 것 자체가 불가능하다. 이를 엄히 구분하려는 시도는 스스로 패배를 자초하는 것이나 다름없다. 유능한 장수와 각종 스포츠 리더들은 이런 이치를 통찰한다.

명나라 말기의 거유 왕부지王夫之는 사마광의 『자치통감』을 평론한 『독통감론讀通鑑論』에서 삼국시대 당시 제갈량이 누차에 걸쳐 중원진출을 시도한 것을 두고 이공위수以攻爲守로 표현했다. '공격이 최상의 방어이다.'라는 속언과 취지를 같이한다. 이를 바꿔 해석하면 이수위공以守爲攻이 된다. 철저한 수비를 통해 집요하게 달려드는 상대의 힘을 소진하게 한 뒤 손쉽게 제압하는 계책이었다. '이수위공'과 '이공위수'의 계책 모두 공격과 수비가 마치 동전의 양면처럼 불가분의 관계를 맺고 있다는 사실을 말해 준다.

유방이 잔도를 불태운 것 역시 겉만 보면 막강한 무력을 보유한 항우의 의심을 피하고, 설령 의심을 사 불의의 공격을 당할지라도 이를 효과적으로 차단하기 위한 수비책의 일환으로 나온 것이다. 그러나 그 이면을 보면 은밀히 힘을 기른 뒤 상대의 허를 찔러 단숨에 상황을 역전시키고자 하는 매우 공격적인 의미를 담고 있다. 실제로 역사는 그렇게 진행됐다. 그게 바로 당대 최고의 병법가인 한신이 구사한 암도진창暗渡陳倉 계책이다.

따지고 보면 당시 최초로 한신의 명성을 떨치게 만든 암도진창의 계책도 유방이 장량의 건의를 받아 구사한 '소잔계'의 사전 작업이 없었다면 불가능한 일이었다. '소잔계'는 비록 건의는 장량이 했지만 이를 받아들인 유방 역시 뛰어난 무략을 지닌 인물이었음을 증명하고 있다.

유방에게 한중 땅을 봉지로 내준 항우가 최후의 결전에서 유방에게 패한 것도 이런 식으로 여러 차례 기선을 제압당한 결과로 볼 수 있다. 그렇다면 모든 면에서 압도적인 우위를 점했던 항우는 왜 이런 황당한 패배를 당하게 된 것일까? 장량이 유방에게 '소잔계'를 건의하고, 유방의 이를 받아들여 잔도를 불태우게 되는 전후의 상황을 간략히 살펴볼 필요가 있다.

지나온 길을 불태워 적을 방심하게 만든 장량

장량의 전기를 담은 「유후세가」에 따르면 장량은 선조가 전국시대 한나라의 고관 출신이다. 조부 장개지張開地는 한소후와 한선혜왕 및 한양애왕 때 재상을 지냈다. 부친 장평張平은 한희왕과 한도혜왕의 재상을 지냈다. 부친 장평 사후 20년 만에 진나라가 한나라를 멸했다.

당시 장량은 나이가 어려 한나라에 벼슬을 하지는 않았다. 그러나 한나라의 멸망에도 불구하고 그의 집에는 노복이 300명이나 있었다. 그의 동생이 죽었을 때 장례를 크게 치르기는커녕 오히려 가산을 모두 기울여 진시황을 척살할 자객을 구했다. 조국 한나라의 원수를 갚고자 한 것이다. 조부와 부친이 한나라에서 5대에 걸쳐서 재상을 지낸 결과다.

장량이 역사 한 사람을 찾아내 120근의 철추鐵椎 하나를 만들었다. 진시황을 저격하려고 한 것이다. 진시황이 천하순행 도중 동쪽을 순시할 때 장량과 역사는 지금의 하남성 원양현 동쪽 교외인 박랑사에 매복해 있다가 저격을 시도했다. 그러나 철추는 뒤따르는 수레를 맞추고 말았다. 대노한 진시황이 곧바로 좌우에 명해 전국 각지를 대거 수색해 긴급히 자객들을 붙잡아 들이도록 했다. 장량이 이름을 바꾸고 지금의 강소성 수녕현인 하비로 달아나 숨었다.

하루는 한가한 틈을 타 하비의 다리 위를 천천히 거닐었다. 한 노인이 거친 삼베옷을 걸친 채 그에게 다가와 일부러 신을 다리 밑으로 떨어뜨린 뒤 그를 돌아보고 이같이 말했다.

"얘야, 내려가서 내 신을 주워오너라!"

장량은 의아해하며 한바탕 때려주려고도 했으나 그 사람이 노인이었으므로 억지로 참고 다리 아래로 내려가서 신을 주워왔다. 노인이 말했다.

"신발을 신겨라!"

장량은 기왕에 노인을 위해 신을 주워왔으므로 윗몸을 곧게 세우고 꿇어앉아 신을 신겨주었다. 노인은 발을 뻗어 신을 신기게 하고는 웃으면서 가버렸다. 장량은 크게 놀라서 노인이 가는 대로 물끄

러미 바라다보았다. 노인은 1리쯤 가다가 다시 돌아와 말했다.

"이놈, 실로 가르칠 만하구나! 닷새 뒤 새벽에 여기서 나와 만나자."

장량은 더욱 괴이하게 여기며 꿇어앉아 '예'하고 대답했다. 그리고 닷새째 되는 날 새벽에 장량이 그곳으로 가보니 노인은 벌써 나와 있었다. 노인이 화를 냈다.

"늙은이와 약속을 하고 뒤늦게 오다니 어찌 된 노릇이냐?"

그러고는 되돌아가며 다시 말했다.

"닷새 뒤 좀 더 일찍 나오너라."

닷새가 지나 새벽닭이 울 때 장량은 다시 그곳으로 갔다. 노인은 또 먼저 그곳에 와 있었다. 다시 화를 냈다.

"또 늦게 오니 어찌 된 거냐?"

그곳을 떠나면서 다시 말했다.

"닷새 뒤 좀 더 일찍 나오너라."

닷새 뒤 장량은 밤이 반도 지나지 않았을 때 그곳으로 갔다. 잠시 뒤 노인도 그곳으로 와서는 기쁜 표정으로 말했다.

"마땅히 이같이 해야지!"

그러고는 책 한 권을 내놓으며 말했다.

"이 책을 읽으면 제왕의 스승이 될 수 있다. 10년 뒤 뜻을 이룰 것이다. 그리고 13년 뒤 제수 북쪽에서 나를 만날 수 있을 것이다. 곡성산 아래의 누런 돌을 바로 보면 된다."

노인이 이내 그곳을 떠나가며 더 이상 아무 말도 하지 않았다. 이후 다시는 볼 수 없었다.

날이 밝아 책을 보니 바로 주나라의 건국공신인 강태공이 쓴 『태공병법太公兵法』이었다. 장량이 그 책을 늘 익히고 송독誦讀했다. 이로부터 10년 뒤 진승 등이 봉기하자 장량도 청년 100여 명을 모았다. 경구景駒가 자립해 초왕을 자처하며 유현에 머물 때 장량이 그곳으로 가 그를 따르고자 했다.

그러나 도중에 유방을 만나게 됐다. 당시 유방은 무리 수천 명을 이끌고 하비 서쪽의 땅을 공격해 점령한 상황이었다. 장량이 유방을 따라가며 수시로 『태공병법』으로 유세했다. 유방이 기뻐하며 늘 그의 계책을 좇았다. 장량은 또 다른 사람에게도 『태공병법』을 말했으나 이들은 모두 이해하지 못했다. 장량이 유방을 이같이 칭송했다.

"패공은 아마도 하늘이 낸 인물일 것이다!"

장량이 진평 등과 더불어 유방의 핵심 책사로 활약하게 된 이유가 여기에 있다. 중국 학계는 장량을 삼국시대의 제갈량 및 명태조 주원장의 책사인 유기劉基와 더불어 중국 역사상 최고의 꾀주머니인 지낭으로 평가하고 있다. 객관적으로 봐도 한나라의 건국 공신 가운데 그만큼 뛰어난 학식과 지략을 지닌 자는 없었다. 이는 유방 자신이 정장 출신인 사실과 관련이 있었다. 그의 주변에 모인 인물들 역시 시정잡배 수준이었다. 가장 뛰어난 인물로 손꼽힌 소하와 조참조

차도 지위 낮은 관리였다. 이에 반해 장량은 조상이 대대로 한나라에서 고관을 지낸 명문가 출신이었다.

더구나 그는 어렸을 때부터 경전과 병서 등을 체계적으로 깊숙이 공부했다. 그가 토사구팽을 당한 한신과 달리 시종 유방의 의심으로부터 벗어나 있었던 것도 이런 맥락에서 이해할 수 있다. 유방이 천하를 평정하자마자 신선술을 배우는 등 도인을 흉내 낸 게 결정적인 도움이 됐다.

『도덕경』이 역설한 공성신퇴功成身退를 실천한 덕분이다. 춘추시대 말기 월왕 구천을 도와 패업을 이룬 뒤 아무 미련 없이 떠난 범리范蠡를 떠오르게 한다. 장량이 21세기 현재에 이르기까지 '지낭'의 대명사로 불리는 것도 그의 이런 행보와 무관할 수 없다

적을 속이며 때를 기다리는 방법

하나, 적이 견제하면 기꺼이 물러나라

장량이 고국인 한나라로 가면서 유방에게 잔도를 불태우는 '소잔계'를 건의한 것도 이런 맥락에서 이해할 수 있다. 당시 유방이 '소잔계'를 구사하지 않았을 경우 자칫 항우의 의심을 사 먼저 토벌을 당했을 수도 있었다. 항우가 유방을 견제하기 위해 투항한 진나라 장수 장함 등을 관중을 다스리는 제후에 봉한 게 그 증거다. 유방이 한중에서 관중으로 진출하는 것을 원천 봉쇄하고자 한 것이다. 이를 뒷받침하는 「항우본기」의 해당 기록이다.

"항왕과 범증은 유방이 이윽고 천자가 되지 않을까 우려해 그의 힘을 꺾으려고 했다. 그러나 이미 유방의 변명을 받아들여 화해한 상태이고, 또 초회왕의 서약을 따르지 않으면 제후의 신의를 잃게 될 것을 염려했다."

당시의 정황에 비춰 '소잔계'가 없었다면 항우가 꼬투리를 잡은 뒤 장함 등에게 명해 한중을 치도록 명했을 가능성이 높다. 당시 항우는 제후 연합군을 이끌고 함양을 점령한 뒤 천하의 제후들을 호령하는 서초패왕으로 군림하고 있었다. 땅도 가장 넓었다. 전국시대 당시 위나라와 초나라를 포함하는 9개 군郡의 왕으로 군림하고 있었다. 팽성에 머물던 초회왕 미심은 의제로 신분이 격상됐지만 사실 허수아비나 다름없었다. 얼마 후 장사의 침현으로 쫓겨난 뒤 이내 암살을 당했다.

당시 항우가 다스린 9개 군은 지금의 하남성과 강소성, 안휘성, 호남성, 호북성 일대를 포함한 매우 넓은 지역이었다. 항우가 가장 신경을 쓴 것은 자신보다 먼저 함양에 입성한 유방에 대한 분봉이었다. 항우는 초회왕이 함양에 먼저 입성한 자를 관중왕에 봉하겠다고 공언할 때 제장들과 함께 이를 수긍하겠다고 약속했다. 함양 인근의 홍문에서 사실상 유방의 항복을 받아들여 화해한 까닭에 이를 어기기가 쉽지 않았다. 이내 범증과 함께 은밀히 계책을 꾸민 뒤 이같이 선언했다.

"파와 촉 땅은 길이 험하기는 하나 진나라 때 사람들을 옮겨 살게 했던 곳이다. 파촉 지역 역시 관중의 땅이다."

파는 지금 사천성 중경시, 촉은 사천성 성도시 일대이다. 유방이 '관중왕'이 아닌 한중왕이 된 배경이다. 도읍은 지금의 섬서성 남정이었다. 항우는 그래도 못 미더워 관중 지역을 셋으로 나눈 뒤 진나라의 항장 장함 등을 왕으로 삼아 유방이 밖으로 진출하는 길을 봉쇄했다. 이들 3개 지역을 사가들은 삼진으로 불렀다.

중국의 역사를 개관하면 알 수 있듯이 원래 중국은 수천 년에 걸쳐 대개 정치군사적으로 우위에 선 북쪽이 주동이 되었다. 무력이 앞선 덕분이었다. 항우가 시행한 분봉은 이런 흐름과 거스르는 것이었다. 동남방이 서북방을 압도하는 모습으로 구성되었던 것이다. 유방의 영지로 봉해진 파촉 및 한중을 포함해 항우가 차지한 강동 일대는 모두 동남방에 속한다.

동남방은 토패에서 한 등급 올라간 토왕, 서북 일대는 타 지역 출신 군벌인 객왕客王이 차지했다. 토왕이 객왕보다 훨씬 막강했다. 동남쪽이 서북쪽보다 우위에 선 것은 통상적인 흐름을 거스른 것이었다. 1천여 년 뒤인 당나라 말기에 유사한 반동의 흐름이 나타났다. 농민 반란을 이끈 지방 군벌 주온朱溫이 이른바 '오대십국 시대'의 첫 번째 국가인 후량을 세웠다. 후량은 단명으로 끝났지만 그 법통은 송나라로 이어졌다.

이를 토대로 분석하면 유방의 한나라와 주온의 후량, 주원장의 명나라는 몇 가지 점에서 서로 통하고 있다. 가장 큰 공통점은 이들 모두 회수 일대에서 일어났고, 창업자 모두 평민 출신이었다는 점이다.

중국의 역대 왕조사는 북방 민족에 의한 정복 왕조의 수립과 농민 반란을 통한 남방 토착 왕조의 수립이라는 패턴이 거듭 반복된다. 진시황의 천하통일 이래 현대 중국의 건설에 이르기까지 수천 년에 걸친 중국의 역대 왕조의 교체사가 이를 말해 준다.

당시 항우가 어렵게 구축한 패왕 체제는 기본적으로 현실과 동떨어진 조치였다. 가장 문제가 되는 것은 역시 유방에 대한 분봉이었다. 홍문의 연회는 사실 유방의 항복 의식의 일환으로 열린 것이나 그 내용에 적잖은 문제가 있었다. 유방이 항복의식 도중에 사라지는 바람에 '항복 아닌 항복'이 된 것이다.

춘추전국시대 이래 모든 의식에 곁들인 연회는 결코 단순한 '뒤풀이'가 아니었다. 항우는 이후라도 유방의 책임을 강하게 추궁했어야 했다. 그러나 그는 그렇게 하지 않았다. 거의 다 죽게 된 유방에게 활로를 열어준 것이나 다름없다.

당시 유방의 책임을 강하게 추궁했다면 굳이 그를 한중왕에 봉하는 일도 없었을 것이다. 한중은 관중과 이웃해 있는 까닭에 유방이 마음만 먹으면 곧바로 관중을 장악해 동쪽으로 진출할 수 있었다. 비록 투항한 진나라 장수 장함 등을 삼진의 왕으로 봉해 유방을 외곽에서 둘러싸는 등의 조치를 취했다고는 하나 이는 어디까지나 임시방편에 불과했다. 더구나 장함 등은 이미 관중의 백성들로부터 신망을 크게 잃고 있었다. 이와 정반대로 유방은 두 달에 걸쳐 자칭 관중왕으로 있는 동안 '약법 3장' 선포 등을 통해 인심을 얻고 있었다.

객관적으로 볼지라도 항우의 입장에서 유방만큼 위협적인 인물도 없었다. 어떤 구실을 대서라도 관중 일대에 배치하지 않는 게 상책이었다. 홍문의 연회 때 도중에 빠져나간 책임을 강하게 묻기만 했어도 관중과 멀리 떨어진 북쪽이나 남쪽의 변경에 배치할 수 있었다. 그랬다면 어렵사리 만들어낸 '패왕체제'는 도중에 약간의 우여곡절이 있었을지라도 나름 긴 수명을 이어갈 수 있었을 것이다. 지나친 자만심과 근거 없는 낙관론이 치명적인 독소가 되었다.

그렇다면 당시 항우는 왜 유방을 파촉에 봉하면서 '덤'으로 관중과 경계선을 맞대고 있는 한중까지 떼어준 것일까? 이는 황당한 조치였다. 삼국시대 당시 유비와 조조가 한중을 놓고 한 치의 양보도 없이 격돌한 데서 알 수 있듯이 한중은 전략적 요충지였다. 한중을 차지하면 관중 진출의 교두보를 확보한 것이나 다름없다. 삼국시대 당시 제갈량이 관중으로 쳐들어가기 위해 한중을 거점으로 삼아 누차 기산으로 출격한 사실이 이를 방증한다.

둘, 상대에게 얕보여라 – 방심하게 만들어라

그러나 제갈량은 실패했지만 유방은 성공했다. 이는 항우 스스로 발판을 마련해 준 것이나 다름없다. 자연지리의 관점에서 볼 때 파촉, 즉 지금의 사천분지는 촉의 잔도를 통해야만 한중과 관중을 포함한 섬서 분지로 연결된다. 장강의 삼협을 따라 내려가면 초나라의 남부로 진출할 수 있지만 삼협의 물살이 워낙 거세 많은 위험을 감수해야만 한다. 더구나 당시 장강 유역은 남만의 거주지였다. 유방이 이쪽 방향으로 활로를 열어가는 것은 거의 불가능했다.

그런데도 항우는 왜 이런 어리석은 결정을 한 것일까? 「유후세가」에 해답의 실마리가 나온다.

"패공이 한왕이 되어 파촉에서 왕 노릇을 하게 되었을 때 장량에게 황금 100일, 진주 2두를 내주었다. 장량이 이를 전부 항백에게 갖고 가 바쳤다. 한왕도 장량을 통해 항백에게 더 많은 선물을 하면서 한중을 영지로 추가해줄 것을 청했다. 항왕이 항백의 청을 들어주었다."

유방이 함양에 입성할 때 이용한 무관은 한중과 관중 사이에 있는 관문이다. 파촉만 보유할 경우 '독 안에 든 쥐' 꼴이 된다. 모든 정보와 재화가 일단 관중을 거쳐 파촉으로 들어가기 때문이다. 파촉은 중원에서 완전히 고립된 것이었다. 그러나 한중을 차지할 경우는 얘기가 달라진다. 남정에서 한수를 따라 내려가면 이내 남양에 이르게 되고, 그곳에서 다시 유방이 입관했던 길을 거꾸로 밟아 올라가면 중원으로 진출할 수 있다.

파촉을 거점으로 천하를 거머쥐고자 할 경우 반드시 한중을 차지해야 하는 이유가 여기에 있다. 삼국시대 당시 촉한의 유비가 한중을 차지하기 위해 조조와 정면 격돌을 벌인 것도 이런 맥락에서 이해할 수 있다. 한중의 전략적 중요성이 이처럼 컸다. 그런데도 항우는 한중을 유방에게 '덤'으로 떼어 준 것이다. 상대를 너무 얕봤다.

이게 결국 항우의 패망으로 이어졌다. 그 단초가 바로 장량이 제시한 '소잔계'에서 비롯됐다고 해도 과언이 아니다. 한중을 '덤'으로 떼어준 데 이어 '소잔계'에 넘어가 아무런 대비책도 없이 방심하다가 한신의 '암도진창'에 의해 관중마저 빼앗겼기 때문이다. 그러나 이는 '소잔계'를 건의한 장량의 지략과 이를 곧바로 수용해 관중 진출의 발판을 만든 유방의 무략이 빛을 발하는 대목이기도 하다.

不可勝者 守也 可勝者 攻也

적을 이길 수 없을 때는 공격을 삼가고 수비에 치중해야 한다.
적을 이길 수 있을 때는 때를 놓치지 않고 공격해야 한다.

–『손자병법』「군형」

20 한발 빠르게 움직여라

선입계
先入計

조나라에서 누차 구원을 청하자 초회왕이 송의를 상장군, 항우를 부장副將, 범증范增을 말장末將으로 삼은 뒤 북진해 조나라를 구하게 했다. 또 유방에게는 서쪽을 공략해 관중으로 진공하게 했다. 초회왕은 여러 장수들 앞에서 가장 먼저 입관入關해 관중을 평정하는 자를 관중왕關中王으로 삼겠다고 약속했다.

「고조본기」

먼저 들어간 자가 주인이 된다

초회왕은 여러 장수들 앞에서 가장 먼저 입관한 자를 관중왕으로 삼겠다고 선언했다. 이 선언으로 인해 진승 사후 사실상 반군의 지도자가 된 항량 밑에서 활약하던 유방과 항우가 서로 대치하게 됐다. 항량의 패사로 인해 막강한 세력으로 부상할 가능성이 있는 항우를 견제하려는 초회왕의 의도였다. 유방을 방패막이로 삼고자 한 것이다.

「고조본기」에 따르면 당초 항량은 진승의 패사 소식을 듣고, 전국시대 말기 진나라에 억류되어 죽음을 맞은 초회왕의 손자 미심을 초왕으로 삼았다. 그리고 지금의 강소성 회안시인 우이에 도읍했다. 몇 달 뒤 그는 북쪽으로 항보를 공략하고, 동아현을 구원하면서 진나라 군사를 격파했다. 진승 사후 자신이 반진 대열의 선봉에 서 있다는 사실을 대내외에 과시한 셈이다. 이때 항량은 휘하의 유방과 항우에게 명해 각기 성양을 공략했다. 두 사람은 성양성을 함락시킨 뒤 성 안 사람을 도륙했다. 성양성의 저항이 그만큼 격렬하기는 했으나, 그래도 성 안 사람을 도륙한 것은 아무래도 지나쳤다. 유방과 항우 모두 비난 받을 만한 일이다.

교만했던 항량이 죽자 우두머리의 자리가 비다

유방과 항우는 성양성 함락 직후 복양 동쪽에 진을 치고 진나라 군사와 접전했다. 또다시 승리를 거둔 뒤 서쪽 토벌에 나섰다. 옹구에서 진나라 군사를 대파한 뒤 진나라 승상 이사李斯의 아들 이유李由의 목을 베고 회군했다. 이유를 참수한 것은 상징적인 의미가 컸다. 진나라 조정을 강타한 것이나 다름없었기 때문이다. 여세를 몰아 지금의 하남성 상구시인 외황을 쳤다. 그러나 외황의 저항이 만만치 않았다. 결국 함락시키지 못했다. 진나라가 아직도 막강한 무력을 보유하고 있음을 증명한 셈이다.

당시 항량은 진나라 군사를 대파한 데 이어 휘하 장수인 유방과 항우가 각지에서 거듭 승전보를 올리자 크게 고무된 나머지 점차 교만한 모습을 보이기 시작했다. 「항우본기」에 나오는 항량 휘하 장수 송의의 간언이 이를 뒷받침한다.

"싸움에서 이겼다고 장수가 교만해지고 병사들이 나태해지면 패하는 법입니다. 지금 병사들이 다소 나태해지고 있고, 진나라 군사는 날로 늘어나고 있습니다. 신은 장군을 위해 이 점이 두렵습니다."

그러나 항량은 이를 흘려듣고 이내 송의를 제나라에 사자로 보냈다. 도중에 제나라 사자 고릉군 현을 만났다. 송의가 물었다.

"공은 무신군을 만나려는 것이오?"

고릉군이 대답했다.

"그렇소."

원래 '무신군'은 항량이 초나라 왕족 출신 미심을 초왕으로 옹립한 뒤 받은 군호君號이다. '초한지제'를 포함해 춘추전국시대의 전 시기를 통틀어 '무신군'의 군호를 가진 사람은 모두 3명이다. 항량 이외에 먼저 전국시대 말기 종횡가로 활약한 장의張儀를 들 수 있다. 나머지 한 사람은 '초한지제' 당시 조왕으로 자립한 무신이다.

'무신군'과 유사한 무안군의 군호를 가진 사람은 모두 4명이다. 첫째, 전국시대 말기 장의와 함께 종횡가 소진蘇秦이다. 둘째, 전국시대 말기에 활약한 항우의 조부인 초나라 장수 항연项燕이다. 셋째, 진소양왕 때 진나라 명장으로 명성을 떨친 백기白起이다. 넷째, 전국시대 말기 간신들의 무함에 걸려 자진한 조나라 명장 이목李牧이다.

항량이 초회왕 미심으로부터 '무신군'의 군호를 받은 것은 전국시대 말기 진나라와 결전을 치르며 초나라를 끝까지 지켰던 그의 부친 '무안군' 항연의 뒤를 이어 충성을 다해달라는 취지에서 나온 것이다. 당시 송의는 제나라 사자 고릉군이 '무안군' 항량을 만나러 가는 것을 확인하고는 이같이 만류했다.

"내가 단언컨대 무신군의 군사는 반드시 패할 것이오. 공은 천천히 가면 죽음을 면하고, 급히 가면 화를 당할 것이오."

송의의 예언대로 과연 진나라는 전 군을 동원해 반란군 진압의 최전선에 있는 장함을 적극 지원하고 나섰다. 병력 지원을 받은 진나라 장수 장함은 마침내 한밤중에 소리를 내지 않기 위해 얇은 나무 막대기를 입에 문 채 정도에 머물고 있는 항량을 기습했다. 기습 공격을 받은 항량이 크게 놀라 황급히 반격에 나섰으나 이내 상황을 돌이키기에는 너무 늦었다. 결국 그는 패사하고 말았다. 잇단 승리에 우쭐해진 나머지 사상 최초의 제국인 진나라의 힘을 너무 얕본 게 화근이었다.

'무신군' 항량이 패사할 당시 유방과 항우는 이런 사실도 모른 채 공략에 실패한 외황을 포기한 채 지금의 하남성 개봉시인 진류를 공격하고 있었다. 그러나 진류성의 수비도 만만치 않았다.

진류성을 함락할 길이 없게 된 데 이어 이내 항량의 패사 소식이 들려오자 유방과 항우가 두려운 나머지 이같이 상의했다.

"지금 항량의 군사가 대패해 병사들이 두려워하고 있소."

그러고는 진승의 옛 시종 출신으로 장군이 된 후 진나라 장수 장함의 꼬임에 넘어가 진승을 척살한 장가莊賈를 죽이고 반진의 선두에 선 여신呂臣과 함께 군사를 모두 이끌고 동쪽으로 갔다. 명백한 후퇴였다. 초회왕의 명에 의해 여신은 팽성의 동쪽, 항우는 팽성의 서쪽, 유방은 탕군에 주둔했다.

당시 항량의 군사를 대파한 장함은 반진의 선봉에 선 항량을 패사시킨 만큼 이제 초나라 군사를 크게 두려워할 게 없다고 판단했다. 항우와 유방은 안중에도 없었다. 이내 황하를 건넌 뒤 북진해 조나라 군사를 격파했다. 당시 장함은 휘하 장수인 왕리王離와 섭간涉間에게 명해 조나라 왕 조헐趙歇이 머물고 있는 거록성을 포위했다.

왕리는 진시황 때 초나라 장수 항연을 패사시켜 천하를 통일하는 데 결정적인 공헌을 한 왕전王翦의 손자이다. 장함 자신은 거록성 남쪽에 진을 친 뒤 용도를 만들어 군량을 조달했다. 용도는 양측에 방벽을 쌓아 왕래의 안전을 보장하는 도로를 말한다. 주로 적진에 둘러싸인 아군에 군량을 보급할 때 용도를 쌓곤 한다.

한발 먼저 나와 천하를 주름잡을 기회를 얻은 항우

항량의 군사가 정도에서 장함의 기습 공격으로 대패하자, 초회왕 미심은 크게 놀라 곧바로 우이에서 지금의 강소성 서주인 팽성으로 천도한 뒤 항우와 여신의 군사를 합쳐 직접 통솔했다. 항우가 장차 항량의 군사까지 흡수해 자신을 억압할까 두려워한 것이다.

당시 초회왕이 가장 신임한 사람은 여신이었다. 그를 사도司徒로 삼은 데 이어 그의 부친 여청呂靑을 초나라 최고의 벼슬인 영윤으로 삼은 사실이 이를 뒷받침한다. 유방도 초회왕의 신임을 얻고 있었다. 초회왕은 유방을 탕군의 군수로 삼고 무안후에 봉한 뒤 탕군의 군사를 거느리게 했다.

주목할 것은 송의의 만류로 '무신군' 항량을 만나러 가던 길을 멈추고 초회왕 미심을 찾아간 제나라 사자 고릉군이 마침 초나라 군중에서 초회왕 미심에게 송의를 적극 천거한 점이다. 그는 미심에게 이같이 말했다.

"무신군 항량의 휘하 장수 송의는 저에게 항량의 군사가 반드시 패할 것이라고 말한 바 있습니다. 과연 며칠 뒤 무신군의 군사가 패하고 말았습니다. 미처 싸우기도 전에 미리 그 패배의 조짐을 읽었으니 실로 그는 병법을 훤히 안다고 이를 만합니다."

초회왕이 크게 기뻐하며 곧 송의를 불러 대사를 의논한 뒤 상장군으로 삼았다. 송의의 해박한 병법 지식에 놀라 이런 파격적인 조치를 취한 것이다. 송의가 상장군에 임명되면서 항량의 오른팔 역할을 하던 항우는 노공에 봉해지고 대장군 송의 휘하의 차장에 임명됐다. 노공은 춘추시대 말기에 활약한 공자의 조국 노나라를 관할하는 제후를 가리킨다. 항우를 노공에 임명한 것은 송의의 휘하 장수로 배치한 데 따른 항우의 불만을 누그러뜨리려는 속셈이었다. 항우의 책사 범증을 대장군 휘하의 말장에 임명한 것도 같은 맥락이다.

이로 인해 송의와 항우 및 범증은 진나라 장수 장함에게 포위당한 거록성의 조나라 왕 조헐을 구하러 가게 했다. 항우와 범증 이외에도 여러 별장들이 모두 대장군 송의의 휘하 장수로 배속됐다. 사람들은 이들을 경자관군卿子冠軍으로 불렀다. 여기의 경자卿子는 남자에 대한 미칭美稱으로 송의에게 내린 존호尊號이다. 공자公子나 공경

公卿을 달리 표현한 것이다. 관군은 최정예 군대를 의미한다. 관冠은 '으뜸'의 뜻이다. 당시 송의가 이끄는 초나라 군사는 조나라의 거록성을 향해 서진하다가 안양에 이르러 진격을 멈췄다. 「항우본기」는 46일 동안 머물며 진격하지 않았다고 기록했다. 차장인 항우가 대장군 송의에게 건의했다.

"제가 들으니 진나라 군사가 조왕을 거록성에서 포위하고 있다고 합니다. 급히 군사를 이끌고 강을 건너가 포위를 풀어야 합니다. 초나라 군사가 밖을 치고 조나라 군사가 안에서 호응하면 반드시 진나라 군사를 무찌를 수 있습니다."

송의가 반대했다.

"그렇지 않소. 무릇 소를 물어뜯는 등에는 이蟣를 죽일 수 없는 법이오. 지금 진나라가 조나라를 치고 있는데, 설령 승리한들 진나라 병사들은 이내 피폐해질 것이오. 우리는 그 틈을 타야 하오. 진나라가 승리하지 못하면 우리는 군사를 이끌고 북을 치며 전진해 서쪽을 치면 되오. 그러면 반드시 진나라를 함락시킬 수 있을 것이오. 먼저 진나라와 조나라가 서로 싸우도록 놓아두는 것이 상책이오. 갑옷과 무기로 무장하고 실전을 벌이는 일은 내가 그대만 못하지만, 앉아서 계책을 부리는 일은 그대가 나만 못하오."

이어 군중에 이같이 영을 내렸다.

"사납기가 호랑이 같거나, 제멋대로 하기가 양羊 같거나, 탐욕스럽기가 승냥이 같거나, 고집이 세어 부릴 수 없는 자는 모두 참수할 것이다."

명백히 항우를 겨냥한 말이었다. 그러고는 아들 송양宋襄을 제나라로의 재상으로 보내고자 했다. 직접 무염까지 전송하면서 성대한 연회를 베풀었다. 날은 춥고 비가 많이 내려 병사들은 기한飢寒에 떨었다. 항우가 말했다.

"사력을 다해 진나라를 쳐야 하는데 오랫동안 머물며 진격하지 않고 있다. 지금 흉년이 들어 백성은 궁핍하고, 병사들은 토란과 콩으로 연명하고, 군영에는 저장된 군량이 없다. 그런데도 성대한 연회를 벌여 술이나 마시고 있다. 군사를 이끌고 강을 건넌 뒤 조나라 군량을 먹으며 조나라와 합세해 진나라를 칠 생각을 하지 않는 것이다.

그러고는 기껏 말하기를, '그들이 지친 틈을 이용할 것이다.'라고만 한다. 강대한 진나라가 지금 막 일어난 조나라를 치면 형세상 반드시 조나라를 뒤엎을 것이다. 조나라가 함락되면 진나라가 더욱 강해질 터인데, 무슨 지친 틈을 이용하겠다는 것인가? 우리 군사가 막 패한 터라 대왕이 좌불안석하며 전 병력을 쓸어 담듯 해 오로지 장군의 휘하에 속하게 했다. 나라의 안위가 오직 이번 거사에 달려 있다. 그런데도 지금 병사들을 돌보지 않고 사정私情만 좇고 있다. 그는 사직지신社稷之臣이 아니다."

항우가 새벽에 상장군 송의를 찾아가 막사에서 그의 머리를 벤 뒤 군중에 영을 내렸다.

"송의가 제나라와 함께 초나라를 배신할 모의를 꾸몄다. 초왕이 몰래 나에게 명해 그를 주살하게 했다."

장수들 모두 두려운 나머지 복종하며 감히 저항하지 못하고 입을 모아 말했다.

"가장 먼저 초나라를 세운 것은 장수의 집안입니다. 지금 장군은 난신亂臣을 주살한 것입니다."

서로 뜻을 모아 항우를 임시 상장군으로 세웠다. 이어 사람을 시켜 송의의 아들을 제나라까지 쫓아가 죽인 뒤 사람을 보내 초회왕에게 이를 보고했다. 초회왕이 크게 두려워하며 항우를 상장군으로 삼고, 당양군 경포와 포蒲 장군 등을 모두 항우의 휘하 장수로 배속했다. '경자관군' 송의를 죽이자 그 위엄이 초나라를 진동시켰고, 그 명성이 제후들에게도 전해졌다. 항우의 이런 결단은 높이 평가할 만한 일이다. 비록 훗날 유방에게 천하 강산을 '상납'하기는 했으나, 이같은 결단이 없었다면 한때나마 천하를 호령하는 일도 없었을 것이다.

한순간도 머뭇거리지 말고 신속하라

더욱 놀라운 것은 항우가 그 이후에 보여준 전격적인 결단 행보이다. 당시 거록성의 유일한 희망은 송의의 목을 벤 뒤 상장군의 자리에 오른 항우가 속히 달려와 진나라 군사를 격파하는 길밖에 없었다. 항우가 송의의 목을 벨 때 내건 명분은 한시를 다투는 거록성의 위급한 상황이었다. 머뭇거릴 시간이 없었다. 항우가 곧바로 휘하 장수인 당양군 경포와 이름이 알려지지 않은 포 장군에게 명해 속히 병사 2만 명을 이끌고 황하를 건너가 거록성을 구하게 했다. 이들은 초반 접전에서 승리를 거둔 여세를 몰아 장함이 애써 만들어놓은 용도를 끊는 데 성공했다. 왕리가 이끄는 진나라 군사가 곧 끼니를 거르게 되었다.

항우가 곧 전군에 명을 내려 속히 황하를 건너도록 했다. 이때 그는 도하가 끝나자 전군에 명을 내려 배에 구멍을 뚫어 모두 침몰시키고, 취사용 솥과 시루를 모두 깨뜨리게 했다. 장병들에게 필사의 각오로 싸울 것을 촉구한 것이다. 여기서 그 유명한 파부침선破釜沈船 성어가 나왔다. 원문은 '침선파부증沈船破釜甑'이다. 후대인이 시루를 뜻하는 '증'을 생략해 '파부침선'의 사자성어를 만든 것이다. 「항우본기」는 당시 항우가 '침선'과 '파부' 이외에도 막사까지 모두 태워 버리는 이른바 소여사燒廬舍 조치까지 취했다고 기록했다. 사자성어를 만들기 위해 '소여사' 행보를 아예 생략해 버린 셈이다.

당시 항우는 '파부침선'의 조치를 취한 뒤 다시 전 장병에게 명해 각자 3일치의 식량만 갖고 진군하도록 했다. 이는 모든 병서가 역설하는 이른바 '병귀신속兵貴神速' 전술을 구현하기 위한 것이었다. 용병할 때는 한 순간도 머뭇거리지 말고 신속하게 행동하는 것이 중요하다는 뜻이다. 『손자병법』「작전」은 '병귀신속'을 '병귀승兵貴勝, 불귀구不貴久'로 표현해 놓았다. 용병은 신속히 이기는 것을 귀하게 여기고 오래 끄는 것을 꺼린다는 뜻이다.

사실 전쟁은 아무리 우수한 병력과 군수물자를 확보하고 있을지라도 지구전으로 나아가면 이내 병력과 자원을 모두 고갈시키게 된다. 민력民力이 피폐해지는 것은 말할 것도 없다. 동서고금의 역대 전사戰史를 살펴볼지라도 용병에 뛰어난 인물들은 하나같이 '병귀신속'의 이치를 좇아 승리를 거뒀다. 항우가 취한 일련의 조치를 두고 사마천은 「항우본기」에서 이같이 칭송했다.

"항우가 병사들에게 필사의 각오를 드러냄으로써 승리를 거두지 못하는 한 그대로 귀환할 마음이 조금도 없음을 보여주었다."

예나 지금이나 '필사의 각오'는 장수가 앞장서 보여주어야 주효하다. 그래야만 전 장병이 죽기를 각오하고 싸우는 결사대로 거듭날 수 있다. '필사의 각오'가 주효하면 한 사람이 능히 1만 명의 적군을 상대하는 일이 가능해진다. 송의를 참하고 '파부침선'을 단행한 항우의 결단을 높이 평가하지 않을 수 없는 이유다.

유리한 조건은 모두 활용하여 먼저 입성하라

주목할 것은 항우가 제후 연합군을 이끌고 거록성을 구하며 함양 입성을 위한 서진에서 시간을 지체하는 사이 유방이 남쪽 무관을 통해 함양에 먼저 입성하는 기민함을 보인 점이다.

이는 기본적으로 항우를 견제하려는 초회왕 미심의 속셈에서 나온 것이다. 유방으로 하여금 무관을 통해 함양에 먼저 입성함으로써 이후 항우를 견제할 수 있는 관중왕의 자리에 속히 오를 것을 촉구한 셈이다. 초회왕은 이를 위해 여러 장수들 앞에서 함양에 먼저 입성한 자를 '관중왕'에 봉하겠다고 선언하고, 항우를 대장군 송의 휘하의 차장에 임명한 뒤 거록성을 구하고 서진하도록 했다. 사서는 초회왕 미심이 송의에게 진군의 속도를 늦출 것을 지시했는지 여부에 관해 입을 다물고 있으나 당시의 정황에 비춰 그 개연성이 매우 높다. 결국 초회왕은 이로 인해 항우에 의해 비명횡사하고 만다.

초회왕 미심이 송의와 밀약했는지 여부에 관해서는 사서의 기록이 없어 자세히 알 길은 없으나 당시 그가 취한 일련의 조치는 분명 유방의 입장에서 볼 때 커다란 행운이나 다름없었다. 그렇다고 유방이 아무런 고생도 하지 않고 함양성에 먼저 입성한 것도 아니다. 「고조본기」의 다음 대목이 이를 뒷받침한다.

"초회왕은 여러 장수들 앞에서 가장 먼저 입관해 관중을 평정하는 자를 '관중왕'으로 삼겠다고 약속했다. 당시 진나라 병력은 강대했다. 진나라 군사가 늘 승세를 몰아 패주하는 적군을 추격한 이유다. 초나라 장수들 가운데 먼저 입관하는 것을 이롭게 여긴 자는 거의 없었다."

객관적으로 볼 때 항우에 앞선 유방의 입성은 초회왕 미심의 도움이 행운으로 작용한 게 사실이나 기본적으로 장량을 비롯한 참모들의 뛰어난 계책이 주효했기에 가능한 일이었다. 상대의 기선을 제압한 유방의 입성을 과소평가해서는 안 된다는 얘기다. 항우에 앞선 유방의 함양 입성은 자신에게 유리하게 주어진 상황을 최대한 활용해 자신의 입지를 확고히 다진 대표적인 경우이다.

21 위기는 강력하게 대응하라

분갱계
分羹計

항우가 높은 도마를 마련한 뒤 그 위에 유방의 부친인 태공을 올려놓고 유방에게 통고했다.

"지금 속히 항복 하지 않으면 태공을 삶아 죽이겠다!"

유방이 대꾸했다.

"나와 항우 그대는 모두 북면北面해 초회왕의 명을 받은 뒤 서로 다짐키를, '형제가 되기로 약속한다.'고 했다. 나의 부친은 곧 그대의 부친이 된다. 그대가 반드시 자신의 부친을 삶고자 하면 내게도 국 한 그릇을 나눠줬으면 한다."

항우가 노해 태공을 죽이려고 했다. 장량과 가까운 항우의 숙부인 항백이 만류했다.

"천하의 일은 아직 알 수 없고, 천하를 도모하는 자는 자신의 집을 돌보지 않는 법입니다. 그를 죽인들 유익한 게 없고, 오히려 화를 더할 뿐입니다."

항우가 태공을 놓아주었다.

「항우본기」

한 3년인 기원전 204년 3월, 유방은 항우가 자신에게 저항하는 제나라 장수 전횡을 치기 위해 팽성을 비운 틈을 이용해 5국 연합군을 이끌고 가 팽성을 함락시켰다. 한문 원문은 5국 연합군을 '부오제후병部五諸侯兵'로 기록하고 있다. 『한서』에는 '부'가 겁박할 겁劫으로 되어 있다. 5국의 제후를 겁박해 연합군을 결성했다는 것이다.

항우를 반대하는 제후들을 두루 모아 연합군을 결성한 것으로 볼 수 있다.

당시 유방은 팽성을 함락시킨 뒤 자만에 빠져 수비를 허술히 했다가 기습전을 펼친 항우에 의해 철저히 궤멸되고 말았다. 사가들은 이를 흔히 '팽성대전'이라고 한다. 항우의 입장에서 보면 거록대전 못지않은 회심의 대승이었다.

유방의 5국 연합군

5국의 제후와 관련해서는 예로부터 설이 분분하다. 『사기집해』는 여러 설을 모두 소개해 놓았다. 서광은 새塞, 적翟, 위魏, 은殷, 하남河南으로 보았다. 응소는 새, 적, 은, 옹雍, 한韓으로 추정했다. 위소는 새, 적, 은, 위, 한으로 간주했다. 『사기색은』은 서광의 주장을 좇았다. 『사기정의』는 안사고의 주를 인용해 상산, 하남, 은, 위, 한으로 보았다.

자만에 빠져 팽성을 도로 빼앗긴 유방

항우에게 가장 먼저 반기를 들었다가 패사한 전영의 동생인 전횡은 지금의 산동성 거현인 성양에서 거병했다. 항우는 즉각 토벌에 나섰다. 이해 4월, 전횡은 전영의 아들 전광을 제나라 왕으로 세운 뒤 초나라에 저항했다. 항우는 이들의 거센 저항으로 인해 제나라 땅에 머물며 수차례 싸웠으나 끝내 항복시키지는 못했다. 이 사이 유방이 연합군을 이끌고 가 항우의 근거지인 팽성을 접수한 것이다.

당시 항우는 전횡의 무리를 일거에 제압하기 위해 정예군을 모두 이끌고 출동했기 때문에 팽성은 방치된 것이나 다름없었다. 그래서 유방의 군사는 항우가 없는 팽성에 사실상 무혈 입성할 수 있었다. 유방의 직속 부대는 관중에서 징발한 병사가 대부분이었다. 유방 자신은 늘 초나라 사람이라고 여겼으나 팽성 점령은 결과적으로 관중의 북방군에 의한 남쪽 초나라 도성 함락의 느낌이 강했다.

진시황이 초나라를 합병했을 때는 초나라 백성들의 진나라에 대한 원한이 하늘이 찔렀다. 유방의 팽성 함락은 관중 북방군이 가진 남쪽 초나라 사람에 대한 분노가 큰 경우라고 할 수 있다. 이전에 항우가 진나라 군사를 몰살한 데 이어 함양을 분탕하며 도륙했기 때문이었다.

이렇다 할 싸움도 없이 팽성을 점령한 유방의 군사는 말단의 병사에 이르기까지 승리에 도취해 있었다. 오히려 유방이 더한 감이 있었다. 「고조본기」의 다음 기록이 이를 뒷받침한다.

"팽성에 입성한 유방은 보화와 미인을 모아 놓고 날마다 성대한 술잔치를 베풀었다."

원문은 '수기화보미인收其貨寶美人, 일치주고회日置酒高會'이다. 고회高會는 성대한 연회를 뜻한다. 원래 주색을 밝혔던 유방은 함양 입성 때 제대로 펴지 못한 욕정을 이때 마음껏 발산했던 듯하다.

유방은 내심 항우의 숨통을 끊었다고 생각했을 것이다. 유방과 함께 입성한 장량 등의 참모들 역시 비슷한 생각을 품었을 것이다. 단지 한신만 직속 부대에 야단법석에 참여하지 못하도록 엄명을 내려 평소의 군기를 유지했을 뿐이다.

팽성 함락은 나름 큰 의미가 있는 것이지만 항우와의 결전이 아직 이뤄지지도 않은 시점에서 연일 '치주고회'를 베푼 것은 분명 지나쳤다. 『손자병법』을 비롯한 병서에서 역설하는 경적필패輕敵必敗, 즉 적을 얕보면 반드시 패한다는 대목을 상기시킨다. 결국 유방은 당대의 병법가인 항우의 기습 공격을 받고 마치 쥐구멍을 찾듯이 황급히 달아나는 초라한 신세로 전락하고 말았다.

물론 항우도 유방이 팽성을 점령했다는 소식을 들었다. 그러나 제나라에 발이 묶여 있었던 까닭에 곧바로 움직일 처지가 못 되었다. 「항우본기」의 다음 기록이 이를 뒷받침한다.

"전횡이 흩어진 병사 수만 명을 거둬 성양에서 기병하자 항우는 제나라를 평정하느라 정신이 없었다."

그러나 당대 발군의 병법가였던 항우는 곧바로 결단했다. 제나라 공격을 휘하 장수들에게 맡긴 뒤 직접 정병 3만 명의 정예병을 이끌고 밤을 새워 남쪽으로 내려갔다. 당시 항우는 단순히 유방을 치는 것으로 끝낼 생각이 없었다. 때마침 주어진 기회에 유방과 그의 일당을 섬멸할 생각이었다.

3만 명으로 유방의 56만 대군을 섬멸한 항우

그렇다면 항우는 어떻게 겨우 3만 명의 병력을 이끌고 무려 56만 명에 달하는 유방의 연합군을 섬멸할 수 있었던 것일까? 전쟁사와 병법을 연구하는 학자들이 입을 다물지 못하는 대목이다. 『손빈병법』은 소수의 병력으로 적의 대군을 물리치는 방법을 이같이 기술해 놓았다.

“용병에 뛰어난 장수는 아무리 적이 대군이고 강할지라도 적의 병력을 분산시켜 서로 구원하지 못하게 만든다. 또 분산된 적을 공격할 때도 적이 서로 연락을 취할 수 없도록 조치해 자신들이 공격받는 상황을 잘 모르게 만든다. 이어 전쟁터의 지형을 잘 살펴 험준한 지형을 활용하고, 병사들을 독려해 진퇴를 자유롭게 한다. 그리하면 적이 아무리 해자를 깊이 파고 보루를 높이 쌓을지라도 그들의 진영은 결코 견고해질 수 없고, 아무리 전차 부대가 굳세고 무기가 날카로워도 그 위력을 발휘할 수 없다. 또 아무리 병사들이 용맹할지라도 결코 강한 군대가 될 수 없다.”

전장의 지형을 숙지한 가운데 적의 병력을 분산시키고, 아군의 움직임을 전혀 눈치채지 못하게 만드는 게 요체이다. 오직 심야에 적이 곤히 잠들어 있는 등의 상황에서나 가능하다. 항우는 바로 이런 절호의 기회를 노린 것이다. 관건은 얼마나 빨리, 그리고 얼마나 소리 없이 팽성으로 달려가 기습 타격을 가하는가에 달려 있었다.

팽성 주변의 지형을 훤히 꿰고 있던 항우는 팽성의 서쪽으로 우회해 퇴로를 차단한 뒤 다시 동쪽으로 밀어붙여 유방을 섬멸하는 작전을 구상했다. 심야에 유방의 무리를 ‘독 안의 쥐’로 만들고자 한 것이다. 팽성 함락 소식을 들었을 당시 항우는 거야의 늪지대 서쪽에 포진한 전횡의 군사와 맞서 동쪽에 진을 치고 있었다. 그는 여기서 전횡의 군사가 전혀 눈치채지 못하게 곧바로 남하해 공자의 고향인 지금의 산동성 곡부인 노현으로 들어갔다. 이어 다시 사수의 물길을 좇아 남으로 내려와 산동성 어태원의 호릉을 거쳐 강소성의 소현으로 나왔다.

일부러 멀리 우회한 것이다. 『손빈병법』에서 말한 '얼마나 빨리'의 원칙에는 어긋나지만 '얼마나 소리 없이'의 원칙에는 부합한다. 만일 심야의 강행군 등을 통해 속도를 더할 경우 '얼마나 빨리'의 원칙에도 부합할 수 있었다. 항우는 『손빈병법』의 두 가지 요구를 모두 충족시킨 것이다. 비록 멀리 우회하기는 했으나 강행군을 통해 팽성 동쪽에 이르게 됐을 때는 새벽의 여명이 트기 직전이었다.

유방의 무리는 연일 광란의 연회를 즐긴 나머지 정신없이 잠에 빠져 있었다. 항우의 군사가 시간을 지체하지 않고 덮쳤다. 깊은 잠에 떨어졌던 유방의 연합군은 크게 놀라 정신없이 곡수와 사수가 있는 쪽으로 달려갔다.

유방의 연합군은 항우의 급습을 전혀 생각지 못한 것일까? 그렇지는 않다. 단지 이들은 항우의 군사가 설령 습격을 가할지라도 북쪽으로부터 공격하는 길 이외에는 달리 방법이 없다는 식으로 생각했다. 우회해서 급습하리라고는 전혀 상상치도 못했던 것이다. 허를 찔린 유방과 5국 제후의 군사들이 서로 밟고 밟히며 사방으로 달아났다. 「항우본기」는 앞뒤로 곡수와 사수에 잇달아 빠져 죽은 군사가 10

여만 명에 달했다고 기록해 놓았다.

그러나 유방의 군사는 워낙 많았다. 항우의 군사보다 근 20배에 달했다. 10여만 명이 곡수와 사수에 빠져죽었지만 아직도 40여만 명이나 남아 있었다. 이들은 남쪽으로 달아나 평야에 산재하는 작은 구릉에 기대 대열을 정비한 뒤 반격을 가하고자 했다. 그러나 문제는 시간이었다. 항우의 군사는 조금도 여유를 주지 않았다. 곧바로 달아나는 유방의 군사 뒤를 추격해 팽성에서 서남쪽으로 50킬로미터 가량 떨어져 있는 수수 강변까지 몰아붙였다. 궁지에 몰린 유방의 군사 10여만 명은 수수에 수장됐다.

『사기』와 『자치통감』은 이 바람에 수수의 물이 흐르지 않을 지경이 되었다고 기록했다. 나머지 군사들은 정신없이 사방으로 흩어져 도망갔다. 이로써 이날 정오쯤 모든 상황이 종료됐다. 새벽부터 시작해 반나절도 되지 않는 시간에 56만 명에 달하는 유방의 군사를 궤멸시킨 것이다. 수수 강변은 지금의 안휘성 동북쪽의 영벽현 부근을 말한다. 영벽의 벽璧은 둥근 옥을 뜻하는 벽璧으로도 쓴다. 이곳에서 귀중한 옥이 산출되기 때문이다.

팽성대전은 항우가 강을 등에 지고 싸우는 이른바 배수지진背水之陣 등의 뛰어난 전략으로 명성을 떨친 한신 못지않게 뛰어난 병법가였음을 반증하는 사건이기도 하다. 이때 항우가 조금만 더 속도를 내 강하게 밀어붙였으면 역사가 완전히 달라졌을 가능성이 높다. 유방의 참패는 기본적으로 그의 고질적인 호주호색好酒好色이 빚어낸 참사였다.

위기 모면을 위해 자식도 버리는 잔혹한 아버지

당시 유방은 황급히 도주하는 와중에도 패현 일대를 지나면서 문득 집안 식구들을 생각했다. 그러나 항우가 한 발 빨랐다. 사람을 풍읍으로 보내 유방의 식구를 인질로 잡아두려고 했다. 「항우본기」는 패현으로 기록해 놓았지만 「하후영열전」은 풍읍으로 써 놓았다. 풍읍이 타당할 것이다. 그러나 유방의 가족들은 이미 도망친 뒤여서 항우의 구상은 실패로 돌아갔다.

유방 역시 그들을 만날 수 없었다. 이때 유방은 하후영이 모는 수레에 올라타 길을 재촉하는 도중 우연히도 훗날 한혜제로 즉위하는 아들 유영과 딸 노원공주를 길에서 만나게 됐다. 하후영이 황급히 이들을 수레에 태웠다.

초나라 기병이 추격해 오자 유방이 다급한 나머지 두 자녀를 수레에서 밀어 떨어뜨렸다. 무게를 줄여 속도를 높이려는 속셈이었다. 자식들을 마치 짐짝처럼 취급한 것이다. 하후영이 수레에서 내려 이들을 다시 수레에 태웠다. 「하후영열전」은 이런 일이 3번이나 계속되었다고 기록했다. 당시 하후영은 유방에게 이같이 간했다.

"지금 상황이 비록 긴박하기는 하나 더 이상 내달릴 수는 없습니다. 게다가 자식들을 내버리고 어찌 하려는 것입니까?"

그러고는 천천히 갔다. 유방이 화가 난 나머지 자식들을 10여 차례나 목을 치려고 했다. 하후영이 두 자녀를 끝까지 보호하여 간신히 위기에서 구할 수 있었다. 당시 심이기審食其는 태공과 여후를 좇아 유방을 찾아 다녔다. 그러나 서로 만나지 못하고 오히려 초나라 군사에게 잡히고 말았다. 항우는 이들을 군중에 두고 인질로 삼았다.

상대의 도발을 넘기기 위해 아버지를 외면하다

기원전 204년 겨울 10월, 초나라의 대사마 조구曹咎가 성고를 지켰다. 한나라 군사들이 수차례 도전했으나 초나라 군사는 출병하지 않았다. 사람을 시켜 며칠 동안 욕하자 마침내 조구가 화를 참지 못해 군사들에게 사수를 건너게 했다. 병사들이 반쯤 건넜을 때 한나라 군사들이 이들을 공격해 대승을 거뒀다. 조구가 사수 강변에서 스스로 목을 쳐 자진했다. 유방이 다시 성고를 빼앗은 뒤 하남성 형양현 동북쪽에 있는 광무산에 주둔했다. 그리고 오창으로 진군해 양식을 먹었다.

당시 항우는 양나라 지역의 10여 개 성을 함락시킨 상태였다. 이때 성고가 격파되었다는 소식을 듣고 항우가 군사를 이끌고 돌아왔다. 유방의 군사 모두 항우가 이르렀다는 소식을 듣고 급히 험준한 지형의 요새로 달아났다. 항우가 광무산을 탈환하고 그곳에 주둔하면서 유방의 군사와 대치했다. 이후 전선은 다시 교착 상태에 빠졌다. 「항우본기」는 당시 상황을 이같이 기록해 놓았다.

"유방이 군사를 이끌고 황하를 건너 다시 성고를 빼앗고 광무산에 진을 편 뒤 오창을 관할권 내로 편입시켰다. 항우가 팽월을 격파하고 돌아오자 양측은 광무산을 동서로 나눠 포진하면서 몇 달 동안 서로 노려보며 대치했다."

몇 달 후 초나라의 군량이 점차 떨어지기 시작했다. 항우가 내심 군량이 바닥날까 걱정했다. 곧 고기를 자를 때 쓰는 널판를 만들어 그 위에 태공을 올려놓고는 유방에게 이같이 통고했다.

"지금 속히 항복 하지 않으면 태공을 삶아 죽이겠다."

유방이 대꾸했다.

"나와 항우 그대는 모두 북면해 초회왕의 명을 받은 뒤 서로 다짐하기를, '형제가 되기로 약속한다.'고 했다. 나의 부친은 곧 그대의 부친이 된다. 그대가 반드시 자신의 부친을 삶고자 하면 내게도 국한 그릇을 나눠줬으면 한다."

항우가 노해 태공을 죽이려고 했으나 숙부인 항백의 만류로 이내 태공을 죽이려던 생각을 버린 뒤 다시 이같이 제의했다.

"천하가 여러 해 동안 흉흉한 것은 오로지 우리 두 사람 때문이다. 원컨대 그대와 겨뤄 자웅을 가리고, 애꿎은 천하의 백성을 고달프게 만들지 말자."

유방이 웃으며 거절했다.

"나는 차라리 지혜를 다툴지언정 힘을 다툴 수는 없다."

항우가 세 번이나 장사壯士를 내보내 도전했다. 그러나 한나라에서는 말을 달리며 활을 쏘는 것에 능한 누번樓煩이 번번이 이들을 쏘아 죽였다. 대노한 항우가 눈을 부릅뜨고 질책하자 누번이 크게 놀라 말머리를 돌려 영루 안으로 달려 들어간 뒤 감히 다시 나오지 못했다.

유방과 항우가 광무산 골짜기인 산간을 사이에 두고 서로 말하게 되었다. 항우가 단신으로 도전하려고 하자 유방이 항우의 죄상을 열거하는 것으로 응답을 대신했다. 항우가 대노한 나머지 매복한 궁노수弓弩手에게 명하여 유방을 쏘아 맞히게 했다. 유방이 부상을 입고 성고로 달아났다.

항우와 유방, 천하를 반으로 나누다

기원전 203년 8월, 항우는 자신이 고립되어 자신을 돕는 자가 매우 적다는 사실을 알아챘다. 식량도 떨어진 상황에서 한신까지 진병하여 초나라를 치자 항우가 크게 걱정했다. 이때 유방이 육가陸賈를 시켜 태공을 방면해달라고 설득하게 했다. 항우가 듣지 않았다. 유방이 다시 후공侯公을 보내 천하를 둘로 나누는 방안을 제시했다. 홍구 서쪽을 한나라, 동쪽을 초나라의 영토로 하는 방안이었다.

항우가 이를 받아들였다. 이내 태공과 여후가 유방의 영채로 송환됐다. 홍구 강화 회담이 타결된 지 한 달 뒤인 기원전 203년 9월의 일이다. 무려 2년 5개월 동안 항우의 인질로 잡혀 있었던 셈이다.

유방은 항우가 자신의 부친인 태공을 죽이려고 했을 때 하나 까닥

하지 않고 태공을 삶아 죽인 국물을 달라고 청했다. 기에 질린 항우가 결국 태공을 죽이려던 당초의 계획을 포기하고 말았다. 덕분에 유방은 홍구 강화 회담 직후 부친 태공과 부인 여후를 돌려받을 수 있었다. 위급한 상황에서 대담한 행보로 상대를 굴복하게 만든 유방의 기선제압이 돋보인다.

현상은 복잡하나 법칙은 단순하다.
핵심을 잡으려면 잘 버릴 수 있어야 한다.
- 리처드 파인만Richard Feynman 노벨물리학상 수상자

22 적의 허점을 노려라

습적계
襲敵計

한 원년 8월, 유방이 한신의 계책을 써 고도故道를 따라 관중으로 들어가 옹왕 장함을 쳤다. 장함이 진창에서 한나라 군사를 맞아 싸웠으나 이내 패주했다. 호치에서 멈춰 다시 싸웠지만 또다시 패해 폐구廢丘로 달아났다. 유방이 마침내 옹雍 땅을 평정했다.

「고조본기」

이 대목은 한중왕에 봉해진 유방이 관중으로 진출하게 된 배경을 설명한 것이다. 여기서 그 유명한 암도진창暗渡陳倉 고사가 나왔다. 「고조본기」는 유방이 한신의 계책을 써 관중으로 들어갔다고 기록해 놓았다. 그러나 「회음후열전」에는 유방이 군사를 이끌고 동쪽 진창陳倉을 통해 관중으로 진격해 삼진을 평정했다고 되어 있다. 과연 어느 쪽이 역사적 사실에 가까운 것일까?

유방과 항우가 천하를 놓고 격돌하는 초한전의 시기 즉 초한지제楚漢之際는 특이하게도 3명의 걸출한 전략가가 동시에 출현해 사활을 건 일대 접전을 벌인 시기였다. 한신과 항우, 진나라 장수 장함이 그들이다. 사서는 장함의 활약을 간략히 소개하는 데 그쳤으나 그 역시 한신 및 항우에 못지않은 전략가였다. 욱일승천旭日昇天의 기세로 함양을 압박한 반진 세력의 우두머리 진승과 항량을 차례로 패사시킨 게 이를 뒷받침한다. 진나라 조정이 어지럽지만 않았다면 항우를 당대 최고의 전략가로 부각시킨 거록대전의 향방이 어찌될 지 알 수 없었다.

초한지제 최고의 병법가, 상대의 빈틈을 노리는 한신

유방이 관중으로 진출할 당시 휘하 장수 한신은 항우에 의해 옹왕에 봉해진 장함과 일전을 겨뤄 승리를 거뒀다. 사람들의 뇌리에 한신이 장함보다 한 수 위라는 인식을 각인시켰다. 이후 한신은 다시 최후의 결전에서 항우의 군사를 격파했다. 이로써 한신이 장함은 물론 항우보다도 더 뛰어난 전략가라는 인식이 널리 퍼지게 되었다. 실제로 오랫동안 많은 사람들은 중국의 전 역사를 통틀어 한신을 가장 위대한 전략가로 꼽아왔다.

그러나 당시의 정황에 비춰 볼 때 한신과 항우, 장함 가운데 객관적으로 누가 더 뛰어난 전략가인지의 여부를 가리는 것은 결코 쉬운 일이 아니다. 장함은 비록 외양상 항우와 한신에게 잇달아 패하기는 했으나 그 내막을 보면 정면으로 맞붙어 패한 게 아니었다. 그의 패배는 어지러운 정국으로 인해 의기소침해진 상황에서 소극적으로 임한 데 따른 것이다.

항우 역시 최후의 결전에서 한신에게 패하기는 했으나 이 또한 정면으로 맞붙어 패한 게 아니다. 병력의 차이가 워낙 컸던 데다가 퇴로마저 봉쇄된 매우 불리한 상황이었기 때문에 한신보다 무략이 떨어진다고 단정하기는 어렵다. 백전백승을 거둔 항우가 마지막 결전에서 패한 것은 유방이 한신 등과 손잡고 사방에서 대군을 동원해 일시에 협공을 가했기 때문이었다.

'초한지제'의 전 기간을 총체적으로 보면 항우가 오히려 한신보다 더 뛰어났던 게 아닌가 하는 생각이 들게 하는 장면이 제법 많다. 팽성을 점령한 56만 명의 유방 연합군을 항우가 겨우 3만 명의 기병을 이끌고 들이닥쳐 궤멸 직전까지 몰아간 '팽성대전'이 대표적이다. 한신은 비록 유방 연합군을 직접 지휘하지는 않았지만 주력군을 이끈 한나라 대장군으로서 패전의 책임을 면하기 어려웠다. 물론 유방이 재차 반격할 시간을 벌게 된 것은 전적으로 한신이 항우군을 강력히 저지한 덕분이다. 그러나 이는 '사후 수습'일 뿐 '사전 예방'은 아니다. 전략 싸움에서 항우에게 패한 것이나 다름없다.

삼자간의 우열에는 그야말로 미세한 차이만이 있다. 다만 종합적으로 분석할 때 한신이 두 사람보다 약간 앞서는 느낌은 분명하다. 사서의 기록을 보면 한신은 그 누구에게도 패한 적이 없다. 토사구팽을 당한 후 그가 거둔 현란한 전공이 모두 휘하 장수 조참의 몫으로 둔갑했기 때문에 그의 전공은 사서의 기록보다 더 높이 평가해야 한다. 후대인이 한신을 전신戰神으로 추앙한 것이 결코 근거 없는 게 아닌 것이다.

실제로 전승 사례를 보면 그가 『손자병법』을 비롯한 역대 병서에 나오는 모든 종류의 병법을 얼마나 훤히 꿰고 있었는지 단박에 알 수 있다. 더욱 놀라운 것은 상황에 따라 병법 원리를 거꾸로 응용해 승리를 거둔 점이다. 한신은 상황에 따라 다양한 유형의 용병술을 구사했지만 그 요체는 '임기응변'으로 요약할 수 있다. 모든 병서를 관통하는 키워드인 임기응변臨機應變의 요체를 꿴 것이 확실하다. 상대의 움직임을 좇아 물 흐르듯 변신하다가 결정적인 시기가 왔을 때 허허실실의 속임수로 상대의 빈틈을 찔러 일거에 제압했다. 임기응변 방략이 바로 한신이 구사한 용병술의 알파 오메가이다.

자타공인 최고의 전략가 한신의 뒤에는 유방이 있었다

그렇다고 임기응변의 용병술에 입각해 한신이 거둔 혁혁한 전공이 오로지 한신 홀로 세운 것으로 보는 것도 약간 무리가 있다. 그의 뛰어난 임기응변 용병술을 적극적으로 수용한 당사자는 유방이다. 이를 무시할 수 없다.

특히 '암도진창'의 경우, 그 내막을 자세히 알기 위해서는 「고조본기」와 「회음후열전」의 기록을 토대로 당시 상황을 간략히 살펴볼 필요가 있다. 원래 '암도진창'의 출전은 「고조본기」이다. 여기서는 '암도진창'의 주인공이 유방으로 되어 있다.

"기원전 206년 4월, 한중왕 유방이 한중을 향해 떠나자 항우가 병사 3만 명을 풀어 그 뒤를 따르게 했다. 유방이 관중을 떠나 한중으로 들어갈 때 장량의 권고를 따라 잔도를 불태웠다. 제후들이 은밀히 군사를 움직여 습격하는 것에 대비하고, 또 항우로 하여금 유방이 동쪽으로 돌아갈 뜻이 없음을 가장하기 위한 것이었다. 이해 8월, 유방이 한신의 계책을 좇아 옛날 초나라로 가는 길을 통해 옹왕 장함을 급습했다. 장함은 진창에서 한나라 군사를 맞이해 공격했으나 패주했다. 호치에서 재차 싸웠지만 다시 패해 도주했다."

「회음후열전」에는 "한신의 계책을 좇아"라는 표현이 없다. 유방이 처음부터 군사를 이끌고 진창으로 들어가 관중을 일거에 점거한 것으로 되어 있다. 애초에 사마천이 이같이 기록했는지, 아니면 후대의 누군가 손을 댔는지의 여부는 자세히 알 길이 없다.

당초 한중왕에 봉해진 유방은 항우의 눈을 피하기 위해 장량의 계책을 좇아 관중에서 한중으로 들어가는 잔도를 불태워 없애는 등의 궤도를 구사했다. 그사이 소하는 관중 진격에 대비해 배후지인 촉 땅으로 연결된 도로를 정비하고 군수 물자를 비축하는 등 만반의 준비를 갖춰 놓았다. 얼마 후 전영이 제나라 땅에서 반기를 든 뒤 조나라 땅의 진여 및 팽월 등과 손을 잡고 항우와 맞섰다. 이내 여러 제후들이 하나로 합쳐 무도한 항우와 싸우자는 내용의 격문이 도착하자 한중왕 유방이 곧 휘하 참모들을 모아놓고 대책을 논의했다.

적을 속이고 뒤에서 쳐라

당시 항우는 유방의 관중 진출을 원천 봉쇄하기 위해 관중을 셋으로 쪼갠 뒤 투항한 진나라 장수 장함章邯과 사마흔司馬欣 및 동예董翳를 각각 옹왕과 새왕 및 적왕에 봉했다. 이를 '3진'이라고 한다. 장량을 비롯한 유방의 휘하 참모들 모두 절호의 기회가 온 만큼 속히 관중으로 진출할 것을 건의했다. 그러나 고양이 목에 과연 누가 방울을 달 것인가 하는 게 문제였다. 더구나 유방이 처한 상황도 그리 좋지 못했다. 이때 승상 소하가 한신을 천거했다. 유방이 즉각 한신을 대장에 임명했다. 한신이 대장에 임명된 후 유방의 관중 진출을 위해 처음으로 구사한 임기응변의 용병술이 바로 '암도진창'이다.

『손자병법』은 첫 편인 「시계始計」에서 병법의 요체는 한마디로 적을 속이는 '궤도詭道'에 있다고 단언했다. 관중을 점거할 때 사용한 '암도진창'이 바로 궤도의 전형이다. 암도진창 일화는 『삼십육계』의 제8계로 채택돼 있기도 하다.

"암도진창은 몰래 진창을 건넌다는 뜻으로 정면에서 공격하는 척하며 우회한 뒤 적의 배후를 치는 계책이다. 짐짓 아군의 의도를 모르는 척 내보이며 적으로 하여금 엉뚱한 곳을 지키게 만든 뒤 그 틈을 노려 은밀히 적의 배후로 다가가 습격한다."

이는 한신이 구사한 용병술의 진수를 요약해 놓은 것이나 다름없다. 원래 한신의 '암도진창' 용병술을 전면에 부각시킨 것은 원나라 때의 무명씨이다. 그는 원나라 때 널리 유행한 잡극雜劇 「암도진창」에서 한신의 대사를 이같이 표현해 놓았다.

"번쾌로 하여금 대낮에 잔도를 수리하도록 한 뒤 나는 몰래 옛길을 따라 건너갈 것이다. 초나라 병사들은 이런 지략을 알지 못하고 분명 잔도를 통해 건너올 것으로 알고 그곳에 수비를 집중할 것이다. 내가 진창의 옛 길을 통해 공략하면 그들은 손 한 번 쓰지 못하고 당할 것이다."

상대가 상상치도 못할 방법을 생각하라

당시 표면상 한중에서 관중으로 직행하는 길은 없었다. 항우를 안심시키기 위해 한중으로 들어올 때 함양에 가장 빨리 도달할 수 있는 이른바 자오도子午道의 잔도를 불태웠기 때문이다. 자오도의 잔도를 복구하려면 시간이 많이 걸린다. 수비 책임을 맡고 있는 장함이 이를 방치할 리 없다. 그렇다면 한신은 어떻게 관중으로 진출한 것일까?

비록 우회로이기는 하나 한중에서 관중으로 들어가는 루트로 자오도 이외에 포사도褒斜道가 있었다. 이는 진령의 남쪽 경사면을 흐르는 포수의 원류까지 더듬어 올라간 뒤 진령 북쪽 경사면을 흐르는 사수를 따라 관중 분지로 내려가는 길이다. 포사도를 이용해 진령을 넘어갈 경우 곧바로 옹왕 장함의 도읍인 폐구 근처로 나오게 된다. 폐구에서 함양까지는 마주보며 손짓해 부를 만한 거리였다. 포사도를 이용할 경우 이웃한 사마흔과 동예가 곧바로 장함과 합세할 우려가 컸다. 한신이 이 길로 가 3진의 제후왕과 전면전을 벌일 경우에는 승산이 희박했다.

마지막으로 하나 더 생각할 수 있는 길이 있었다. 일단 한중의 도읍인 남정에서 포사도로 들어간 뒤 서쪽으로 방향을 틀어 현재의 섬서성 봉현 주변으로 들어갔다가 옛길을 통해 대산관에서 지금의 섬서성 보계시인 진창으로 빠져 나오는 길이 그것이다.

이 노선은 이리저리 우회하기는 하나 대산관까지 한중과 촉 땅의 북부를 거치는 까닭에 군사 이동의 정보가 새나갈 우려가 없었다. 더 중요한 것은 파촉 일대에서 조달되는 군수 물자를 넉넉히 활용할 수 있다는 점이었다. 소하는 남정에 들어오자마자 곧바로 파촉과 한중을 하나로 묶는 명령체계를 정비하면서 파촉과 한중을 잇는 잔도를 보수했다. 덕분에 파촉의 풍부한 물자가 잔도를 통해 남정으로 속속 옮겨졌다.

옹왕 장함의 입장에서 보면 진창은 봉지의 서쪽 가장자리에 있다. 지금의 섬서성을 중심으로 한 관중 분지 전체의 관점에서 볼 때 가장 서쪽에 위치한 협소한 곳이었다. 유방의 군사가 이 루트를 타고 침공하면 사마흔과 동예의 응원을 받기가 어렵게 된다. 실제로 한신의 군사가 이 길을 통해 관중으로 진격했을 때 방어에 나선 것은 오직 옹왕 장함의 군사밖에 없었다.

삼국시대 제갈량도 마지막 북벌에 나서면서 관중으로 진격할 때 이 노선을 택했다. 당시 그는 분지 서쪽에 자급 체계를 갖췄다. 그때 진을 친 곳이 바로 오장원이다. 이는 진창에서 동쪽으로 50킬로미터 더 들어간 위수의 남쪽 강변에 있다. 포사도의 북쪽 출구에서 매우 가깝다. 오장원은 해발 650미터이기는 하나 산기슭으로부터는 겨우 120미터에 지나지 않아 얼핏 소규모 언덕으로밖에 보이지 않는다.

당초 유방의 무리가 함양을 출발해 남정에 도착할 때는 계절이 한여름을 넘어 늦여름으로 들어가고 되었다. 한신의 계책이 받아들여진 것은 가을이 시작될 무렵이었다. 한중의 궁궐에서 전개된 일련의 전략회의에서 주도적인 역할을 맡은 사람은 말할 것도 없이 당대 최고의 병법가인 한신이었다.

「회음후열전」에 따르면 당시 유방은 그를 위해 특별히 궁전에 전각 하나를 따로 마련해 주었다. 유방은 옥으로 된 검을 차고, 옥으로 된 식탁에서 식사를 했다. 한신도 똑같은 대우를 받았다. 전각을 비롯해 복장과 의복, 수레, 음식 등 모든 것이 같았다.

유방의 휘하 장수들 모두 크게 놀라 입을 다물지 못했다. 한신 자신도 마찬가지였다. 무략에서는 타의 추종을 불허했지만 정략政略에는 별다른 재주가 없었던 한신은 내심 유방을 위해 일생을 바치겠다고 결심했을지도 모를 일이다.

이해 8월 중추, 한신의 군사가 마침내 관중을 향해 출진했다. 급속한 야간행군을 위해 달이 가장 밝은 때를 택한 듯하다. 주목할 것은 이에 앞서 한신이 먼저 군사들을 시켜 자오도의 불타 버린 잔도를 수리하는 척한 점이다. 유방군의 움직임을 수시로 점검하며 경계를 늦추지 않았던 장함이 이 계책에 그대로 말려들고 말았다. 유방이 관중 진출을 시도할 것을 예상했음에도 잘못 짚은 것이다. 많은 사람들이 당대의 명장 장함과 최고의 전략가 한신을 비교하며 한신이 장함보다 한 수 위였다고 평하는 이유다.

당시 장함은 왜 한신이 진창으로 빠져 나올 것을 예상치 못했던 것일까? 한신의 역발상 때문이었다. 한신이 진창으로 들어간 루트는 그 누구도 상상하기 어려운 경로였다. 마치 나폴레옹이 아무도 생각지 못하는 발상으로 추운 겨울날에 알프스 산을 넘어가 기습 공격을 가한 것과 같다. 장함은 잔도의 수리 기간이 제법 오래 걸릴 것으로 '착각'해 군사들을 자오도의 잔도 주변으로 집결시켰다. 장함이 라이벌이라고 할 수 있는 한신에게 감쪽같이 넘어간 셈이다. 덕분에 한신은 대군을 이끌고 큰 어려움 없이 진창으로 들어갈 수 있었다.

척후로부터 이 사실을 보고 받은 장함이 급히 방어 준비에 나섰으나 이미 늦었다. 황급히 군사를 돌려 지금의 섬서성 보계현 동쪽에 있는 진창 경계에서 영격했으나 별다른 준비 없이 대처했기 때문에 크게 패하고 말았다. 장함이 퇴각하는 도중에 지금의 섬서성 호치에서 전열을 정비한 뒤 다시 맞서 싸웠으나 또 패하고 말았다. 장함이 부득불 자신의 근거지인 폐구로 달아나 성문을 굳게 닫은 후 방어에 주력했다. 이 사이 선봉대인 한신의 군사 뒤를 쫓아온 유방의 본대가 옹 땅을 평정한 뒤 동진하여 함양에 이르렀다.

자신도 모르는 사이에 헷갈리게 하라

「회음후열전」는 바로 이 점에 초점을 맞춘 뒤 '암도진창'이 마치 유방의 독자적인 용병에 따른 것으로 기록해 놓은 것이다. 그러나 후대의 많은 사가들이 지적했듯이 '암도진창'의 주역은 한신이었다.

그렇다고 유방이 아무런 역할도 하지 않은 것은 아니었다. 한신이 건의한 '암도진창'의 계책을 적극 수용해 이를 실천에 옮기고, 본대를 이끌어 옹 땅을 점령하고 함양에 이르는 과정은 모두 유방의 몫이었다. '암도진창'의 대미는 유방이 세운 것이나 다름없다. 「회음후열전」이 한신의 이름을 생략하여 '암도진창'이 마치 유방의 독자적인 판단으로 착각하게 한 것은 사실이나 전혀 터무니없는 것만도 아니라는 얘기다.

유방이 본대를 이끌고 함양에 입성할 당시 함양은 항우의 분탕으로 인해 폐허나 다름없었다. 함양은 잠시도 머물 곳이 못 됐다. 유방이 곧 군사를 이끌고 장함이 굳게 지키고 있는 폐구를 포위했다. 이어 제장들을 각지로 파견해 여타 지역을 경략하게 했다. 새왕 사마흔이나 적왕 동예는 결코 적수가 되지 못했다. 이들 모두 유방의 군사에게 항복했다. 유방이 그 곳에 위남과 하상, 상군 등을 두었다. 마침내 실력으로 관중을 탈환해 명실상부한 '관중왕'에 오른 것이다.

이 일련의 과정에서 바로 몰래 진창으로 건너간다는 뜻의 '암도진창' 성어가 나왔다. 여러 면에서 동쪽을 갈 듯이 움직이다가 서쪽을 치는 병법의 성동격서聲東擊西 전술과 닮았다. 적을 미혹시켜 은밀히 공격한 것이다. 다만 '성동격서'는 적으로 하여금 아군이 공격자하려고 하는 지점을 헷갈리게 만드는 것인데 반해 '암도진창'은 아군의 공격 루트를 헷갈리게 만든다는 점에서 차이가 있다. '암도진창' 일화는 적의 눈을 속인 뒤 적이 전혀 예상치 못한 곳을 급습하는 이른바 '출기불의出其不意'의 대표적인 사례에 속한다. '출기불의'는 상대와 전력이 비등할 때 기선을 제압하는 유력한 방안 가운데 하나이다. 『삼십육계』의 제8계로 채택돼 있기도 하다.

兵者 詭道也

용병의 요체는 적을 속이는 궤도에 있다.

-『손자병법』「시계」

23 무엇보다 먼저 명분을 확보하라

발상계
發喪計

유방이 남쪽으로 평음진平陰津을 건너 낙양에 이르렀다. 신성新城의 삼로三老 동공董公이 유방을 가로막고 의제의 피살 배경을 말했다. 유방이 왼쪽 팔뚝을 드러낸 채 크게 통곡했다. 이어 의제를 위해 발상한 뒤 3일 동안 곡을 하며 제사를 올렸다.

「고조본기」

민심과 명분은 황제의 기본 덕목이다

이 대목은 유방이 '암도진창'의 계책으로 관중을 점령한 뒤 항우와 정면 승부를 겨루기 위해 함곡관을 빠져나온 이후의 상황을 기록한 것이다. 유방에게 불의不義한 인물이라는 공격의 빌미를 제공한 것은 전적으로 항우가 자초한 것이다.

그에 앞서 그는 홍문에서 자신보다 앞서 함양에 입성한 유방의 항복을 받아들이고 함양으로 입성한 뒤 일생일대의 큰 실수를 범했다. 함양을 도륙한 것이다. 의제로 높인 초회왕 미심을 몰래 죽인 것도 함양의 도륙 못지않은 패착이었다. 함양의 도륙은 민심의 이반, 의제의 암살은 명분의 상실을 초래했다. 천하를 놓고 군웅들이 다투는 상황에서 민심의 이반과 명분의 상실을 자초한 것은 패망의 길로 내달은 것이나 다름없다.

민심의 이반과 명분의 상실은 신민臣民의 경멸과 증오를 부르게 된다. 마키아벨리는 『군주론』 제19장에서 군주는 무슨 일이 있어도 신민의 경멸과 증오를 사서는 안 된다고 신신당부했다. 신민의 경멸과 증오를 받는 군주의 비참한 말로를 경고한 것이다. 대표적인 예로 로마 황제 콤모두스를 들었다.

원래 콤모두스는 부황인 마르쿠스 아우렐리우스로부터 보위를 물려받은 까닭에 아주 쉽게 권력을 유지할 수 있었다. 단지 부황의 선례를 따르는 것만으로도 백성과 군인을 공히 만족시킬 수 있었다. 그러나 그는 천성적으로 잔혹했다. 백성을 탐욕스러운 약탈의 제물로 삼아 군대의 비위를 맞추면서 제멋대로 행동하도록 방치했다.

더구나 그는 황제의 위엄을 유지하기 위해 필요한 몸가짐을 전혀 삼가지 않았다. 종종 투기장으로 내려가 검투사와 싸우곤 했다. 이외에도 황제의 품위를 해치며 스스럼없이 천박하게 행동했다. 휘하 병사들로부터 경멸의 눈총을 받은 이유다. 백성의 증오와 군인의 경멸을 동시에 받게 된 그가 기댈 곳은 그 어느 곳에도 없었다. 그는 후에 모반으로 인해 비명횡사했다.

항우의 함양 도살과 의제의 암살은 콤모두스가 보인 잔혹한 행보와 가벼운 몸가짐에 비유할 만하다. 항우는 귀가 얇아 이간하는 자의 말에 쉽게 넘어간다. 진평이 구사한 반간계에 넘어가 자신의 핵심 책사인 범증을 내친 게 대표적이다. 그 역시 콤모두스처럼 신민의 경멸과 증오를 자초한 것이나 다름없다.

간신에 휘둘리는 군주는 자리를 잃는다

마키아벨리가 볼 때 군주에게 가장 위험한 상황은 신하들에게 얕보여 경멸을 받고, 나아가 탐욕스러운 모습으로 인해 백성의 증오 대상이 되는 경우다. 존경을 받지 못하는 상황을 넘어 경멸을 받고, 비난의 차원을 넘어 증오의 대상이 되면 군주는 보위를 유지할 길이 없게 된다. 권신에 의한 시군찬위弑君簒位가 빚어지는 이유다. 이 때문에 동서고금을 막론하고 왕조가 뒤집힌 후에는 곧 정권이 뒤바뀌는 것이다.

한비자도 비슷한 지적을 한 바 있다. 그는『한비자』「간겁시신姦劫弑臣」에서 이를 집중 거론했다. '간겁시신'은 간계한 계책으로 군주를 농락하는 간신姦臣과 겁박하는 겁신劫臣, 시해하는 시신弑臣을 통칭한 말이다. 한비자는 귀가 얇아 간신 등에게 휘둘리는 군주를 문둥병자만도 못한 것으로 평가했다.

"속담에 '문둥병자가 왕을 불쌍히 여긴다.'는 말이 있다. 이는 불손한 말이기는 하나 아무 근거 없이 만들어진 게 아니다. 이는 원래 신하들에게 협박 또는 죽임을 당한 군주를 일컫는 말이다.

군주가 법술法術도 없이 무조건 신하를 통제하려고 들면 뛰어난 자질을 지닌 원로대신일지라도 크게 두려워한다. 이들은 특히 군주의 인척이나 호걸풍의 지사들이 군주의 힘을 빌려 자신들을 단죄할까 두려워한다. 그래서 현명하고 나이가 든 군주를 시해한 뒤 나이

어린 군주를 옹립하거나, 적자를 폐하고 승계권이 없는 서자를 옹립하고자 한다.

이런 예가 『춘추』에 무수히 나온다. 조나라 권신 이태李兌는 상왕으로 물러난 조무령왕을 별궁에 가둬 마침내 100일 만에 아사하게 만들었다. 또 연나라의 공격으로 패망 위기에 몰린 제나라의 요청으로 지원에 나선 초나라 장수 요치淖齒는 제나라를 손에 넣을 요량으로 제민왕의 힘줄을 뽑고 종묘 대들보에 매달아 죽게 만들었다.

문둥이는 비록 온몸에 종기가 나 고름이 흐르고 몸이 썩어가지만 『춘추』의 예화처럼 목이 잘려 죽거나 창에 찔려 죽는 횡사를 당하지는 않는다. 굶어죽거나 힘줄이 뽑히는 일도 당하지 않는다. 신하에게 협박이나 죽임을 당한 군주가 느꼈을 마음속 근심과 육체적 괴로움은 문둥이보다 오히려 더 심했을 것이다. 이로써 비록 문둥이일지라도 왕을 불쌍히 여기는 일이 있을 수 있다."

마키아벨리는 군주가 간신에게 휘둘려 갈팡질팡할 경우 이내 경멸을 당하게 된다고 경고했으나 한비자는 그 차원을 뛰어넘어 문둥이보다 못한 참사를 당할 수 있다고 경고했다. 이를 막으려면 군주 스스로 충언을 하는 간신諫臣과 아첨을 일삼는 간신姦臣을 구별하는 안목을 길러야 한다.

고금동서를 막론하고 군주의 자질은 나라의 흥망을 좌우하는 결정적인 변수이다. 물론 군주 스스로 모든 것을 알 수는 없다. 그렇기 때문에 최소한 천하 정세를 훤히 꿰는 뛰어난 참모들을 곁에 두고 이들의 충언과 계책을 적극 수용할 줄 알아야 한다. 그래야만 위기 상황에서 신민의 경멸과 증오를 자초하는 우를 범하지 않게 된다. 항우는 이를 제대로 하지 못했고, 유방은 이를 적극 활용했다. 두 사람의 운명이 결정적으로 갈리게 된 요인이다.

명분 싸움에서 확고한 우위를 점하라

유방이 낙양에 이른 뒤 동공으로부터 의제가 피살됐다는 얘기를 듣고는 곧바로 왼쪽 팔뚝을 드러낸 채 크게 통곡하며 발상한 뒤 3일 동안 곡을 하며 제사를 올렸다. 명분 싸움에서 확고한 우위를 점한 결정적인 계기이다.

삼국시대 당시 조조는 한나라의 마지막 황제인 한헌제漢獻帝를 사실상 인질로 잡아두며 천하를 호령했다. 의제를 암살한 항우와 대비된다. 당초 항우는 제후 연합군을 이끌고 함양을 도륙할 때 아무런 명분도 없이 항복한 자영을 죽이고, 진나라 궁실마저 모두 불태웠다. 이 불길은 세 달 동안 꺼지지 않았다. 이어 함양의 재화와 부녀자들을 모조리 거둬 동쪽 팽성 쪽으로 갔다. 함양은 물론 진나라 각지의 백성들로부터도 뼈에 사무친 원망을 들었을 것이다. 신민의 증오를 자초한 셈이다.

거기에 의제의 암살이 결정적이었다. 난세에 서로 치열한 접전을 벌이는 상황에서 명분 싸움에서 밀리면 이를 만회하기 쉽지 않다. 현대의 선거전에서도 명분 싸움에서 밀리지 않기 위해 극히 세심한 주의를 기울이는 모습을 볼 수 있다. 당시 항우 주변에도 이런 이치를 통찰한 인물이 있었다. 한나라 출신 유생으로 풀이되는 한생韓生이다. 사서에는 성과 이름이 전해지지 않은 탓에 '한생'으로 표현됐다. 그는 항우를 찾아와 이같이 건의했다.

"관중은 산으로 막혀 있고 황하가 가로 질러 사방이 요새인 곳으로 땅 또한 비옥합니다. 가히 도읍으로 삼아 천하의 패권을 잡을 만합니다."

함양을 중심으로 한 관중 일대의 민심을 적극 다독일 것을 충고한 것이다. 그러나 항우는 진나라 궁궐이 모두 이미 불타버려 폐허가 된 것을 꺼린 데다 내심 고향인 강동으로 돌아가고 싶어한 나머지 이를 거절했다.

명분을 무시하고 스스로 꺾어버린 항우

객관적으로 볼 때 함양 인근의 홍문에서 유방의 항복을 받아들여 명실상부한 패왕의 자리에 오른 항우에게는 두 개의 과제가 놓여 있었다. 첫째, 비록 형식적이기는 하나 자신보다 상위에 있는 초회왕 미심을 어떻게 처리할 것인가 하는 문제이다. 둘째, 수도를 어디에 두고 승리의 열매를 어떻게 나누며 천하를 호령할 것인가 하는 문제였다.

당시 항우는 첫 번째 문제를 해결하기 위해 먼저 사람을 초회왕에게 보내 관중의 처리 방침을 통보했다. 그러나 초회왕의 회답은 의외였다.

"약속대로 한다!"

가장 먼저 함양에 입성한 유방에게 관중 일대를 넘겨주겠다는 것이었다. 항우가 생각할 때 이는 있을 수 없는 일이었다. 최소한 자신의 공을 인정해 전후 처리의 전권을 위임하든가 이 기회에 정식으로 자리를 양보하든가 해야 했다. 모든 것을 자기 위주로 생각한 탓도 있지만 사실 항우의 이런 생각을 탓할 수만도 없다. 항우는 크게 당황했을 것이다. 초회왕의 대답이 근본적이지 못하고 직선적이었기 때문이다.

초회왕 미심의 회답대로 유방을 관중왕으로 봉할 경우 이는 잠재적인 라이벌인 유방에게 날개를 달아주는 것이나 다름없었다. 더 무서운 것은 이후에 초회왕 미심의 명을 받드는 입장에서 어떤 봉변을 당할지 모른다는 점이었다. 어떤 식으로든 초회왕을 제압할 필요가 있었다.

문제는 제압 방법이었다. 매끄럽지 못했다. 초회왕을 은밀히 제거한 것이다. 당초 유방과 항우가 함양 입성을 두고 진나라 군사와 혈전을 벌일 때 초회왕을 비롯해 그의 주변 인물들은 나름 천하를 거머쥐기 위한 책략을 세우는 데 골몰했다. 초나라 백성들의 초나라 왕실에 대한 열망을 적극 활용하려고 한 것이다.

이는 이미 어느 정도 성과를 거둔 바 있다. 항우와 유방이 팽성을 출발해 함양으로 향한 것이다. 초회왕 미심의 왕명이 통한 결과다. 초회왕과 그 주변 인물 역시 난세의 시기를 최대한 활용해 나름 천하를 거머쥐고자 했다. 이는 결코 망상이 아니었다. 당시 막강한 무력을 자랑하는 항우의 군단은 통일된 세력이 아니었다. 항량이 이끌던 원래의 친위 세력과 진승의 장초국 패잔병 세력, 진가와 경구 계통의 세력, 초나라 각지에서 들고 일어나 여타 군소 반란 세력 등이 결집한 혼성 집단이었다. 이들이 목숨을 걸고 항우에게 충성을 바친 것도 아니었다.

비록 형식적인 것이기는 하나 권위 면에서는 초회왕 미심이 항량의 정통을 이어받았다고 보는 게 옳다. 동양현 영사로 있다가 젊은 이들에 의해 현령이 된 뒤 항량에게 귀순한 진영陳嬰의 세력이 이후 초회왕의 든든한 무력 기반이 되었다. 진영이 초회왕의 돈독한 신임에 힘입어 초나라 최고의 관직인 주국柱國이 된 사실이 이를 뒷받침한다. 실제로 항량이 패사하기 전후로 권모술수에 밝은 수많은 사람들이 초회왕 주변에 몰려들었다. 이들은 나름 무시할 수 없는 힘을 구축했다.

그렇기 때문에 항우 역시 초회왕의 회답에 분통을 터뜨리면서도 곧바로 손을 쓰지 못했던 것이다. 비록 형식에 그칠지라도 권위가 갖는 위세가 이처럼 무섭다. 전국시대 법가 사상가인 조나라의 신도愼到는 이를 '세치勢治'로 표현한 바 있다. 법의 권위인 법위法威만큼 막강한 위력을 발휘하는 게 바로 세위勢威이다. 실효성이 없는 사법死法일지라도 법으로 존재하는 한 유사시 힘을 발휘한다. 고금동서를 막론하고 신법을 만들 경우 반드시 이와 충돌하는 구법의 효력을 정지시키는 부칙 조항을 두는 이유가 여기에 있다.

이러한 폐법廢法의 조치를 취하는 것처럼 초회왕을 제거하려면 일정한 형식의 폐위 과정을 거쳐야만 했다. 조조가 생전에 천자의 자리에 오르지 않은 것은 바로 이 때문이었다. 그러나 항우는 이런 이치를 깨닫지 못했다. 원소처럼 욕심이 앞선 데다 자신의 힘을 과신했다. 이러한 항우의 자만심은 훗날 패배를 자초하게 되는 핵심 요인이 되었다. 항우는 힘만 믿고 명분의 권위를 무시했다. 삼국시대 원소가 힘만 믿고 섣불리 천자의 자리에 오르고자 했다가 치명타를 입은 것에 비유할 수 있다. 조조는 그 틈을 노려 마침내 원소를 누르고 하북의 패권을 장악했다. 요체는 바로 허수아비 황제를 옆에 끼고 천하의 군웅을 호령한 데 있다.

사서는 이를 '협천자挾天子, 영제후令諸侯'로 표현해 놓았다. 조조는 이를 실행해 천하통일을 기반을 닦았고, 항우는 이를 무시해 유방에게 손에 넣은 천하를 넘겨주고 말았다. 아무리 난세의 시기일지라도 천하를 힘만으로 차지할 수는 없는 노릇이다. 그럼에도 항우는 죽을 때까지 이를 제대로 깨닫지 못했다. 항우는 초회왕의 회답을 받고 불같이 화를 냈다.

"회왕이란 자는 우리 집안이 세운 자일뿐이다! 진나라를 정벌한 공도 없는데 어찌하여 약속을 마음대로 주관한단 말인가. 천하가 당초 반기를 들 때 임시로 제후의 후예를 세워 진나라를 쳤을 뿐이다. 그러나 몸에 갑옷을 입고 무기를 들어 가장 먼저 일을 일으킴하고, 들에서 3년 동안 야전을 하며 진나라를 멸망시키고 천하를 평정한 것은 모두 제장들과 나 항우의 공이다. 그러나 회왕이 비록 공로가 없을지라도 응당 땅을 나눠주어 왕을 칭하게 할 것이다."

제장들이 입을 모아 칭송했다.

"옳소."

'신 중화제국'의 창업주인 모택동은 정적인 유소기를 제압할 때 이른바 소리장도笑裏藏刀의 계책을 구사했다. 웃음 속에 칼을 은밀히 감추는 계책인 독수毒手를 뜻한다. 아무리 초회왕이 '허수아비 왕'였을지라도 왕의 자리에 앉은 이를 제거하는 것은 하책이었다. 더구나 항우는 초회왕의 위상을 의제로 격상시키는 우를 범했다. 자신과 대립하고 있는 초회왕을 의제로 높인 것은 커다란 실책이었다.

물론 항우가 초회왕을 의제로 높이면서 스스로 패왕을 자처한 것을 두고 삼국시대 당시 조조가 한헌제를 옆에 끼고 천하를 호령한 것에 비유할 수는 있다. 겉모습은 닮았다. 그러나 속사정이 다르다. 조조는 한헌제의 권위를 건드리지 않으면 실권을 장악하는 길을 택했다. 이에 반해 항우는 초회왕을 제후왕만도 못한 존재로 만들어놓은 뒤 자신이 패왕의 자리에 올라 여러 제후왕들을 다스리고자 했다.

객관적으로 볼 때 '패왕'과 '제후왕'의 차이는 종이 한 장 차이에 불과하다. 진나라를 무너뜨리고 최강의 정적인 유방의 항복을 받아낸 여세를 몰아 스스로 보위에 오르는 게 최상이었다. 그것도 아니라면 조조처럼 초회왕의 권위를 더욱 높여 놓은 뒤 여러 방안을 강구해 자신의 통제하에 두는 게 옳았다. 항우는 이와 정반대의 길을 간 셈이다. 그가 새해 정월에 군웅들 앞에서 밝힌 다음과 같은 옹색한 선언이 이를 반증한다.

"옛날의 황제는 땅이 사방으로 천 리였고 또한 반드시 상류에 거처했다."

그러고는 의제를 장강 남쪽인 강남으로 옮긴 뒤 호남성 성도인 장사 일대 침주 땅에 도읍을 정하게 했다. 삼국시대 당시 조조의 인질이 된 한헌제는 비록 허수아비 황제에 지나지 않았으나 권위만큼은 끝까지 보유하고 있었다. 이에 반해 항우의 손아귀에 들어간 의제는 힘도 없고, 권위조차 없었다.

중원을 손에 넣기 위해 군웅들이 치열하게 다투는 이른바 '축록중원'의 혼란을 거의 다잡은 상황에서 또다시 천하를 쟁탈 대상으로 내놓은 격이다. 어리석음의 극치다. 지나친 자신감이 화근이었다.

항우 덕분에 명분을 만들 수 있었던 유방

유방이 왼쪽 팔뚝을 드러낸 채 크게 통곡했다는 뜻의 「고조본기」 원문은 '단이대곡袒而大哭'이다. 단袒은 화가 나 웃통을 벗거나 소매를 올린다는 뜻으로 자주 사용된다. 항우의 대역무도한 만행으로 인한 의제의 횡사에 대해 분을 삭이지 못했다는 뜻을 함축하고 있다. 절묘한 표현이다. 천하를 거머쥐려면 이 정도 연기는 할 줄 알아야 한다. 항우는 유방이 천하의 제후들을 소집하는 데 딱 좋은 구실을 스스로 제공한 꼴이나 다름없다. 실제로 명대의 유학자 능치륭陵稚隆

은 『한서』를 편집 교열하면서 이같이 논평한 바 있다.

"유방이 웃통을 벗고 통곡한 것은 오로지 세상 사람들을 격분시키려는 수작이지 정말 애통해 한 것은 아니다. 설령 항우가 의제를 죽이지 않았을지라도 유방이 의제 밑으로 들어갈 사람이었겠는가? 항우가 유방을 위해 의제를 제거해 준 꼴이다."

능치륭의 지적은 유방이 각지의 제후들에게 보낸 격문을 보면 더욱 쉽게 알 수 있다. 「고조본기」에 나온 격문의 전문이다.

"천하가 의제를 함께 세운 뒤 북면하여 섬겼다. 지금 항우가 의제를 강남에서 살해했으니 참으로 대역무도하기 그지없다. 과인은 친히 의제를 위해 발상을 하니 과인을 따르는 제후들은 모두 흰 상복으로 갈아입도록 하라. 이제 과인은 관중의 전 군사를 동원하고, 하남, 하동, 하내 등 삼하三河의 병사를 합쳐 장강과 한수 일대에 배를 띄워 남하할 것이다. 바라건대 천하의 제후왕들은 과인을 좇아 초나라의 의제를 죽인 자를 함께 치도록 하자!"

예나 지금이나 아무리 뛰어난 실력을 보유하고 있을지라도 매사를 우격다짐으로 밀어붙이면 반드시 후유증이 따르게 마련이다. 항우의 의제 제거 과정이 꼭 그러했다. 항우가 의제의 제거를 명한 것은 기원전 206년 겨울 10월이다. 18명의 토왕과 2명의 토후를 천하 각지에 봉한 지 여덟 달 뒤이다. 그 사이에 여러 일이 일어났다. 항우의 분봉에 반발한 제나라의 실력자 전영이 이해 5월에 반기를 들고, 뒤이어 8월에 유방이 장함 등을 무력으로 제압하고 관중을 손에 넣는 격변이 빚어졌다.

「항우본기」는 의제를 침현으로 쫓아낸 지 얼마 안 돼 이내 죽인 것처럼 묘사해 놓았다. 그러나 의제의 횡사는 이처럼 엄청난 격변이 일어나는 와중에 빚어진 사건이다. 때가 좋지 않았다. 유방을 비롯한 정적들이 즉각 자신들의 반기를 합리화하는 명분으로 삼았기 때문이다. 「항우본기」는 당시 항우가 은밀히 형산왕 오예와 임강왕 공오에게 사람을 보내 의제를 제거하도록 했다고 기록해 놓았다. 「경포열전」에는 항우가 구강왕 경포에게 이 일을 주도적으로 처리할 것을 명한 것으로 나와 있다.

"항우가 초회왕을 의제로 삼은 뒤 도읍을 장사로 옮기게 했다. 이어 은밀히 구강왕 경포 등에게 명하여 그를 격살하게 했다. 이해 8월, 경포가 휘하 장수를 보내 의제를 격살했다. 의제가 달아나자 곧바로 그 뒤를 쫓아가 침현에서 죽였다."

「항우본기」에는 오예와 공예 등이 장강의 강중에서 의제를 죽인 것으로 나와 있다. 많은 학자들은 이를 항우 일생 최대의 패착으로 간주하고 있다.

유방이 격문을 돌려 천하의 맹주를 살해한 '대역무도'한 항우를 토벌해야 한다고 부추기고 나섰던 것을 보면 알 수 있다. 의제를 제거한 것은 마치 바둑에서 악수가 악수를 부른 경우이다. 초반에 포석을 잘못하면 그 여파가 자못 크다. 유방이 의제 암살이라는 항우의 패착을 적극 활용해 명분상의 우위를 확고히 점할 수 있었다.

道者 令民與上同意也 故可與之死 可與之生 而民不畏危

병도는 백성이 군주와 한마음이 되어 생사를 함께할 수 있도록 하는 것이다.
그리하면 백성은 군주를 위해 죽을 수도 있고 살 수도 있으며,
어떤 위험에도 두려워하지 않을 것이다.

-『손자병법』「시계」

24 퇴각은 지체 없이 하라

출둔계
出遁計

한나라 군사는 식량이 떨어지자 밤에 갑옷을 입은 부녀 2천여 명을 형양성의 동문으로 내보냈다. 초나라 군사가 사면에서 이들을 공격했다. 장수 기신이 유방의 어가御駕를 탄 채 거짓으로 유방인 척하며 초나라 군사를 속였다. 초나라 군사가 모두 만세를 부르며 구경하러 동문으로 갔다. 이 틈을 타 유방이 수십 명의 기병과 함께 서문을 통해 황급히 달아났다.

「고조본기」

유방을 도망시키고 불에 타 죽은 충신, 기신

'초한지제' 당시 유방을 위해 적장을 기만했다가 횡사를 당한 인물이 2명 있다. 역이기와 기신이 그들이다. 역이기는 제왕 전광을 설득하다가 한신의 공격을 받은 전광의 노여움을 사 산 채로 끓는 물에 던져지는 팽살을 당했고, 기신은 유방의 탈출을 돕기 위해 유방으로 분장해 항우를 속였다가 불에 타 소살燒殺을 당했다.

『사기』는 두 사람에 관한 전기를 따로 편제하지 않았다. 다만 역이기의 경우는 여러 「세가」 및 「열전」에 그의 행적을 두루 싣고 있어 그의 생전 행보를 대략 파악할 수 있다. 이에 반해 기신의 경우는 「고조본기」와 「항우본기」에만 단편적으로 실려 있을 뿐이다. 도중에 항우에 의해 소살을 당한 까닭에 그의 출신 배경과 전력 등이 제대로 전해지지 않은 듯하다.

「고조본기」 등에 나온 그의 행보를 종합해 보면 그는 유방의 핵심 측근으로 활약한 게 확실하다. '홍문연' 당시 유방이 자신의 거기를 버려둔 채 몸만 빠져나와 홀로 말에 올라탈 때 기신이 번쾌와 하후영 및 근강靳彊 등과 함께 검과 방패를 들고 도보로 수행한 사실이 이를 뒷받침한다.

번쾌와 하후영의 생전 행보는 독자적인 전기인 전전專傳 내지 다른 사람의 전기와 함께 수록된 합전合傳의 형태로 「열전」에 수록돼 있다. 기신과 근강은 「열전」이 없다. 다만 근강의 경우는 제후에 봉해진 까닭에 「고조공신후자연표」에 생전 행보가 간략히 수록돼 있다. 이에 따르면 그는 초나라 장수 종리매를 격파한 공으로 분양후에 봉해졌다. 그러나 근강 역시 「고조공신후자연표」를 제외하고는 「항우본기」와 「번역등관열전」에 나오는 극히 단편적인 기사밖에 없다.

기신의 경우는 더욱 황량하다. 유방을 대신해 불에 태워졌음에도 유방이 즉위한 뒤 제후에 추봉追封됐다는 기사조차 없다. 가족도 없는 상황에서 유방을 수행하다가 소살된 탓에 제사를 지내줄 사람조차 없기에 '추봉'에서 제외됐을지도 모를 일이다.

항우의 군사에게 완전히 고립될 위기에 처한 유방

『사기』의 기록을 종합해 보면 기신이 유방을 대신해 죽음에 이르게 된 배경을 대략 짐작할 수 있다. 팽성대전에서 대승을 거둔 뒤 추격에 나선 항우의 군사가 유방이 머물고 있는 형양성을 포위했을 때, 책사 진평은 뛰어난 반간계를 구사해 항우와 책사 범증을 이간하는 데 성공했다. 이는 상대편의 계교를 미리 알아채고 그것을 역이용하는 이른바 장계취계將計就計의 반간계이다. 고단수의 속임수에 속한다.

「진승상세가」의 기록에 따르면 당시 진평은 초나라의 사자가 도착할 즈음 좌우에 명해 이른바 태뢰太牢를 갖춰 놓게 했다. '태뢰'는 제사나 연회 때 소와 양, 돼지 등 3가지 희생犧牲을 모두 갖추는 것을 말한다. 돼지와 양만을 갖춘 것은 소뢰小牢라고 한다. '태뢰'는 대접하는 측이 모든 정성을 기울였다는 의미이기도 하다. 싸움을 하는 와중에 상대방 사자가 왔을 때 '태뢰'로 대접하는 것은 사실상 패배를 자인하는 것이나 다름없다. 상차림이 진행되는 도중 진평이 나타나 범증의 사자인 줄 착각했다며 다시 조악한 음식을 내오도록 한 것은 말할 것도 없이 항우를 흔들려는 속셈이었다.

어이없게도 진평의 반간계에 넘어가 내심 유일한 책사 역할을 하고 있던 범증을 의심하기 시작한 항우는 초나라 사자의 보고를 듣고는 범증에 대한 의심을 더욱 크게 가졌다. 항우가 거의 손에 넣은 천하를 놓치게 된 결정적인 패인이 바로 여기에 있다. 당시 범증은 총력을 기울여 범양성을 함락시킬 것을 주장했다. 객관적으로 볼 때 당시 항우가 범증의 건의를 좇아 좀 더 강력히 밀어붙였다면 '독 안의 쥐' 신세에 처해 있던 유방을 포획하는 것도 불가능한 일이 아니었다. 그럼에도 진평의 반간계에 넘어간 항우는 범증을 의심한 나머지 범증의 계책을 채택하지 않았다. 화가 난 범증은 항우 곁을 떠나 팽성으로 가다가 등창이 나 횡사하고 말았다.

당시 상황에 비춰볼 때 항우 곁에서 거의 유일한 책사 역할을 한 범증의 부재는 치명적이었다. 항우 곁에서 시시각각으로 변하는 전쟁의 진행 상황을 총체적으로 파악해 수시로 조언을 해줄 사람이 아무도 없게 된 것이다. 항우처럼 자존심이 강한 인물은 결정을 독자적으로 내릴 확률이 높다. 이때 잘못 판단할지라도 이를 제어해 줄 사람이 없으면 이는 패망의 길이다. 실제로 역사는 그런 방향으로 진행됐다. 이는 진평이 구사한 장계취계의 반간계가 그만큼 뛰어났음을 방증하는 것이기도 하다.

그러나 여기서 간과해서는 안 될 것은 비록 진평이 구사한 장계취계의 반간계가 매우 뛰어난 계책이기는 했으나 당시 유방이 처한 상황이 너무 위태로웠던 까닭에 일정한 한계가 있었다는 점이다. 범증이 곁을 떠나기는 했으나 항우 역시 형양에 대한 공격의 고삐를 늦추는 우를 범하지는 않았기 때문이다. 범증이 곁에서 독려할 때보다는 공성攻城의 강도가 상대적으로 약해졌을 수는 있으나 결코 허술해진 것은 아니었다는 얘기다. 항우의 군사는 포위를 풀 기미를 전혀 보이지 않았다. 결국 진평이 구사한 뛰어난 장계취계 반간계는 일시적인 효과밖에 없었다는 얘기다.

포위망을 뚫기 위해서는 비상한 계책이 필요했다. 여기서 바로 당대 최고의 책사인 진평의 진면목을 유감없이 보여주는 사항계와 유방의 측근인 기신을 동원한 고육계苦肉計가 등장한다. 『사기』는 '초한지제' 내내 진평이 구사한 여러 계책 가운데 장계취계의 반간계를 가장 높이 평가하고 있으나 전략전술의 차원에서 보면 그가 이때 구사한 사항계와 고육계가 더 빛을 발하고 있다.

만일 이 계책이 통하지 않았으면 절묘하게 맞아떨어진 장계취계의 반간계에도 불구하고 유방은 항우의 포로가 됐을 터였다. 형양성 내에 고립돼 '독 안의 쥐' 신세로 몰린 당시 상황이 그만큼 심각했다. 더구나 성 안의 식량도 이내 바닥을 드러내고 있어 말 그대로 절체절명의 상황에 처해 있었다.

이런 상황에서는 관중에 있는 소하로부터의 병참 지원과 병력 증원을 기대하기도 어려웠고, 한신의 구원도 여의치 않았다. 특단의 대책을 내지 않으면 자칫 앉아서 굶어죽거나 성을 넘어 오는 항우의 군사에게 속수무책으로 당할 판이었다. 『사기』에는 배경에 관한 자세한 기록이 나오지 않고 있으나 초나라 군사가 군량을 운송하기 위해 양옆으로 벽을 쌓은 용도의 일부를 점령해 군량 운송을 차단했을 가능성이 크다.

이때 진평이 당대 최고의 책사라는 명성에 부응하는 기책奇策을 냈다. 거짓으로 항복하는 틈을 타 성문으로 재빨리 도주하는 계책이 그것이다. 이는 '사항계'와 '고육계'를 결합한 것이었다.

거짓으로 항복하고 그름에 '공격하다'

나관중의 『삼국연의』에도 유사한 장면이 나온다. 적벽대전 당시 유비의 책사 방통이 구사한 연환계가 그것이다. 『삼국연의』 제47회 '방통교수연환계龐統巧授連環計'에서 방통이 처음으로 등장한다. 해당 대목에 따르면 당시 주유는 적벽대전에 앞서 두 번째로 진영을 찾은 조조의 책사 장간을 서산암으로 데리고 갔다. 주유는 연환계를 성사시키기 위해 사전에 방통을 그곳에 거주하도록 해두었다.

그날 밤 방통을 만난 장간은 조조를 섬길 생각이면 자신이 추천하겠다고 나섰다. 방통이 이에 응하자 조조가 방통을 맞이한 뒤 군영의 이곳저곳을 돌아보게 했다. 이어 장중으로 불러 연회를 베풀고 병법을 서로 논했다. 방통의 유창한 응답을 듣고 조조가 크게 기뻐했다. 이때 방통이 이같이 말했다.

"승상의 수군 조련 방식은 매우 훌륭합니다. 그러나 아쉽게도 빠진 것이 있습니다."

조조가 재삼 가르쳐 줄 것을 청하자 방통이 말했다.

"큰 강은 조수 간만의 차가 심하고 풍파가 그치지 않습니다. 북방의 병사는 항상 배를 타는 것이 아니므로 이렇게 흔들림이 심해서는 병이 날 뿐입니다. 크고 작은 배로 조를 짜서 30~50척을 한 조로 하여 쇠사슬로 선수와 선미를 연결하고 위에 넓은 판자를 깔면 사람은 말할 것도 없고 말도 움직일 수 있습니다. 이렇게 하여 강물에 나아가면 풍파도, 조수 간만의 차도 두려워할 것이 없습니다."

마침 조조군은 병자가 속출해 골치를 앓고 있던 중이었다. 조조는 이 말을 듣고 크게 기뻐하며 즉시 장인匠人에게 명하여 밤낮을 가리지 않고 쇠사슬로 배를 연결하도록 했다. 방통은 또 주유에게 원한을 가진 장병들에게 항복을 권유하고 싶다고 청한다. 조조가 흔쾌히 동의하자 방통이 장강을 건너 유유히 돌아갔다.

이어 주유가 거짓으로 죄를 지은 황개에게 채찍을 가한 뒤 심복을 시켜 조조에게 글을 보내 오늘 밤에 항복하러 가겠다고 약속했다. 그러고는 수군을 4개 부대로 나눠 전선 1천여 척을 이끌고 황개의 뒤를 쫓게 했다. 황개의 거짓 항서降書를 본 조조가 크게 기뻐하며 제장들과 함께 수채水寨 안의 큰 배 위로 올라가 황개의 배가 오기만을 기다렸다. 드디어 2경 가까이 되자 주유가 진군을 명했다. 황개의 배가 가장 앞장서 적벽을 향해 나아갔다. 동남풍이 크게 불어 파도가 높이 일었다.

조조가 멀리 장강 저쪽을 바라보니 이윽고 달이 떠올라 강물을 훤히 비추었다. 조조가 바람을 대하고 앉아 크게 웃으며 의기양양해 했다. 이때 문득 한 군사가 손을 들어 앞쪽을 가리키며 말했다.

"저쪽에서 범선 한 떼가 바람을 타고 이쪽으로 오고 있습니다."

조조가 높이 앉아 내려다보았다. 다른 군사가 또 보고했다.

"배마다 모두 정기를 꽂았는데 그중 큰 깃발에는 황개의 이름이 크게 써져 있습니다."

조조가 크게 기뻐했다.
"황개가 항복해 오니 이는 하늘이 나를 돕는 것이다!"

황개가 앞으로 나아가다가 강심에 이르러 돛을 올려 배에 속력을 내게 했다. 이때 조조의 군사 모두 영채 밖으로 나와 서서 바라보면서 손가락으로 가리키며 황개가 투항해 온다며 기뻐했다. 그러나 배들이 점차 가까이 오자 정욱이 조조에게 귀띔했다.

"오는 배들이 수상하니 수채 가까이 들어오지 못하게 하십시오."

"무엇을 보고 그것을 알 수 있소?"

"군량을 실었으면 배가 필시 무거울 것인데 저기 오는 배를 보니 가볍게 물 위에 떠 있습니다. 게다가 오늘 밤 동남풍이 크게 부니 만약 간사한 계교라도 있으면 무엇으로 막을 것입니까."

조조가 그제야 깨닫고 즉시 하령했다.

"누가 나가서 저 배를 멈추게 하라."

문빙이 황개의 배에 접근하여 큰소리로 말했다.

"승상의 분부이시다. 남쪽의 배는 수채에 가까이 오지 말고 닻을 내리도록 하라."

그러나 그 말이 채 끝나기도 전에 화살이 비 오듯이 날아왔다.

문빙이 할 수 없이 퇴각하자 순식간에 동남풍을 타고 황개의 배들이 수채 가까운 곳까지 다가왔다. 조조군의 수채로부터 2리가량 떨어진 곳에 이르렀을 때 황개가 칼을 한 번 공중으로 휘두르자 앞에 세워두었던 20척의 몽충배에 일제히 불이 붙어 화광이 충천했다. 이때 미친 듯이 부는 바람으로 인해 불붙은 몽충배들이 쏜살같이 나아가 조조의 수채에 있는 배에 옮겨붙기 시작했다.

조조군의 배들은 모두 수채 안에 갇혀 있었기 때문에 어디로 피할 곳이 없었다. 동남풍이 휘몰아쳐 수채 안의 배가 활활 타기 시작하면서 천지는 온통 시뻘건 불빛으로 물들었다. 이상이 『삼국연의』에 묘사된 적벽대전 장면이다. 비록 허구로 꾸며져 있기는 하나 '사항계'와 '고육계'의 진수를 보여주고 있다.

거짓으로 항복하고 그 틈에 '도망치다'

방통의 계책은 조조 군사의 배를 하나의 사슬로 묶었다는 취지에서 '연환계'라는 명칭을 얻었으나 그 내막을 보면 '사항계'와 '고육계'의 결합이다. 「고조본기」에 나오는 진평의 계책 역시 '고육계'의 성격을 띤 '사항계'에 지나지 않는다.

"한나라 군사는 식량이 떨어지자 밤에 갑옷을 입은 부녀 2천여 명을 형양성의 동문으로 내보냈다. 초나라 군사가 사면에서 이들을 공격했다. 장수 기신이 유방의 어가를 탄 채 거짓으로 유방인 척하며 초나라 군사를 속였다. 초나라 군사가 모두 만세를 부르며 구경하러 동문으로 갔다. 이 틈을 타 유방이 수십 명의 기병과 함께 서문을 통해 황급히 달아났다."

당시 '사항계'를 성사시키기 위해서는 항우 군사들의 눈을 감쪽같이 속이는 역할의 가짜 유방이 필요했다. 문제는 과연 누가 가짜 유방의 역할을 할 것인가 하는 것이었다. '가짜 유방'이 살아남을 가능성은 없었다. '고육계'의 성격을 띤 '사항계'의 모습으로 나타날 수밖에 없었던 이유다.

기원전 204년 5월, 유방이 거병했을 때부터 번쾌와 하후영 및 근강 등과 함께 유방의 곁을 지킨 기신紀信이 유방에게 비장한 어조로 자청했다.

"일이 급하게 되었습니다. 신이 잠시 초나라를 속일 터이니 청컨대 대왕은 그 사이에 속히 샛길로 빠져 나가도록 하십시오."

진평이 구사한 사항계 계책은 범증을 내치게 만든 장계취계의 반간계보다 한 단계 위다. 이는 『사기』의 여러 대목에 두루 언급돼 있다. 「고조본기」의 해당 대목이다.

"한나라 군사의 식량이 다 떨어졌다. 어느 날 밤, 여인 2천여 명을 성의 동문으로 내보냈다. 그녀들은 갑옷을 걸쳐 입고 있었다. 한나라 군사의 최후 돌격으로 간주한 초나라 군사들이 사방에서 이들을 포위해 공격했다. 이때 한왕의 수레를 탄 장군 기신이 한왕의 항복을 가장하며 동문 밖으로 나왔다. 초나라 군사가 일제히 만세를 부르며 성의 동쪽으로 몰려가 구경을 했다. 그 틈을 타 진짜 한왕은 혼란스러운 틈을 타 수십 기를 이끌고 성의 서문으로 황급히 달아났다."

당시 진평은 '수십 기'의 일원으로 참여해 유방과 함께 사지를 빠져 나왔다. 그렇다면 진평과 함께 성을 탈출했던 나머지 사람들은 누구일까? 전후 맥락에 비춰 하후영과 번쾌 및 근강 3인은 틀림없이 포함돼 있었고, 장량을 위시해 역이기와 경포 및 주발 등도 '수십 기'의 일원으로 탈출했을 것이다. 결과적으로 관중에 있던 소하를 제외한 유방의 핵심 측근 모두 고육계를 겸한 사항계를 통해 간신히 목숨을 구한 셈이다.

「항우본기」는 형양성 탈출 당시의 모습을 훨씬 생생하게 묘사해 놓았다. 이에 따르면 당시 기신은 유방의 수레에 올라타 황색 덮개와 대장기를 설치한 뒤 병사들로 하여금 초나라 군영을 향해 이같이 말하게 했다.

"성 안의 양식이 다 떨어져 한왕이 투항하고자 한다!"

초나라 군사가 모두 만세를 불렀다. 이들이 항복 장면을 보러 성의 동쪽으로 몰려가자 이 틈을 타 유방이 겨우 기병 수십 기를 이끌고 서문을 통해 재빨리 달아났다. 당시 유방이 형양을 빠져나갔다는 보고를 받은 항우는 크게 화를 내며 유방으로 가장한 기신에게 다급하게 물었다.

"지금 한왕 유방은 어디에 있는가?"

기신이 대답했다.

"이미 탈주했소."

「항우본기」는 항우가 화를 참지 못해 이내 기신을 불태워 죽였다고 기록했다. 기신은 유일하게 항우가 불태워 죽인 사람이다. 기신은 스스로 '고육계'의 주인공을 자처함으로써 진평의 사항계를 완성시키는 데 결정적인 공헌을 한 셈이다.

그렇다면 당시 형양성에는 누가 남아 있었던 것일까? 「항우본기」에 따르면 당시 유방은 한신과 주가, 위표, 종공 등에게 명해 형양을 지키게 했다. 유방은 왜 자신을 배신했던 위표에게 수비 부대 지휘의 공동책임을 맡긴 것일까?

유비는 자신의 휘하에 제후를 거느리고 있다는 사실을 과시하려 했을 수 있다. 그러나 그보다 항우가 자신을 배신한 위표를 발견하고 살려둘 가능성이 희박하다고 판단했을 것이다. 남의 손을 빌려 거북한 인물을 제거하는 차도살인借刀殺人 계책이었다는 것에 무게를 두어야 한다는 얘기다. 결국 위표는 이후 유방의 휘하 장수에 의해 목숨을 잃는다.

도망은 후일을 기약하기 위한 전략이다

진평이 '고육계'를 겸한 '사항계'를 구사하지 않았다면 유방은 항우의 포로가 돼 목숨을 잃었을 것이다. 당시 상황에서 주군인 유방을 위해 자신의 목숨을 내놓은 휘하 장수 기신의 '고육계'가 돋보인다. 진평이 구사한 '사항계'는 기신의 '고육계'가 전제됐기에 가능했다. 유방은 재빨리 성을 빠져 나와 몸을 보전했기 때문에 다시 힘을 길러 항우와 맞설 수 있었다.

'둔주遁走'는 '둔주遯走'로도 쓴다. 멧돼지가 천적을 피해 자신이 사는 굴을 향해 쏜살같이 달아나는 것을 뜻한다. 절체절명의 위기 상황에서는 신속히 몸을 숨기는 게 상책이다. 그게 바로 '둔주계'이다. 『삼십육계』가 제시한 마지막 계책과 취지를 같이한다. 유방은 함락 직전의 형양성에서 '둔주계'를 통해 가까스로 사지를 빠져 나옴으로써 비록 기신과 같은 휘하 장수들을 잃기는 했으나 후일을 기약할 수 있었다.

不若則能避之

극히 열세일 때는 과감히 퇴각한다.

-『손자병법』「모공」

卒
卒
漢
卒
卒

05

실전에서 반드시 승리하라

득승得勝

25 논공행상을 분명히 하라

지렵계
知獵計

한 5년인 기원전 202년, 군신들이 논공행상에서 서로 공을 다투자 한고조 유방이 말했다.

"사냥할 때 짐승이나 토끼를 쫓아가 죽이는 것은 사냥개이다. 그러나 개의 줄을 놓아 짐승이 있는 곳을 지시하는 것은 사람이다. 지금 그대들이 한 일은 단지 짐승을 잡아온 것뿐이니 그 공로는 마치 사냥개와 같다. 소하로 말하면 개의 줄을 놓아 사냥 대상을 잡아오도록 지시한 것이니 그 공로는 사냥꾼과 같다. 더욱이 그대들은 단지 혼자 또는 많아야 두세 명이 나를 따랐을 뿐이다. 소하는 자신의 집안사람 수십 명으로 하여금 나를 따르게 하여 전쟁을 치렀다. 그런 공로를 잊어서는 안 될 것이다."

군신들 모두 감히 더 이상 말을 하지 못했다.

「소상국세가」

공을 세운 사람을 정확히 보라

이 대목은 논공행상 당시 최고의 공을 세운 소하蕭何에 대해 이의를 제기하는 군신들을 제압하기 위해 유방이 내세운 논리를 실어 놓은 것으로 후대인들에게 자주 인용되고 있다. 이 일화에서 그 유명한 '공구공인功狗功人' 성어가 나왔다. 사냥개의 공도 크지만 사냥개를 부리는 사람의 공이 더 크다는 뜻이다.

「소상국세가」에 따르면 유방과 마찬가지로 패현 풍읍 출신인 그는 패현의 총무와 인사를 주관하는 수령의 직속 속관인 공조연으로 있었다. 소하는 유방이 건달로 지낼 때 늘 도와주었다. 한 번은 유방이 부역에 징집된 사람을 이끌고 함양으로 갈 때 다른 관리들은 노자로 그에게 300전을 주었으나 소하만은 500전을 내주었다. 유방이 거병한 후 거의 모든 내정을 소하에게 맡긴 이유다. 형법과 율령에 밝았던 점을 높이 산 결과이기는 하나 과거 '통 큰' 모습을 보인 점도 크게 작용했다.

유방이 즉위할 때 소하가 논공행상에서 최고의 공신으로 꼽힌 것도 이런 맥락에서 이해할 수 있다. 유방이 항우와 치열한 접전을 벌일 때 소하는 관중에 머물며 군량과 병력을 차질 없이 제공했다. 덕분에 천하통일 후 제후에 봉해지고 식읍 7천 호를 하사받은 것은 물론 그의 일족 수십 명도 각각 식읍을 받았다. 파격적인 포상이었다. 이후에도 한신 등의 반란을 평정하는 공을 세웠다.

잔치 중에 유일하게 후일을 준비한 소하

당초 함양에 입성한 유방의 군사는 함양궁의 화려한 모습에 넋을 잃었다. 귀중한 보물과 궁녀 모두 약탈 대상이었다. 유방도 예외가 아니었다. 그는 함양궁에 눌러앉고자 했다. 「소상국세가」의 기록이 이를 뒷받침한다.

"패공이 함양에 이르자 제장들이 금백金帛과 부고府庫로 다투어 달려가 이를 무더기로 나눠 가졌다."

이게 당시 상황에 가까울 것이다. 사마천이 「고조본기」에서 유방의 군사가 함양의 궁성에 난입했는지의 여부를 두루뭉수리하게 기술해 놓은 것은 부득이했다. 궁형을 당한 사마천으로서는 달리 좋은 방법도 없었다.

주목할 것은 소하의 행보이다. 사마천은 「소상국세가」에서 당시 오직 소하만이 먼저 진나라 승상부로 들어가 지도와 전적을 수습해 보관했다고 기록했다.

"고조의 뒤를 이어 관중에 들어온 항우와 제후들은 함양을 불태우고 진나라 백성을 살육한 뒤 떠났다. 고조가 천하의 험한 요새지와 호구의 많고 적음, 병력의 강약强弱을 소상히 알 수 있게 된 것은 소하가 진나라 도적圖籍(지도와 호적)을 손에 넣은 덕분이다."

훗날 유방이 천하를 거머쥔 뒤 논공행상을 할 때 소하의 공을 가장 높이 평가한 것도 이와 관련이 있다. 당시 소하는 진나라 승상과 어사의 율령, 도서 등을 거두어 보관했다. 두 달 동안 진나라의 율령과 도서에 의거해 나름 새 왕조 건립의 예행연습을 할 수 있었던 이유다. '약법3장'이 그 결과물이다.

당시 유방의 무리는 항우와 달리 일찍부터 소하를 중심으로 한 관료 체제가 가동되고 있었던 셈이다. 이를 조금만 확장 및 보강하면 이내 진제국과 유사한 중앙집권적 관료 체제를 구축할 수 있었다.

적기에 최고의 인재를 알아보다

소하가 세운 공 가운데 빼놓을 수 없는 것으로 천하의 병법가인 한신을 끌어들인 일이다. 실제로 얼마 안 돼 항우를 집중 성토한 전영의 격문이 도착했다. 여러 제후들이 합세해 무도한 항우와 싸우자는 내용이었다. 그러나 당시의 상황은 그리 녹록지 않았다. 「고조본기」의 기록이다.

"남정에 이르렀을 때 여러 장수와 병사들 가운데 행군 도중 달아난 자가 매우 많았다. 이들 모두 고향 노래를 부르며 동쪽으로 돌아가고자 했다."

이런 상황에서 관중 탈환은 사실상 불가능했다. 더욱 놀라운 일은 승상 소하까지 어느 날 문득 사라진 것이다. 소하의 도주는 유방 집단의 궤멸을 의미했다. 어떤 사람이 이를 유방에게 보고했다.

"승상인 소하가 달아났습니다."

유방은 마치 양팔을 다 잃은 듯이 대노했다. 하루 이틀 지난 뒤 소하가 돌아와 유방을 알현했다. 유방은 화도 나고 기쁘기도 하여 소하에게 꾸짖듯 물었다.

"그대가 도망치다니 어찌 된 일인가?"

"신이 감히 도망칠 리 있겠습니까? 신은 단지 도망치는 사람을 쫓아갔을 뿐입니다."

유방이 물었다.

"그대가 쫓아간 사람이 누구인가?"

소하가 대답했다.

"한신입니다."

유방이 다시 욕을 했다.

"제장들 가운데 도망친 자가 지금까지 10여 명에 달하나 그대는 한 번도 쫓아간 적이 없다. 한신 같은 자를 쫓아갔다는 것은 나를 속이려는 짓이다!"

소하가 말했다.

"지금까지 도망친 장수들은 어디서나 쉽게 얻을 수 있는 자들뿐입니다. 그러나 한신 같은 자는 나라에 둘도 없는 인재입니다. 군왕이 한중에서만 오랫동안 왕을 칭코자 한다면 한신을 쓸 일이 없습니다. 그러나 반드시 천하를 쟁취하고자 한다면 한신이 아니고는 함께 대계大計를 꾀할 사람이 없습니다. 신은 단지 군왕의 계책이 어떻게 결정되느냐를 보고자 할 따름입니다."

유방이 말했다.

"나 또한 동쪽으로 진출하고 싶은 생각뿐이오. 어찌 답답하게 여기에 오래 머물 수 있겠소?"

소하가 말했다.

"반드시 동쪽으로 가기를 꾀하며 한신을 중용하고자 하면 한신은 곧 이곳에 머물 것입니다. 그러나 한신을 중용하지 않으면 그는 끝내 도망치고 말 것입니다."

유방이 흔쾌히 말했다.

"과인이 공의 천거를 좇아 그를 장군으로 삼겠소."

"비록 장군으로 삼을지라도 한신은 머물지 않을 것입니다."

"그러면 그를 대장으로 삼겠소."

소하가 말했다.

"큰 다행입니다."

유방이 한신을 불러 대장군에 임명하려고 하자 소하가 말했다.

"대왕은 종래 오만하고 무례하십니다. 지금 그를 대장에 임명하고자 하면서 마치 어린애를 부르듯 합니다. 이것이 바로 그가 도망친 이유입니다. 대왕이 꼭 그를 부르고자 하면 길일을 택해 목욕재계하고 단을 만들어 예를 갖추십시오. 그래야만 가능할 것입니다."

유방이 이를 허락했다. 제장들이 모두 기뻐했다. 저마다 내심 자신이 대장이 될 것으로 생각했다. 그러나 막상 대장을 제수할 때에 이르러 당사자가 한신인 것을 알고는 전군이 크게 놀랐다.

소하는 유방의 군단에 귀의한 한신과 수차례 얘기를 나눠보고는 그의 기재를 단박에 알아보았다. 소하가 여러 차례 한신을 천거했으나 유방은 들은 척도 하지 않았다. 한신도 유방이 자신을 중용하지 않는 것으로 생각해 달아났다. 소하는 한신이 도망쳤다는 말을 듣자 유방에게 보고하는 것도 생략한 채 곧바로 직접 그를 찾아 나섰던 것이다.

논리적으로 볼 때 한신이 없었다면 유방의 천하통일도 없었고, 소하가 없었다면 한신도 신출귀몰한 용병술을 마음껏 발휘하지 못했을 것이다. 소하가 공신 가운데 으뜸을 차지한 배경을 대략 짐작할 수 있다.

아이러니하게도 여후가 한신을 장락궁으로 유인해 죽일 때 결정적인 역할을 한 사람도 소하이다. 한신의 입신과 패망을 두고 후대인들이 '성야소하成也蕭何, 패야소하敗也蕭何'라고 말하는 이유다. 성공하는 것도 소하에 달려 있고, 실패하는 것도 소하에 달려 있다는 뜻이다. 한 사람의 손에 성패가 모두 달려 있음을 비유할 때 사용한다.

군주의 의심에도 변함없이 유방의 뒤에 서다

유방은 여러 모로 월왕 구천을 닮았다. 온몸을 던져 충성을 다하는 소하를 의심한 게 그렇다. 유방은 팽성대전에서 참패한 후 커다란 위기에 처했다. 많은 제후들이 유방을 배신하고 다시 항우를 따르기 시작한 것이다. 유방은 차질 없이 병력을 지원한 소하 덕분에 가까스로 이전의 위세를 어느 정도 회복할 수 있었다. 당시 그는 형양을 굳게 지켰다. 형양을 잃을 경우 관중 일대가 위험해질 수밖에 없었기 때문이다.

형양은 중원으로 진출하는 교두보이자 관중을 방어하는 최전선이다. '초한지제'의 승패를 가르는 전략상의 요충지였다. 유방이 형양을 확보한 가운데 나름 힘을 키운 데는 소하의 공이 컸다. 「소상국세가」의 다음 기록이 이를 뒷받침한다.

"한 3년인 기원전 204년, 유방과 항우가 경과 색 땅 사이에서 대치했다. 유방이 자주 사자를 보내 승상을 수고롭게 했다."

유방은 왜 사자를 자주 보내는 식으로 승상 소하를 수고롭게 만든 것일까? 당시 곤경에 처해 있던 유방은 가장 신임하던 소하까지 의심했다. 「소상국세가」의 해당 대목이 이를 뒷받침한다.

"포씨 성을 가진 유생인 포생鮑生이 하루는 소하에게 말하기를, '한왕이 햇볕에 얼굴을 그을리며 들에서 노숙하는 전쟁의 와중에 매번 사자를 보내 그대를 위로하는 것은 그대를 의심하기 때문입니다. 내 생각에는 그대의 자제와 형제들 가운데 싸울 수 있는 자들을 모두 싸움터로 보내는 게 좋을 듯합니다. 그러면 한왕은 반드시 그대를 더욱 신임할 것입니다.'라고 했다."

「소상국세가」는 그 결과를 '한왕대열漢王大說'로 표현해 놓았다. 유방은 소하의 헌신적인 노력 덕분에 기사회생하게 되었음에도 이처럼 충성스러운 소하에게도 의심을 품고 있었던 것이다. 한신에 대한 의심은 더욱 컸다.

유방이 몇 달에 걸친 곤경 속에서도 꾸준히 힘을 키운 데는 소하의 공이 컸다. 그러나 여기에는 일정한 한계가 있었다. 소하의 계책 덕분에 패잔병들을 다시 그러모으는 데 성공했지만 이들은 기본적으로 구사일생으로 살아남은 데 따른 공포감을 지니고 있었다. 정예병의 충원이 필요했다. 이를 충족시킨 인물이 바로 한신이었다. 팽성 대전 당시 한신은 엄정한 군기를 유지한 덕분에 유방의 참패에도 불구하고 자신의 부대를 거의 그대로 유지할 수 있었다.

팽성전투에서 대승을 거둔 후 승승장구로 북상하던 항우의 군사를 형양의 남쪽 경현과 북쪽의 색현에서 저지한 것도 바로 한신의 군사였다. 한신이 이를 저지하지 못했다면 유방이 형양을 거점으로 그토록 빠른 시간에 재차 기력을 회복하기 어려웠을 것이다.

주목할 점은 누구의 공이 더 큰 것인가 하는 문제가 아니라 유방이 참패에도 불구하고 소하와 한신 등의 헌신적인 노력 덕분에 비교적 짧은 시간 안에 이전 수준에 육박하는 기력을 회복한 점이다. 크게 패했을 때는 앞날에 대한 낙관적인 생각이 도움이 될 수 있다.

매사가 그렇듯이 적과 생사를 건 접전을 벌일 때는 최후의 결전에서 승리하는 것이 중요하다. 결전에 이르는 과정에서 빚어지는 크고 작은 승부에 연연할 필요는 없다. 매사에 낙관적이었던 유방은 그같이 생각했을 것이다.

보이지 않는 곳에서 힘쓴 사람을 치하하라

소하는 천하통일 이후 승상에 임명되자마자 곧바로 법령과 규약을 공포한 뒤 곧바로 한제국의 기반을 튼튼히 했다. 종묘사직과 궁실 등의 건립했다. 유방이 항우를 제압한 후 논공행상을 할 때 그의 공을 제1등으로 친 것도 이와 관련이 있다. 여기서 나온 성어가 바로 사냥개의 공도 크지만 사냥개를 부리는 사람의 공이 더 크다는 뜻의 '공구공인'이다.

「소상국세가」에 따르면 유방은 논공행상 당시 소하를 지금의 하남성 영성현 서남쪽 찬후에 봉하면서 제1등으로 기록했다. 그의 식읍이 가장 많았다. 공신들이 입을 모아 항의했다.

"신들은 몸소 갑옷을 입고 무기를 잡았습니다. 많게는 100여 회, 적게는 10회를 출전해 적과 싸웠습니다. 지금 소하는 전장에 나가 목숨을 걸고 싸운 적이 없고 단지 붓만 잡고 의논만 했을 뿐입니다. 그런데도 그 공이 오히려 신들보다 위에 있게 되었으니 이는 어찌 된 일입니까?"

유방이 물었다.
"그대들은 사냥을 아는가?"
"압니다."
또다시 물었다.
"사냥개를 아는가?
"압니다."
유방이 말했다.

"사냥할 때 짐승이나 토끼를 쫓아가 죽이는 것은 사냥개이다. 그러나 개의 줄을 놓아 짐승이 있는 곳을 지시하는 것은 사람이다. 지금 그대들이 할 수 있는 것은 단지 짐승을 잡아온 것뿐이니 그 공로는 마치 사냥개와 같다. 소하로 말하면 개의 줄을 놓아 사냥 대상을 잡아오도록 지시한 것이니 그 공로는 사냥꾼과 같다. 더욱이 그대들은 단지 혼자 또는 많아야 두세 명이 나를 따랐을 뿐이다. 소하는 가문 출신 수십 명이 모두 나를 따라 전쟁을 치렀다. 그런 공로를 잊어서는 안 될 것이다."

신하들 모두 감히 더 이상 말을 하지 못했다. 열후가 모두 봉해진 뒤 위계를 정하는 과정에서 사람들이 모두 입을 모아 말했다.

"조참曹參은 70여 군데나 상처를 입었고, 성을 치고 땅을 빼앗는 과정에서 공이 가장 큽니다. 응당 1위로 꼽아야 합니다."

유방은 이미 공신들에게 무안을 주었고, 소하를 크게 봉한 까닭에 위계를 정하는 과정에서는 이들을 난감하게 만들지 않으려고 했다. 그러나 마음만큼은 여전히 소하를 제일로 두고 싶어 했다. 이때 관내후 악천추鄂千秋가 진언했다.

"신하들의 의론은 모두 틀렸습니다. 조참이 비록 야전에서 땅을 빼앗은 공은 있지만, 이는 단지 한때의 일일 뿐입니다. 폐하는 초나라 군사와 5년 동안 대치했습니다. 자주 군사를 잃었고, 몸만 빼내 달아난 게 수차례나 됩니다. 소하는 늘 관중에서 군사를 보내 병력을 보충해 주었습니다. 이는 폐하가 명을 내려 한 것이 아닙니다. 또한 관중에서 수만 명의 군사를 전선으로 보낸 것은 마침 폐하가 병력을 잃은 매우 위급할 때였고, 그런 적이 수차례나 됩니다.

한나라와 초나라 군사는 형양에서 수년 동안 대치했습니다. 군사들이 양식이 없을 때 소하는 육로나 수로로 관중의 군량을 제때 공급했습니다. 폐하는 비록 누차 효산 동쪽의 큰 땅을 잃기도 했으나, 소하는 늘 관중을 잘 보전하며 폐하를 기다렸습니다. 이는 만세萬世의 공입니다. 지금 조참과 같은 사람이 100여 명이 없다고 한들 어찌 한나라의 앞날에 문제될 일이 있겠습니까? 한나라가 반드시 이들을 얻어야만 보존할 수 있는 것은 아닙니다. 어떻게 하루아침의 공을 세운 자가 만세의 공을 세운 자를 능가할 수 있겠습니까? 응당 소하를 제일, 조참을 그 다음으로 배치해야 합니다."

"좋은 생각이오."

이에 소하를 제일로 확정했다. 나아가 소하가 전 위로 오를 때 칼을 차고 신을 신는 것을 특별히 허락했다. 황제를 배견할 때도 종종걸음으로 걷지 않아도 됐다. 유방이 말했다.

"짐이 듣건대, 현명한 자를 천거한 사람은 포상을 받아야 한다고 했소. 소하가 비록 공이 크지만 악천추의 논변을 통해 더욱 빛이 나고 있소."

악천추를 원래의 관내후 작위 위에 안평후의 식읍을 더해 봉했다. 이날 소하의 부자 형제 10여 명이 모두 식읍을 받았다. 소하에게는 2천 호의 식읍이 더해졌다. 이를 두고 사마천은 이같이 해석했다.

"이는 유방이 옛날 함양으로 사람들을 이끌고 부역갈 때 소하가 다른 사람보다 200전을 더 얹어 500전을 준 것에 보답한 것이다."

공신의 뒤에는 반드시 그를 믿은 군주가 있다

주목할 것은 소하가 '공구공인'의 대공을 세울 수 있었던 데에는 유방의 전폭적인 신임이 뒷받침됐기에 가능했던 점이다. 대표적인 예가 있다. 기원전 205년 가을 8월, 유방이 형양으로 가면서 소하에게 명하여 관중을 굳게 지키면서 태자 유영을 보필하게 했다. 이때 유방은 소하에게 상주하여 결재를 받을 여유가 없는 때는 정황을 좇아 편의대로 시행한 뒤 나중에 보고하는 전결권을 부여했다. 「소상국세가」의 해당 기록이다.

"한왕이 제후들과 함께 초나라를 칠 때 소하는 관중을 지키면서 태자를 시봉했다. 함양 대신 동쪽 약양을 수도로 하고 법령과 규약을 만들었다. 또 종묘와 사직, 궁실, 현읍을 만들 계획을 세워 그때마다 상했다. 그의 상주는 모두 그대로 받아들여졌다. 다급하여 상주할 겨를이 없을 때는 먼저 편의에 따라 임의로 조치한 뒤 나중에 상주하도록 했다."

소하가 뛰어난 행정 수완을 마음껏 발휘할 수 있었던 것은 바로 유방이 전폭적인 신뢰를 보내며 전결권을 부여한 덕분이다. 당시 소하는 무략이나 유세 등에서는 큰 재주가 없었으나 행정 수완만큼은 단연 발군이었다. 천하를 거머쥐는 '득천하'에는 조참처럼 뛰어난 용장과 장량과 진평 등의 책사가 필요하지만, 천하를 다스리는 '치천하'에는 소하처럼 뛰어난 행정가가 필요한 법이다. 유방이 논공행상을 하면서 소하와 조참 등의 여타 공신을 사냥꾼과 사냥개에 비유하며 '공구공인'을 언급한 배경이 여기에 있다.

柰何欲以一旦之功而加萬世之功哉

어떻게 하루 아침의 공을 세운 자가
만세의 공을 세운 자를 능가할 수 있겠습니까?

- 『사기』「소상국세가」

26 때로는 황금으로 사람을 얻어라

금담계
金啗計

한 9년인 기원전 198년 9월, 한고조 유방이 직접 동쪽으로 가 진희陳豨를 쳤다. 한단에 이르러 크게 기뻐했다.

"진희가 남쪽 한단을 근거지로 삼지 않은 채 장수에 의지해 저지하려고 한다. 이로써 나는 그가 별다른 능력이 없음을 알 수 있다."

이어 진희의 휘하 장수들이 전에 모두 장사꾼이었다는 말을 듣고는 이같이 호언했다.

"나는 이들을 어찌 상대해야 하는지 잘 알고 있다."

그러고는 진희의 휘하 장수들을 황금으로 매수했다. 투항하는 자가 매우 많았다.

「고조본기」

이 대목은 천하를 평정한 뒤 반기를 든 진희를 토벌할 때의 상황을 언급한 것이다. 「고조공신후자연표高祖功臣侯者年表」에 따르면 진희는 독자적으로 군사를 통솔하는 장수인 특장 출신이다. 병사 500명을 이끌고 한 원년의 전년에 완과 구 땅에서 유방을 좇아 거병했다. 이후 유방과 함께 함곡관 안으로 들어가 유격 장군이 되어 따로 대代를 평정하고, 연왕 장도臧荼를 격파했다. 그 공으로 양하후에 봉해졌다. 한 10년인 197년 8월, 조나라의 상국이 되어 군사를 이끌고 대代 땅을 지켰다. 조정에서 불러들이자 이내 반기를 들었다. 휘하 병사와 왕황王黃의 군사 등을 이끌고 대 땅을 공략하고, 스스로 보위에 올랐다.

이상이 「고조공신후자연표」에 나오는 진희의 간략한 약력이다. 그는 회음후 한신과 가까웠다. 그가 반기를 들기 전후의 상황이 「회음후열전」에 상세히 소개돼 있다. 이에 따르면 항우를 패사시킨 직후인 한 5년인 기원전 202년 정월, 유방은 제왕으로 있던 한신을 초왕으로 이봉移封한 뒤 하비에 도읍하게 했다. 이는 원래 한신의 힘을 빼기 위한 조치의 일환이었다. 그러나 한신은 스스로 초나라 출신인 까닭에 이를 크게 문제 삼지 않았던 것으로 보인다.

황금보기를 돌 같이 했던 한신

한신이 초나라에 이르자 전에 자신에게 밥을 먹여준 표모漂母를 불러 1천 금을 내렸다. '표모'는 젖을 주는 것을 업으로 하는 유모乳母와 마찬가지로 빨래하는 것을 업으로 하는 노부老婦를 가리킨다. 「회음후열전」에 따르면 한신은 젊었을 때 집안이 매우 가난했던 까닭에 끼니를 제때 잇지 못했다. 게다가 품행도 단정하지 않았다. 천거를 받아 관원이 되지도 못했고, 장사로 생계를 꾸려나갈 능력도 없어 늘 남에게 빌붙어 먹고 살았다. 사람들이 대부분 그를 싫어한 이유다.

일찍이 하향현의 남창 마을 정장의 집에서 누차 얻어먹은 일이 있었다. 몇 달 후 정장의 아내가 한신을 귀찮게 여긴 나머지 새벽에 밥을 지은 뒤 이부자리에 앉아 먹어치우는 이른바 신취욕식晨炊蓐食을 해 버렸다. 한신이 식사 시간에 맞춰 오는 것을 알고 밥을 차려주지 않기 위해 이같이 한 것이다. 한신이 그 의도를 모를 리 없었다. 이내 화를 내며 정장과 의절한 뒤 그곳을 떠났다.

한번은 한신이 성 아래서 낚시를 하고 있을 때였다. 풀솜 빨래를 하는 표모들 가운데 한 사람이 한신이 주린 것을 보고 밥을 주었다. 풀솜 빨래를 마치는 날까지 수십 일 동안 이같이 대접했다. 하루는 한신이 크게 기뻐하며 여인에게 이같이 호언했다.

"내 언젠가는 반드시 이 은혜에 크게 보답하겠소!"

표모가 화를 냈다.

"대장부가 스스로 밥을 먹지 못해 내가 왕손王孫을 불쌍히 여겨 밥을 준 것이오. 어찌 보답을 바라겠소?"

'왕손'은 공자公子와 같은 뜻이다. 진나라 말기에 나라를 잃은 자들을 왕손 내지 공자 등으로 높여 부른 게 시작이다. 당시 회음 땅의 젊은이 가운데 한신을 업신여기는 자가 있었다. 그가 한신에게 말했다.

"너는 비록 장대해 칼 차기를 좋아하나 속은 겁쟁이일 뿐이다."

또 사람들 앞에서 이같이 모욕을 주었다.

"네가 죽을 용기가 있으면 나를 찌르고, 용기가 없다면 내 가랑이 밑으로 기어가도록 하라."

한신은 그를 한참 동안 바라보다가 몸을 굽혀 가랑이 밑으로 기어 나갔다. 이 일로 인해 시정의 모든 사람이 한신을 비웃으며 겁쟁이로 생각했다. 여기서 나온 성어가 과하지욕跨下之辱이다. 가랑이 밑을 기는 치욕이란 뜻으로 대지를 품은 자는 작은 굴욕을 능히 참아낸다는 취지로 사용된다.

한신은 초왕으로 내려오면서 표모에게 1천 금을 하사한 데 이어 하향의 남창 정장에게도 100전을 내리면서 이같이 말했다.

"그대는 소인이다. 남에게 은덕을 베풀다가 중도에서 끊었기에 그렇다."

또 자신을 욕보인 젊은이들 가운데 가랑이 밑으로 기어가게 해 모욕을 준 자를 불러 초나라 중위로 삼은 뒤 장상들에게 말했다.

"이 사람은 장사이다. 나를 욕보일 때 내가 어찌 이 사람을 죽일 수 없었겠는가? 죽인들 이름날 것도 없어 참은 덕분에 오늘의 공업을 이룰 수 있었다."

당시 항우의 휘하 장수로 활약했던 종리매鍾離昧는 이려에 집이 있었다. 원래 그는 한신과 사이가 좋았다. 항우가 죽은 뒤 달아나 한신에게 온 것이다. 한고조 유방은 종리매에게 원한이 있었다. 그가 초나라에 와 있다는 말을 듣고는 초나라에 조서를 내려 종리매를 체포했다.

믿음을 배신당해 모반을 꾀하다

한신은 초나라에 처음 왔기에 현읍을 순행할 때면 군사를 세워놓고 출입했다. 한 6년인 기원전 201년, 어떤 자가 상서上書(신하가 임금에게 글을 올리던 일)해 초왕 한신의 모반을 고변했다. 한고조 유방은 진평의 계책을 좇아 천자의 순수를 구실로 제후들을 불러 모으기로 했다. 남쪽에 운몽택이라는 큰 호수가 있었었다. 사자를 각지로 보내 제후들에게 고했다.

"진현에 모이도록 하라. 내가 운몽으로 순행할 것이다."

실은 한신을 습격하려는 속셈이었다. 한신은 그 내막을 알지 못했다. 한고조 유방이 초나라에 도착할 무렵 한신은 내심 군사를 일으켜 모반할 생각도 있었다. 그러나 자기에게는 죄가 없다고 생각해 이내 알현하고자 했다. 그러면서도 생포될까 우려됐다. 어떤 자가 한신에게 말했다.

"종리매의 목을 잘라 조현하면 황상이 반드시 기뻐할 것입니다. 그러면 조금도 걱정할 게 없습니다."

한신이 종리매를 만나서 의논하자 종리매가 말했다.

"한나라가 초나라를 공격해 빼앗지 않는 것은 내가 그대 밑에 있기 때문이오. 만일 그대가 나를 체포해 한나라에 잘 보이고자 하면 나는 오늘이라도 죽겠소. 그러나 그리하면 다음 차례는 그대가 돼 패망하고 말 것이오."

그러고는 큰소리로 꾸짖었다.

"그대는 장자長者가 아니오!"

마침내 스스로 목을 찔러 죽었다. 한신이 그의 목을 갖고 진현으로 가 유방을 조현했다. 유방이 무사를 시켜 한신을 결박한 뒤 후거後車에 싣게 했다. 낙양에 이른 뒤 죄를 용서하고 회음후로 삼았다. 초왕에서 회음후로 강등된 한신은 한고조 유방이 자신의 재능을 두려워하며 시기하는 것을 뒤늦게 알게 됐다. 이후 늘 병을 핑계 대며 조현을 하거나 수행을 하지 않았다. 이후 밤낮으로 유방을 원망하며 늘 불만을 품었다.

하루는 진희가 거록군 태수로 임명되자 회음후 한신에게 작별인사를 하러 왔다. 회음후 한신이 그의 손을 잡고 좌우를 물리친 뒤 함께 뜰을 거닐며 하늘을 우러러 이같이 탄식했다.

"그대는 가히 더불어 얘기할 수 있겠지? 그대와 상의하고 싶은 게 있소."

진희가 말했다.

"오직 장군이 명만 내리십시오."

회음후 한신이 말했다.

"그대가 부임하는 곳은 천하의 정예병이 모인 곳이오. 더구나 그대는 폐하가 신임하는 총신이오. 누군가 그대의 모반을 고할지라도 폐하는 반드시 믿지 않을 것이오. 그러나 그런 통보가 두 번 오면 의심하고, 세 번 오면 반드시 화를 내며 친정에 나설 것이오. 그대가 일어설 경우 내가 그대를 위해 안에서 호응하면 가히 천하를 도모할 수 있을 것이오."

진희는 전부터 한신의 능력을 익히 알고 있었기에 그 말을 믿었다.

"삼가 가르침을 좇겠습니다."

한 10년인 기원전 197년, 진희가 과연 모반했다. 한고조 유방이 스스로 장수가 돼 토벌에 나섰다.

유방, 황금으로 반란군을 구워삶다

이상은 진희와 한신의 관계를 언급한 「회음후열전」이 기록이다. 이에 대해 「고조본기」는 토벌에 나선 유방의 관점에서 당시 상황을 파악해 놓고 있어 눈길을 끈다.

이 대목에서 관심을 끄는 사항은 크게 두 가지이다. 첫째, 남쪽 한단을 근거지로 삼지 않은 채 장수에 의지한 진희의 계책을 보고는 진희가 병법을 잘 모른다는 것을 눈치챈 점이다. 둘째, 진희의 부장들이 장사꾼 출신인 것을 알고 황금으로 회유한 점이다. 한문 원문은 '이금담희장以金啗豨將'이다. 황금으로 진희의 장수들을 구워삶았다는 뜻이다. 유방은 이른바 금담계를 구사한 셈이다. 담啗은 머금거나 품는다는 뜻으로 여기서는 뇌물을 먹이거나 계략으로 속인다는 뜻으로 사용된 것이다.

첫 번째 사항은 유방이 나름 병법에 밝았다는 사실을 뒷받침하고 있다. 두 번째 사항은 유방이 병법뿐만 아니라 사람을 회유하는 종횡술에도 나름 일가견이 있다는 사실을 증명하고 있다. 거의 무학에 가까웠던 유방은 어떻게 이런 경지에 이르게 된 것일까? '초한지제'의 난세 상황이 천하를 거머쥐고자 하는 유방에게 스스로 병법과 종횡술의 이치를 깨우치도록 만든 것으로 해석할 수밖에 없다. 『손자병법』「군쟁軍爭」은 교전 시의 여덟 가지 금기 사항을 이같이 언급하고 있다.

"교전과 관련한 용병의 원칙을 요약하면 여덟 가지가 있다. 첫째, 높은 언덕을 점령하고 있는 적을 공격 대상으로 삼지 않는 고릉물향故陵勿向이다. 둘째, 높은 언덕을 등지고 있는 적을 맞아 싸우지 않는 배구물역背丘勿逆이다. 셋째, 거짓으로 패한 척하며 달아나는 적을 추격하지 않는 양배물종佯北勿從이다. 넷째, 적의 사기가 높을 때 공격하지 않는 예졸물공銳卒勿攻이다. 다섯째, 적이 이익을 미끼로 내걸어 아군을 유인할 때 이를 덥석 물지 않는 이병물식餌兵勿食이다. 여섯째, 철군하는 적의 퇴로를 막지 않는 귀사물알歸師勿遏이다. 일곱째 적을 포위할 때 반드시 퇴각로를 터주는 위사필궐圍師必闕이다. 여덟째, 막다른 곳에 몰린 적을 성급히 공격하지 않는 궁구물박窮寇勿迫이다. 이들 여덟 가지가 교전과 관련한 용병의 기본 원칙이다."

여기서 주목할 것은 '고릉물향'과 '배구물역'이다. 유리한 고지를 확보한 적과 싸우지 말라는 취지이다. '고릉물향'은 역공逆攻을 당할 소지가 크고, '배구물역'은 협공挾攻을 당할 소지가 크기 때문에 나온 것이다. '배구물역'의 역逆은 맞이하여 싸운다는 의미인 영격迎擊의 뜻으로 사용된 것이다. 일각에서는 '배구물영'으로 읽기도 한다. 또

다른 병서인 『사마법司馬法』도 용병의 원칙을 언급한 「용중用衆」에서 유사하게 언급했다.

"작전을 펼 때는 바람을 등진 채 높은 산을 등지고 싸워야 한다."

이른바 배풍배고背風背高의 용병 원칙이다. 『손자병법』과 『사마법』의 이치에 입각해 보면 당시 진희는 유사시 농성전도 가능한 한단성이 아닌 오히려 퇴로가 차단된 장수를 결전지로 택한 것이다. 적이 공격을 쉽게 하도록 스스로 자리를 깐 것이나 다름없다.

물론 전장의 상황은 수시로 바뀌는 만큼 상황에 따라서는 '고릉물향'이나 '배구물역' 내지 '배풍배고'의 용병 원칙을 어기고 정반대의 전술을 구사할 수도 있다. 그러나 이는 임기응변에 능한 병법의 고수만이 구사할 수 있는 것이다. 한신이 조나라를 칠 때 구사한 '배수지진'이 대표적이다.

「회음후열전」에 따르면 싸움이 끝난 뒤 제장들이 수급과 포로를 바치며 서로 분분히 축하한 뒤 한신에게 물었다.

"병법에 이르기를, '진을 칠 때 오른쪽으로 산릉山陵을 등지고, 왼쪽 전면으로 수택水澤을 가까이 한다.'고 했습니다. 이번에 장군이 오히려 배수지진을 치면서 언급키를, '오늘 조나라 군사를 격파한 뒤 함께 모여 실컷 먹도록 하자!'고 했습니다. 저희들은 내심 믿지 못했습니다. 그러나 결국 승리를 거두었습니다. 이는 어떤 전술입니까?"

당시 한신은 제장들의 질문에 이같이 대답했다.

"이 또한 병법에 있는 것으로 제군들이 자세히 살피지 못했을 뿐이오. 병법에 이르기를, '사지死地에 빠진 뒤에야 생환할 수 있고, 망지亡地에 놓인 뒤에야 생존할 수 있다.'고 하지 않았소? 이들을 부리는 것은 훈련받지 않은 저잣거리 사람으로 작전하는 것과 다름없는 짓이오. 그래서 형세상 부득불 이들을 사지에 두어 각자 분전하게 만든 것이오. 지금 이들에게 사방으로 도주가 가능해 살아날 수 있는 생지生地를 제공했다면 모두 달아나고 말았을 것이오. 어찌 그런 사람들을 지휘하며 작전할 수 있었겠소?"

'사지' 및 '망지'와 관련해 『손자병법』「구지」는 '급하게 싸우면 살아남고, 싸우지 않으면 패망해 죽음이 땅이 된다.'고 기록해 놓았다. 삼국시대의 조조는 여기에 주석을 달기를, '앞에 높은 산이 있고, 뒤에 강물이 있어 나아갈 수도 없고 물러나려고 해도 장애가 있는 곳을 말한다.'고 했다. 제장들이 이 말을 듣고 모두 탄복했다.

"훌륭하십니다. 신들이 미칠 수 있는 바가 아닙니다!"

한신의 '배수지진'은 병법의 기본 이치를 정면으로 거스른 것이다. 그러나 상황에 따라서는 이런 전술을 구사할 줄 알아야 한다. 바둑의 고수가 바둑의 정석을 거슬러 포석布石하는 것과 닮았다. 이런 식의 전략전술은 응기응변에 능한 당대 최고의 병법가만이 구사할 수 있는 것이다. 그러나 진희는 어느 모로 보나 이와 거리가 멀었다. 병법의 기본 이치도 몰랐다고 보는 게 옳다.

황금을 마다하는 사람은 없다

유방이 진희가 펼친 진세陣勢를 보고 "진희가 남쪽 한단을 근거지로 삼지 않은 채 장수에 의지해 저지하려고 한다. 이로써 나는 그가 별다른 능력이 없음을 알 수 있다."고 언급한 것은 용병의 기본 이치를 터득했기에 가능한 일이다. 그렇다면 유방은 언제 이런 용병 원리를 터득한 것일까? 당대 최고의 무략을 자랑한 한신을 비롯해 당대의 책사인 장량과 진평 등으로부터 터득했을 가능성이 있다. 그것도 아니면 후대의 사가들이 유방을 미화하기 위해 「고조본기」에 나오는 해당 대목에 윤색을 가했을 가능성도 배제할 수 없다. 어느 경우든 진희를 토벌할 당시 유방은 병서에서 말하는 용병의 기본 이치를 터득한 상태였다고 평할 수 있다.

더욱 놀라운 것은 진희의 부장들이 장사꾼 출신인 것을 알고 황금으로 회유하는 이른바 '금담계'를 구사한 점이다. 이는 이익을 향해 무한 질주하는 인간의 본성인 이른바 호리지성好利之性을 통찰한 결과다.

사마천은 상인의 기본 입장을 재산을 더욱 늘리고자 하는 익부益富에서 찾았다. 말할 것도 없이 '호리지성'의 대표적인 심성이다. 유방이 진희의 휘하 장수들이 전에 모두 장사꾼이었다는 말을 듣고 "나는 이들을 어찌 상대해야 하는지 잘 알고 있다."고 말했다. 이는 곧 이들을 뇌물로 매수하겠다는 취지를 밝힌 것이다. 이런 통찰은 그가 건달 출신이었기에 가능했던 일이다.

27 적의 내부를 공략하라

여금계
予金計

유방이 항우에게 강화를 청해 형양 이서 지역을 한나라에 떼어줄 것을 요구했으나 항우가 응하지 않았다. 우려 끝에 유방이 마침내 진평의 계책을 썼다. 진평에게 황금 4만 근을 내주자 진평이 첩자를 활용해 항우와 범증 사이를 소원하게 만들었다.

「고조본기」

적이 서로를 죽이도록 만들어라

유방은 팽성대전 당시 56만 명의 연합군을 이끌고 파죽지세로 팽성을 함락시켰으나 이내 항우의 기습으로 타격을 입고 황급히 형양으로 달아났다. 한나라 군사는 형양에 주둔한 뒤 황하로 이어지는 용도를 만들어 오산 기슭에 만든 거대한 곡물 창고인 오창으로부터 군량을 제공받았다.

한 3년인 기원전 204년, 항우가 급공을 가해 양초를 운반하는 한나라의 용도를 끊고, 형양성에서 유방을 포위했다. 유방이 이를 걱정해 형양 서쪽을 떼어주며 강화를 청했지만 항우가 듣지 않았다. 유방이 진평에게 물었다.

"천하가 매우 어지러운데 언제나 안정이 되겠소?"

진평이 대답했다.

“항우 휘하의 강직한 신하는 범증, 종리매, 용저, 주은 등 몇 사람에 불과합니다. 대왕이 만일 수만 근의 황금을 내어 이간책을 행하면 초나라 군신의 사이를 떼어놓고, 서로 의심하는 마음을 품게 할 수 있습니다. 항우는 위인이 시기를 잘하고 의심이 많아 참소讒訴(남을 헐뜯어서 없는 죄를 있는 듯이 꾸며 고해 바치는 일)를 잘 믿습니다. 반드시 내부에서 서로가 서로를 죽이는 일이 빚어질 것입니다. 한나라는 바로 그 틈을 타 군사를 일으켜 치면 됩니다. 초나라 격파는 반드시 이뤄질 것입니다.”

유방이 이를 옳게 여겼다. 곧 황금 4만 근을 진평에게 내주면서 멋대로 쓰게 하고, 돈의 출납에 대해서는 일절 묻지 않았다. 진평이 많은 황금을 사용해 초나라 군내에 대거 첩자를 심은 뒤 드러내놓고 유언비어를 퍼뜨렸다. 당시 종리매 등의 장수들이 많은 전공을 세웠으나 항우는 끝내 땅을 떼어 왕으로 봉하지 않았다.

진평이 사람을 풀어 종리매 등의 장수들이 한나라와 결탁해 항우를 멸한 뒤 그 땅을 나눠 각기 왕이 되려고 한다는 식으로 선전했다. 귀가 얇은 항우는 이를 곧이곧대로 믿으며 종리매 등을 불신하기 시작했다. 이 와중에 초나라 사자가 한나라 진영으로 왔다. 진평은 사람을 시켜 풍성한 태뢰를 마련해 들고 들어가게 했다. 이어 초나라 사자를 보고 짐짓 놀라는 척하며 말했다.

“나는 범증의 사자인 줄 알았는데, 알고 보니 항우의 사자였네!”

그러고는 풍성하게 차린 음식을 갖고 나가게 한 뒤 조악한 음식을 초나라 사자에게 올리게 했다. 초나라 사자가 돌아가 모든 사실을 항우에게 보고했다. 귀가 얇은 항우는 자신의 핵심 참모인 범증마저 의심하기 시작했다.

당시 범증은 급히 형양성을 공격해 항복시키려고 했다. 그러나 항우는 그의 말을 의심하며 좇으려 하지 않았다. 범증은 항우가 자신을 의심한다는 말을 듣고는 크게 화를 냈다.

"천하의 대사가 대략 확정됐으니 이제 대왕이 직접 경영하십시오. 원컨대 이 늙은 해골을 집으로 돌아갈 수 있도록 허락해 주십시오."

이때 진평이 야음夜陰을 틈타 여자 2천 명을 형양성 동문으로 내보냈다. 초나라 군사의 형양성 포위로 인해 '독 안의 쥐' 신세가 된 유방은 휘하 장수 기신이 감쪽같이 분장한 덕분에 가까스로 형양성의 서쪽 문을 빠져나와 성고로 달아날 수 있었다. 진평도 유방과 함께 성의 서문을 통해 사지를 빠져나왔다. 뒤늦게 이 사실을 알게 된 항우가 대노한 나머지 유방으로 분장한 기신을 불에 태워 죽였다.

반간계는 엄연히 전술의 일종이다

여기서 주목할 것은 궁지에 몰린 유방이 진평에게 황금 4만 근을 내주며 항우와 범증 사이를 소원하게 만든 점이다. 일종의 이간계離間計 혹은 반간계反間計이다.

반간계는 간첩을 활용한 이간계를 지칭한다. 『손자병법』 「용간」은 간첩을 활용하는 전술을 크게 다섯 가지로 나눴다.

"첩자를 이용하는 방법은 크게 다섯 가지이다. 향간鄕間, 내간內間, 반간反間, 사간死間, 생간生間이 그것이다. 이들 다섯 가지 부류의 첩자를 함께 활용해 적이 그 내용을 전혀 눈치채지 못하도록 한다. 이를 일컬어 신묘하여 헤아릴 수 없다는 뜻의 신기神紀라고 한다. 이는 군주의 보배다. '향간'은 적국의 일반인을 첩자로 이용하고, '내간'은 적국의 관원을 첩자로 삼으며, '반간'은 거짓 정보로 적의 첩자를 역이용하는 것을 말한다. '사간'은 밖에서 유포한 거짓 정보를 적국에 잠입해 있는 아군 첩자에게 알린 뒤 고의로 이를 적국의 첩자에게 전달토록 하는 방법이다. '생간'은 적국에 잠입해 수집한 정보를 보고토록 이용하는 것을 말한다."

『손자병법』은 마지막 편인 제13편 「용간」에서 전술의 백미인 첩보 문제를 깊숙이 다루고 있다. 『손자병법』은 다섯 가지 유형의 용간 가운데 '반간'을 최상으로 쳤다. 최상급의 정보를 얻을 수 있는 가능성이 가장 높고, 활용도가 그만큼 높기 때문이다. 전술 문제를 실용적인 차원에서 집중적으로 다룬 『삼십육계』는 '반간계'를 33번째 계책으로 삼고 있다. 적의 첩자를 포섭해 아군의 첩자로 활용하거나, 적의 첩자인 줄 알면서도 모르는 척하며 거짓 정보를 흘려 적을 속이는 방법을 말한다.

나관중의 『삼국연의』는 적벽대전 당시 주유가 반간계를 펼쳐 '화소적벽'을 성사시킨 것으로 묘사했다. 주유와 동문수학한 장간이 조조의 명을 받아 항복을 권하러 주유를 찾아갔다. 이때 주유는 탁자 위에 조조에 투항한 채모와 장윤에게 보내는 양 꾸민 거짓 편지를 놓아두고 크게 취해 자는 척했다. 당시 채모와 장윤은 위나라 수군의 훈련을 책임지고 있었다. 내막을 모르는 장간이 몰래 이를 들고 나와 조조에게 고하자 조조는 투항한 오나라 장수를 첩자로 간주해 목을 베는 잘못을 저지른다. 결국 조조는 수전에 약한 위나라 군사를 훈련시키려던 당초 계책을 이루지 못했다. 이로 인해 조조는 수전에 강한 오나라 군사에게 패하게 되었다.

『자치통감』에는 장간이 주유를 설득하기 위해 오나라로 간 내용이 나오고 있으나 이는 어디까지나 적벽대전 이후의 일이다. 『삼국연의』처럼 주유의 반간계에 걸릴 이유가 없었다. 장간은 혼란스러운 삼국시대에 매우 특이한 인물이었다. 난세의 와중에 교역을 통해 엄청난 부를 얻은 것도 그렇고, 위나라와 오나라를 가리지 않고 넘나들며 세객으로 활동한 사실이 그렇다. 범상치 않은 인물이었음에 틀림없다. 그럼에도 『삼국연의』는 장간을 적벽대전 와중에 등장시켜 한낱 주유의 반간계에 놀아나는 어리석은 인물로 묘사했다. 조조를 암우한 인물로 묘사하는 소도구로 이용한 것이다.

『삼국연의』가 장간을 주유가 구사하는 '반간계'의 소도구로 묘사한 것은 기본적으로 '반간'의 간間을 '첩자'를 뜻하는 명사로 해석한 결과로 볼 수 있다. 그같이 해석해도 가하나 그보다는 적으로 하여금 서로 의심해 믿지 못하도록 한다는 동사로 풀이하는 게 『손자병법』 기본 취지에 더 부합한다. '반간계'의 요체가 이간離間에 있다는 얘기다. 두 사람 사이에 끼어든 뒤 없는 사실을 그럴듯하게 꾸며 두 사람 사이를 서로 멀어지게 만드는 모든 종류의 기만 전술이 이에 해당한다.

적을 내부에서부터 흩뜨려라

예나 지금이나 싸움은 규모가 커질수록 총력전 양상을 띠게 마련이다. 상하간의 일치단결이 절대 필요하다. 객관적으로 중과부적衆寡不敵 열세에 처해 있어도 상하가 일치단결하면 막강한 무력을 지닌 대적大敵도 능히 물리칠 수 있다. 이를 가장 효과적으로 하는 계책이 바로 '반간계'의 꽃, 이간책이다.

'이간'의 간間은 '떨어뜨릴 이離'와 마찬가지로 동사로 풀이해야 이간책의 기본 취지를 제대로 이해할 수 있다. 일치단결돼 있는 적의 군주와 신하 사이는 물론 신하들 내부에서도 서로를 의심하고 대립하도록 만드는 게 바로 '간'의 진정한 의미다. 이는 극히 교묘한 까닭에 겉만 봐서는 도무지 그 내막을 알 길이 없다. 교묘한 언변을 구사해 적의 자중지란自中之亂을 야기하는 게 요체다.

이를 실현시키는 수단은 무궁무진하다. 『삼십육계』에서 말하는 미인계는 말할 것도 없고, 뇌물로 적의 수뇌부를 매수하는 회뢰계賄賂計 등 상황에 따라 적의 결속을 해칠 수 있는 모든 기만 전술이 이에 속한다. 이순신이 해전에서 연승을 거두던 중 문득 백의종군하게 된 것도 왜군이 구사한 이간책에 넘어간 결과로 볼 수 있다. 당시 고니시 유키나가는 소 요시토시 휘하에서 일종의 외교 사절이었던 통사 요시라를 시켜 경상우병사 김응서와 긴밀하게 접촉하도록 했다.

요시라가 조선의 기록에 처음 등장한 것은 선조 27년인 1594년 10월 경상좌병사 고언백과 만나면서부터였다. 이후 그는 큰 신임을 얻어 조선 조정으로부터 관직을 하사받기까지 했다. 왜란이 한창 진행 중인 선조 29년인 1596년 가을 이후 요시라는 조선의 조정에 고니시 유키나가와 가토 기요마사 간의 갈등 상황을 비롯해 일본의 재침 움직임 등에 대한 정보를 흘렸다. 이는 이순신의 파직을 유도하기 위한 고도의 이간책이었다.

당시 이순신은 일본 측이 예측한 대로 요시라의 정보를 무시했다. 이순신은 가토 기요마사에 대한 조정의 요격 명령을 정면으로 거부했다. 요시라의 정보를 그대로 믿은 선조가 대노했다. 이로써 이순신은 군왕의 명을 거역한 죄로 파직되었다. 유성룡의 『징비록』은 당시 선조가 서인인 윤근수와 남이신의 말을 듣고 요시라가 흘린 정보를 사실로 믿어 동인 계열의 이순신을 파직한 것으로 기록했다. 호남 출신 의병장 조경남이 남긴 『난중잡록亂中雜錄』 내용도 유사하다.

"요시라의 전후 행동이 모두 우리를 속이는 일인데도 우리는 이를 알지 못했으니 참으로 가슴 아픈 일이다!"

원래 고니시 유키나가와 가토 기요마사는 조선 출병 이전부터 더 큰 전공을 세우기 위해 치열하게 경쟁하고 있었다. 그러나 두 사람의 갈등이 일본의 조선 정벌 계책에 중대한 차질을 만들 만큼 심각한 것은 아니었다. 고니시 유키나가의 이간책이 가토 기요마사를 궁지로 몰아넣으려는 속셈에서 나온 것이 아니었음을 암시한다.

그보다는 오히려 이순신과 원균의 갈등과 두 사람을 지지하는 동인과 서인의 갈등을 활용한 것이라고 보는 게 옳다. 이 때문에 이순신은 백의종군했다. 원균과 갈등을 빚으며 해상 봉쇄를 주문한 조정의 명을 거부한 이순신에게도 일단의 책임이 있지만 두 사람을 후원하면서 주도권 다툼을 벌인 동인과 서인이 더 큰 책임을 져야 한다.

조선군과 합세해 왜군의 북상을 가까스로 저지했던 명나라가 정유재란 직후 다시 당쟁의 소용돌이에 휘말려 맹장 원숭환袁崇煥을 혹형에 처한 것도 동일한 맥락이다. 원숭환은 청나라 군사의 남하를 저지하는 대공을 세웠음에도 마치 저잣거리의 생선회처럼 떠내지는 혹형을 당하고 죽었다. 청나라의 이간책에 걸려 만고의 역적으로 몰렸기 때문이다. 원숭환이 만고의 역적으로 몰리는 과정이 이순신이 백의종군하게 된 것과 사뭇 닮아 있다.

원숭환의 처형 과정은 명제국의 몰락 과정과 닮았다. 결정적인 역할을 한 부류가 두 마음을 품은 간신들이다. 이 경우 명나라에서 벼슬하다가 후금으로 귀순하거나 투항해 벼슬한 한족 관원을 말한다. 명나라 입장에서 보면 반역자이나 청나라 입장에서 보면 『손자병법』「용간」에 나오는 이윤 및 여상과 같은 건국 공신이다.

실제로 청태종 홍타이지는 범문정을 비롯한 이신들을 중용해 중원 장악의 탄탄한 기반을 다져 나갔다. 원숭환과 범문정 모두 한족이다. 청조가 패망한 후 원숭환은 '한족의 영웅', 범문정은 '한간漢奸'으로 매도됐다. 21세기에 들어와 역대 최고의 재상으로 재조명 받고 있는 증국번曾國藩이 한때 '한간'으로 매도된 것과 닮았다. 물론 21세기 들어와 범문정 역시 청조 최고의 재상으로 평가받고 있다.

반간계를 써 적을 아군으로 만들어라

예나 지금이나 이간계와 반간계를 성사시키기 위해서는 많은 자금이 필요하다. 당시 유방은 진평에게 황금 4만 근을 아낌없이 내주었다. 사실 이는 진시황이 사상 처음으로 천하를 통일할 때 구사한 계책이다. 당시 진시황은 이른바 '투 트랙Two track'으로 천하통일을 꾀했다. 무력과 황금을 동시에 동원한 천하통일 계책이 그것이다.

「진시황본기」에 따르면 진왕 정政, 즉 진시황이 천하를 통일하기 10년 전인 재위 10년인 기원전 231년, 대량 출신 병법가인 울료자尉繚子가 와서 진왕 정에게 이같이 건의했다.

"진나라의 강대해지면서 제후들은 일개 군현의 우두머리와 같아졌습니다. 신은 다만 제후들이 합종해 군대를 모아 문득 공격해올까 두렵습니다. 이는 조나라의 지백智伯, 오왕 부차夫差, 제나라의 민왕이 패망한 까닭이기도 합니다. 원컨대 대왕은 재물을 아끼지 말고 열국의 대신들에게 나눠주어 그들의 계책을 혼란스럽게 만드십시오. 그러면 불과 30만 금만 써도 제후들을 일거에 소탕할 수 있을 것입니다."

진왕이 이를 좇았다. 진시황은 이간계를 성사시키기 위해 유방이 진평에게 내준 4만 금의 8배에 가까운 자금을 풀었다. 이간계와 반간계 모두 21세기 현재에도 널리 사용되는 수법으로 간첩을 활용한 고도의 심리전에 속한다. 여기에는 반드시 막대한 자금이 들게 마련이다.

주목할 것은 황금을 활용한 대다수 계책의 초점이 결코 적진의 내분을 유도하는 이간계 내지 반간계에 있는 게 아니라는 점이다. 그보다는 오히려 적진의 요직에 있는 자를 아군의 협력자로 만드는 데 초점이 맞춰져 있다. 유방이 '홍문연' 당시 사지에서 빠져나오는 데 결정적인 공헌을 한 항백이 대표적이다. 유방의 입장에서 볼 때 항우의 숙부인 항백은 적진에 박아놓은 고정간첩과 같은 존재였다. 유방은 항백에게 수시로 황금 등의 많은 재물을 내리는 것도 모자라 인척관계까지 맺어 자신의 곁에 꼭 묶어두는 기민함을 보였다.

전국시대 말기 '투 트랙' 전략을 구사한 진시황은 막강한 무력武力을 배경으로 열국을 밀어붙이는 한편 많은 종횡가에게 막대한 황금을 나눠주며 열국의 내분을 부추기는 금력金力을 활용한 셈이다. '초한지제' 당시 유방 역시 비록 초기에는 무력에서 항우에게 밀리기는 했으나 전반적으로 볼 때 무력과 금력을 동시에 구사한 셈이다. 황금으로 적장을 매수하는 '금담계'를 구사한 것이다. 그 효시인 진시황의 수법을 그대로 흉내 낸 것으로 볼 수 있다.

28 아군은 단결하고 적군은 분열시켜라

역분계
力分計

유방이 다시 병사를 모아 동진하려고 하자 원생袁生이 유방을 찾아와 이같이 설득했다.

"한나라는 초나라와 형양성에서 대치하는 몇 년 동안 늘 곤궁했습니다. 원컨대 군왕은 무관을 빠져나가십시오. 그러면 항우는 반드시 군사를 이끌고 남하할 것입니다. 이후 벽을 높이 쌓고 굳게 수비만 하여 형양滎陽과 성고成皐의 군사들로 하여금 휴식을 취하게 하십시오. 이때 한신 등을 시켜 하북의 조나라 땅을 진무한 뒤 연나라 및 제나라와 연합하게 하십시오. 연후에 군왕이 다시 형양성으로 갈지라도 결코 늦지 않을 것입니다. 이같이 하면 초나라 군사는 여러 쪽으로 방비해야 하는 만큼 병력이 분산되고, 한나라 군사는 오히려 휴식을 취할 수 있습니다. 연후에 다시 싸우면 틀림없이 초나라 군사를 무찌를 수 있을 것입니다."

유방이 이를 좇았다.

「고조본기」

휴식을 취하며 적의 사기를 떨어트려라

유방은 팽성대전에서 참패한 데 이어 형양성이 함락되는 위기 상황에서 정신없이 달아남으로써 간신히 목숨을 보전할 수 있었다. 본거지인 관중으로 들어가 숨을 돌리면서 어느 정도 이전의 병력을 회복하자 다시 서쪽으로 진격해 항우와 맞서고자 했다. 이때 원씨 성을 가진 유생이 유방을 찾아와 일단 휴식을 취하면서 적의 힘을 분산시켜 승리를 거두는 계책을 제시했다. 『손자병법』을 비롯한 많은 병서가 역설하는 이른바 이일대로以佚待勞의 계책을 언급한 것이다. 이를 뒷받침하는 『손자병법』「군쟁」의 해당 대목이다.

"원래 군사의 사기는 아침에 왕성하고, 낮에 해이하며, 저녁에 쉬기 마련이다. 용병에 능한 장수가 통상 다음 네 가지 전술을 펼치는 이유다. 첫째, 적병의 사기가 왕성한 때를 피하고, 적병의 사기가 해이하거나 쉬고 있을 때 공격하는 계책을 구사한다. 이는 적병의 사기를 꺾는 방법이다. 둘째, 엄히 질서를 유지하며 혼란스러운 적을 상대하는 이치대란以治待亂과 정숙을 유지하며 소란스러운 적을 상대하는 이정대화以靜待嘩 계책을 구사한다. 이는 적장의 심지를 뒤흔드는 방법이다. 셋째, 가까운 곳에 전장을 만들어 원정해 오는 적을 상대하는 이근대원以近待遠, 휴식을 취한 뒤 정비된 군사로 피로에 지친 적을 상대하는 이일대로, 배불리 먹인 군사로 굶주린 적을 상대하는 이포대기以飽待飢 계책을 구사한다. 이는 아군의 전투력을 유지하며 피로에 지친 적을 상대하는 방법이다. 넷째, 깃발이 정연하고 질서 있는 적을 요격하지 않고, 진용이 당당한 적을 공격하지 않는다. 이는 적의 내부 사정 변화에 따라 임기응변하는 방법이다."

휴식을 취한 뒤 정비된 군사로 피로에 지친 적을 상대하는 '이일대로'의 계책은 「군쟁」이 지적하고 있듯이 기본적으로 아군의 전투력을 유지하며 피로에 지친 적을 상대하는 세 가지 계책 가운데 하나이다. 이근대원, 이포대기 계책도 '이일대로'와 취지는 같다. 엄밀히 얘기하면 '이근대원'과 '이포대기' 역시 '이일대로' 계책의 변주곡에 지나지 않는다.

첫 번째, 적을 지치게 해라

관건은 적의 힘을 분산시켜 피로에 지치게 만드는 데 있다. 피로에 지친 적은 이내 사기를 잃게 된다. 훗날 삼국시대의 조조는 적의 사기를 꺾는 방안과 관련해 「군쟁」에서 이같이 주석했다.

"『춘추좌전』에서 말하기를, '한 번 북을 쳤을 때 아군이 움직이지 않으면 적군은 사기가 왕성한데도 불구하고 어찌할 도리가 없다. 두 번 북을 쳤을 때도 움직이지 않으면 적군의 투지가 크게 떨어진다. 세 번 북을 쳤을 때도 움직이지 않으면 적군의 투지가 완전히 고갈된다.'고 했다."

이는 『춘추좌전』 「노장공 10년」조에 나오는 노나라 군사 조귀曹劌의 언급을 인용한 것이다. 사마천은 그를 자객으로 간주해 『사기』 「자객열전」에 수록된 5명의 자객 가운데 첫 번째 인물로 꼽았다. 그가 비수匕首를 들고 패자의 자리에 오른 제환공을 협박해 잃어버린 노나라 땅을 되찾은 사실에 주목했기 때문이다. 당시 제환공은 조귀의 소행을 괘씸하게 생각해 약속을 이행하지 않을 생각을 품었으나 이내 관중의 건의를 받아들여 약속을 지켰다. 이로써 제환공은 제후들의 신뢰를 얻일 수 있었다.

원래 조귀는 제나라에서 횡사한 노환공의 뒤를 이어 즉위한 노장공 때 발탁된 인물이다. 노장공 10년인 기원전 684년, 제나라 군사가 노나라로 쳐들어왔다. 노장공이 영격에 나서려고 하자 문득 대부 조귀가 노장공을 알현하고자 했다. 그의 고향 사람이 이같이 핀잔을 주었다.

"육식자肉食者들이 꾀하는 일인데 그대가 왜 끼어들려고 하는 것이오?"

'육식자'는 고기를 먹는 사람을 뜻하는 말로 곧 고관을 뜻한다. 조귀가 대꾸했다.

"육식자는 안목이 짧아 멀리 내다볼 수 없소."

그러고는 이내 노장공을 배알하면서 이같이 물었다.

"무엇을 믿고 장차 제나라와 싸우려 하는 것입니까?"

"입고 먹는 것과 같이 편안한 것을 감히 내가 홀로 차지하지 않고 반드시 백성에게 나눠주었소."

"그것은 작은 은혜에 불과해 그 은혜가 백성에게 두루 미칠 수 없으니 백성들이 군주를 좇아 죽기로 싸우려 하지는 않을 것입니다."

"조상에게 제사드릴 때 희생이나 옥백을 바치면서 감히 거짓으로 고하지 않고 반드시 성심을 다해 진실을 고했소."

"그것은 작은 믿음에 불과한 것으로 큰 믿음이 아니니 사직의 귀신이 그로 인해 승리를 도와주지는 않을 것입니다."

"모든 크고 작은 옥사를 비록 다 밝게 살피지는 못했으나 반드시 실정에 맞게 처리했소."

"그것은 백성들을 위해 헌신하는 충忠에 속하는 일입니다. 그것이라면 한 번 저들과 싸울 수 있습니다. 청컨대 출병할 때 군주와 함께 종군할 수 있도록 허락해 주기 바랍니다."

노장공이 출병하면서 조귀와 더불어 같은 전차를 타고 나가 장작長勺 땅에서 제나라 군사와 싸웠다. 노장공이 진격의 북을 울리려고 하자 조귀가 급히 만류했다.

"제나라 군사의 예기가 날카롭습니다. 조용히 때를 기다려야 합니다."

그러고는 이같이 하령했다.

"누구든지 망동하는 자는 참할 것이다!"

제나라 군사들이 공격을 가해도 노나라 쪽은 철통같이 수비만 할 뿐 응하지 않았다. 얼마 후 제나라 군사가 물러갔다가 두 번째로 북을 울리며 물밀듯이 진격해 왔다. 이번에도 노나라 군사가 꼼짝하지 않자 아무런 성과도 거두지 못한 채 물러났다. 포숙아가 말했다.

"이는 노나라 군사가 싸움이 무서워 꼼짝하지 않고 있는 것이다. 한 번만 더 북을 울리면 반드시 달아나고 말 것이다!"

그러고는 또다시 일제히 북을 울리게 했다. 조귀는 제나라 군사의 세 번째 북소리를 듣고서야 비로소 노장공에게 건의했다.

"이제 영격의 북을 쳐도 좋을 것입니다."

노나라 군사가 처음으로 북소리에 맞춰 일시에 물밀듯이 진격해 오자 제나라 군사들이 크게 당황했다. 성난 파도처럼 밀려오는 노나라 군사 앞에 제나라 군사들은 마치 기와장이 흩어지듯 사방으로 달아났다.

노나라 군사는 단 한 번의 북소리에 제나라 군사를 여지없이 깨뜨린 것이다. 제나라는 두 차례에 걸친 진격이 아무런 성과도 없이 끝남에 따라 극성했던 예기銳氣를 모두 소진시킨 데 반해 노나라는 적이 지치기를 기다렸다가 비축했던 힘을 일시에 뿜어낸 결과였다. 조귀가 사용한 전술은 「군쟁」에서 말한 '이일대로' 계책의 대표적인 사례이다.

당시 노장공은 승세를 몰아 제나라 군사를 추격하려고 했다. 조귀가 만류했다.

"잠시 기다리십시오."

곧 전차에서 내려 제나라 군사가 진을 펼쳤던 곳으로 갔다. 수레바퀴 자국을 유심히 살펴본 뒤 다시 전차에 올라 가로대 나무를 잡고 멀리 제나라 군사들이 움직이는 모습을 바라봤다. 그러고는 비로소 이같이 건의했다.

"가히 적을 추격할 만합니다."

조귀는 제나라 군사들이 정신없이 도주한 것을 확인한 후에 비로소 추격이 가능하다고 판단해 급히 그 뒤를 쫓게 했던 것이다. 노장공이 전군에 하령해 급히 제나라 군사를 추격하도록 했다. 노나라 군사가 빼앗은 무기와 치중이 이루 헤아릴 수 없을 정도로 많았다. 조귀는 탁월한 지략과 용맹을 지닌 당대 전략가였다. 노장공이 대승을 거둔 뒤 조귀에게 물었다.

"경은 한 번 북을 울려 세 번이나 북을 울린 적을 단숨에 꺾었으니 이는 무슨 까닭이오?"

조귀가 대답했다.

"무릇 용병이란 한마디로 병사들의 사기에 달려 있습니다. 한 번 북을 치면 병사들이 투지가 치솟습니다. 그러나 교전이 이뤄지지 않아 두 번째 북을 치게 되면 투지가 떨어지게 됩니다. 그래도 교전이 이뤄지지 않아 세 번째 북을 치게 되면 투지가 완전히 소진되고 맙니다. 제나라 군사의 사기가 바닥에 떨어졌을 때 우리가 북을 한 번 쳐서 병사들의 투지를 드높였기 때문에 이길 수 있었던 것입니다."

노장공이 물었다.

"제나라 군사가 패했을 때 어째서 즉시 추격하지 않았던 것이오?"

조귀가 대답했다.

"제나라와 같은 대국의 전력과 용병술은 쉽게 헤아리기 어려운 데다, 자칫 복병에게 기습을 당할까 우려했기 때문입니다. 그러나 수레

바퀴 자국이 어지럽고 깃발이 흔들리는 것을 보고 별다른 계책이 없다는 것을 알았습니다. 그래서 급히 추격할 것을 건의한 것입니다."

노장공이 크게 탄복하며 조귀를 대부로 삼고 그를 천거한 시백에게 많은 상을 내렸다. 조귀가 생존할 당시에는 『손자병법』이 없었다. 그러나 『손자병법』에도 『군정軍政』 등의 병서가 언급된 데서 알 수 있듯이 당시에도 엄연히 비록 이름은 알려지지 않았지만 『군정』 등의 병서가 존재했다.

조귀는 이들 병서를 열심히 읽으며 병법을 깊이 연구했을 것이다. 그런 점에서 그는 춘추전국시대에 등장한 최초의 병법가이다. 조조가 「군쟁」에 주석을 가하면서 특별히 조귀를 언급한 이유가 여기에 있다. 조조가 『춘추좌전』 등의 사서를 깊이 탐독했음을 알 수 있다.

두 번째, 적의 대오를 무너뜨려라

사서를 보면 '이일대로'의 계책을 구사해 전세를 반전시킨 사례를 쉽게 발견할 수 있다. 가장 유명한 사례가 남북조시대 북조의 전진과 남조의 동진이 충돌한 비수대전淝水大戰이다. 서기 383년에 빚어진 비수대전은 지금도 불가사의한 전쟁 가운데 하나로 거론되고 있다. 당시 북중국을 통일한 전진의 부견苻堅은 20여년에 걸쳐 정성을 다해 나라를 다스렸다. 그의 궁극적인 목표는 천하통일이었다. 남쪽의 동진을 정복해야만 했다.

당시 전진은 당대의 북중국을 일거에 통일하는 위업을 이뤘다. 이에 크게 고무된 당대의 영웅 부견은 여세를 몰아 곧바로 동진에 대한 정벌 전쟁에 나섰다. 휴식을 취한 뒤 유리한 시기를 택해야 한다는 군신들의 반대를 무릅쓰고 단기간 내에 87만 대군을 동원했다. 동진을 삼키고자 한 것이다. 이는 병서에서 말하는 '이일대로'의 원칙을 정면으로 거스른 것이기도 했다.

그 결과 그는 '비수대전'에서 참패했으며 자신은 물론 나라마저 패망하게 만들고 말았다. 휴식 시간도 갖지 않은 채 너무 서두른 게 화근이었다. 당초 비수대전은 초기만 해도 싸움이 전진에게 유리하게 진행됐다. 이때 동진의 장수 호빈胡彬이 양식이 떨어지자 짐짓 양식을 나르는 모습을 보여 적들을 속인 뒤 동료 장수 사석謝石에게 속히 구원에 나설 것을 청하는 서신을 보냈다. 그러나 사자는 도중에 부견의 동생 부융苻融에게 잡히고 말았다. 크게 기뻐한 부융은 부견에게 이 사실을 알렸다.

"도적들 숫자가 얼마 안 돼 이내 포로로 잡을 수 있을듯 합니다. 다만 저들이 도주하는 것이 우려되니 속히 진군해 단 한 번의 싸움으로 승리를 거두기 바랍니다."

부견이 곧바로 대군을 항성에 주둔시킨 뒤 직접 8천 명의 기병을 이끌고 수춘으로 달려갔다. 이때 문득 동진의 장수 유리劉牢가 5천 명의 병사를 이끌고 밤에 전진의 영채를 급습했다. 이에 양성을 비롯해 전진의 대장 10명의 목이 떨어지고 병사 1만5천여 명이 목숨을 잃었다. 동진의 장수 사석 등은 여세를 몰아 수륙을 병진하며 반격에 나섰다. 부견과 부융은 성에 올라 동진의 부대가 정연하고 병사들의 사기가 높은 것을 보았다. 북쪽으로 눈을 돌리자 팔공산 위에 있는 초목이 모두 동진의 군사처럼 보였다. 이는 동진의 회계왕 사마도자司馬道子가 풀과 종이 등을 이용해 만들어놓은 인형이었다. 부견이 놀라 부융에게 말했다.

"이는 모두 적들이 아닌가? 어찌하여 적들의 숫자가 얼마 안 된다고 말한 것인가?"

부견은 전에 포로로 잡힌 후 투항한 동진의 장수 주서朱序를 사석에게 보내 항복을 권유하게 했다. 그러나 주서는 오히려 사석에게 전진의 허실을 낱낱이 일러 주었다.

"속히 적들의 선봉과 결전을 치르시오. 선봉을 꺾으면 승리할 가능성이 높소. 저들의 백만 대군이 몰려오면 감당하기 어렵소."

당시 전진의 장수 장자張蚝는 비수 남쪽에서 사석의 군사를 대파하고 있었다. 사현과 사염이 병사 수만 명을 이끌고 비수의 한쪽 수변에서 접응하자 장자는 감히 추격하지 못하고 비수의 다른 쪽 수변에 군진을 펼쳤다. 이때 동진의 궁지에 몰린 사석이 사자를 부융에게 보내 이같이 전했다.

"당신의 대군은 깊이 들어와 수변에 군진을 펼쳤으니 이는 지구전의 계책이 아니오. 당신이 약간 뒤로 후퇴한 뒤 빈 곳에서 쌍방의 전사가 서로 겨루도록 하고 당신과 나는 말을 타고 이를 관전하는 게 어떻겠소?"

부융은 동진의 군사가 절반쯤 강을 건넜을 때 곧바로 공격을 가할 심산이었다. 다만 부견의 승인을 받은 후 군사를 이동시키는 게 낫다고 판단했다. 이때 문득 전에 투항했던 동진의 장수 주서가 큰 소리로 외쳤다.

"진군秦軍이 패했다!"

이 소리를 듣고는 전진의 군사로 편입돼 있던 선비족과 강족, 갈족의 병사들이 크게 놀라 사방으로 달아나기 시작했다. 후방에 있는 군사들도 앞에서 무슨 일이 일어났는지 알 길이 없어 곧바로 무기를 버리고 함께 도주했다. 부융은 말에 채찍을 가하며 이들을 저지하려고 했으나 오히려 그가 타고 있던 말이 죽어 넘어지고 말았다.

당시 부융의 30만 대군은 서쪽 운성에서 동쪽 낙간까지 500리에 걸쳐 길게 영채를 차려 놓고 있었다. 이와 별도로 연도의 요충지는 수십만 명에 달하는 병사가 각기 부대별로 나뉘어 지켰다. 전선이 매우 길었던 까닭에 맨 뒤의 부대는 겨우 장안을 출발한 상태였다.

전진의 1백만 대군 가운데 비수대전에 동원된 군사는 10여만 명에 불과했다. 싸움이 초반에 끝나는 바람에 나머지 90만 대군은 싸워보지도 못한 채 궤멸되고 말았다. 그 여파는 엄청났다. 곧바로 천하를 통일할 듯한 기세를 보였던 전진은 비수대전 참패의 영향으로 이내 내분에 휩싸여 패망했다.

적이 흔들리면 전세는 순식간에 뒤집힌다

수나라가 무모하게 세 차례에 걸쳐 고구려를 침공했다가 이내 패망한 것도 '이일대로'의 용병이치를 거슬렀기 때문이다. 이와 정반대로 '초한지제' 당시 유방은 '이일대로'의 용병 이치를 충실히 좇았다. 덕분에 불리한 전세를 유리하게 뒤바꿈으로써 마침내 역전승의 발판을 마련할 수 있었다. 요체는 적의 힘을 분산시키는 역분계力分計를 구사한 데 있다.

모든 양자대결 구도는 반드시 '제로섬 게임'으로 진행되는 까닭에 적의 힘이 집중되면 아군에게 불리하고, 반대로 적의 힘이 분산되면 아군에게 불리할 수밖에 없다. 선거전을 포함한 모든 종류의 대결에서 싸움이 격해질수록 '역분계'의 일환으로 온갖 종류의 흑색선전이 난무하는 것도 이런 맥락에서 이해할 수 있다.

29 아군의 힘을 최대한 집결하라

대회계
大會計

유방의 일족인 유가劉賈가 초나라 땅으로 들어가 수춘壽春을 포위했다. 그러나 유방은 고릉에서 패했다. 유방이 은밀히 사람을 초나라 대사마 주은周殷에게 보내 회유했다. 주은이 이내 구강군의 군사를 일으킨 뒤 경포를 맞아들였다. 이들은 행군 도중에 성보城父를 도륙한 뒤 유가를 비롯해 제나라 및 양나라의 군사와 만나 해하에 대거 집결했다.

「고조본기」

이 대목은 늘 힘에서 밀리던 유방이 마침내 항우의 오른팔이었던 경포를 포함한 열국의 제후들을 자기편으로 끌어들임으로써 최후의 결전에서 승리를 거머쥐게 된 배경을 담고 있다.

유방과 항우가 벌인 최후의 결전은 항우가 패사하기 한 달 전인 기원전 203년 11월에 벌어졌다. 유방이 세운 한나라를 기준으로 하면 한 5년 11월이다.

한나라의 역법

한나라는 10월을 세수歲首로 삼는 진나라 역법을 그대로 좇은 까닭에 기원전 203년 10월부터 이듬해인 기원전 202년까지가 한 5년이다. 똑같은 기년紀年일지라도 한 5년 11월은 기원전 203년 11월, 한 5년 4월은 기원전 202년 4월이 된다. 같은 '초한지제'인데도 서력을 기준으로 할 경우 이듬해까지 같은 기년에 속하게 된다. 『사기』와 『자치통감』을 읽을 때 주의해야 할 대목이다.

유방은 항우보다 뛰어나서 승자가 된 것이 아니다

한 5년의 새해는 기원전 203년 10월에 시작됐다. 진시황이 갑작스레 숨을 거둔 지도 이미 만 7년이 넘은 시점이었다. 무엇인가 전환이 필요한 시점이었다. 시종 항우에게 밀리던 유방이 먼저 선수를 쳤다. 새해가 시작된 지 한 달이 지난 이해 11월, 팽월과 함께 움직인 유방의 사촌동생 유가가 남쪽으로 내려가 회수를 건넌 뒤 지금의 안휘성 수현인 수춘을 포위했다.

이어 사람을 보내 초나라의 대사마 주은周殷을 회유했다. 사서에는 어떤 식으로 회유했는지 나오지 않으나 제후에 봉할 것을 약속한 것으로 짐작된다. 주은은 유방 측의 회유에 넘어가고 말았다. 중국의 왕립군은 『항우강의』에서 당시 항우가 가장 신임했던 사람은 주은이었고, 주은의 배신이 바로 항우를 사면초가에 빠뜨린 결정타였다고 지적한 바 있다.

시오노 나나미의 『로마인 이야기』에 따르면 로마 황제 네로 역시 반군과의 싸움에서 최측근인 근위대장의 배신으로 다 이긴 승리를 놓치고 비참한 최후를 맞이했다. 네로의 일대기를 깊이 연구한 이탈리아 역사학자 피니Fini는 지난 1993년에 펴낸 『네로』에서 네로를 '역사적 음모의 희생자'로 평한 바 있다. 기독교도를 살해했기 때문에 '미치광이 폭군'의 오명을 뒤집어쓰게 됐다는 것이다. 네로는 단검으로 자신의 목을 찌르면서 '참으로 훌륭한 예술가인 내가 죽는구나!'라는 말을 했다.

항우가 자진하기 직전 최후의 전투를 벌이면서 부하들 앞에서 '하늘이 나를 망하게 한 것이지 결코 내가 싸움을 잘못한 죄가 아니다'라고 자부한 것과 닮았다. 「항우본기」의 원문은 '천지망아天之亡我, 비전지죄야非戰之罪也'이다. 왕립군은 『항우강의』에서 항우의 '천지망아'를 이같이 풀이했다.

"항우의 실패는 유방의 강력함 때문이 아니었다. 항우가 자기 자신에게 패한 것이 원인이었다. 자신에 대한 과신이 그를 자신에게 패배하게 만든 중요한 원인이었다."

왕립군이 항우의 패망 원인을 주은의 배신에서 찾은 것도 같은 맥락이다. 유방의 리더십에 방점을 찍는 것은 잘못이라는 지적이다. 나름 일리 있는 분석이기는 하나 정곡을 찌른 것은 아니다. 그보다는 이미 천하대세가 그리되었다고 보는 게 옳다. 한신이 항우가 보낸 유세객 무섭의 '천하삼분지계'를 거부할 때 이미 항우의 운명은 결정된 것이나 다름없었다.

당시 항우를 배신한 주은은 지금의 안휘성 서성현인 서현 땅의 군사를 이끌고 가 이웃한 육현의 군민을 도륙한 뒤 구강의 병사를 일으켜 경포를 왕으로 영접했다. 육현은 원래 경포의 본거지이다. 경포가 항우를 배반하고 유방에게 간 이후 항우는 육현에 있는 경포 추종자들을 몰살했다. 이는 그에 대한 보복의 성격을 띠고 있었다. 경포는 이미 이해 7월에 유방에 의해 회남왕에 봉해진 바 있다. 세 달

만에 자신의 본거지로 내려와 보위에 오른 것이다. 경포와 주은이 함께 진격해 지금의 안휘성 박현인 성보의 군민을 도륙했다. 이들이 육현과 성보를 잇달아 도륙한 것은 항우의 배후지를 소탕하려는 속셈이었다. 항우가 재기할 수 있는 근거를 아예 뿌리째 들어내려는 취지였다. 주은이 앞장선 게 그 증거다.

최후의 결전이 일어난 장소는 어디인가?

주은과 경포는 이내 유가의 뒤를 좇아 한 곳에 집결했다. 「항우본기」는 그곳이 바로 '해하'라고 기록해 놓았다. 「고조본기」도 같다. 원래 해하는 진성의 동남쪽으로 약 260킬로미터 지점에 있는 작은 취락이었다. 지금의 안휘성 고진현 동쪽에 있는 영벽 주변의 12미터 높이 절벽 바로 아래가 해하이다. 「항우본기」는 유방의 약속을 믿은 한신과 팽월이 군사를 해하에 집결시켰다고 기록했다.

그러나 여기에 이상한 점이 있다. 초나라 서부의 중심 도시인 진성을 목표로 집결할 예정이던 유방의 연합군이 왜 진성에서 수백 킬로미터 떨어진 작은 취락에 모였는가 하는 점이다.

최근 중국사회과학원 근대사연구소 소장을 지낸 범문란范文瀾이 항우와 유방의 결전 장소는 해하가 아니라 유방이 항우의 반격을 받아 참패한 고릉 주변의 지금의 녹읍현이라고 주장하고 나섰다. 새로운 의견이었으나 이후 근대사에 초점을 맞추는 바람에 크게 주목받지 못했다. 이후 북경대 고대사연구센터의 신덕용辛德勇이 범문란의 의견을 발전시켜 진성 일대가 당시 결전 장소였다고 주장했다.

그는 지난 2005년에 펴낸 『역사의 공간과 공간의 역사历史的空间與空间的历史』에서 '해하'는 '진하'의 잘못이라는 사실을 여러 근거를 들어 논리적으로 설명해 놓았다. 「고조본기」와 「항우본기」에 나오는 해하는 원래 유방의 본영이 있던 양하의 남쪽에 위치한 진성의 성 아래, 즉 진하를 뜻한다는 게 그의 주장이다.

「번역등관열전」에서 번쾌가 항우를 진하에서 포위해 크게 깨뜨리고, 관영이 유방과 이향에서 만나 항우의 군사를 진하에서 공격해 격파하고, 하후영이 유방을 수레에 태우고 항우를 추격해 진하에 이르렀다는 구절이 잇달아 나오는 게 논거이다. 그의 이런 주장이 현재 정설로 굳어져 가고 있다. 그의 주장에 따르면 최후의 결전 장소는 '진하'이고, '해하'는 이미 승패가 갈린 뒤의 마무리 전투 장소에 불과하다. 중국 학계는 최후의 결전을 '해하지전'이 아닌 '진하지전陳下之戰'으로 표현하고 있다.

사실 그같이 해석해야만 그 북쪽에 있던 유방군, 동쪽 이향의 관영군, 남쪽 성보로부터 공격해 온 유가와 주은의 군대가 항우를 삼면에서 협공하는 모양이 된다. 항우가 서쪽 방향의 해하로 달아날 경우 스스로 초나라에서 완전히 떨어져 나가는 꼴이 된다. 스스로 사지를 향해 달려가는 셈이다. 싸움을 아예 포기했다면 모를까 이는 있을 수 없는 일이다.

사다케 야스히코는 『항우』에서 신덕용의 주장을 전폭 수용하고 나섰다. 이들의 주장을 좇아 「항우본기」 등에 나타난 당시의 기록을 고쳐 읽으면 다음과 요약할 수 있다.

"항우의 군사는 홍구의 강화 회담 이후 형양과 성고의 전방 제일선에서 철수해 홍구를 따라 동남쪽으로 퇴각하던 중 유방군의 추격을 받게 됐다. 유방은 진성의 바로 위쪽에 접하고 있는 양하에 이르러 팽월과 한신, 한신 휘하의 관영, 유가와 경포 및 주은 등이 이끄는 연합군을 진성 주변에 집결시키고자 했다. 진성을 둘러싼 완벽한 포위망을 구축해 일거에 섬멸하고자 한 것이다. 그러나 팽월과 한신의 군사가 도착하지 않았다.

유방이 성급히 단독으로 공격에 나섰다가 고릉에서 참패했다. 진성에 영채를 차린 후 전열을 정비한 항우가 영격에 나섰기 때문이다. 크게 당황한 유방이 황급히 본채가 있는 양하로 물러나 농성에 들어갔다. 이후 유방은 장량의 계책을 이용해 팽월과 한신을 끌어들이는 데 성공했다. 여기에 항우가 믿고 있었던 주은마저 배신하고 유방 쪽에 서자 항우는 졸지에 위험한 상황에 처했다."

결론적으로 말해 해하를 진하로 바꿔 해석해야만 유방이 삼면 협공을 통해 항우를 일거에 제압하고자 한 속셈을 제대로 읽을 수 있는 것이다. "한고조 5년인 기원전 202년, 유방이 제후 연합군과 함께 일제히 초나라 군사를 공격해 해하에서 항우와 자웅을 겨루었다."는 「고조본기」의 기록이 이를 말해 준다.

이는 연합군이 결집한 지 한 달 안에 천하의 주인을 가리는 결승전을 치렀다는 사실을 전하고 있다.

'진하'는 왜 '해하'가 되었는가?

문제는 다음이다. 『사기』는 왜 「고조본기」와 「항우본기」에서는 해하, 「번역등관열전」 등에서는 진하라고 표현해 놓은 것일까? 사다케 야스히코는 한신과 유가, 팽월, 주은, 경포 등의 1급 장수에 대해서는 "해하에 모였다."로 표현한 데 반해, 번쾌와 하후영 및 관영 등의 2급 장수에 대해서는 "진하에서 항우를 깨뜨렸다."라는 식으로 기술한 점에 주목했다. 후대인이 가필을 하면서 1급 장수에 대해서는 주의를 기울여 진하를 해하로 바꿔 놓았지만 2급 장수에 대해서는 그렇지 못한 탓에 사마천의 기록을 그대로 두었다는 게 그의 주장이다. 그는 「조상국세가」의 다음 대목도 유사한 경우로 꼽았다.

"한신이 제나라 왕의 신분으로 군사를 이끌고 진에 이르러 한왕과 함께 항우군을 격파했다. 이때 조참은 제나라 땅에 머물며 아직 복속하지 않은 지역을 평정했다."

「조상국세가」의 이 대목 역시 「번역등관열전」과 마찬가지로 진하를 해하로 바꿔 쓰는 작업이 미처 이뤄지지 못한 결과로 본 것이다. 사다케는 진하가 해하로 바뀌게 된 배경을 두고 그는 항우군 섬멸에 결정적인 역할을 한 한신의 공을 유방의 공으로 둔갑시키려는 얄팍한 속셈에서 비롯된 것으로 파악했다. 크게 세 가지 이유를 들었다.

첫째, 진하를 그대로 놓아둘 경우 항우군의 반격을 받고 양하에서 농성하던 유방이 한신의 원조 덕분에 가까스로 숨을 돌이게 된 정황이 그대로 드러나게 된다. 둘째, 항우군을 대파한 한신의 공을 있는 그대로 기술할 경우 한신을 '토사구팽'한 유방에게 후대인들의 비난이 쏟아질 우려가 크다. 셋째, 항우가 진하 인근의 고릉에서는 유방에게 일격을 가했지만 이후 진하에서 멀리 떨어진 해하에서 한신에게 '최후의 일격'을 맞고 대패하는 식으로 바꿔야만 유방이 반격을 주도한 것처럼 꾸밀 수 있다.

날카로운 분석이다. 진하를 그대로 놓아둘 경우 유방은 초한전 기간 내내 '홍문연'을 전후로 최후의 결전인 '진하결전'에 이를 때까지 시종 항우에게 패한 꼴이 된다. 그리 될 경우 새로운 제국을 세운 창업주의 모습이 너무 초라하게 된다.

그렇다면 언제 이런 가필이 이뤄진 것일까? 『사기』와 『한서』에 나오는 관련 대목의 유사성에 주목한 사다케는 『사기』가 성립하기 이전이나 『한서』가 성립한 이후일 것이라고 추론했다. 그러나 그보다는 『사기』가 성립한 이후 『한서』가 성립되기 이전일 가능성이 높다. 『사기』와 『한서』 모두 대목에 따라 진하 또는 해하로 표현돼 있기 때문이다.

이는 크게 두 가지 의미를 지니고 있다. 첫째, 『한서』가 『사기』의 기록을 그대로 좇았음을 시사한다. 둘째, 당초 사마천은 진하로 썼는데 도중에 누군가 해하로 바꿔 쓰기를 시도했고, 그 작업이 철저하지 못해 일부 대목에 진하라는 표현이 그대로 남았음을 암시한다. 사마천도 비록 일부 대목에서는 항간에 나도는 얘기를 마치 역사적 사실인 양 수록해 놓기는 했으나 모든 것을 있는 그대로 수록한다는 사관의 소명의식은 매우 강했다. 그가 『사기』를 저술하면서 '초한지제'의 대미를 장식하는 진하의 결전을 실수로 진하 또는 해하로 나눠 썼을 가능성은 거의 없다고 보는 게 합리적이다.

역사적 고증을 통해 제대로 읽는 진하결전

학문적 성과가 명백히 드러난 만큼 일반 독자도 이런 연구 성과를 토대로 「항우본기」와 「고조본기」의 해당 기록을 읽을 필요가 있다.

요약하면 유방은 '해하'가 아닌 '진하'의 결전 직전 고릉에서 패했고, 은밀히 사람을 보내 초나라 대사마 주은周殷을 회유했고, 주은은 구강군의 군사를 일으킨 뒤 경포를 맞아들였고, 이들은 행군 도중 성보을 도륙한 뒤 제후들의 군사와 만나 '진하'에 대거 집결한 게 된다. 이같이 바꿔 해석해야만 「항우본기」와 「고조본기」에 나오는 기록이 긴박하게 전개된 당시의 결전 정황과 부합하게 된다.

역사지리의 관점에서 '진하결전' 상황을 추적하면 먼저 한고조 5년인 기원전 202년, 유방이 제후 연합군과 함께 일제히 초나라 군사를 공격해 '해하'가 아닌 '진하'에서 항우와 자웅을 겨뤘다. 먼저 병법의 대가인 회음후 한신이 공격에 나섰다. 그는 30만 대군을 이끌고 항우가 이끄는 초나라 군사와 정면으로 맞붙었다. 이때 공장군으로 불린 요후 공총孔藂은 왼쪽, 비장군으로 불린 비후 진하陳賀는 오른쪽, 유방은 뒤쪽, 강후 주발과 시장군 시무柴武는 다시 유방의 뒤쪽에 진을 치고 있었다.

주목할 것은 회음후 한신이 항우가 이끄는 초나라 군사와 교전했으나 전세가 불리해 퇴각한 점이다. 후대인들은 '초한지제' 당시 당대 최고의 병법가로 한신 또는 항우를 꼽았다. '진하'의 결전은 두 사람이 처음이자 마지막으로 정면 격돌한 사건이었다.

첫 교전만을 놓고 보면 항우의 승리였다. 일각에서 항우를 당대 최고의 병법가로 꼽는 것도 무리가 아니다. 문제는 뒤이어지는 협공을 어떻게 평가할 것인가 하는 점이다. 「고조본기」는 뒤이어 공장군과 비장군이 좌우에서 협공하자 이번에는 초나라 군사의 전세가 불리해졌다고 기록했다. 한신이 이때를 틈타 반격을 가했다. 결국 초나라 군사를 대패하고 말았다.

후반에 공장군과 비장군이 공격에 나서 좌우에서 도와주지 않았을 경우 한신이 과연 항우를 이길 수 있었을까 하는 의문이 드는 대목이다. 항우를 당대 최고의 병법가로 꼽는 사람들은 이를 근거로 비록 패하기는 했지만 항우가 한신보다 한 수 위에 있었다는 평가를 내리고 있다. 그러나 한신을 무략을 높이 평가하는 측은 정반대의 해석을 내리고 있다. 당시 한신은 짐짓 패한 척하며 항우군을 포위망 안으로 끌어들이는 이른바 사패계를 구사했다는 것이다. 항우의 군사를 일거에 몰살하기 위해 짐짓 패한 척했다는 것이다.

양측의 주장 모두 나름 일리가 있다. 결과적으로 볼 때 항우는 한신에게 패했다고 보는 게 합리적이다. 공장군과 비장군은 비록 독립적으로 군사를 운용했다고는 하나 전체적으로 보면 주장主將인 한신의 부장副將 내지 부장部將이었기 때문이다. 주장이 부장 덕분에 승리 또는 패배했다고 평하기는 어렵다. 부장의 용병은 결국 주장이 생각한 작전의 일환에 지나지 않는다. 개별적인 전투 자체에서는 항우가 한신보다 우위에 있다고 평하는 것은 가하나 처음이자 마지막으로 이뤄진 두 사람의 결전에서는 결국 한신이 승리했다고 보는 게 옳다.

실제로 항우는 '진하'의 결전에서 대패한 까닭에 패잔병을 이끌고 '해하'까지 달아난 뒤 반격을 시도했으나 무위로 끝나고 말았다. 중국 학계에서 '해하'의 싸움을 최후의 결전인 이른바 '진하결전'의 마무리 전투에 불과한 것으로 파악하는 이유다.

천하를 둘로 나눈 홍구 강화 회담

주목할 것은 '진하결전'이 천하를 둘로 나누는 홍구 강화 회담의 연장선상에서 이뤄진 점이다. 이 전말을 모르면 유방의 최후의 결전에서 어떻게 승리하게 됐는지 이해하기 어렵다. 「항우본기」와 「고조본기」의 기록을 종합해 살펴보면 대략 이렇다.

유방은 팽성대전에서 궤멸적인 참패를 당한 후 형양으로 물러나 성을 굳게 지키며 항우의 서진을 막았다. 형양이 뚫릴 경우 이내 관중이 위험할 수밖에 없었다. 그러나 항우의 압박이 거셌다. 이를 크게 우려한 유방이 이내 진평의 건의를 좇아 반간계를 구사했다. 이를 뒷받침하는「진승상세가」의 해당 대목이다.

"당시 종리매 등의 장수는 많은 공을 많이 쌓았으나 항우는 끝내 땅을 떼어 왕으로 봉하지 않았다. 이에 한나라와 결탁해 항우를 멸한 뒤 그 땅을 나눠 각기 왕이 되려고 한다는 식으로 선전했다."

「진승상세가」는 반간계에 넘어간 항우가 이내 종리매 등을 불신하기 시작했다고 기록했으나 이를 그대로 믿기는 어렵다. 진평이 반간계를 편 기원전 204년 여름 4월에 항우가 형양에서 유방을 포위한 채 더욱 급박하게 공격한 것이다. 종리매 등이 형양에 대한 공격을 만류했을 리도 없고, 병법의 대가인 항우가 종리매를 의심한 나머지 공격의 고삐를 풀 이유도 없었다. 이는 종리매를 지렛대로 삼은 반간계가 제대로 먹히지 않은 것이다.「고조본기」의 다음 기록이 이를 뒷받침한다.

"항우가 자주 한나라의 용도를 침탈하자 한나라 군사가 군량 부족으로 애를 먹었다. 항우가 여세를 몰아 마침내 유방을 포위했다. 유방이 강화를 청해 형양 이서 지역을 한나라에 떼어줄 것을 요구했으나 항우가 응하지 않았다. 우려한 끝에 유방이 진평의 계책을 썼다.

진평에게 황금 4만 근을 내주자 진평이 첩자를 활용해 항우와 범증 사이를 벌렸다."

유방이 패성대전 참패 이후 또다시 매우 급박한 상황에 몰려 있었음을 보여준다. 당시 유방이 제시한 강화 방안은 1년여 뒤에 나오는 홍구 강화회담의 천하양분 계책보다 훨씬 서쪽으로 치우친 것이다. 경계선이 관중에 훨씬 가까웠다. 유방은 매우 위급한 상황에 처해 있었던 것이다.

항우가 이를 잘 알고 있었다. 유방의 제의를 일거에 거부했다. 여기에는 더욱 강하게 몰아붙일 것을 권한 범증의 조언도 크게 작용했지만 조금만 더 밀어붙이면 능히 유방의 항복을 얻어낼 수 있다는 항우의 판단이 더 크게 작용했다. 강화방안을 제시한 유방의 속셈을 나름 정확히 파악한 셈이다. 그러나 항우는 일종의 결벽증이 있었다. 자신의 판단을 확인하기 위해 사자를 파견한 것이다. 이게 대세를 그르치는 빌미로 작용했다. 귀가 얇은 항우가 당대의 지낭인 장량과 어깨를 나란히 하는 진평의 반간계에 그대로 넘어가 유일한 책사 범증을 내쳤다.

결국 유방은 진평이 구사한 일련의 '반간계'와 '고육계'를 겸비한 '사항계' 덕분에 사지인 형양성에서 간신히 빠져나와 관중으로 달아날 수 있었다. 항우는 통발 속에 다 잡아넣은 고기를 놓친 셈이 됐다. 거의 패망 직전까지 몰렸던 유방은 '이일대로'의 계책으로 다시 이전의 병력을 어느 정도 회복할 수 있었다. 항우는 유방이 완성에 머물고 있다는 소식을 듣자 곧바로 군사를 이끌고 남하했다. 유방이 수비만 견고히 한 채 싸우지 않았다.

이때 팽월이 또다시 유격전을 펼치며 항우를 괴롭혔다. 하비에서 초나라 군사를 대파한 게 대표적이다. 대노한 항우가 군사를 이끌고 동쪽으로 가 팽월을 치쳤다. 유격전을 펼치는 팽월과 싸우는 것은 마치 유령과 싸우는 것과 유사했다. 항우의 군사가 몰려오면 곧바로 도주하고, 항우의 군사가 물러나면 곧바로 은신처에서 뛰쳐나왔다. 유방은 이를 최대한 활용했다. 곧바로 북상해 성고에 주둔한 것이다.

항우는 그 소식을 듣고 대노했다. 팽월을 치기 위해 친정親征에 나설 때마다 유방이 그 틈을 타 야금야금 동쪽으로 진격해 들어왔기 때문이다. 항우의 무위는 놀라웠다. 다시 형양성을 공략한 데 이어 여세를 몰아 성고를 포위했다. 또다시 궁지에 몰린 유방은 '독 안의 쥐' 신세가 됐던 형양성의 악몽을 떠올리며 재차 관영과 단 둘이 수레를 타고 황급히 달아날 수밖에 없었다.

'초한지제'가 시작된 이래 유방은 항우와 맞닥뜨려 한 번도 이긴 적이 없다. 오히려 막다른 길까지 몰려 황급히 달아나기 바빴다. 홀로 달아나기에 바빠 처자식을 포로로 만든 것은 물론 수족의 역할을 한 휘하 장수 기신을 불에 타죽게 만드는 등 거듭 패착을 두었다.

객관적으로 볼 때 싸울 때마다 승리를 거둔 백전백승의 용장 항우가 최후의 결전에서 유방에게 패한 게 오히려 이상할 지경이었다. 그러나 이는 역사적 사실이다. 예로부터 그 배경을 알기 위해 많은 사람들이 『사기』의 해당 기록을 샅샅이 뒤졌으나 21세기 현재까지 그 배경을 제대로 파악치 못하고 있다.

유방의 승리 요인, 온 제후들을 집결시키다

결론부터 말하면 백전백패를 당한 유방이 마지막 결전에서 승리를 거둔 것은 결국 본서가 누누이 강조한 바와 같이 병사가 아닌 장수를 다스리는 이른바 치장불치병治將不治兵의 원리를 철저히 좇은 데 있다. 한비자 사상을 한마디로 요약한 게 치리불치민治吏不治民이다. 이를 초한지제와 같은 단기간의 전쟁터 상황에 적용한 것이 바로 '치장불치병'의 원리이다. 유방은 이를 이론적으로 배운 게 아니라 몸으로 배운 것이다. 건달의 삶을 영위하면서 생래적으로 터득한 것이나 다름없다.

「고조본기」의 기록을 보면 한신과 팽월을 비롯한 제후 연합군이 '해하'로 표현된 '진하'에 모여 유방과 최후의 결전을 벌이게 됐다고 기록되어 있다. 제후들을 '해하', 즉 '진하'에 모이게 한 것은 '초한지제' 당시 유방이 구사한 용인술의 꽃이다.

주목할 것은 유방에게 제후들의 군사를 '진하'에 집결시켜 싸우도록 만드는 대회계의 계책을 제시한 사람이 바로 당대 최고의 지낭으로 명성을 떨친 장량이라는 점이다. 장량이 없었다면 '대회계'의 계책도 나오지 않았을 것이다. 그러나 아무리 참모의 계책이 뛰어날지라도 궁극적으로 이를 받아들여 실행하는 당사자는 주군이다. 유방의 뛰어난 면모가 여기에 있다. 참모가 건의한 계책이 쓸 만하다고 판단되면 주저 없이 받아들여 실행했다. 특히 '대회계'의 경우는 건달 출신인 유방의 용인술을 최대한 활용한 계책이라는 점에서 천고에 남을 만한 묘계妙計이다.

「항우본기」에 당시 상황이 상세히 묘사돼 있다. 이에 따르면 한고조 5년인 기원전 203년, 유방이 항우를 양하 남쪽까지 추격해 진을 친 뒤 한신 및 팽월과 만나 초나라를 치기로 약속했다. 그러나 지금의 하남성 태강현 남쪽에 있는 고릉에 이를 때까지 한신과 팽월의 군사가 오지 않았다.

이 틈을 타 초나라 군사가 뒤쫓아 오는 한나라 군사를 대파했다. 또다시 위기 상황에 몰린 것이다. 홍구의 강화 회담 성립을 계기로 회군하는 도중에 벌어진 전투였던 까닭에 항우는 더 이상 강하게 밀어붙이지 못했다.

항우의 반격에 크게 놀란 유방이 다시 진지로 들어가 참호를 깊게 판 채 굳게 지켰다. 한신과 팽월의 군사가 도와주지 않을 경우 유방은 또다시 가까스로 몸을 빼낸 형양성의 위기를 재현할지도 모를 일이었다. 이를 크게 걱정한 유방이 장량에게 물었다.

"제후들이 약조를 지키지 않으니 어찌해야 좋소?"

장량이 대답했다.

"초나라 군사가 장차 무너지려 하는데 한신과 팽월은 아직 봉지를 나눠 받지 못했습니다. 이들이 오지 않는 것은 당연합니다. 군왕이 천하를 이들과 함께 나누면 지금이라도 곧바로 오게 할 수 있습니다. 그리하지 않으면 앞으로의 일은 알 수 없습니다. 군왕은 진현 동쪽에서 바닷가에 이르는 땅을 한신, 수양 이북에서 곡성에 이르는 땅을 팽월에게 주십시오. 이같이 하여 그들이 스스로를 위해 싸우게 하면 초나라를 쉽게 격파할 수 있습니다."

"좋소."

곧 사자를 한신과 팽월에게 보내 회유하자 한신과 팽월 모두 흔쾌히 수락했다. 장량이 유방의 책사로 활약하면서 가장 빛을 발한 대목이 바로 '초한지제'가 마무리될 무렵 유방에게 최후의 결전에 대비하기 위한 '대회계'를 건의한 대목이다. 당시의 정황에 비춰볼 때 '대회계'는 많은 것을 양보해야 했던 까닭에 유방의 입장에서 볼 때 쉽게 받아들일 수 있는 계책이 아니었다. 그러나 유방은 선뜻 이를 받아들였다. 비록 '대회계'의 계책은 장량이 냈지만 이를 흔쾌히 받아들인 유방의 기민한 대응과 통 큰 결단을 높이 평가하지 않을 수 없다.

30 초가계 楚歌計

적을 분열시킨 뒤엔 고립시켜라

항우의 군사는 해하에 진지를 구축하고 있었다. 군사는 적고 군량은 다 떨어진 상황에서 유방의 한나라와 한신의 제나라 군사 등이 여러 겹으로 포위했다. 밤에 한나라 군사가 사방에서 모두 초나라 노래를 부르는 이른바 사면초가四面楚歌 상황이 빚어졌다.

「항우본기」

이 대목은 인구에 회자하는 이른바 '사면초가' 성어가 나온 배경을 설명한 것이다. 오랫동안 항우는 '사면초가' 성어로 인해 '해하'의 결전에서 결정적인 패배를 당한 것으로 알고 있다. 그러나 결정적인 패배는 '해하'로 알려진 '진하'에서 한신과 팽월 등 제후 연합군과 벌인 결전에서 이뤄졌다. 사면초가 성어가 나온 '해하'의 싸움은 이른바 진하결전陳下決戰을 매듭짓는 마무리 전투에 불과했다. 그럼에도 '해하전투'는 우미인의 일화 등으로 인해 많은 사람들의 심금을 울렸다.

고립된 항우의 노래, 해하가

「고조본기」도 당시 상황을 기록해 놓았다. 다만 「항우본기」와 달리 '사면초가' 대신 '초가' 표현을 사용하는 등 뉘앙스가 다르다.

"수비에 들어간 항우는 한나라 군사가 사방에서 부르는 초나라 노랫소리인 초가楚歌를 듣고는 한나라 군사가 초나라 땅을 완전히 점령한 것으로 여겼다."

사마천이 마치 항우의 심경을 알기라도 한 듯이 표현한 게 눈에 띈다. 생생한 현장감을 살리기 위해 이런 묘사를 한 듯하다. 「항우본기」에 따르면 당시 항우는 '사면초가'의 상황을 접하고는 크게 놀라 이같이 탄식했다.

"한나라 군사가 이미 초나라 땅을 모두 빼앗았단 말인가? 어찌하여 초나라 사람이 이토록 많은 것인가?"

그러고는 한밤중에 일어나 장중에서 술을 마셨다. 항우에게는 우虞라는 미인이 있었다. 극히 총애해 늘 데리고 다녔다. 또 늘 추騅라는 준마를 타고 다녔다. 항우가 비분강개한 심정으로 스스로 시를 지어 노래했다. 그 유명한 「해하가垓下歌」이다.

힘은 산을 뽑고 기개는 세상 덮을 만해 力拔山兮氣蓋世
시운이 불리하니 추騅도 나아가지 않네 時不利兮騅不逝
추가 나아가지 않으니 어찌해야 좋은가 騅不逝兮可柰何
우虞여, 우여! 그대를 어찌하란 말인가 虞兮虞兮柰若何

『사기집해』는 『초한춘추楚漢春秋』를 인용해 당시 우미인이 이같이 화답했다고 주석했다.

한나라 병사 이미 초나라 공략해　　漢兵已略地
사방에서 초나라 노래가 들려오네　　四方楚歌聲
대왕의 의기가 이제 다했다 하니　　大王意氣盡
천첩이 어찌 살아갈 수 있겠는가　　賤妾何聊生

「항우본기」에 따르면 우미인의 화답을 들은 항우의 뺨에서 몇 줄기 눈물이 흘러내렸고, 좌우가 모두 함께 눈물을 흘리며 그의 얼굴을 차마 쳐다보지 못했다고 한다. 비장미가 넘치는 대목이다.

항우의 비장한 최후는 허구인가?

그러나 이는 허구일 가능성이 높다. 사다케 야스히코는 항우가 노래를 부르고, 애첩인 우미인이 이에 화답하자 눈물을 흘리며 우미인의 목을 베어 달아나는 등의 이른바 패왕별희霸王別姬 대목은 모두 항간에 나도는 허구에 지나지 않는다고 지적한 바 있다. 사마광도 『자치통감』을 편제하면서 이를 항간의 설화로 간주해 모두 누락시켰다.

그러나 아직도 많은 사람들은 이를 역사적 사실로 믿고 있다. 「항우본기」의 해당 대목이 후대인에게 미친 영향이 이처럼 크다. 「항우본기」에 따르면 당시 항우가 말에 올라타자 휘하 장수 가운데 말을 타고 따르는 자가 800여 명가량 됐다. 이날 밤 포위를 뚫고 남쪽으로 질주했다. 날이 밝자 한나라 군사가 비로소 이를 알게 됐다. 유방이 곧 기장 관영으로 하여금 5천 명의 기병을 이끌고 추격하게 했다.

항우가 회수를 건널 때 따라오는 자는 100여 기로 줄었다. 항우가 음릉에 이르러 길을 잃었다. 한 농부에게 길을 묻자 농부가 속였다.

"왼쪽이오."

항우 일행이 왼쪽으로 가다가 큰 늪에 빠졌다. 한나라 군사가 바짝 뒤쫓아왔다. 항우가 다시 군사를 이끌고 동쪽 동성에 이르자 겨우 28기만 남았다. 이에 반해 그 뒤를 추격하는 한나라 기병은 수천 기에 달했다. 항우가 도저히 벗어날 수 없었다고 판단해 기병들에게 이같이 호언했다.

"내가 거병한 지 8년이 됐다. 직접 70여 차례의 전투를 벌였다. 나에게 맞선 자는 격파하고, 내가 공격한 자는 굴복시켜 일찍이 패배를 몰랐다. 마침내 천하의 패권을 차지한 이유다. 그러나 지금 결국 이곳에서 곤궁한 지경에 이르게 됐다. 이는 하늘이 나를 망하게 한 것이지, 결코 내가 싸움을 잘못한 탓이 아니다. 오늘 정녕 죽기를 각오하고 통쾌히 싸워 기필코 세 번 승리할 것이다. 우선 그대들을 위해 포위를 뚫고, 이어 적장을 참살하고, 마지막으로 적군의 깃발을 부러뜨릴 것이다. 이로써 제군들에게 하늘이 나를 망하게 한 것이지, 결코 내가 싸움을 잘못한 탓이 아님을 알게 할 것이다."

이어 기병을 넷으로 나눠 사방으로 나아가게 했다. 한나라 군사가 겹겹이 포위하자 항우가 기병들에게 말했다.

"내가 그대를 위해 저 장수를 벨 것이다."

그러고는 기병들에게 명해 사방으로 말을 달려 내려가도록 했다. 자신의 소재를 숨기기 위해 셋으로 나뉘어 진격했다가 산의 동쪽에서 다시 만날 것을 약속했다. 항우가 고함을 지르며 아래로 질주하자 한나라 군사가 마치 바람에 초목이 쓰러지듯이 무너졌다. 항우가 마침내 한나라 장수 1명의 목을 베었다. 이후 적천후로 봉해진 한나라 기장 양희楊喜가 항우를 추격하자 항우가 눈을 부릅뜨고 꾸짖었다. 양희와 말이 모두 놀라 몇 리 밖으로 달아나버렸다.

항우는 산의 동쪽에서 다시 자신의 기병들을 만났다. 한나라 군사는 항우의 소재를 알 수 없어 군사를 셋으로 나눠 다시 포위했다. 항우가 말을 달려 한나라 도위 1명을 참살하고, 100여 명을 죽인 뒤 다시 기병들을 모았다. 그의 기병은 2명이 죽었을 뿐이다. 항우가 기병들에게 물었다.

"어떠한가?"

기병들 모두 엎드려 말했다.

"대왕의 말씀과 꼭 같습니다."

여기까지는 대략 항우가 마지막 역전力戰을 벌인 동성전투 상황과 부합한다. 현재 중국 학계는 이후 항우가 계속 한나라 기병들과 싸우다가 장렬히 전사한 것으로 본다. 동성에서 멀리 떨어진 오강으로 갈 일이 없다고 보는 것이다.

그럼에도 수천 년 동안 많은 사람들이 「항우본기」의 기록을 좇아 유방이 오강까지 퇴각했다가 마침내 자진한 것으로 알고 있다.

먼저 「항우본기」의 해당 기록을 간략히 살펴보자.

한나라 기병을 일거에 물리친 항우는 이내 동쪽으로 달아나 오강을 건너려고 했다. 오강정의 정장이 배를 강 언덕에 대고 항우를 기다리다가 이같이 말했다.

"강동이 비록 좁기는 하나 땅이 사방 1천 리이고, 백성의 수가 수십만에 달합니다. 그곳 또한 족히 왕 노릇을 할 만한 곳입니다. 원컨대 대왕은 속히 강을 건너십시오. 지금 저만 배를 갖고 있습니다. 한나라 군사가 와도 강을 건널 수 없습니다."

항우가 웃으며 말했다.

"하늘이 나를 망하게 하려는데 내가 강을 건너 무엇을 할 수 있겠는가? 전에 강동의 젊은이 8천 명과 함께 강을 건너 서쪽으로 갔다. 지금 한 사람도 돌아오지 못했는데 설령 강동의 부형들이 불쌍히 여겨 나를 왕으로 옹립한들 내가 무슨 면목으로 이들을 대하겠는가? 설령 이들이 말하지 않을지라도 유독 나만 부끄러운 마음을 지니지 않을 수 있겠는가?"

그러고는 정장에게 이같이 약속했다.

"나는 그대가 장자長者라는 것을 안다. 나는 5년 동안 이 말을 타고 다녔다. 이 말에 대적할 것은 없다. 하루에도 1천 리를 달린다. 차마 이 말을 죽일 수 없어 그대에게 주도록 하겠다."

이어 기병들로 하여금 모두 말에서 내려 걷게 했다. 항우가 손에 짧은 무기를 들고 싸웠다. 홀로 격살한 한나라 군사의 숫자가 수백 명에 달했다. 그 역시 몸에 10여 군데 부상을 입었다. 이때 한나라 기사마 여마동呂馬童을 알아보고는 고개를 돌려 말했다.

"너는 전에 내 부하로 있던 자가 아닌가?"

여마동이 항우를 똑바로 바라보지 못한 채 기병대장 왕예王翳에게 항우를 가리키며 말했다.

"이 사람이 바로 항왕입니다."

항우가 말했다.

"내가 듣건대 한나라가 나의 머리를 1천 금의 상금과 1만 호의 제후 자리로 산다고 하니, 내가 그대들에게 은혜를 베풀도록 하겠다."

그러고는 스스로 목을 찔러 죽었다. 이상이 항우가 자진하게 된 배경을 묘사한 「항우본기」의 해당 대목이다. 여기서 항우가 오강에서 자진했다는 이른바 오강자진烏江自盡 성어가 나왔다. 흔히 장렬한 최후를 표현할 때 사용된다.

「항우본기」에는 항우가 오강에서 자진한 것으로 나온다. 최근 이에 대한 강한 반론이 나왔다. 지난 1982년 중국 안휘성 사범대 부속중학 교사 계정산计正山은 〈광명일보光明日报〉에 발표한 학술논문 「항우는 결국 어디서 죽었나项羽究竟死于何地」에서 항우가 죽은 곳은 '오강'이 아니라 지금의 안휘성 정원현에 있는 동성이고, 자진이 아니라 전사했다는 주장을 폈다. 그는 이 논문에서 「항우본기」의 기록이 서로 상충하고 있는 점을 집중 조명했다. 크게 네 가지다.

첫째, 항우가 동성에 이르렀을 때 겨우 28기밖에 남지 않았고, 스스로 포위망을 빠져 나갈 수 없다고 판단했는데 어떻게 문득 동성에서 300리나 떨어진 오강까지 갈 수 있는가 하는 점이다.

둘째, 오강의 정장은 어떻게 항우가 그곳으로 올 것을 귀신같이 알고 배를 준비해 두었을까 하는 점이다. 상식적으로 도저히 납득할 수 없다.

셋째, 「고조본기」에 "한왕이 기병대장 관영으로 하여금 항우를 추격해 동성에서 죽이도록 했다. 모두 8만 명을 참수함으로써 마침내 초나라 땅을 공략했다."라는 구절이 나온다. 「번역등관열전」에도 '관영이 추격전에 나선 끝에 동성에서 항우를 격파하고 휘하 장졸 5인과 함께 항우를 베었다'고 기록돼 있다. 『한서』 「고제기」에도 '관영이 추격 끝에 항우를 동성에서 베었다'고 되어 있다. 사마천도 「항우본기」 사평에서 '5년 만에 마침내 나라를 패망하게 만들고, 자신의 몸이 동성에서 찢겨 죽을 때까지 전혀 깨닫지 못한 채 스스로를 책망치 않았다.'고 기록했다.

넷째, 『정원현지定远县志』에 따르면 항우가 총애했던 우미인의 묘가 정원현에서 60리 떨어진 동성에 있다고 했다. 사다케 야스히코는

『항우』에서 우미인의 전설 자체를 허구로 간주하고 우미인의 묘는 후대인이 만들어낸 가공의 묘에 지나지 않는다고 지적했다. 그러나 중국의 인민들은 지금도 우미인을 실존 인물로 간주한다. 중국의 민간 전설에 따르면 항우는 우미인의 목을 말에 매고 내달리면서 자신이 죽지 않으면 버리지 않겠다고 약속했다고 한다. 그렇다면 항우도 동성에서 전사했을 가능성이 높다는 게 계정산의 주장이다.

계정산은 논문에서 이런 네 가지 논거로 항우가 동성에서 한나라 병사들과 최후의 격전을 벌인 뒤 전사했을 것으로 추정했다. 당시 그의 논문은 커다란 반향을 불러일으켰다.

인민대 교수 풍기용冯其庸이 이내 계정산과 함께 공동연구에 들어갔다. 해하와 영벽 및 동성 일대에 대한 답사를 포함해 음릉과 우희묘, 대택 등지를 두루 탐사한 뒤 계정산의 주장이 옳다는 것을 뒷받침했다. 그는 지난 2007년 『중화문사논총中华文史论丛』에 발표한 「항우불사오강고项羽不死乌江考」에서 항우가 오강에서 자진했다는 얘기가 만들어진 배경을 세밀히 추적했다.

그의 논문에 따르면 『사기』와 『한서』에 전혀 나오지 않고 있는 '오강자진'의 전설은 원나라 때 희곡작가 김인걸金仁杰인 쓴 잡극 『소하월야추한신萧何月夜追韩信』에서 비롯됐다. 그는 1986년에 오강 일대를 답사하다가 현지 농민이 잡극에 나오는 뱃사공의 말을 아직도 인용하는 것을 보고 경악했다. 뱃사공의 말이다.

"말을 배에 태우면 사람을 태울 수 없고, 사람을 배에 태우면 말을 태울 수 없다!"

원문은 '도마부도인渡马不渡人, 도인부도마渡人不渡马'이다. 원대의 잡극이 인구에 회자하는 '오강자진' 성어의 배경이었다는 사실이 처음으로 확인된 순간이었다. 현재 정원현에는 우미인의 묘를 비롯해 항우와 관련한 유적지가 여러 곳 남아 있다. 송대의 대문호 소동파가 이곳에 와서 시를 지은 점 등에 비춰 보면 항우는 우미인의 전설과 상관없이 동성에서 최후의 전투를 벌이다가 장렬히 전사했을 것이다. 안휘성의 문화청은 우미인을 실존 인물로 간주해 현재의 우미인의 묘는 그 형태와 봉토 등이 한나라 때의 묘제를 그대로 따르고 있다고 발표했다. 이에 대해 계정산은 유방이 항우를 노공의 예로 장사지냈기 때문이라고 추정했다.

최근 중국에서는 수천 년 동안 유방과 항우가 벌인 최후의 결전 장소로 알려진 '해하'는 '진하', 항우가 패사한 장소는 '오강'이 아닌 '동성'으로 바꿔 해석하는 게 정설이다. 이런 사실을 전제로 「고조본기」 및 「항우본기」에 나오는 지명을 이해할 필요가 있다.

현재 한중일 등 동아 3국의 학자들 내에서는 유방과 항우가 최후의 결전을 벌인 장소는 '진하'였고, '해하'는 진하결전의 마무리 전투가 벌어진 곳이라는 점에 대체로 동의하고 있다. 나아가 동성전투에서 패사한 만큼 오강에서 스스로 목숨을 끊는 이른바 '오강자진' 성어는 역사적 사실과 부합하지 않는 데도 별다른 이견이 없다.

완전히 고립되었다고 느끼게 하라

그러나 '사면초가'의 장소를 놓고는 견해가 엇갈린다. 사다케 야스히코는 지난 2010년에 펴낸 『항우』에서 '사면초가'는 한신의 영역인 제나라의 '진하'에서 전개된 만큼 사면제가四面齊歌로 해석해야 한다고 주장했다. 한신의 공을 깎아 내리기 위해 '제가'가 아닌 '초가'로 둔갑시켰다는 것이다.

원래 최후의 결전이 펼쳐진 '진하'는 항우가 어린 시절을 보낸 항씨 전래의 본향인 항성項城에서 매우 가까운 곳이다. 항성은 진성에서 북쪽으로 약 40킬로미터 지점에 위치해 있었다. 불과 5년 전 거록전투에서 천하무적의 장함의 진나라 군사를 대파하고, 4년 전에는 서초패왕이 되어 천하를 호령했던 항우가 이제는 상황이 역전돼 고향 인근에서 결전을 벌이는 초라한 신세로 전락하고 만 것이다.

그러나 유방의 군사가 제나라의 노래인 '제가'가 아니라 진짜 '초가'를 불렀을 가능성을 배제할 수 없다. 유방의 연합군 내에는 초나라 출신 장병들이 적잖게 포함돼 있었기 때문이다. 사다케 야스히코의 추론에 무리가 있다는 얘기다.

최후의 결전 장소를 『사기』의 기록과 달리 '해하'가 아닌 '진하'로 본다고 해도 항우가 패잔병을 이끌고 '해하'로 가 반격을 위한 마무리 전투를 한 것만은 사실이다. 『사기』의 기록을 좇아 사면초가는 '진하'가 아닌 '해하'로 보는 게 맥락이 자연스럽다.

이같이 볼 때 전쟁터마다 항우를 따라다녔던 우미인도 함께 비통한 심경이 들어 목메어 울었다고 기록한 『사기』의 기록을 무턱대고 항간에 떠돌던 얘기로 치부할 일은 아니다. 유방이 전쟁터마다 총희인 척희를 늘 옆에 끼고 다녔던 점에 비춰볼 때 항우도 척희와 유사한 미인을 곁에 끼고 다녔을 가능성이 있다. 사마광이 『자치통감』에서 후대에 널리 애송된 항우의 「해하가」를 후대인의 위작으로 간주해 과감히 누락시킨 것은 아무래도 지나쳤다.

'사면초가'를 역사적 사실로 볼 경우 이는 누구의 작품일까? 『사기』에는 별다른 언급이 없다. 추론하는 수밖에 없다. 큰 틀에서 볼 때 당대의 책사로 활약한 장량과 진평이 이런 기책奇策을 냈을 가능성이 있다. 그러나 이들은 기본적으로 초나라와 별다른 연관이 없다.

오히려 초나라 출신인 유방 자신이 이런 기책을 냈을 가능성이 높다. 그는 당시 서민들 사이에 유행하고 있던 민요를 누구보다 잘 알고 있었을 것이다. '진하결전'을 통해 항우의 본진에 치명적인 타격을 가한 유방은 '해하전투'에서 항우의 숨통을 완전히 끊어놓기 위해 고도의 심리전인 '사면초가'의 계책을 구사했을 것이다. '사면초가'를 통한 심리전은 유방이 진하결전의 승리를 마무리 짓기 위해 구상해 낸 묘책인 것이다.

漢
卒

06

최후의 승자가 되라

조국肇國

31 무엇보다 중심을 장악하라 _도읍계 都邑計
32 과거의 성공에 얽매이지 말라 _마하계 馬下計
33 사사로움보다 백년대계를 세우라 _선봉계 先封計
34 지위에 맞는 품격을 갖춰라 _제귀계 帝貴計
35 후대를 생각하고 미래를 준비하라 _청호계 請護計
36 뜻을 이루어도 올챙이 적을 기억하라 _급귀계 及貴計

31 무엇보다 중심을 장악하라

도읍계
都邑計

한고조 유방은 내심 오랫동안 낙양에 도읍하고자 했다. 그러나 제나라 출신 유경劉敬과 장량이 거듭 관중으로 들어갈 것을 권했다. 한고조가 이날 곧바로 어가를 타고 관중으로 들어가 도읍했다. 이해 6월, 천하에 대사령을 내렸다.

「고조본기」

나라를 세울 때 가장 먼저 신경을 쓰는 것 가운데 하나가 바로 도읍을 정하는 문제다. 동서고금의 대다수 왕조가 거의 예외 없이 자국 영역의 중심부에 도읍을 두었다. 흔히 전도奠都 또는 정도定都로 표현한다. '도읍'은 통상 그 나라의 수도를 뜻하는 명사로 사용되나 '전도' 내지 '정도'처럼 도성을 확정한다는 뜻의 동사로 사용되기도 한다.

이 경우 도都는 나라를 세운다는 의미로 사용되는 개국開國 내지 건국建國의 '열 개開' 내지 '세울 건建'과 마찬가지로 '머물 거居'의 뜻을 지닌 동사로 사용된 것이다. 나라를 세우기 시작한다는 뜻으로 사용되는 조국肇國의 조肇는 꾀하거나 시작한다는 의미의 동사로 사용된 것이다. 개국 내지 건국 개념과 약간 뉘앙스의 차이가 있기는 하나 큰 차이는 없다.

항우는 도읍을 잘못 선택해서 패했다

큰 틀에서 볼 때 항우가 결국 유방에게 패한 요인 중 하나는 천하의 중심부인 관중에 도읍하지 않고, 동쪽으로 치우친 팽성에 도읍한 것이었다. 지금의 섬서성 서안시인 진나라 도성 함양은 주나라 때부터 천하의 중심지로 손꼽혀온 곳이다. 천하를 손에 넣었을 때 항우가 이곳에 도읍을 했다면 유방이 감히 도전하는 일도 없었을 것이다. 공연히 동쪽으로 치우친 팽성에 도읍하여 화를 자초했다고 평할 수밖에 없다.

항우가 '홍문연'에서 먼저 함양을 점거한 유방으로부터 사실상의 항복을 받았을 당시 그에게도 관중의 중심지인 함양에 도읍을 권한 사람이 있었다. 「항우본기」에 따르면 '홍문연'이 있은 지 며칠 뒤 항우가 군사를 이끌고 서쪽 함양을 향해 나아갔다. 이어 함양을 도륙하고, 항복한 진나라 왕 자영子嬰을 죽이고, 진나라의 궁실을 불태웠다. 「항우본기」는 불이 세 달 동안 타고도 꺼지지 않았다고 기록했다.

원래 진나라가 함양에 도읍한 것은 전국시대 중엽 진효공 재위 12년인 기원전 350년에 상앙이 시행한 제2차 변

> **분서갱유의 장본인, 항우**
>
> 흔히 진시황이 천하를 통일한 뒤 분서焚書를 자행한 것으로 알고 있으나 이는 잘못이다. '분서'의 장본인은 항우였다. 진나라는 거대한 서고를 만들어 제자백가의 서적과 각국의 역사서 등을 모두 모아놓은 뒤 박사들로 하여금 마음대로 열람하도록 했다. 일반인들의 열람만 금했을 뿐이다.
>
> 21세기 현재 북한학을 연구하는 학자들이 비표秘標(자기들만 알 수 있게 한 표시)를 받고 북한에서 나오는 온갖 선전물과 서적을 열람할 수 있는 것과 같다. 일반인들에게 이를 허용할 경우 자칫 사회혼란을 야기할 위험이 크기 때문이다. 당시 진시황이 취한 조치는 현재의 관점에서 봐도 매우 합리적이었다. 그러나 항우는 함양에 불을 지르고 지식문화의 보고였던 서고를 잿더미로 만들고 말았다.

법變法 조치의 일환으로 나온 것이다. 함양으로 천도하기 전까지만 해도 진나라의 도성은 지금의 섬서성 봉상현인 옹성에 있었다. 진나라 선조의 무덤이 이곳에 있었다. 상앙의 전기인 『사기』「상군열전」은 진효공 때 옹성에서 함양성으로 천도한 것으로 기록해 놓았다. 그러나 진헌공 재위 2년인 기원전 366년에 이미 옹성에서 지금의 섬서성 약양으로 천도한 까닭에 실제로는 약양에서 함양으로 천도한 것으로 봐야 한다.

이후 약양은 10여 년 동안 잠시 진나라의 수도로 있었다. 진나라는 함양으로 천도한 뒤 비약적인 발전을 거듭했다. 진효공의 뒤를 이어 보위에 오른 진혜문왕은 상앙을 제거한 뒤 재위 13년 되던 해인 기원전 325년에 처음으로 왕호王號를 사용했다.

이로부터 100년 뒤, 진시황 26년인 기원전 221년에 마침내 효산 이동의 산동 6국을 병탄해 사상 최초로 천하를 통일하는 위업을 이뤘다. 중국의 전 역사를 통틀어 거의 유일하면서도 가장 뛰어난 개혁 조치로 평가받는 '상앙의 변법'을 철저히 시행한 덕분이다. 여기에는 서주의 도성인 호경 인근인 함양으로 천도해 관중 일대를 확고히 장악한 게 결정적인 도움이 됐다.

그런데 항우는 함양을 불태운 뒤 온갖 재화와 보물 및 부녀자들을 거둬 동쪽 팽성으로 돌아가려고 했다. 이때 이름이 알려지지 않은 어떤 자가 항우에게 이같이 권했다.

"관중은 사방이 산하로 막혀 있고 땅이 비옥합니다. 도읍으로 삼아 패왕의 대업을 이룰 만합니다."

「항우본기」는 항우가 이미 진나라 궁실이 모두 잿더미로 변한데다 고향에서 가까운 동쪽 팽성으로 돌아가고자 하는 마음이 간절해 이같이 대꾸했다고 기록했다.

"부귀해진 뒤 귀향하지 않는 것은 마치 비단 옷을 입고 밤길을 가는 의수야행衣繡夜行과 같소. 그리하면 내가 함양을 점령해 진나라를 멸망시킨 사실을 그 누가 알아주겠소?"

여기의 '의수야행'은 오늘날 널리 사용하는 금의야행錦衣夜行 성어의 어원이다. 『한서』「진승항적전陈勝项籍传」은 이 대목을 그대로 옮기면서 의수衣繡를 의금衣錦으로 바꿔 놓았다. 이것이 다시 '금의'로 바뀌어 '금의야행' 성어로 굳어졌다. 당시 함양 도읍을 권한 자는 항우로부터 '의수야행' 얘기를 듣고는 이같이 탄식했다.

"사람들이 말하기를, '초나라 땅 사람들은 목욕한 원숭이가 관冠을 쓴 것일 뿐이다.'라고 했다. 과연 그렇다!"

"초나라 땅 사람들은 목욕한 원숭이가 관을 쓴 것일 뿐이다."라는 구절의 원문은 '목후이관沐猴而冠'이다. 원숭이를 목욕시킨 후 관을 씌운다는 의미이다. 사람의 옷을 입힌 원숭이를 지칭한다. 『한서』에는 이 말을 한 사람이 진나라 조정에 근무했던 한생韓生으로 나온다. 『한서』「오피전伍被传」에도 '목후이관' 표현이 나온다.

「항우본기」는 당시 주변사람으로부터 이 얘기를 전해들은 항우가 대노한 나머지 한생을 팽살했다고 기록해 놓았다. 객관적으로 볼 때 항우가 '금의야행'을 언급한 것 자체가 소인배의 행보에 지나지 않는다. 게다가 천하의 중심지인 함양에 도읍할 것을 권한 한생을 홧김에 팽살에 처한 것은 스스로 그릇이 작음을 드러낸 것이다.

당시 한생은 함양이 이미 잿더미가 변했을지라도 이곳에 도읍하는 것이 천하를 다스리는 데 훨씬 도움이 된다고 보았다. 그럼에도 항우는 '의수야행' 운운하며 함양 도읍 건의를 일축한 것이다. '다 된 밥에 재 뿌린다.'는 우리말 속담을 절로 연상시키는 어리석음의 극치다.

유방은 중심지를 제대로 알고 꿰찼다

유방은 이와 정반대의 행보를 보였다. 항우를 제압하고 사상 두 번째로 천하를 통일한 뒤, 재만 남아 있던 함양에 도읍하자는 장량의 제의를 즉각 수용했다. 「유후세가」는 당시 상황을 이같이 기록했다.

하루는 신하 유경劉敬이 유방을 설득했다.
"관중에 도읍하십시오."

한고조 유방이 머뭇거리며 결정하지 못했다. 좌우 대신들 모두 효산의 동쪽인 이른바 산동 출신이었다. 대다수가 낙양에 도읍할 것을 권했다.

"낙양 동쪽에는 성고가 있고, 서쪽에는 효산과 면지가 있습니다. 또한 황하를 등지고 이수과 낙수을 마주하고 있으니 그 견고함이 가히 안심할 만합니다."

유방이 이 말에 혹했다. 이때 장량이 반대하고 나섰다.

"낙양이 비록 그토록 견고하기는 하나 그 중심지역이 좁아 수백 리에 불과하고, 땅이 척박합니다. 더구나 사방에서 적의 공격을 받을 수 있는 곳이어서 힘을 쓸 만한 곳이 아닙니다.

반면 관중 일대는 동쪽으로 효산과 함곡관이 있고, 서쪽으로 농산과 촉산이 있습니다. 중심지에는 비옥한 들이 1천 리에 걸쳐 있고, 남쪽으로 파촉의 풍부한 자원이 있습니다. 또 북쪽으로는 소와 말을 방목할 수 있는 이점이 있습니다. 나아가 삼면은 험준한 지형에 의지해 굳게 지켜질 수 있습니다. 오직 동쪽 한 방면으로 제후를 통제하기만 하면 됩니다. 제후들이 안정되면 황하와 위수를 통해 천하의 식량을 운반해 서쪽 도성에 공급할 수 있습니다.

설령 제후들이 반란을 일으킬지라도 물길을 따라 내려가 능히 군사와 군수 물자를 수송할 수 있습니다. 이는 곧 1천 리에 걸친 철옹성鐵甕城을 뜻하는 금성천리金城千里이자, 천하의 창고와 같은 나라인 이른바 천부지국天府之國입니다. 유경의 말이 옳습니다."

유방이 그날로 수레를 타고 서쪽을 향해 나아간 뒤 관중에 도읍했다. 지금의 섬서성 서안인 장안에 새 왕조인 한나라의 도읍을 정한 것이다. 신속하고도 용기 있는 결단이었다. 한나라가 전한과 후한을 통틀어 400년 동안 유지된 것도 잿더미로 변한 함양 인근에 도읍을 정한 사실과 관련이 있다. 장량이 언급한 것처럼 '금성천리'와 '천부지국'의 요소를 모두 갖추고 있었기 때문이다. 북송이 들어서기 전까지만 해도 장안이 줄곧 천하의 중심지로 존재한 배경이 여기에 있다. 지리적으로 보면 서주 때의 호경, 진나라 때의 함양, 한나라 때의 장안 모두 이웃한 곳이다. 사실상 같은 지역이라고 봐도 무방하다.

당시 함양 도읍을 주장한 장량 역시 항우에게 팽살을 당한 한생과 마찬가지로 함양 일대의 군사지리 내지 경제지리적 효용을 통찰하고 있었다. 비록 함양 일대가 폐허로 변하기는 했으나 당시 이외에 '금성천리' 내지 '천부지국'의 요건을 충족시키는 곳은 없었다.

낙양도 나름 많은 장점을 지니고 있었으나 장량의 지적처럼 중심지역이 좁고 척박한 데다가 사방에서 적의 공격을 쉽게 받을 수 있다는 결정적인 약점이 있었다. 군사지리 내지 경제지리의 관점에서 새로운 왕조의 힘찬 출항을 알리는 도성으로는 실격이다. 실제로 낙양은 수비 위주의 도성으로 존재했다. 서쪽 견융犬戎의 침공으로 궁지에 몰린 서주가 낙양으로 천도한 뒤 시종 수비 위주의 정사를 펼치다가 날로 피폐해진 사실이 이를 말해 준다.

중심지를 알아본 인재, 누경

유방의 함양 도읍 결단과 관련해 주목할 것은 이를 최초로 거론한 사람은 장량이 아니라 유경이었다는 점이다. 「유경숙손통열전」에 따르면 유경의 원래 이름은 누경婁敬이다. 유방이 그에게 유씨 성을 하사해 이름을 '유경'으로 바꿨다.

그는 원래 제나라 출신으로 한 5년인 기원전 202년에 농서로 수자리 살러가면서 낙양을 지나게 됐다. 당시 한고조 유방은 낙양에 머물고 있었다. 하루는 누경이 천자가 타는 수레 앞의 횡목橫木을 풀어 놓고 양가죽 옷을 입은 채 제나라 출신 우장군을 만나 이같이 말했다.

"신은 황상을 뵙고 나라에 보탬이 되는 일에 관해 말씀드리고자 합니다."

우장군이 좋은 새 옷으로 갈아입히려고 하자 누경이 말했다.

"신은 비단옷을 입고 있으면 비단옷을 입은 채로, 베옷을 입고 있으면 베옷을 입은 채로 뵐 것입니다. 옷을 갈아입지 않을 생각입니다."

우장군이 안으로 들어가 한고조 유방에게 이를 고했다. 유방이 그를 불러 음식을 내린 뒤 자신을 만나려고 한 이유를 물었다. 누경이 대답했다.

"폐하가 낙양에 도읍하고자 하는 것은 주나라와 융성을 다투려는 것입니까?"

유방이 대답했다.

"그렇소."

누경이 말했다.

"폐하가 천하를 얻은 것은 주나라 왕실과 다릅니다. 주나라의 선조는 후직后稷입니다. 요임금이 그를 태 땅에 봉한 뒤 그곳에서 덕을 쌓고 선정을 베푼 지 10여 대가 지났습니다. 공류公劉는 하나라의 걸을 피해 빈 땅에 살았고, 태왕 고공단보는 오랑캐의 침공을 피해 빈 땅을 떠나 말채찍을 지팡이 삼아 기산 일대로 옮겨와 살았습니다. 당시 빈 땅의 백성들이 앞다퉈 그를 좇아 이주했습니다. 주문왕이 서쪽 일대를 호령하는 서백이 돼 우나라와 예나라의 송사를 해결해주고 비로소 천명을 받게 되자 태공망 여상呂尙과 백이伯夷도 동쪽 바닷가에서 찾아와 귀의했습니다. 주무왕은 은나라 주를 칠 때 약속을 하지도 않았는데 천하의 제후들이 맹진에 모였습니다. 그 수가 800명이나 됐습니다. 이들은 하나같이 은나라 주를 쳐야 한다고 말했고 결국 은나라를 멸했습니다.

주성왕이 즉위하자 주공周公 등이 보필해 주성왕 때 만든 도성인 이른바 성주를 낙읍에 세웠습니다. 각지의 제후들이 조공을 바치고 부역을 바칠 때 천하의 중심인 낙읍이 각 제후국에서 거리가 비슷한 곳으로 여겨졌기 때문입니다. 낙읍은 평야지대에 위치해 있어 유덕有德한 사람에게는 왕 노릇 하기가 쉬운 곳이지만 반대로 무덕無德한 사람에게는 패망하기 쉬운 곳이기도 합니다. 낙읍에 도읍을 정한 것은 주나라가 덕으로 천하의 백성을 이끌려는 취지에서 나온 것입니다. 후대가 험준한 지형을 믿고 교만과 사치로 백성을 학대하는 일이 없도록 하려는 취지였습니다.

주나라가 흥성할 때는 천하가 화합했고, 사이四夷도 교화돼 주나라의 덕의德義를 사모하며 천자를 섬겼습니다. 병사 한 명 주둔시키거나 싸우게 하지 않고도 주변의 이민족과 큰 제후국의 백성 가운데 기꺼이 복종하며 조공이나 부역을 바치지 않는 자가 없었습니다. 그러나 주나라가 쇠퇴해지자 서주과 동주로 분열됐고, 입조하는 제후도 사라졌습니다. 주나라는 이들을 제어할 수 없었습니다. 이는 덕이 박해졌기 때문이 아니라 형세가 약해졌기 때문입니다.

지금 폐하는 풍패에서 일어나 군사 3천 명을 이끌고 진격해 촉한을 석권하고, 삼진을 평정했습니다. 이어 항우와 형양에서 싸우면서 성고의 요충지를 장악하기 위해 70회의 대전大戰과 40회의 소전小戰을 치렀습니다. 천하의 백성의 간뇌로 땅을 칠하는 간뇌도지肝腦塗地와 아비와 자식의 해골이 들판에 나뒹구는 폭골중야暴骨中野 양상이 끊임없이 빚어진 이유입니다. 지금도 통곡하는 소리가 끊이지 않고, 부상을 당한 상이자傷痍者가 아직 일어나지도 못한 상황입니다. 그런데도 주성왕과 주강왕의 성세인 이른바 성강지치成康之治와 비교하려 합니다.

신이 볼 때 이는 서로 비교할 수 있는 게 아닙니다. 진나라의 관중 땅은 산에 에워싸여 있고, 황하를 끼고 있고, 사면이 천애의 요새로 견고하게 막혀 있습니다. 문득 위급한 사태가 빚어질지라도 1백만 대군을 동원할 수 있습니다. 진나라의 옛 터전인 관중을 차지하고 더없이 비옥한 땅을 소유하면 이것이 바로 천연의 곳간인 이른바 천부天府라고 할 수 있습니다. 폐하가 함곡관을 통해 관중으로 입관入關하면 산동이 어지러워져도 진나라의 옛 땅은 보존할 수 있습니다. 무릇 사람끼리 싸울 때 상대의 목을 조르고 등을 치지 않으면 완승을 거둘 수 없습니다. 지금 폐하가 관중으로 들어가 도읍하고 진나라의 옛 땅을 차지하는 게 바로 천하의 목을 조르고, 천하의 등을 치는 것입니다."

한고조 유방이 곧 신하들을 소집해 이에 대한 견해를 물었다. 군신들 모두 산동 출신이었으므로 입을 모아 주나라는 낙양에서 수백 년 동안 왕 노릇을 했으나 진나라는 함양에서 2대 만에 멸망한 까닭에 낙양에 도읍하는 게 낫다고 말했다. 유방이 주저하며 결정하지 못했다.

이때 장량이 관중으로 들어가는 게 유리하다고 분명히 말했다. 그날로 수레를 서쪽으로 몰아 관중에 도읍했다. 유방이 관중으로 들어가면서 이같이 말했다.

"본래 진나라의 옛 땅에 도읍하고자 한 것은 누경이다. 루婁는 바로 류劉와 음이 비슷하다."

그러고는 그에게 유씨 성을 하사한 뒤 낭중에 임명하고, 봉춘군으로 불렀다. 「유경숙손통열전」에 나오는 전후 맥락에 비춰 보면 장량 역시 유경의 뛰어난 언변에 감복해 관중으로 들어가 도읍할 것을 강력히 권했을 것이다. 유경이 없었다면 유방이 함양 인근인 장안에 도읍하지 않았을 가능성이 높다. 유경의 공이 매우 컸음을 알 수 있다. 그러나 아무리 유경과 장량이 관중으로 들어가 도읍할 것을 권했을지라도 결국 이를 전격 수용한 장본인은 유방이다. 장안 전도奠都의 궁극적인 공은 유방에게 있다고 해도 크게 틀린 말은 아니다.

32 과거의 성공에 얽매이지 말라

마하계
馬下計

육가陸賈가 한고조 유방에게 말했다.

"말 위에서 천하를 얻었지만, 어찌 말 위에서 천하를 다스릴 수 있겠습니까? 옛날 은나라 탕왕과 주무왕은 비록 무력을 동원해 천하를 얻었지만 이내 민심에 순응해 나라를 지켰습니다."

「역생육가열전」

「고조본기」는 유방이 팽성전투에서 참패해 가까스로 사지를 빠져나와 황급히 도주할 당시 제후들이 모두 유방을 배반하고 다시 초나라에 붙었다고 기록했다. 천하대세는 팽성전투를 계기로 다시 항우에게 유리하게 기울기 시작했다. 그러나 또 다시 이를 뒤집는 듯한 사태가 빚어졌다. 바로 항우가 어렵사리 세워놓은 제나라 왕 전가田假가 항우에게 패한 전영의 동생 전횡의 공격을 받고 초나라로 도주한 것이다.

대노한 항우는 곧바로 전가의 목을 베어버렸지만 이는 전가의 목을 베는 것으로 끝날 일이 아니었다. 제나라가 계속 북쪽에서 위협을 가할 경우 항우는 서쪽의 유방과 동쪽의 전횡에게 양면협공을 당할 소지가 컸다. 게다가 북쪽의 팽월과 남쪽의 경포까지 유방에게 가세하는 일이 빚어지면 그야말로 옴짝달싹도 못하는 곤경에 처하게 된다. 그리고 실제로 일은 그렇게 진행됐다.

이겨도 방심하지 말고 졌다면 절치부심하라

어떤 싸움이든 종료가 선언될 때까지 방심은 금물이다. 역전에 역전이 거듭될 수 있기 때문이다. 국지전의 승리에 도취해 긴장의 끈을 놓는 순간 빈틈을 보이게 되고, 그 틈을 노려 상대가 공격해 들어올 경우 졸지에 상황이 역전될 수 있다. 항우가 바로 이 덫에 걸렸다. 유방이 반사 이익을 누린 것은 말할 것도 없다.

당시 유방은 팽성전투의 참패를 만회하기 위해 절치부심했다. 병법에 나오는 온갖 궤계詭計를 모두 동원했다. 팽성전투 참패 후 초심으로 돌아가는 모습을 보였기 때문에 가능했다. 그러나 이는 일정한 한계가 있었다. 제후들 대부분이 천하대세가 항우 쪽으로 기울었다고 판단해 분분히 다시 항우 쪽에 붙었기 때문이다. 이들을 탓할 수만도 없었다. 건달 출신 유방이 제후들의 이런 염량세태炎凉世態를 이해하지 못할 리 없었다. 그래서 '통 큰' 약속을 미끼로 내걸어 제후들을 다시 끌어들였다.

「유후세가」에 따르면 당시 장량은 심적으로 크게 위축돼 있는 유방에게 국면을 일거에 바꿀 수 있는 방안을 제시했다. 한신과 팽월을 끌어들이는 계책을 제시한 것이다. 그러자 유방이 크게 기뻐하며 군신들을 모아 놓고 이같이 호언했다.

"나는 이제 함곡관 이동의 땅을 현상懸賞으로 내놓아 공을 세운 사람이 갖도록 포기할 생각이다. 누가 가히 나와 함께 이런 공을 이룰 수 있겠는가?"

유방은 장량의 계책을 들은 뒤 독자적인 판단하에 이같이 제안한 것이다.

득국득천하 – 현실 분석에 따른 승부수를 띄워라

원래 그는 단 한 치의 땅도 누구에게 떼어줄 생각이 전혀 없었다. 그래서 수시로 한신을 견제했던 것이다. 그러나 현실은 그와 정반대로 나타났다. 홍구 강화 회담 이후 한신 등이 가담하지 않은 상황에서 항우 군사의 뒤를 쳤다가 오히려 크게 패했다. 이를 계기로 유방은 연합 세력을 결성해야만 항우를 제압할 수 있다는 현실적인 판단을 하게 됐다. 그래서 장량의 계책을 들은 뒤 크게 기뻐하며 독자적인 제안을 한 것이다. 이는 전적으로 유방 자신의 머리에서 나온 것이다.

적잖은 사람들이 건달 출신인 유방이 과연 이런 계책을 내놓았을지 의문을 표하고 있다. 그러나 이는 선입견에 불과하다. 유방은 비록 건달 출신이긴 했으나 천하를 틀어쥐겠다는 명확한 목표를 갖고 있었다. 그랬기에 '통 큰' 결단이 가능했다. 이런 결단은 잔량과 진평 등 당대 최고의 책사들이 아무리 천하의 지낭智囊을 자랑할지라도 결코 행할 수 없는 것이다. 1인자와 2인자의 길이 이토록 다르다.

지난 2010년, 아이폰의 무차별 공세에 삼정전자가 속수무책으로 당하고 있을 때 경영일선에서 후퇴했던 이건희 회장이 2년 만에 복귀하면서 역전극을 일구었다. 고용 사장은 아무리 유능할지라도 '통 큰' 결단을 내리지 못한다. 오너 CEO만이 이런 건곤일척乾坤一擲의 승부수를 띄울 수 있다.

'초한지제' 당시 만만히 보던 항우로부터 되치기를 당하면서 위기의식에 휩싸인 유방이 나름 '통 큰' 결단으로 역전극을 꾀한 것은 오로지 그가 천하를 거머쥐고자 하는 확고한 목표를 지니고 있었기에 가능했다.

역대 왕조의 창업과정에서 이런 '통 큰' 모습을 흔히 볼 수 있다. 역대 왕조의 창업주들은 마치 오너 CEO들처럼 생래적으로 득국득천하得國得天下의 비결을 알고 있다. 이종오가 『후흑학』에서 유방을 두고 속이 검고 낯가죽이 두꺼운 면후심흑面厚心黑의 대표적인 인물로 꼽은 이유다. 득국득천하 과정에서 남발되는 수많은 공약空約과 득국득천하 이후에 나타나는 잔인한 토사구팽兎死狗烹의 모습을 철저히 분석했다. 그리고 난세에는 후흑술에 뛰어난 자들이 최후의 승자가 될 수밖에 없다는 결론을 도출했다.

객관적으로 볼 때 난세의 시기에 나타나는 군웅들의 득국득천하 과정은 승리를 위해 모든 것을 거는 전쟁과 사뭇 닮았다. 생사를 가르는 싸움을 벌이는 한 반드시 이겨야만 한다. 죽은 자는 말이 없기 때문이다.

『손자병법』을 비롯한 역대 병서가 전쟁은 결국 상대를 속여 함정에 빠뜨리는 '궤사詭詐'에 지나지 않는다고 갈파한 것도 이런 맥락에서 이해할 수 있다. 패자는 입이 있어도 변명할 여지가 없다. 전쟁에서는 무조건 이겨야 한다. 오너 CEO의 입장에 서 있던 유방은 궤사로 점철된 득국득천하의 이치를 몸으로 터득하고 있었던 셈이다.

천하를 얻는 득국득천하와 천하를 다스리는 치국치천하治國治天下의 이치는 치세의 통치술인 왕도王道와 난세의 통치술인 패도霸道만큼이나 차이가 난다.

유방은 항우를 제압해 천하를 거머쥘 때 『손자병법』이 역설한 것처럼 생래적으로 터득한 득국득천하의 궤도詭道(남을 속이는 수단)를 유감없이 구사했다. 천하를 거머쥔 뒤 막강한 무력을 지닌 한신 등의 강신들을 차례로 토사구팽의 제물로 삼은 배경이다.

치국치천하 – 말 위의 영광을 잊고 천하를 살펴야 한다

그러나 이후 '치국치천하' 문제가 본격적으로 부상하게 됐다. 건달 출신인 유방은 득국득천하의 이치를 생래적으로 터득한 덕분에 현란한 후흑술로 천하를 거머쥐었다. 수많은 군웅을 수족처럼 부려먹은 뒤 가차 없이 토사구팽의 제물로 삼았다. 이 과정은 치국치천하가 아닌 득국득천하의 연장선에 있었다.

불행하게도 그는 이후에 맞닥뜨린 치국치천하의 이치에 대해서는 전혀 배운 바가 없었다. 이를 최초로 깨닫게 해준 인물이 있었다. 바로 육가陸賈였다. 「역생육가열전」에 따르면 그는 원래 초나라 출신이다. 구변이 좋은 그는 세객으로 명성을 떨치며 유방의 천하 평정에 나름 일정한 공을 세웠다. 늘 유방을 가까이서 모시면서 사자로 나가 제후들에게 유방의 입장을 대변했다.

유방도 그의 능력을 높이 평가했다. 사상 최초의 평민 황제로 즉위한 뒤 그를 남월에 사자로 파견했다. 당시 남월의 왕은 진나라 때 종실의 장령으로 활약한 조타趙佗였다. 그는 천하가 시끄러운 틈을 타 남월을 평정한 뒤 남월왕을 칭했다. 한고조 유방도 현실을 인정하지 않을 수 없었다. 곧 육가를 보내 남월왕의 인수를 내리며 회유하도록 했다.

육가가 남월 땅에 이르자 조타가 몽둥이 모양의 북상투를 틀고 두 다리를 벌리고 앉은 채 육가를 맞이했다. 육가가 앞으로 나아가 말했다.

"족하는 중원 출신으로 친척과 형제의 무덤이 조나라 진정 땅에 있습니다. 지금 족하는 천성을 위반하고 관대冠帶을 버린 채 보잘것없는 월나라로 천자에 맞서는 적이 되려고 합니다. 그 화가 장차 몸에 미칠 것입니다. 진나라는 정사를 제대로 하지 못해 제후들과 호걸이 일시에 들고 일어났습니다. 유독 한나라 왕이 남보다 먼저 무관을 통해 함양에 입성했습니다. 항우가 약속을 저버린 채 스스로 서초패왕의 자리에 오르며 제후들 모두 휘하에 두었으니 매우 강성했다고 할 수 있습니다. 그러나 유방이 파촉巴蜀에서 일어나 채찍을 휘둘러 인민을 부리는 천하인 이른바 편태천하鞭笞天下를 만들었습니다. 제후들을 정복한 뒤 마침내 항우를 주멸하게 된 배경입니다.

천하가 어지러워진 지 5년 만에 천하가 평정됐으니 이는 인력으로 인한 게 아니라 하늘이 그리한 것입니다. 지금 천자는 대왕이 남월의 왕이 된 후 천하를 위해 폭도와 반역자를 죽여야 하는데도 그러지 않는다는 얘기를 듣고 있습니다. 한나라 장상들이 군사를 동원해 대왕을 주살하고자 했으나 천자는 백성의 노고를 불쌍히 여겨 잠시 쉬도록 한 뒤 신을 이곳으로 보냈습니다.

대왕에게 왕의 인장을 하사하고, 천자의 부절을 나눠줌으로써 향후 사자를 서로 오가게 만들고자 한 것입니다. 대왕은 응당 교외까지 나와 사자를 영접하고 북면하여 칭신稱臣해야 하는데도 도리어 새로 건립돼 안정되지 못한 월나라를 갖고 이처럼 강경하게 나온 것입니다. 한나라 조정이 이를 알면 대왕 선조의 묘를 파낸 뒤 시신을 불태우고 일족을 모두 없앨 것입니다. 나아가 편장 한 사람당 10만 대군을 이끌고 월나라를 치게 할 것입니다. 그리 되면 월나라 백성이 대왕을 살해하고 한나라에 투항할 것입니다. 이는 손을 뒤집듯 쉬운 일입니다."

조타가 크게 놀라 벌떡 일어나 좌정한 뒤 육가에게 사죄했다.

"만이의 땅에 오래 살다 보니 실례가 많았습니다."

그러고는 육가에게 물었다.

"나를 건국공신인 소하와 조참 및 한신과 비교하면 누가 더 현명하오?"

육가가 대답했다.

"대왕이 조금 현명한 듯합니다."

조타가 다시 물었다.

"나를 중원의 황제와 비교하면 누가 더 현명하오?"

육가가 대답했다.

"중원의 황제는 풍패에서 일어난 뒤 포악한 진나라를 정벌하고, 강성한 초나라를 주멸하고, 천하를 위해 이로운 것을 일으키시고 해로운 것을 제거했습니다. 오제五帝와 삼왕三王의 대업을 이어 중원을 통일해 다스리고 있습니다. 중원의 인구는 매우 많고, 영토는 사방 1만 리에 이르고, 천하의 기름진 땅에 살고 있습니다. 사람도 많고, 수레도 많고, 모든 것이 풍족하고, 정사는 황실 일가一家에 통일돼 있습니다. 이런 일은 천지개벽 이래 일찍이 없었습니다. 지금 대왕의 무리는 수십만 명에 불과하고, 모두 만이蠻夷입니다. 게다가 영토는 험한 산과 바다 사이에 끼어 있어 한나라의 하나의 군에 불과합니다. 대왕을 어찌 한나라의 황제에 비할 수 있겠습니까?"

조타가 크게 웃으며 말했다.

"나는 중원에서 일어나지 않아 여기서 왕 노릇을 하게 됐을 뿐이오. 내가 중원에 있었다면 어찌 한나라의 황제만 못할 리 있겠소?"

육가의 대답에 크게 만족한 조타는 육가로 하여금 몇 달 동안 남월 땅에 머물게 하면서 함께 술을 마시고 즐겼다. 하루는 육가에게 이같이 말했다.

"남월에는 더불어 얘기를 나눌 만한 사람이 없었소. 그대가 이곳에 와 그간 내가 들을 수 없었던 얘기를 매일 들려주었소."

그러고는 1천 금의 보물을 자루에 넣어주고, 따로 1천 금을 주었다. 육가가 마침내 조타에게 남월왕의 인장을 넘겨주고 한나라에 대한 칭신을 약속받았다. 한나라로 돌아온 뒤 복명復命하자 유방이 크게 기뻐하며 그를 간언 등의 언론을 담당한 태중대부太中大夫에 임명했다. 당시 육가는 늘 유방에게 진언할 때 『시경』과 『서경』 등을 인용했다. 유방이 『시경』과 『서경』 등의 유가경전을 이해할 리 만무했다. 처음에는 별다른 표시를 하지 않았으나 육가가 진언할 때마다 짜증이 났다. 하루는 참다못한 유방이 크게 화를 내며 육가를 꾸짖었다.

"나는 말 위에서 천하를 얻었다. 『시경』과 『서경』 따위를 어디에 쓰겠는가?"

육가가 이같이 반박했다.

"말 위에서 천하를 얻었지만, 어찌 말 위에서 천하를 다스릴 수 있겠습니까? 옛날 은나라 탕왕과 주무왕은 비록 무력을 동원해 천하를 얻었지만 이내 민심에 순응해 나라를 지켰습니다. 이처럼 상황에 따라 문무를 섞어 쓰는 게 바로 나라를 길이 보전하는 방법입니다. 옛날 오왕 부차와 진나라의 지백智伯은 무력을 지나치게 사용하다가 패망했습니다. 진시황의 진나라는 가혹한 형법만 사용하며 치술治術을 바꾸지 않다가 결국 멸망하고 말았습니다. 만일 진나라가 천하를 통일한 뒤 인의를 행하고 옛 성인을 본받았으면 폐하가 어떻게 천하를 차지할 수 있었겠습니까?"

유방도 치국치천하의 이치가 득국득천하의 이치와 다르다는 것쯤은 알고 있었다. 다만 치국치천하의 이치를 배운 사실이 없어 이같이 억지를 부린 것이다. 육가의 얘기를 듣고는 이내 부끄러워하는 기색을 보이며 이같이 주문했다.

"시험 삼아 나를 위해 진나라가 천하를 잃은 배경과 내가 천하를 얻은 원인, 그리고 이전 국가의 성패 사례 등을 저술해 올리도록 하시오."

육가가 곧 국가 존망의 이치를 담은 글을 지어 올렸다. 모두 12편이었다. 「역생육가열전」은 육가가 매 편을 지어 올릴 때마다 유방이 크게 칭송하지 않은 적이 없고, 곁에 있던 사람들 모두 만세萬歲를 불렀다고 기록했다. 당시 그가 지어 올린 글은 이후 책으로 묶여 지금까지 전해지고 있다. 그게 바로 득국득천하와 치국치천하의 이치를 논한 『신어新語』이다.

인구에 회자하는 '마상득천하馬上得天下, 마하치천하馬下治天下' 성어는 바로 이 일화에서 나왔다. 득국득천하와 치국치천하의 이치를 이처럼 간명하게 요약한 성어도 없다. 말 위에서 천하를 잡은 유방이 천하 순행 도중 공자의 사당에 가 무릎을 꿇고 제사를 올려 천하의 인심을 산 것도 말에서 내려와 천하를 다스려야 한다는 육가의 조언을 그대로 실천한 덕분이다. 득국득천하와 치국치천하의 이치를 일깨워준 육가도 뛰어나지만 이를 곧바로 실천해 천하의 인심을 산 유방의 행보 또한 높이 평가하지 않을 수 없다.

33 사사로움보다 백년대계를 세우라

선봉계
先封計

장량이 물었다.

"황상이 평소 미워하면서도 신하들이 모두 아는 자 가운데 가장 심한 자가 누구입니까?"

한고조 유방이 대답했다.

"옹치雍齒와 짐 사이에 구원이 있소. 일찍이 짐을 여러 차례 곤욕스럽게 만들어 죽이고자 했소. 허나 그의 공이 많은 까닭에 차마 죽이지 못하고 있는 것이오."

장량이 말했다.

"지금 급히 옹치를 봉하는 모습을 신하들에게 내보이십시오. 옹치가 봉해지는 것을 보면 이들은 자신들도 봉해질 것을 굳게 믿을 것입니다."

「유후세가」

유방은 항우를 제압하고 천하를 손에 넣었음에도 이내 논공행상論功行賞 문제로 골머리를 앓았다. 반란의 조짐마저 보였다. 예나 지금이나 상을 내리는 자와 상을 받는 자 사이에 공에 대한 평가에는 큰 차이가 있기 마련이다. 그 '갭Gap'이 클 경우 논공행상에 대한 불만이 반란으로 이어질 수도 있다.

불만이 터지기 전에 다독여라

조선조 인조반정 때 그런 일이 있었다. 반정 과정에서 큰 공을 세운 이괄李适이 논공행상에 불만을 품고 반기를 든 이른바 '이괄의 난'이 그렇다. 당시 논공행상의 주도권 다툼에서 밀린 이괄은 인조가 즉위한 지 열 달 만에 반란을 일으켜 지금의 서울인 한양으로 진군했다. 원래 인조반정은 궁정 쿠데타 형식으로 일어난 까닭에 백성들에게는 지지를 얻지 못하고 있었다. 이괄이 이끄는 반란군이 임진강 나루터에서 관군을 대파하고 파죽지세로 서울로 향하자 인조와 서인 정권은 황망히 공주로 피난을 갔다. 피난을 떠나기 직전, 서인들은 수감되어 있던 전 영의정 기자헌을 포함한 정치범 49명을 밤사이에 몰살했다.

이괄은 반란을 일으킨 지 19일 만에 서울을 점령하고, 선조의 아들 흥안군을 새 왕으로 옹립했다. 이때 광해군의 몰락 이후 숨을 죽이고 있던 북인의 잔여 세력이 다시 발호跋扈할 조짐을 보였다. 그러나 전열을 정비한 관군이 서울로 북상해 올라오자 반군이 크게 패해 경기도 이천으로 도주하면서 사실상 상황이 끝나고 말았다. 이때 일부가 후금으로 도망가 인조가 '친명사대'를 강력히 추진하고 있다고 주장하면서 인조 즉위의 부당성을 호소했다. 이것이 바로 1627년에 빚어진 정묘호란丁卯胡亂의 한 원인이 되었다.

유방이 새 왕조인 한나라를 세우고 평민 출신 최초로 황제의 자리에 올랐을 때도 논공행상에 대한 불만으로 인해 커다란 물의가 빚어졌다. 「유후세가」에 따르면 한 6년인 기원전 202년 정월, 논공행상하여 공신들을 대거 제후에 봉했다. 장량은 일찍이 드러내놓고 말할 만한 전공戰功이 없었다. 그러나 유방은 오히려 이같이 말했다.

"군영의 장막 안에서 계책을 세워 1천 리 밖의 승부를 결정짓는 것은 모두 장량의 공이다. 제나라 영토 안에서 3만 호을 직접 고르도록 하라."

장량이 사양했다.

"신은 당초 하비에서 일어난 뒤 폐하를 유 땅에서 만났습니다. 이는 하늘이 신을 폐하에게 보내주신 것입니다. 폐하는 신의 계책을 썼고, 요행히도 그 계책이 맞아떨어졌습니다. 신은 유후에 봉해지는 것으로 족합니다. 3만 호는 도저히 감당할 수 없습니다."

한고조 유방이 이를 받아들였다. 당시 유방은 장량을 비롯해 소하와 진평 등 큰 공을 세운 공신 20여 명을 우선 제후에 봉했으나 그 나머지 사람들은 그럴 수가 없었다. 밤낮으로 서로 공을 다툰 까닭에 결론이 나지 않은 탓이다.

원수진 이의 공을 가장 먼저 치하하라

하루는 유방이 낙양의 남궁에 있을 때 구름다리 위에서 아래를 내려다보았다. 여러 장수들이 모래밭에 모여앉아 뭔가를 얘기하고 있었다. 유방이 궁금한 나머지 장량에게 물었다.

"저들이 저기서 무슨 말들을 하는 것이오?"

장량이 대답했다.

"폐하는 모르고 있습니까? 이는 모반하려는 것입니다."

유방이 크게 놀라 물었다.

"천하가 막 안정됐는데 무슨 까닭으로 모반하려는 것이오?"

장량이 대답했다.

"폐하는 포의布衣의 신분으로 일어난 뒤 저들에게 의지해 천하를 차지했습니다. 이제 폐하가 천자가 되어 봉한 자들 모두 폐하가 친애하는 소하나 조참 같은 옛 친구들이고, 죽인 자들은 모두 평소에 원한이 있던 자들입니다. 지금 군리軍吏가 따져보니 천하의 땅을 다 가지고도 전공을 세운 자들을 모두 봉하기에는 부족하다고 합니다. 저들은 폐하가 모두 봉해 주지 않을까 두렵고, 또 평소의 잘못을 의심받아 죽게 되지나 않을까 두려워하고 있습니다. 그래서 서로 모여 모반하려는 것입니다."

유방이 청했다.

"어찌하면 좋겠소?"

장량이 반문했다.

"황상이 평소 미워하면서도 신하들이 모두 아는 자 가운데 가장 심한 자가 누구입니까?"

유방이 대답했다.

"옹치雍齒과 짐 사이에 구원舊怨이 있소. 일찍이 짐을 여러 차례 곤욕스럽게 만들어 죽이고자 했소. 허나 그의 공이 많은 까닭에 차마 죽이지 못하고 있는 것이오."

장량이 말했다.

"지금 급히 옹치를 봉하는 모습을 신하들에게 내보이십시오. 옹치가 봉해지는 것을 보면 이들은 자신들도 봉해질 것을 굳게 믿을 것입니다."

유방이 곧 술자리를 베풀고 옹치를 십방후에 봉했다. 이어 급히 승상과 어사御史를 재촉해 아직 논공행상이 이뤄지지 않은 자들의 공을 정한 뒤 각지에 봉했다. 신하들 모두 주연이 끝나자 기뻐했다.

"옹치도 후에 봉해졌으니 우리들은 걱정할 일이 없다."

이내 논공행상을 둘러싼 잡음이 잦아든 것은 말할 것도 없다. 아직도 자신을 배신한 옹치에 대한 원망이 가시지 않은 상황에서 옹치를 과감히 제후에 봉한 덕이다.

모두를 만족시키는 것보다 제대로 납득시켜라

「고조공신후자연표高祖功臣侯者年表」에 따르면 원래 옹치는 패현의 호족 출신이다. 진승이 거병한 이듬해인 2세 황제 2년인 기원전 208년, 진나라 사천군감 평平이 군사를 이끌고 유방의 근거지인 풍읍을 포위했다. 위기를 느낀 유방이 옹치에게 풍읍의 수비를 명한 뒤 군사를 이끌고 설현으로 진격했다. 포위를 풀기 위한 성동격서聲東擊西의 전술을 구사한 것이다.

이를 틈타 진나라에 최초로 반기를 들고 장초를 세운 뒤 진왕을 자처하고 있던 진승이 위나라 출신 휘하 장수 주불周市을 시켜 풍읍을 치게 했다. 어부지리를 꾀한 것이다. 주불이 옹치에게 사람을 보내 이같이 설득했다.

"풍읍은 원래 위나라가 천도한 곳이오. 이제 위나라가 평정한 땅이 수십 개 성읍에 이르고 있소. 그대가 항복하면 위나라는 그대를 후侯로 삼아 풍읍을 지키게 할 것이오. 그러나 그리하지 않으면 이내 도륙하고 말 것이오."

호족 출신인 옹치는 평민 출신 유방에게 귀속되는 것을 달갑게 여기지 않았다. 마침 주불로부터 이런 회유를 받자 이내 유방을 배신하고 위나라에 항복했다. 이 소식을 뒤늦게 들은 유방이 군사를 이끌고 돌아와 진승이 영역으로 넘어간 자신의 본거지인 풍읍을 쳤으나 함락시키지 못했다. 화를 참지 못해 병까지 난 유방이 패현으로 퇴각했다. 유방은 속으로 자신을 배신한 옹치와 이에 부화뇌동附和雷同한 풍읍 젊은이들을 크게 원망했다. 유방은 훗날 항우를 제압하고 보위에 오른 뒤에도 옹치의 배신을 잊지 못했다. 그의 배신에 대한 앙금이 얼마나 컸는지 대략 짐작할 수 있다.

그러나 유방은 이를 깨끗이 잊고 옹치를 과감히 제후에 봉해 갓 출범한 한나라의 기반을 튼튼히 했다. 논공행상에서 모든 사람을 만족시킬 수는 없는 일이다. 공신들은 너나 할 것 없이 다른 사람과 비교해 자신의 공을 높이 평가하기 때문이다. 모든 공신들이 납득할 만한 일정한 기준을 세워 승복하게 만드는 게 관건이다.

그럼에도 승복하지 않는 자들이 있기 마련이다. 특히 논공행상에서 제외될 수도 있다는 불안감을 가진 자들이 많을 경우 자칫 반란이 빚어질 수도 있다. 한나라 개국 초기에 바로 그런 일이 빚어진 것이다. 이런 상황에서 유방은 장량의 건의를 전폭 수용해 사적인 앙금이 가시지 않은 옹치를 먼저 과감히 제후에 봉함으로써 이들의 불만과 불안을 다독인 셈이다.

상대의 예상을 뒤집어라

유방이 옹치를 먼저 제후에 봉한 계책은 상대가 생각지도 못한 곳을 불시에 기습해 승리를 낚는 이른바 출기불의出其不意의 전술과 사뭇 닮았다. 『손자병법』을 비롯한 많은 병서는 하나같이 불리할 때는 '출기불의' 등의 기책을 구사해야만 난국을 타개할 수 있다고 역설했다. 유방이 옹치를 지렛대로 삼은 '출기불의'의 인사人事 정책은 비단 개국 초기의 논공행상 과정에서만 써먹을 수 있는 게 아니다. 오히려 난세의 한복판에서 천하의 인재를 놓고 다른 사람과 치열한 득인 경쟁을 벌일 때 더 효과적이다.

대표적인 예로 전국시대 말기 연소왕이 곽외郭隗를 이용해 천하의 인재를 그러모은 사례를 들 수 있다. 연나라의 역사를 기록한 「연소공세가燕召公世家」에 따르면 전국시대 당시 연나라는 줄곧 이웃한 제나라에 비해 약세를 면치 못했다.

전국시대 말기 연역왕이 즉위했을 때 제선왕은 연문공의 장례를 틈타 연나라를 치고 10개 성읍을 빼앗았다. 당대의 종횡가인 소진이 제나라를 설득시켜 그 10개 성읍을 돌려주게 했다. 연역왕은 즉위 10년이 되던 해부터 처음으로 왕호를 쓰기 시작했다. 소진이 연문공의 부인과 남몰래 통간했다. 죽임을 당할까 두려워한 소진이 연역왕을 회유했다. 자신을 제나라에 사자로 보내주면 반간계로 제나라를 교란할 계책을 찾아보겠다는 내용이었다. 연역왕은 재위 12년 만에 세상을 떠났고 아들인 연왕 쾌가 즉위했다. 이때 제나라가 연나라의 간첩 역할을 한 소진을 죽였다.

소진은 연나라에 있을 때 연나라의 권신 자지子之과 사돈 관계를 맺은 바 있다. 소진의 아우인 소대蘇代도 자지와 깊은 교분을 나눴다. 소진이 죽자 제선왕은 소대를 등용했다. 자지는 연나라 재상이 된 이후 지위가 더욱 높아지고 권세가 강해져 마침내 국사를 멋대로 좌우하는 상황에 이르게 됐다. 소대가 제나라 사자로 연나라에 당도했을 때 연왕 쾌가 물었다.

"제나라 왕은 어떠하오?"

"패자가 되기는 틀렸습니다."

"어째서 그렇소?"

"자신의 신하를 신임하지 않기 때문입니다."

연왕 쾌가 자지를 더욱 존중하게 할 속셈으로 그리 말한 것이다. 과연 연왕 쾌가 자지를 크게 신임하자 자지는 소대에게 100금을 내주며 임의로 쓰게 했다.

소대의 사주를 받은 유세가 녹모수鹿毛壽가 연왕 쾌에게 말했다.

"나라를 재상인 자지에게 모두 양위하느니만 못합니다. 사람들이 요임금을 현인이라고 말하는 것은 그가 군주의 지위를 허유許由에게 넘겨주려고 했기 때문입니다. 허유가 듣지 않았지만 말입니다. 이로 인해 요임금은 군주의 지위를 양위하려고 했다는 명성을 얻고, 실제로는 군주의 지위를 전혀 잃어버리지 않았습니다. 지금 군주가 나라를 자지에게 양위하면 자지는 감히 듣지 않을 것입니다. 그리 하면 군주가 요임금과 똑같은 덕행을 쌓는 결과를 낳을 것입니다."

녹모수가 『한비자』「외저설 우하」에는 반수潘壽로 나온다. 결국 연왕 쾌는 이 말에 넘어가 나라를 자지에게 맡겼다. 이를 두고 어떤 자가 이같이 떠벌렸다.

"하나라 우왕은 익益을 천거했고, 이어 아들 계啓와 친한 자들을 관원으로 임용했다. 우왕은 노쇠해져 정무를 돌보지 못할 입장이 되자 아들 계가 천하를 맡을만한 인물이 못 된다고 여겨 보위를 익에게 물려주었다.

얼마 후 계가 자신의 무리들과 함께 익을 공격해 보위를 빼앗았다. 이후로 세인들은 우왕이 겉으로만 나라를 익에게 물려주었을 뿐 사실은 아들 계로 하여금 스스로 보위를 차지하도록 만든 것이라고 했다. 지금 연왕이 나라를 자지에게 맡겼으나 관원들 모두 태자 쪽 사람이 아닌 자가 없다. 이는 겉으로만 자지에게 맡긴 것이고, 실제로는 태자가 권력을 장악한 것이다."

연왕 쾌는 300석 이상 관원의 인수를 거둬 자지에게 넘겨주었다. 자지는 사실상 군주의 자리에 앉은 것이나 다름없었다. 나라의 모든 일이 자지에 의해 결정되는 황당한 일이 빚어졌다. 자지가 사실상 대권을 차지한 지 3년이 되자 나라가 혼란에 빠졌다. 백관들 모두 공포에 떨었다. 연나라 장수 시피市被가 연왕 쾌의 아들인 태자 평平과 모의해 자지를 치려고 했다. 이때 제나라의 장수들이 제민왕에게 이같이 건의했다.

"이 기회를 틈타 치면 반드시 연나라를 깨뜨릴 수 있습니다."

제민왕이 사람을 보내 연나라 태자 평에게 이같이 전했다.

"과인이 듣건대 태자는 큰 뜻을 품어 사사로움을 버린 채 공의公義을 세우고, 군신의 대의를 바로잡고, 부자의 지위를 명확히 할 계책을 갖고 있다고 했소. 과인의 나라는 규모가 작아 선봉先鋒이나 후위後衛에 서기에는 부족하오. 비록 그러하나 태자가 명하면 기꺼이 따르도록 하겠소."

태자가 당파를 만들고 무리를 모은 뒤 시피에게 공궁公宮을 포위해 자지를 습격했다. 그러나 성공을 거두지 못했다. 시피는 백관들과 함께 도리어 태자 평을 치다가 전사했다. 태자가 시피의 시체를 뭇 사람들이 보도록 거리에 내다놓았다.

혼란을 틈타 제민왕이 대부 장자章子에게 명해 대군을 이끌고 가 연나라를 치게 했다. 연나라 군사는 나라가 어지러운 탓에 방어할 마음이 없었다. 성문도 닫지 않은 채 활짝 열어 놓았다. 연왕 쾌가 패사하고, 제나라가 대승을 거둔 이유다. 연나라 상국 자지도 혼란 속에 죽었다.

자지가 죽고 2년 뒤 연나라 백성이 태자 평을 옹립했다. 그가 연소왕이다. 연소왕은 나라가 침공을 당해 패망하기 일보 직전에 보위에 올랐다. 스스로 몸을 낮추고 후한 예물을 갖춰 현사賢士를 초빙하고자 했다. 곧 재상으로 있던 곽외에게 부탁했다.

"선왕이 당한 치욕을 과인은 밤낮으로 잊을 수 없소. 만일 현사를 얻어 함께 제나라에 대한 복수를 꾀할 수 있다면 과인은 온 몸을 바쳐 그를 섬길 것이오. 상국은 과인을 위해 그런 사람을 천거해 주시오."

곽외가 말했다.

"옛날 어떤 군주가 곁에서 시중을 드는 연인涓人에게 1천 금을 주고 천리마를 구해 오게 했습니다. 연인이 길을 가다 죽은 말을 보았는데, 사람들이 말을 둘러싸고 탄식을 내뱉고 있었습니다. 연인이 까닭을 묻자 이들이 대답하기를, '이 말은 살았을 때 하루에 1천 리를 달렸소. 지금 이렇게 죽었으니 애석하지 않겠소?'라고 했습니다. 연인이 500금을 주고 그 죽은 말의 뼈를 사 자루에 넣은 뒤 조정으로 돌아왔습니다.

군주가 대노해 꾸짖기를, '죽은 말의 뼈를 어디에 쓰려고 그토록 많은 황금을 허비한 것인가?'라고 했습니다. 연인이 대답하기를, '신이 500금을 사용한 것은 그것이 천리마의 뼈이기 때문입니다. 사람들은 이 특별한 일을 서로 전하면서 죽은 말의 뼈도 500금이나 주고 샀는데 하물며 살아 있는 말의 경우는 더 말할 게 없다고 얘기할 것입니다. 그럼 천리마를 곧바로 구할 수 있습니다.'라고 했습니다. 이후 1년도 되지 않아 천리마를 3필이나 구할 수 있었습니다. 대왕이 천하의 현사를 얻고자 하면 이 곽외를 죽은 말의 뼈로 활용하십시오. 곽외보다 현명한 사람들 모두 자신의 능력을 비싼 값에 팔기 위해 몰려들 것입니다."

사사로운 감정에 휘둘리지 말고 백년대계를 보라

연소왕은 특별히 곽외를 위해 궁궐을 지어주었다. 자신은 제자의 예를 다해 곽외의 가르침을 듣고, 친히 음식을 대접하는 등 지성으로 모셨다. 또 지금의 하북성 역현 경내에 있는 역수 가에 높은 누대를 지은 뒤 누대 위에 황금을 쌓아두고 사방의 현사를 초청했다. 당시 사람들이 그 누대를 초현대 또는 황금대로 불렀다.

이내 연소왕이 선비를 좋아한다는 소문이 천하에 널리 퍼졌다. 수많은 인재가 연나라로 모여들었다. 연소왕이 이들에게 객경客卿의 벼슬을 주고 함께 함께 국사를 상의했다. 문득 부강해진 연나라는 이내 제나라에 복수를 가할 수 있게 됐다. 훗날 원세조元世祖 쿠빌라이 당시의 문인 유인劉因은 지금의 북경인 원나라 수도 대도大都가 전국시대 당시 연나라의 수도였던 점에 주목해 「황금대시黃金臺詩」를 지었다.

연산은 산색을 바꾸지 않고 燕山不改色
역수는 소리 없이 흘러가지 易水無剩聲
누가 알까 저 황금대 위에 誰知數尺臺
만고의 인정이 서려 있음을 中有萬古情

연소왕이 황금대를 지어 천하의 인재를 초빙함으로써 마침내 제나라에 복수를 하고, 강국으로 우뚝 서게 된 것을 칭송한 시이다. 연소왕이 보여준 일련의 행보는 유방이 건국 초기 옹치를 선뜻 제후에 봉함으로써 논공행상에 불만을 품고 불온한 모습까지 보인 공신들의 불만을 일거에 잠재운 것과 취지를 같이한다. 병법에서 역설하는 '출기불의' 계책을 연소왕은 득인에, 유방은 용인用人의 일환인 인사정책에 활용한 셈이다.

비록 계책은 장량이 내기는 했지만 이를 받아들인 당사자는 말할 것도 없이 유방 자신이다. 갓 출범한 한나라의 백년대계를 위해 사원私怨을 버리고 과감히 옹치를 제후에 봉한 것은 높이 평가할 만하다. 황제를 칭한 중국의 역대 왕조 가운데 한나라가 가장 긴 400년의 역사를 이어간 데에는 유방이 개국 초기 장량의 건의를 받아들여 공신들내의 불온한 기운을 슬기롭게 잠재운 것이 큰 역할을 했다.

34 지위에 맞는 품격을 갖춰라

제귀계
帝貴計

어사御史가 예법을 관장하면서 예법대로 하지 않는 자가 있으면 곧바로 데리고 나갔다. 의식을 끝내고 다시 주연을 베푸는 동안 어느 누구도 감히 시끄럽게 떠들며 예법을 위반하는 자가 없었다. 그제야 한고조 유방이 매우 흡족한 표정으로 말했다.

"나는 오늘에야 비로소 황제가 고귀하다는 사실을 알게 됐다!"

그러고는 숙손통을 태상太常에 임명하고 황금 500근을 상으로 내렸다.

「유경숙손통열전」

진나라의 법제를 새롭게 다듬어 새롭게 출범한 한나라에 적용한 장본인은 숙손통叔孫通이다. 한나라의 건국공신 가운데 숙손통만큼 뛰어난 학문을 자랑한 인물은 없었다. 그의 전기를 그린 「유경숙손통열전」에 따르면 그는 원래 지금의 산동성 등현 남쪽에 위치한 제나라 설 땅 출신으로, 진나라 때 이미 요즘으로 치면 고시에 합격한 문학文學으로 있었다.

그런데 관직에 나가기 위해서는 박사 임용이 필요했다. 박사 임용을 기다리는 와중에 문득 진시황이 천하 순행 도중 세상을 떠났다. 그로부터 1년 뒤인 기원전 209년 7월, 진승이 거병해 장초를 세운 뒤 보위에 올랐고, 각지의 군웅이 호응해 봉기하면서 천하가 커다란 혼란에 빠졌다.

신속한 상황판단으로 호랑이 입에서 빠져나온 숙손통

당시 사자를 통해 이 소식을 전해들은 2세 황제 호해가 박사 및 모든 유생儒生을 궁중으로 불러들였다.

"수자리를 서는 초나라의 수졸戍卒들이 반기를 들어 기현을 치고 진현에 이르렀다고 하오. 그대들은 어찌 생각하오?"

박사와 유생 30여 명이 앞으로 나와 말했다.

"신하된 자는 사병私兵을 거느리면 안 됩니다. 그것은 반역입니다. 이는 죽어 마땅한 죄로 용서할 수 없습니다. 폐하는 급히 발병發兵해 저들을 치십시오."

2세 황제 호해가 이를 듣고는 크게 화를 내며 얼굴을 붉혔다. 숙손통이 앞으로 나아가 말했다.

"이들의 말은 모두 틀렸습니다. 진나라는 천하를 하나로 통일해 일가를 이뤘습니다. 각 군현의 성을 허물고, 무기를 녹여 다시는 사용하지 않을 뜻을 천하에 보였습니다. 또 위로는 밝은 군주가 있고, 아래로는 법령이 완비돼 있습니다. 사람들 모두 자신의 직업에 충실한 모습을 보이자 사방에서 사람들이 복주輻輳하고 있습니다. 어찌 감히 반기를 들 수 있겠습니까? 이는 단지 도적들로서 쥐새끼가 곡식을 훔치고 개가 물건을 물어가는 식의 이른바 서절구도鼠竊狗盜를 행한 것에 불과합니다. 어찌 거론할 가치가 있겠습니까? 지금 군수와 군위가 이들을 잡아들여 죄를 다스리고 있습니다. 어찌 우려할 필요가 있겠습니까?"

2세 황제 호해가 크게 기뻐했다.

"좋은 말이오."

그러고는 다른 선비들에게도 두루 물어보았다. 혹자는 진승의 거병을 두고 반기를 든 것이라고 했고, 혹자는 숙손통처럼 도적의 무리에 불과한 까닭에 거론할 가치가 없다고 말했다. 2세 황제 호해가 곧 어사에게 명해 반기를 든 것이라고 말한 자들을 형리에게 넘겨 조사하도록 했다. 사마천은 이를 두고 "말해서는 안 될 것을 말한 탓이다."라고 분석했다.

당시 숙손통처럼 도적의 무리에 불과한 까닭에 거론할 가치가 없다고 말한 자들은 모두 무사했다. 2세 황제 호해는 숙손통의 대답에 흡족해한 나머지 그에게 비단 20필과 옷 한 벌을 하사한 뒤 곧바로 박사에 임명했다. 숙손통이 궁을 나와 숙사로 돌아오자 함께 궁에 갔다 온 선비들이 다투어 물었다.

"선생은 어찌하여 아첨을 그리도 잘하는 것입니까?"

숙손통이 대답했다.

"여러분은 잘 모르고 있소. 우리는 하마터면 호구虎口를 거의 벗어나지 못할 뻔했소."

그러고는 설 땅으로 달아났다. 당시 설 땅은 이미 진승이 세운 '장초'에 항복한 뒤였다. 얼마 후 진승 사후 그를 대신해 반진의 선봉에 선 항량이 설 땅에 오자 숙손통이 그를 좇았다. 뒤이어 항량마저 정도에서 진나라 장수 장함에게 패사하자 다시 항량이 세운 초회왕 미심을 좇았다. 이후 항우가 함양을 불태운 뒤 서초패왕을 칭하며 초회왕 미심을 허수아비 황제인 의제로 떠받들어 장사로 거처를 옮기게 했다. 천하가 항우의 손에 들어간 것을 눈치챈 숙손통은 초회왕 미심을 좇아 장사로 가는 대신 팽성에 그대로 남아 항우를 섬겼다. 실제로 얼마 후 항우가 심복인 경포를 시켜 의제로 떠받들어진 초회왕 미심을 은밀히 제거했다.

사람을 분석해 뜻하는 대로 이끌다

한 2년인 기원전 205년 4월, 유방이 56만 명에 달하는 5국의 제후 연합군을 이끌고 팽성에 입성했다. 천하의 저울추가 유방에게 넘어갔다고 생각한 숙손통이 곧바로 유방에게 투항했다. 그러나 얼마 후 항우가 3만 명의 기병을 이끌고 기습 공격을 가해 유방이 이끄는 56만 명을 무참히 격파하는 이른바 팽성대전이 빚어졌다. 유방이 참패를 당해 황급히 서쪽으로 달아날 때 숙손통에게는 달리 선택의 여지가 없었다. 다시 항우에게 투항할 경우 배신자로 몰려 참수를 당할 공산이 컸다. 유방과 함께 황급히 서쪽으로 달아난 이유다. 그렇다고 유방이 자신을 좇아 서쪽으로 피신한 숙손통을 크게 신임했던 것도 아니었다. 「고조본기」의 다음 대목이 그 증거다.

"유방은 숙손통이 유복儒服을 입고 있는 것을 크게 싫어했다."

이를 눈치챈 숙손통이 곧바로 초나라 풍속의 평민용 짧은 옷인 단의短衣로 갈아입었다. 유방이 초나라 출신인 점을 감안한 기민한 아첨 행보이다. 「고조본기」는 이를 보고 유방이 크게 기뻐했다고 기록해 놓았다. 고금동서를 막론하고 윗자리에 앉은 사람은 아랫사람의 아첨에 약할 수밖에 없다. 아랫사람의 아첨은 윗사람의 자부심自負心과 자존감自尊感을 극대화하는 최상의 무기이기 때문이다. 종횡가의 유세술 이론을 집대성한 전국시대 말기 전설적인 은자인 귀곡자鬼谷子는 저서인 『귀곡자』의 「비겸飛箝」편에서 아첨의 위력과 비결을 이같이 언급한 바 있다.

"사람은 칭찬하면 누구나 좋아하게 마련이다. 우선 칭찬으로 상대를 꼼짝 못하게 하는 구겸지사鉤箝之辭로 상대를 유인한 뒤 크게 띄워주며 단단히 옭아매는 비겸술을 구사할 필요가 있다. 비겸술을 구사해 군주를 보좌하고자 하면 반드시 다음 여섯 가지 사항을 먼저 파악해야 한다.

첫째, 군주의 권세와 능력이 어느 정도인지 파악해야 한다. 둘째, 천시天時의 성쇠는 어떠한지 파악해야 한다. 셋째, 지형의 광협廣狹과 산세가 높고 험한 험조險阻의 수준이 어떠한지 파악해야 한다. 넷째, 인민의 재화가 얼마나 되는지, 제후와 교류하면서 누구와 가깝고 먼지 파악해야 한다. 다섯째, 군주가 내심 누구를 좋아하고 증오하는지 파악해야 한다. 여섯째, 군주가 마음속에 품고 있는 바가 무엇인지 파악해야 한다.

유세할 때는 군주의 뜻을 잘 살펴 그가 좋아하고 싫어하는 바를 알아내 뒤 소중히 여기는 바를 토대로 설득해야만 한다. 비겸술을 개인에게 쓰고자 하면 반드시 먼저 그의 지혜와 재능, 자질과 능력, 기세를 파악한 뒤 이를 상대방을 조종하는 관건으로 삼아야 한다. 상대에 영합해 따르기도 하고, 어울리면서 압박하기도 하고, 뜻을 통해 상대의 마음을 열게도 하는 게 바로 비겸술이다."

숙손통이 유방이 좋아하는 바를 파악해 단의로 갈아입은 아첨은 『귀곡자』가 역설한 '비겸술'의 일환으로 이뤄진 것이다. 아랫사람의 아첨을 무턱대고 나무라서는 안 된다. 『귀곡자』가 역설했듯이 이는 난세에 살아남아 총애를 받으며 군주를 곁에서 보좌하는 비술秘術이기도 하다.

더구나 당시 숙손통에게는 자신을 따르는 선비와 제자가 100여 명가량이나 됐다. 이들의 의식주 문제를 해결해 주어야 할 책임이 있었다. 숙손통이 유방에게 항복한 뒤 팽성대전의 참패로 황급히 도주하는 유방을 좇아 함께 서쪽으로 달아난 것도 이런 맥락에서 이해할 수 있다.

시류를 살피고 마음을 읽어 황제의 예를 만들다

주목할 것은 숙손통이 뛰어난 '비겸술'을 구사해 유방의 신임을 얻은 뒤에서 자신을 추종하는 선비와 제자들을 유방에게 천거하지 않고, 오히려 군도나 장사로 활약한 자들만 천거한 점이다. 당시 제자들은 서로 모여 스승인 숙손통에 대해 험담을 했다.

"우리는 선생을 섬긴 지 여러 해가 지났다. 선생이 유방에게 항복한 뒤 함께 따라온 것도 그 때문이다. 그런데 지금 선생은 우리를 천거하지 않고 오로지 교활한 자들만 천거하는 이유는 무엇인가?"

이 얘기가 숙손통의 귀에 들어갔다. 숙손통이 제자들에게 말했다.

"지금 한왕 유방은 시석矢石을 무릅쓰고 천하를 다투고 있다. 그대들이 나가서 이처럼 싸울 수 있는가? 우선 적장敵將을 베고, 적기敵旗를 빼앗을 수 있는 자부터 천거한 것이다. 나를 믿고 잠시 기다리도록 하라. 나는 그대들을 잊지 않고 있다."

유방이 곧바로 숙손통을 박사로 임명한 뒤 직사군으로 부른 이유다. 직사군이라는 군호君號를 두고 『사기집해』는 숙손통의 행보가 전국시대 당시 천하의 인재를 불러 모은 제나라 직하학궁稷下學宮의 학풍을 닮은 데서 이런 명칭을 얻게 됐다고 풀이했다. 유방의 숙손통에 대한 평가가 얕지 않았음을 짐작하게 해주는 대목이다.

한고조 5년인 기원전 203년 12월, 유방이 마침내 항우를 제압하고 천하를 손에 넣었다. 이듬해인 기원전 202년, 제후들이 정도에서 유방을 황제로 추대했다. 이때 숙손통이 조정의 의례와 관제를 제정했다. 당시 한고조 유방은 진나라의 번잡한 의례를 모두 없애고 간명하게 만들고자 했다.

그러나 군신들은 술을 마시면 서로의 공을 다퉜고, 술에 취하면 함부로 큰소리를 내지르는가 하면 칼을 뽑아 기둥을 내리치기도 했다.

한고조 유방이 이를 걱정했다. 숙손통은 과거의 인연에 편승해 멋대로 행동하는 자들을 꺼리는 유방이 속마음을 재빨리 눈치챘다. 곧 이같이 건의했다.

"무릇 유자儒者는 함께 나아가 천하를 취하는 창업創業에는 적당치 않지만, 이뤄진 성업成業을 지키는 수성守成에는 적당합니다. 원컨대 노나라의 여러 선비들을 불러들여 신의 제자들과 함께 조정의 의례를 정하도록 해주십시오."

유방이 물었다.

"어렵지 않겠소?"

숙손통이 대답했다.

"오제五帝는 각각 음악을 달리했고, 하나라 우왕과 은나라 탕왕 및 주나라 문왕과 무왕 등 이른바 삼왕三王은 각각 예법을 달리했습니다. 예법은 시대와 인정에 따라 간략하게 할 수도 있고, 꾸밀 수도 있습니다. 하은주 삼대의 예법이 이전의 예법을 따르면서 더하거나 줄인 것임을 알 수 있습니다. 이는 고금의 예법이 서로 충돌하지 않았음을 뜻합니다. 원컨대 고대의 예법과 진나라의 의례를 결합해 한나라의 예제를 만들고자 합니다."

유방이 허락했다.

"시험 삼아 만들어보시오. 사람들이 쉽게 이해하고, 내가 능히 실행할 수 있도록 잘 생각해 만들도록 하시오."

숙손통이 명을 받들고 노나라로 가 선비 30여 명을 모집했다. 이

때 노나라의 선비 2명이 가기를 거절하며 이같이 말했다.

"그대는 10명의 군주를 섬긴 바 있소. 매번 군주 앞에서 아첨한 덕분에 친귀親貴해졌소. 지금 천하가 겨우 평정된 까닭에 전사자는 아직 장례도 제대로 치르지 못하고, 상이자는 아직 제대로 움직이지도 못하는 상황이오. 또 그대는 예악을 일으키려고 하나 예악은 덕을 100년 동안 쌓은 연후에 흥성해질 수 있소. 우리는 그대가 하려는 일에 동참할 수 없소. 그대가 하려고 하는 일은 옛법에 부합되는 것이 아니니 우리들은 갈 수가 없소. 그대는 그만 돌아가도록 하시오. 더 이상 우리를 욕되게 하지 마시오!"

숙손통이 웃으며 말했다.

"당신들은 실로 고루하기 짝이 없는 비루한 유생인 비유鄙儒요. 도도한 시대 변화의 흐름인 시변時變을 모르고 있소."

황제를 황제답게 만들어라

마침내 숙손통이 노나라에서 모집한 30명의 선비들과 함께 장안으로 돌아왔다. 곧 한고조 유방의 좌우에서 자문을 하는 박사들과 자신의 제자 100여 명들과 함께 교외로 나가 기다란 새끼줄과 풀을 엮어 예법을 시험했다. 대략 한 달여 동안 연습한 뒤 숙손통이 유방에게 고했다.

"폐하가 시험 삼아 직접 살펴보십시오."

유방이 나가서는 새 예법에 따른 예식을 지켜본 뒤 흔쾌히 말했다.

"이 정도라면 나도 능히 할 수 있을 듯하오."

그러고는 군신들에게도 이를 익히도록 했다. 새해가 시작되는 10월 초하루의 조회 때부터 새 예법을 실시키로 했다. 한 7년인 기원전 200년, 장안성의 장락궁이 완공됐다. 장락궁은 원래 진나라의 흥락궁을 개축한 것으로 이후 태후들이 이곳에 머물렀다. 10월 1일의 새해가 밝자 제후들과 군신들 모두 조정으로 들어와 신년 하례식에 참여했다. 「유경숙손통열전」에 따르면 당시 예식은 이같이 진행됐다.

날이 밝기 전에 알자가 식전式典을 주관했다. 조현하는 사람을 인도해 순서에 따라 대궐의 문에 들어오게 했다. 뜰 가운데에는 병거, 기병, 보병, 위병衛兵을 차례로 배치했다. 이들 모두 무기를 갖추고 깃발을 세웠다. 연후에 명을 내렸다.

"성큼성큼 달려가라趨!"

궁전 아래에는 낭중이 섬돌을 사이에 두고 양 옆으로 늘어섰다. 계단마다 수백 명씩 됐다. 공신과 열후, 제장, 군리가 서열에 따라 서쪽에 열을 지어 서서 동쪽을 바라보았다. 또 문관인 승상丞相 이하의 관원은 동쪽에 열을 지어 서서 서쪽을 바라보았다. 대행령이 공, 후, 백, 자, 남, 고, 경, 대부, 사의 9빈九賓을 차례로 배치한 뒤 황명皇命을 전달했다.

한고조 유방이 마침내 봉련鳳輦을 타고 나타나자 깃발을 들어 백관들을 정숙하게 만들었다. 제후왕 이하 6백석을 받는 관원까지 앞으로 안내돼 차례대로 한고조 유방에게 하례를 올렸다. 제후왕 이하 모든 관원이 두려워하며 숙경肅敬한 모습을 보였다. 의식이 끝나자 조정에서 술을 하사하는 의식인 법주法酒가 거행됐다. 전상殿上에서 모시고 있던 자들 모두 머리를 조아리고 있다가 서열에 따라 일어나서 한고조 유방에게 축수했다. 술잔이 9번 오간 뒤 알자가 말했다.

"주연을 끝낸다罷酒!"

옥좌에 앉아 이를 지켜 본 한고조 유방이 크게 감격해했다.

"나는 오늘에야 비로소 황제가 고귀하다는 사실을 알게 됐다!"

숙손통이 이 기회를 틈타 이같이 진언했다.

"신의 제자 유생들이 신을 따른 지 오래됐습니다. 이들은 신과 함께 예법을 만들었습니다. 원컨대 이들에게도 벼슬을 내려주시기 바랍니다."

한고조 유방이 이들을 모두 낭관에 임명했다. 숙손통이 궁궐에서 물러 나온 뒤 500근의 황금을 모두 제자 유생에게 나눠주었다. 선비들이 크게 기뻐하며 이같이 말했다.

"선생은 실로 성인이다. 실로 당대의 중요한 업무인 요무要務를 모두 알고 계신다."

한고조 9년인 기원전 198년, 한고조 유방이 숙손통을 태자를 가르치는 태자태부에 임명했다. 태자태부는 한나라 건국 이래 청나라 말까지 당대 최고의 학자가 임명된 매우 명예로운 자리였다.

주목할 것은 당시 '초한지제' 내내 유방의 핵심 책사로 활약한 장량이 태자태부 숙손통 직속의 태자소부에 임명된 점이다. 이제는 마상馬上에서 천하를 얻는 득국득천하의 세월이 끝나고, 마하馬下에서 천하를 다스리는 치국치천하의 세월이 왔음을 선언한 것이다. 당대 최고의 학자인 숙손통이 건국 공신의 상징인 장량의 위에 섰다.

35 후대를 생각하고 미래를 준비하라

청호계
請護計

상산사호商山四皓가 입을 모아 말했다.

"폐하는 선비를 업신여기고 잘 꾸짖습니다. 신들은 의義에 욕되지나 않을까 해 두려운 나머지 달아나 숨은 것입니다. 삼가 듣건대, 태자는 사람됨이 어질고 효성스럽고, 사람을 공경하고, 선비를 사랑합니다. 천하에 목을 빼고 태자를 위해 죽고자 하지 않는 자가 없다고 한 까닭에 신들이 온 것입니다."

한고조가 청했다.

"번거로우시겠지만 공들이 끝까지 태자를 잘 돌보아주기를 바라오."

상산사호가 축수祝壽을 마치고 급히 떠나자 한고조 유방이 눈길로 이들을 전송해 보냈다.

「유후세가」

후대의 안위를 위해 유능한 신하를 제거하다

이 대목은 유방이 상산에 은거하는 4명의 도인인 사호四皓의 조언을 듣고 마침내 여후 소생의 태자 유영劉盈을 후사로 낙점하게 된 배경을 설명한 것이다. 후사 문제는 새 왕조의 앞날을 좌우하는 중차대한 사안이었다. 이를 제대로 해결하지 못할 경우 피비린내 나는 내란이 일어날 수도 있었고, 갓 출범한 왕조 자체가 무너질 수도 있다. 유방이 후사 문제를 놓고 깊은 고민을 한 것은 당연한 일이었다.

그가 즉위 후 한신과 팽월 등을 차례로 토사구팽의 제물로 삼은 것도 이런 맥락에서 이해할 수 있다. 이들 모두 막강한 힘을 지닌 신하인 강신이었다. 자신의 손에 피를 묻히며 이들을 제거하지 않을 경우 그 누가 자신의 후사가 되어도 이내 이들 강신들에게 눌려 허수아비 군주로 전락하고 자칫하면 보위까지 빼앗길 수도 있었다. 궁중에서 자란 창업주의 후손은 결코 강신의 상대가 될 수 없다. 유방의 토사구팽 행각을 무턱대고 나무랄 수만도 없는 이유다.

더구나 한나라는 진나라에 이어 사상 두 번째로 천하를 통일해 황제를 칭하기는 했으나 오랜 역사를 지닌 진나라와 달리 갓 출범한 신생 왕조에 지나지 않았다. 할 일도 상대적으로 많을 수밖에 없었다. 왕조의 기반이 한없이 취약했던 것은 더 말할 것도 없다. 이는 동서고금을 막론하고 모든 신생국이 그렇다. 마키아벨리는 『군주론』 제17장에서 신생 군주국의 위태로운 모습을 이같이 지적한 바 있다.

"군주들 중 특히 신생 군주국의 군주는 가혹하다는 악명을 피해서는 안 된다. 신생 군주국은 늘 위험으로 가득 차 있기 때문이다."

사상 처음으로 황제를 칭한 진시황이 천하순행 도중 문득 세상을 떠나면서, 오랜 역사를 지닌 진나라도 천하대란의 소용돌이 휘말려 역사의 무대에서 순식간에 사라지고 말았다. 2세 황제 호해가 진시황의 급서로 인해 거대한 힘의 공백을 제대로 메우지 못한 탓이다.

진시황보다 훨씬 많은 일을 해야 하는 상황에 나라의 기반을 확고히 다지기도 전에 한고조 유방이 와병臥病 등으로 쓰러지기라도 할 경우 어떤 일이 벌어질지 알 수 없었다. 창업주가 남달리 건강을 잘 유지하며 후사 문제를 미리 잘 해결해 놓아야만 하는 이유다. 이는 왕조를 오랫동안 유지시키기 위한 최소한의 사전 조치이다.

내부의 반기에 강력하게 대응하라

그러나 유방도 나름 적잖은 위기를 겪어야만 했다. 첫 번째 위기는 자신의 신상에 관한 것이었다. 한 7년인 기원전 201년 12월, 한고조 유방이 순시에 나섰다가 장안으로 돌아가던 중 조나라 땅을 지나게 됐다. 장이의 아들 조왕 장오張敖는 노원공주와 혼인한 유방의 사위이다. 장인에 대한 사위의 예가 지나치게 겸손했다. 유방이 두 발을 앞으로 쭉 뻗은 채 거만한 어조로 나무랐다.

이 모습을 본 조나라 재상 관고貫高와 조오趙午 등이 투덜댔다.

"우리 왕은 나약한 왕이다!"

이내 장오에게 충고했다.

"천하의 호걸들이 들고 일어날 때 능력 있는 자가 먼저 자립했습니다. 지금 극히 공손하게 황제를 섬기는데도 황제는 무례합니다. 청컨대 대왕을 위해 그를 죽이고자 합니다."

장오가 크게 놀라 곧 손가락을 깨물어 피를 내며 말했다.

"그대들은 어찌하여 이처럼 잘못된 말을 하는 것이오. 선인先人 장이는 황제 덕분에 잃었던 조나라를 다시 회복할 수 있었소. 공들은 다시는 그런 말을 입 밖에 내지 마시오."

관고와 조오 등이 서로 모여 말했다.

"지금 황제가 우리의 왕에게 모욕을 주었기 때문에 그를 죽이려고 하는 것이다. 어찌 우리의 왕의 손을 더럽힐 수 있단 말인가. 일이 성사되면 영광은 왕에게 돌아갈 것이고, 실패하면 우리들만 죄를 받으면 될 것이다."

비록 '초한지제'의 난세가 끝나고 유씨 천하의 시대가 찾아왔으나 아직도 춘추전국시대를 풍미한 임협任俠의 협객 의리가 여전히 통용되었다. 연나라 자객 형가荊軻가 진시황 척살에 나설 당시의 모습과 별반 차이가 없었다. 더구나 유방은 비록 지존의 자리에 오르기는 했으나 '건달'의 삶을 산 평민 출신이다. 난세가 아니었으면 선비 가문 출신인 장이와 비교조차 되지 못했을 것이다.

2년 뒤인 한 9년, 즉 기원전 199년 12월에 관고 등이 꾸민 모반 음모에 대한 고변告變이 있었다. 유방이 사위인 조왕 장오를 비롯해 모반음모에 가담한 자들을 모두 체포했다. 관련자들 모두 죄수 운반용 차량인 함거에 실려 장안에 이르렀다. 관고가 옥리에게 말했다.

"오직 우리들이 저지른 일이오. 조왕은 실로 알지 못했소."

옥리가 관고를 다스리면서 볼기를 수천 번이나 때리고 쇠로 몸을 마구 찔렀다. 그러나 그는 끝내 더 이상 말을 하지 않았다. 이를 딱하게 여긴 여후가 수차례 유방에게 말했다.

"조왕은 공주의 남편이니 의당 그런 일은 하지 않았을 것입니다."

한고조 유방이 버럭 화를 냈다.

"장오로 하여금 천하를 차지하도록 하면 그가 어찌 그대의 딸과 같은 여인을 찾아내지 못하겠소!"

그러고는 궁정 옥사 사건을 담당하는 정위를 시켜 사건을 자세히 조사하게 했다. 유방은 사위인 조왕 장오가 가담치 않았다는 사실이 확인되자 이내 사면한 뒤 왕위를 폐하고 선평후로 삼았다. 관고의 모반 음모 사건은 비록 실패로 끝나기는 했으나 전래의 공족公族 내지 선비 출신 가문 내에서 최초의 평민 출신 황제 유방을 업신여기던 당시의 시대 배경을 상당 부분 반영한 것이기도 했다.

뒤를 이을 사람을 탄탄히 하라

두 번째 위기는 후사 문제와 관련한 것이었다. 유방은 평소 여후 소생의 태자 유영은 어질기만 하고 나약한 데 반해 척희 소생의 유여의劉如意는 자신과 비슷하다고 여겼다. 유여의를 조왕으로 봉하고도 늘 장안에 머물게 했다. 당시 척희는 유방이 밖으로 나갈 때면 늘 뒤따라가 밤낮으로 울며 유여의를 태자로 세워달라고 청했다. 여후는 나이가 많아 유방이 출행할 때도 늘 장안에 머문 까닭에 유방과 더욱 사이가 멀어졌다. 유방은 태자를 바꾸기로 결심했다.

이를 막은 인물이 바로 장량과 상산사호이다. 「유후세가」에 따르면 당시 여후는 유방이 태자를 폐할까 크게 두려워했다. 이때 어떤 사람이 여후에게 말했다.

"유후 장량은 대책을 잘 세우는 까닭에 황상이 그를 신임합니다."

여후가 일족인 여석지를 시켜 장량을 다그치게 했다.

"그대는 일찍이 황상의 모신謀臣으로 일해 왔소. 지금 황상이 태자를 바꾸려고 하는데 군은 어찌하여 베개를 높이 하고 누워만 있는 것이오!"

여석지의 협박 섞인 말에 장량이 고개를 내저었다.

"당초 황상은 여러 차례 궁지에 몰려 위급한 상황에 처했을 때 다행히 신의 계책을 써주셨소. 지금 천하가 안정되어 편애하는 자식으로 태자를 바꾸려고 하니 이는 곧 골육지간의 일이오. 비록 신과 같은 사람이 100여 명이 있은들 무슨 도움이 되겠소?"

여석지가 읍소하다시피 부탁했다.

"부디 나를 위해 계책을 내 주시오."

장량이 말했다.

"이는 말로 다투기 어려운 일이오. 돌이켜 보니 황상이 마음대로 불러올 수 없었던 사람으로는 동원공, 기리계, 하황공, 각리선생 등 이른바 상산사호商山四皓밖에 없소. 이들 모두 황상이 자만하여 사람을 업신여긴다고 생각하는 까닭에 상산으로 달아나 절조를 지키며 한나라 신하가 되기를 거부하고 있소. 그러나 황상은 이들 상산사호를 존경하고 있소. 지금 공이 실로 금옥과 비단을 아끼지 않고, 태자에게 공손한 말로 편지를 쓰게 하고 편한 수레를 보내 간곡히 청하면 그들이 올 것이오. 그들이 오면 귀빈으로 대우하고 수시로 태자를 따라 조회에 참석하도록 하면 황상이 반드시 기이하게 여겨 이를 물을 것이오. 그리되면 태자에게 큰 도움이 될 것이오."

상산사호가 오자 건성후 여석지의 집에 귀빈으로 묵게 했다. 당시 어사대부 주창이 조정에서 태자 폐위 문제로 강하게 반대하자 유방이 이유를 물었다. 주창이 크게 노한 표정으로 더듬거리며 말했다.

"신의 입으로 말할 수는 없습니다. 그러나 시…신…신은 그것이 불가하다는 것을 이미 잘 알고 있습니다. 폐하가 태자를 폐위하려 해도 신은 겨…결…결코, 조서를 받들 수 없습니다."

유방이 흥분하여 더듬거리는 주창의 얘기를 들으며 배꼽을 잡고 웃었다. 여후가 동상청에서 귀를 기울여 듣고 있다가 조회가 끝난 뒤 주창에게 무릎을 꿇고 치사致謝했다.

"그대가 아니었으면 태자는 거의 폐위될 뻔했소!"

당시 척희 소생의 조왕 유여의는 나이가 겨우 10세에 불과했다. 유방은 자신이 죽은 뒤 유여의가 온전하지 못할까 크게 우려했다. 황제의 옥새 담당관인 부새어사 조요趙堯가 건의했다.

"조나라에 강력한 재상을 두십시오. 여후와 태자, 군신들이 평소 존경하면서도 꺼리는 사람으로 정해야 합니다."

"그렇다면 누가 좋겠소."

"어사대부 주창이 바로 그런 사람입니다."

오랜 라이벌을 주시하라

이때 회남왕 경포가 반기를 드는 사건이 일어났다. 이는 유방이 맞닥뜨린 세 번째 위기였다. 강신의 상징인 한신과 팽월은 이미 제거했으나 경포는 시종 충성스러운 모습을 보인 까닭에 제거할 명분이 없었다. 한 9년인 기원전 198년, 경포가 장안으로 와서 유방을 조현朝見했다. 2년 뒤, 한고조 11년인 기원전 196년에 회음후 한신이 토사구팽을 당했다. 사마천은 「경포열전」에 이같이 기록했다.

"경포가 내심 두려워했다."

결정적인 계기는 이해 여름에 한나라 조정이 양왕 팽월을 죽이고 그 시체를 소금에 절인 뒤 살덩이를 그릇에 담아 제후들에게 두루 하사한 데 있다. 살덩이가 회남에 이르렀을 때 회남왕 경포는 마침 사냥 중이었다. 소금에 절인 팽월의 살덩이를 보고는 경악했다. 그리고 만일의 위급사태를 대비해 은밀히 사람을 시켜 병사를 모았다.

공교롭게도 마침 한고조 유방이 병이 나 자리에 누웠다. 태자 유영에게 명해 군사를 이끌고 가 경포를 치게 하려고 하자 태자 유영의 빈객으로 있던 상산사호가 여석지에게 말했다.

"태자가 군사를 이끌고 출정해 공을 세울지라도 지위는 더 올라갈 수 없고, 공을 세우지 못하면 이로 인해 화를 입게 되오. 그대는 어찌하여 여후에게 황상의 재고를 청하도록 재촉하지 않는 것이오. 여후는 속히 황상에게 읍소하기를, '경포는 천하의 맹장으로 용병을 잘합니다. 지금 제장들은 모두 과거 폐하와 함께 했던 무리입니다. 태자로 하여금 이들을 거느리게 한다면 양에게 이리를 이끌게 하는 것과 같아 제대로 부릴 수가 없습니다. 경포가 이 소문을 들으면 북을 울리며 진격할 것입니다. 황상이 비록 병이 있다고는 하나 누워 갈 수 있는 수레에 억지로라도 올라 치료를 받으면 제장들이 감히 힘을 다하지 않을 수 없을 것입니다. 황상이 비록 고생스러울지라도 처자를 위해 스스로 떨쳐 일어나셔야 합니다.'라고 주문하시오."

여석지가 즉시 밤중에 여후를 만났다. 여후가 이를 좇아 유방에게 읍소하며 상산사호가 시킨 대로 얘기했다. 유방이 말했다.

"나도 실로 어린 태자를 파견하기에는 아직 부족하다고 여겼소. 아무래도 내가 직접 가야만 하겠소."

유방이 직접 군사를 이끌고 출정했다. 당시 장량은 병이 있었으나 억지로 일어나 장안 교외의 곡우에서 유방을 알현했다.

"신도 의당 종군하여야 하나 병이 심합니다. 초나라 사람들은 사납고도 빠르니 원컨대 황상은 전투에 직접 끼어들어 그들과 다투지 마십시오."

그러고는 태자 유영을 장군으로 삼아 관중의 군사를 감독할 것을 상주上奏했다. 유방이 장량에게 말했다.

"그대는 비록 병이 들었다고는 하나 억지로 누워서라도 태자를 지도해 주시오."

그리고 장량을 태자소부에 임명했다. 당시 태자대부는 한나라의 법제를 정비한 당대의 명유 숙손통이 맡고 있었다. 당시 유방은 상군과 북지, 농서 일대의 기병과 파촉 일대의 유능한 무관을 비롯해 도성의 수비를 맡은 중위 휘하의 군졸 3만 명을 태자의 위병으로 삼았다. 유사시를 대비한 것이다.

이때 회남왕 경포는 휘하 장수들에게 이같이 호언했다.

"황상은 이미 늙고 용병을 싫어하여 틀림없이 여기까지 오지는 못할 것이다. 제장에게 지휘를 맡길 것이 빤한데 나는 지금까지 제장들 중 오직 회음후 한신과 양왕 팽월만을 걱정했다. 지금 그들 모두 이미 죽었으니 나머지는 족히 두려워할 게 없다."

뒷일을 생각하고 미래를 준비하라

기원전 195년 겨울 10월, 유방과 회남왕 경포의 군사가 지금의 안휘성 숙주시 일대인 기현에서 맞닥뜨렸다. 경포의 군사는 매우 정예했다. 유방이 영루를 굳게 지키면서 경포의 군진을 바라보았다. 군진軍陣이 너무 닮아 마치 항우가 다시 살아온 듯했다. 유방이 먼 거리에서 경포에게 큰소리로 소리쳐 물었다.

"무슨 고생을 하려고 반기를 든 것인가?"

경포가 응대했다.

"황제가 되고 싶기 때문이다!"

대노한 유방이 욕을 하며 공격을 명했다. 경포의 군사가 패해 회수를 건넜다. 유방이 휘하 장수를 시켜 이들을 급히 추격하도록 했다. 경포는 파군 오예吳芮의 사위이다. 오예의 아들인 장사성왕 오신吳臣이 사람을 경포에게 보내 거짓으로 함께 월나라로 도주하자고 유인했다. 경포가 오신이 보낸 사람을 믿고 따라갔다가 농가에서 죽임을 당했다. 이로써 마지막 남은 강신 경포에 대한 토사구팽 작업이 마무리됐다.

유방 입장에서 보면 죽기 직전에 강신에 대한 처리문제와 후사문제를 모두 처리한 셈이다. 그러나 그의 사후 척희와 그녀 소생의 조왕 유여의 모두 여후에 의해 비참한 최후를 맞이했다. 이는 유방이 전혀 의도한 바가 아니었다. 그러나 장량과 상산사호의 조언을 받아들여 후사를 유영으로 확정하는 순간 척희와 그녀 소생의 유여의는 사실상 죽은 목숨이나 다름없었다.

이를 두고 유방을 탓하거나 여후를 탓하는 것은 아무래도 지나치다. 사적인 의리와 인지상정을 내세워 그리 비판하는 것은 나름 이해할 수 있다. 그러나 후사 문제는 나라의 운명을 좌우하는 극히 공적인 사안이다. 유방이 유영을 후사로 낙점한 것은 주어진 상황에서 최선의 선택을 한 것이나 다름없다. 그리하지 않았을 경우 한나라는 이내 내란에 휩싸였을 가능성이 컸다. 유방이 장량과 상산사호에게 후사인 태자 유영의 보호를 청하는 '청호계'를 구사한 것은 창업주로서 응당 해야 할 일을 한 것이다.

36 뜻을 이루어도 올챙이 적을 기억하라

급귀계
及貴計

유방은 정장으로 있을 때 죽순껍질로 제작하는 모자인 죽피관竹皮冠을 만들었다. 도적을 잡는 휘하의 포졸을 죽피관 장인이 있는 설현으로 보내 이를 배우게 했다. 유방은 늘 죽피관을 머리에 썼다. 천자가 되어서도 그랬다. 이른바 '유씨관劉氏冠'은 바로 이 죽피관을 지칭하는 말이다.

「고조본기」

「고조본기」는 특이하게도 유방이 정장으로 지낼 때 죽순껍질로 관冠을 만들 생각으로 휘하에서 도둑을 잡는 역할을 하는 구도를 이웃한 설현으로 보내 제작 기법을 배우도록 했다는 기사를 실어 놓았다. 해당 기사에 따르면 당시 설현에는 관을 만드는 장인이 있었다. 장인이 이내 유씨관劉氏冠이라는 것을 만들어 유방에게 건넸다.

설현은 원래 전국시대 말기 이른바 전국사군자戰國四君子의 상징인 제나라 맹상군 전문田文의 식읍이었다. 맹상군 전문은 계명구도鷄鳴狗盜 일화의 주인공이다. 그의 식읍에는 천하의 유협遊俠들이 식객으로 와 있었다. 여기에는 '계명구도' 일화처럼 개와 닭이 우는 소리를 그럴 듯하게 내는 자들도 포함돼 있었다. 유방은 맹상군 사후 불과 20여 년 뒤에 태어났다.

천하를 호령한 뒤에도 죽순껍질로 만든 관을 쓰다

유방이 정장으로 있을 때까지 설현에는 유협을 크게 대우한 맹상군의 행보를 기리는 유풍遺風이 남아 있었다. 정장으로 있던 유방이 자신의 휘하를 설현으로 보내 관을 만들도록 한 것은 당시 죽순껍질로 만든 죽피관竹皮冠이 크게 유행했음을 암시한다. 유방은 이를 크게 유행시킨 장본인이었다. 「고조본기」에는 천자가 된 뒤에도 이를 계속 쓰고 다니는 바람에 후대인들이 기존의 '죽피관'을 '유씨관'으로 바꿔 부르게 되었다는 기록이 있다. 이는 대략 두 가지 사실을 암시하고 있다.

첫째, 기존의 죽피관이 매우 멋스러웠던 까닭에 유방 스스로 이를 상용하려고 했을 가능성이 크다. 유방의 '건달' 기질이 적극 발현된 결과로 해석할 수 있다. 죽피관을 두고 배인의 『사기집해』는 전한 때 나온 응소應劭의 『풍속통의風俗通義』를 인용해 죽피관이 마치 까치꼬리를 닮아 속칭 작미관鵲尾冠으로도 불렸다고 풀이해 놓았다. 당나라 때 나온 사마정의 『사기색은』 역시 응소의 주를 인용해 죽피관이 매우 길었던 까닭에 일명 장관長冠으로 불렸다고 했다.

일본의 미술사학자 소부카와 히로시는 『세계미술대전집-동양편』을 비롯한 일련의 저서를 통해 마왕퇴 1호분 한묘漢墓에서 출토된 마용馬俑이 쓴 관이 바로 죽피관 '유씨관'이라는 주장을 제기했다. 이 관은 머리 위에 끝이 올라가는 널빤지 같은 것이 얹혀 있는 매우 화려한 모습을 하고 있다. 높이가 7촌, 넓이가 3촌이다. 유방은 죽피관이 매우 화려하고 멋스럽게 보인 까닭에 정장으로 있을 때부터 이를 탐내 휘하를 보내 그 제작 기법을 배우게 했을 것이다. 지방의 일개 아전이 독자적으로 멋들어진 관을 상용하고자 하는 마음을 먹을 수 있었던 것은 유방이 평소 자유분방한 성격의 소유자였기 때문이다.

둘째, 자신의 기호를 천하제일의 유행으로 만든 뒤 많은 사람들에게 이를 허용해, 갓 출범한 한나라의 건국 기반을 다지고자 했을 가능성이 크다. 천자가 된 뒤에도 정장 때부터 늘 착용한 죽피관을 계속 썼다는 「고조본기」의 기록이 이를 뒷받침한다.

천자가 된 뒤에도 계속 '유씨관'을 썼다면 항우에 의해 한왕에 봉해졌을 때도 틀림없이 이를 썼다고 보아야 한다. 한왕은 제후에 불과했기에 그렇다 치더라도 지존무상의 천자의 자리에 오른 뒤에도 이를 계속 쓰고 다닌 속셈은 무엇일까?

천자의 자리에 올라서도 변하지 마라

유방은 황제가 된 뒤 조칙을 내려 작위가 공승 이상이 아니면 '유씨관'을 쓰지 못하게 했다. '유씨관'을 쓸 수 있는 최소한의 기준인 공승은 유방이 처음으로 벼슬을 지낸 정장 수준의 하급 관원에 지나지 않는다. 군대로 치면 하사관 정도 수준이다. 정장 밑의 소졸 정도를 제외하고는 관원의 이름을 단 사람은 거의 모두 '유씨관'을 쓸 수 있었던 셈이다. 거의 모든 관원이 천자가 쓰고 다니는 '유씨관'을 합법적으로 착용할 수 있었던 셈이다. 진시황이 조서를 내려 1인칭 보통명사에 지나지 않았던 '짐朕'이라는 용어를 오직 천자만이 사용할 수 있는 특수 용어로 제한한 것과 대비된다. 관인寬仁하다는 세평을 듣고자 했을 가능성이 높다. 진시황과 대비시켜 갓 출범한 신생 제국인 한나라의 건국 기반을 확고히 다지고자 한 것이다.

「고조본기」에 '유씨관'에 관한 기사가 유방이 젊었을 때 이미 황제의 기상을 보였다는 기사 다음에 나오는 것도 이런 맥락에서 이해할 수 있다. 유방이 나중에 황제가 된 뒤에도 젊었을 때의 기본 자세를 잃지 않았다는 사실을 은연중 강조하려는 의도가 짙다.

젊었을 때 이미 황제의 기상을 보였다는 기사에 따르면 정장으로 있을 때 유방이 하루는 휴가를 내고 시골집에 돌아온 적이 있다. 마침 유방의 정실부인 여치가 두 아이를 데리고 밭에서 김을 매고 있었다. 지나가던 노인이 마실 물을 청하자 여치가 먹을 것도 내주었다. 노인이 여치의 관상을 보고 말했다.

"부인은 천하의 귀인이 될 것입니다."

여치가 크게 놀라 두 아이의 관상까지 보게 했다. 노인이 훗날 한 혜제로 즉위하는 유영劉盈을 보고는 이같이 말했다.

"부인이 귀하게 되는 것은 바로 이 아이 때문입니다."

다시 노원공주의 상을 보고 역시 모두 귀상貴相이라고 했다. 노인이 떠난 뒤 마침 유방이 이웃집 방시旁舍에서 나왔다. 여치가 유방에게 지나가던 길손이 자신과 아이들의 관상을 보고 귀상이라고 말한 사실을 소상히 전했다. 유방이 그 노인이 어디로 갔는지 묻자 여치가 대답했다.

"멀리 가지 못했을 것입니다"

유방이 노인의 뒤를 쫓아가 관상을 물었다. 노인이 대답했다.

"방금 전에 부인과 아이들의 관상을 보았는데 모두 당신의 상을 닮았습니다. 당신은 말로 표현할 수 없는 귀상입니다."

고조가 크게 기뻐했다.

"실로 노인장의 말씀대로라면 그 은덕을 잊지 않겠소."

훗날 유방은 천자가 된 뒤 노인을 찾았으나 결국 그 행방을 알 길이 없었다.

유방과 여치를 비롯해 그의 소생들의 관상에 관한 얘기는 여기까지가 전부다. 이 얘기 뒤에 바로 '유씨관' 일화가 나온다. 사마천이 「고조본기」의 앞 대목에 문득 유방이 정장으로 있을 때 이미 천자의 관상을 지니고 있었다는 얘기와 함께 '유씨관' 일화를 실어 놓은 것은 나름 이유가 있었다.

황제가 된 뒤에도 자신에게 은덕을 베푼 사람에게 보답하려는 마음을 잃지 않았고, 자신의 기호를 소리와 공유하려는 관대함을 지니고 있었다는 점을 드러내고자 한 것이다. 이는 그래야만 천자가 될 만한 자격이 있다고 말한 것과 같다.

옛 사람을 멀리하면 새 사람도 떠난다

이는 유방에 앞서 먼저 반진의 깃발을 높이 들고 '장초'라는 나라까지 세운 진승이 왕위에 즉위한 뒤 이전과는 다른 태도를 지녀 이내 패망한 것과 대비된다. 실제로 「진섭세가」에 나오는 사마광은 사평에서 이같이 분석했다.

"진승이 왕으로 불린 것은 모두 여섯 달이다. 그는 왕이 된 후 진현을 왕도로 삼았다. 진승의 옛 친구가 진승이 '장초'의 왕으로 즉위했다는 말을 듣고는 진현으로 왔다. 그는 궁문을 두드리면서 말하기를, '나는 진승을 만나려고 한다.'고 했다. 궁문령宮門令이 그를 묶으려고 했다. 그가 누차 해명하자 비로소 풀어주었다. 그러나 진승에게 보고하지는 않았다. 진승이 궁문을 나설 때 그가 길을 막고 큰소리로 불렀다. 진승은 자신을 부르는 소리를 듣자 그를 불러 만난 뒤 함께 수레를 타고 궁으로 돌아갔다. 왕궁으로 돌아와 궁궐과 둘러쳐진 휘장을 본 친구가 말하기를, '실로 화려하다. 진섭이 왕이 되니 궁궐이 높고 크고 심오하다!'라고 했다. 초나라 사람은 '다多'를 '화夥'로 표현한다. 이 말이 세상에 전해지기 시작했다.

한미한 자가 문득 부귀하게 됐다는 뜻의 '화섭위왕夥涉爲王' 성어는 진승으로부터 시작됐다. 진승의 옛 친구인 이 손님은 들어가고 나가는 것이 가면 갈수록 더욱 방자하고 구애됨이 없었다. 제멋대로 진승의 지난 일을 떠들어댔다. 어떤 자가 진승에게 말하기를, '손님이 우매하고 무지하고, 오로지 허튼 소리만 마구 떠들어대니 왕의 위엄을 해치게 되는 것입니다.'라고 했다. 진승이 곧 그 옛 친구를 참수했다. 진승의 옛 사람들은 모두 스스로 떠났으며 이로부터 진승에게 접근하려는 자가 없었다.

진승은 주방朱房을 중정관, 호무胡武를 사과관에 임명했다. 군신群臣들의 과실을 전문적으로 심사하고 규찰糾察하도록 했다. 여러 장수들이 임무를 수행하고 돌아와 보고할 때 주방과 호무의 명을 듣지 않는 사람은 잡아다가 죄를 다스렸다. 다스림은 가혹했다. 하찮은 일도 지나치게 처리해서 진승에 관한 충성을 표현했다. 무릇 이들 두 사람과 사이가 좋지 않은 사람이나 죄상을 조사하는 관원에게 관계자료를 주지 않는 사람은 언제나 이들 두 사람이 친히 가 그 죄를 다스렸다. 진승은 주방과 호무를 신임했다. 여러 장수들은 이런 이유 때문에 진승에게 가까이 접근할 수가 없었다. 진왕이 실패한 이유가 여기에 있다."

진승의 옛 친구가 손님으로 와서는 날로 방자해지면서 진승의 지난 일을 마구 떠벌인 까닭에 어떤 식으로든 조치할 필요가 있다고 생각한 것은 이해할 수 있다. 그렇다고 곧바로 그 옛 친구를 참수하는 식으로 대처한 것은 잘못이다. "진승의 옛 사람들은 모두 스스로 떠났으며 이로부터 진승에게 접근하려는 자가 없었다."는 사마천의 지적이 이를 뒷받침한다.

"군신들의 과실을 전문적으로 심사하고 규찰하도록 했다. 여러 장수들이 임무를 수행하고 돌아와 보고할 때 주방과 호무의 명에 듣지 않는 사람은 잡아다가 죄를 다스렸다."는 대목은 진승이 스스로 패망의 길로 내달은 사실을 뒷받침한다. 진승을 「열전」이 아닌 「세가」에 편제하며 그의 기의를 높이 평가한 사마천조차 그의 패망 원인을 여기서 찾았다.

사마천이 지적했듯이 진승이 심복인 주방과 호무를 시켜 군신들의 과실을 전문적으로 심사하고 규찰하도록 한 것은 아무래도 지나쳤다. 사마천의 다음 지적이 통렬하다.

"진승은 중정관에 임명된 주방과 사과관에 임명된 호무를 신임했다. 여러 장수들은 이런 이유 때문에 진승에게 가까이 접근할 수가 없었다. 진왕이 실패한 이유가 여기에 있다."

통상 사람들은 흔히 부귀해지면 한미했던 시절에 사귄 옛 사람을 업신여기거나 멀리하곤 한다. 그러나 진승처럼 대처하는 것은 스스로 패망을 자처하는 것이다. 감계鑑戒로 삼을 만한 일화가 풍몽룡의 『동주열국지』와 좌구명의 『춘추좌전』에 나온다.

올챙이 시절을 기억하라

이에 따르면 춘추시대 당시 춘추5패 가운데 제환공에 이어 사상 두 번째로 패업霸業을 이룬 진문공 중이重耳는 장인인 진목공의 무력지원 덕분에 19년간에 걸친 망명 생활을 마치고 마침내 귀국했다. 실로 감격스러운 순간이었다. 중이 일행은 그간 열국을 방랑하면서 고픈 배를 움켜쥐고 굶주림을 견딘 적이 한두 번이 아니었다. 아껴 입을 옷도 없고, 아껴 먹을 밥도 없는 처량한 처지를 수도 없이 겪었다.

그런 숱한 고생을 겪었던 중이 일행이 이젠 고국으로 가기 우해 황하를 건너게 됐다. 중이 일행의 살림을 맡은 행리 호숙壺叔이 모든 행리를 수습하면서 전날 고생할 때 쓰던 깨진 밥그릇과 부서진 대소쿠리, 해진 돗자리, 찢어진 차일까지 하나도 버리지 않고 일일이 묶어 배에 실었다. 먹다 남은 술과 건포 조각 나부랭이도 보물이나 되는 것처럼 아까워하면서 상자에 담아 배 안으로 갖고 들어왔다. 중이가 이를 보고는 가가대소呵呵大笑하며 말했다.

"내가 이제 고국에 돌아가 군주가 되면 온갖 별미와 좋은 술을 먹을 터인데 저런 다 떨어지고 해진 물건과 먹다 남은 음식 나부랭이를 갖고 가서 무엇에 쓰려는 것인가?"

그러고는 그것들을 모두 강기슭에 버리고 배 안으로 갖고 들어오지 말라고 큰 소리로 지시했다. 이를 본 중이의 외숙인 호언狐偃이 몰래 탄식했다.

"공자가 아직 부귀를 얻기도 전에 빈천했던 지난날을 잊으려 한다. 그는 앞으로도 새것을 사랑하고 헌것을 버릴 것이다. 지금까지 함께 고생해 온 우리를 저 깨지고 해진 기물棄物처럼 하찮게 볼 것이 아닌가? 내가 19년 동안 공자와 함께한 지난날을 헛되게 할 수는 없다. 아직 황하를 건너기 전인 지금 공자와 작별하는 것이 좋지 않겠는가? 그러면 훗날 서로 잊지 않고 생각날 때가 있을 것이다."

그렇게 생각한 호언은 중이 앞에 꿇어앉아 진목공이 선물로 건네준 백벽 한 쌍을 꺼내 바치면서 말했다.

"공자는 이제 황하를 건너게 되었습니다. 강을 건너면 바로 진나라 지경입니다. 국내에는 공자를 기다리는 많은 신하가 있고, 밖으론 진나라 장수와 군대가 공자를 돕고 있습니다. 진나라를 얻지 못하실까 염려할 필요는 없게 됐습니다. 이제 이 한 몸이 공자를 모시더라도 더는 아무런 도움을 드리지 못할 것입니다. 원컨대 신은 이곳 진나라에 남아 공자의 외신外臣이 되는 게 마지막 소원입니다. 신이 선물 받은 백벽 한 쌍을 바쳐 신의 작은 충정이나마 표하고자 합니다."

공자 중이가 크게 놀라 외쳤다.

"내가 앞으로 외숙과 함께 부귀를 누리려고 하는데 어째서 그런 말을 하는 것이오?"

호언이 대답했다.

"신은 지금까지 공자에게 세 가지 죄를 지은 것을 알고 있습니다. 그러니 감히 공자를 더 모실 수 없습니다."

중이가 물었다.

"세 가지 죄라니 그게 무엇이오?"

호언이 대답했다.

"신이 듣건대, '성신聖臣은 능히 그 군주를 높이고, 현신賢臣은 능히 그 군주를 편하게 한다.'고 했습니다. 신은 불초하여 지난날 오록 땅에서 공자를 곤혹스럽게 만들었습니다. 이게 첫 번째 죄입니다. 또 조나라와 위나라에서 공자로 하여금 그 나라 군주의 모멸을 받게 했습니다. 이게 두 번째 죄입니다. 이어 술에 취한 공자를 수레에 싣고 제나라를 빠져 나와 공자를 진노하게 했습니다. 이게 세 번째 죄입니다.

지난날엔 공자가 망명길에 나선 떠돌이 신세인 까닭에 신이 차마 공자를 버리고 떠날 수 없었습니다. 그러나 지금은 공자가 고국으로 당당히 쳐들어가는 마당이니 그때와는 사정이 다릅니다. 신도 오랜 세월 동안 분주히 돌아다닌 까닭에 온갖 일을 겪는 과정에서 놀란 혼이 거의 꺼질 듯하고, 심력心力 또한 크게 마모되었습니다.

비유하면 신은 마치 찌그러지고 깨진 제기祭器인 이른바 여변잔두餘籩殘豆와 같아 다시는 제사상에 올릴 수 없습니다. 또한 찢어진 차일과 해진 돗자리인 폐유파석敝帷破席과 같아 다시는 치거나 펼 수 없습니다. 신이 공자 곁에 남아 있다고 해서 이익이 될 것도 없고, 떠난다고 해서 손해될 것도 없습니다. 신이 이제 공자 곁을 떠나려고 하는 이유입니다."

중이가 눈물을 흘리며 말했다.

"외숙이 나를 책망하는 게 당연하오. 내가 잘못했으니 용서해 주시오."

그러고는 호숙에게 명해 방금 내다 버린 낡은 물건을 일일이 도로 배에 싣도록 했다. 이어 황하를 향해 맹서했다.

"내가 고국으로 돌아가 구씨의 지난날 노고를 잊고 함께 동심협력해 정사를 다루지 않으면 내 자손이 번성하지 못할 것이다."

이어 호언이 바친 백벽을 황하에 던지면서 다시 다짐했다.

"황하의 신인 하백河伯이여, 이 맹서의 증인이 돼 주십시오!"

그때 개자추介子推는 다른 배를 타고 있었다. 그는 중이가 호언에게 맹서하는 광경을 보았다. 씁쓸히 웃으면서 혼잣말로 중얼거렸다.

"공자가 고국에 돌아가게 된 것은 하늘의 뜻이다. 호언은 하늘의 뜻을 가로채 자신의 공으로 생각하고 있다. 부귀를 탐하는 무리와 내가 같은 조정에서 어울리는 것은 부끄러운 일이다."

이때부터 개자추는 조정에 나아가지 않고 은둔할 생각을 품었다.

부끄러운 과거를 잊지 말고 옛 친구도 버리지 마라

이상이 『동주열국지』에 나오는 내용이다. 이 일화는 천하를 거머쥐기 위해서는 결코 한미했던 시절의 과거를 억지로 지우고자 해서는 안 된다고 충고한 것이다. 개자추에 관한 얘기는 『여씨춘추呂氏春秋』와 『한비자』 및 『사기』, 『춘추좌전』 등에 두루 나온다. 공자도 『논어』「미자」에서 주공 단의 입을 빌려 한미했던 시절의 친구를 버려서는 안 된다고 갈파한 바 있다.

"주공周公 단旦이 노공魯公인 아들 백금伯禽에게 당부하기를, '군자는 그 친척을 버리지 않고, 대신들로 하여금 써주지 않는 것을 원망하게 하지도 않고, 옛 친구나 선임자를 큰 잘못이 없는 한 버리지 않고, 한 사람에게 모든 것을 구비하도록 요구하지도 않는다.'고 했다."

주나라의 건국 공신인 주공 단은 아들 백금을 자신의 봉국인 노나라의 군주인 노공으로 삼았다. 자신은 조정의 일로 인해 봉국에 갈 수 없었기 때문이다. 그는 백금이 출발하기 전에 나라를 다스리는 군주의 자세를 일러줬다. 주공 단의 언급은 공자의 고국인 노나라에 여러 사람의 입을 통해 내려온 얘기로 보인다.

주목할 것은 주공 단이 '옛 친구를 큰 잘못이 없는 한 버리지 않아야 한다.'고 지적한 점이다. 부귀하게 됐다고 옛날의 한미했던 시절을 잊어서는 안 된다고 지적한 것이다.

사마천이 「진섭세가」 사평에서 유방에 앞서 천하를 손에 넣을 수 있는 기회를 가졌던 진승의 패망 원인을, 부귀하게 된 뒤 한미했던 시절의 흔적을 억지로 지우고자 한 데서 찾은 것과 맥을 같이한다. 「고조본기」 앞 대목에 유방이 정장으로 있을 때 쓰던 죽피관을 천자가 된 뒤에서 즐겨 착용했다는 기사가 문득 튀어나온 배경도 이런 맥락에서 이해할 수 있다.

유방은 역대 왕조의 황제 가운데 미천했을 때의 의관衣冠을 천자가 된 이후에도 계속 애용한 유일무이한 사례에 속한다. '왕후장상의 씨가 따로 있느냐!'며 천하를 일거에 삼키는 이른바 탄천하呑天下의 기개를 보인 진승이 겨우 천자도 아닌 진왕의 자리에 오른 뒤 한미했던 시절을 흔적도 없이 지우려다가 패망한 것과 대비된다.

미중이 한 치의 양보도 없이 치열한 신경전을 펼치고 있는 21세기 G2시대는 '초한지제' 못지않은 난세의 전형이다. 존귀해진 뒤에도 한미했던 시절을 잊지 않는 자세는 스티브 잡스처럼 각 분야에서 세계시장을 석권하고자 하는 기업 CEO들이 귀감으로 삼을 만하다. 동서고금을 막론하고 천하는 늘 『주역』이 역설하고 있듯이 잠시도 쉬지 않고 스스로를 채찍질하는 자강불식自强不息을 행하는 자의 몫이기 때문이다.

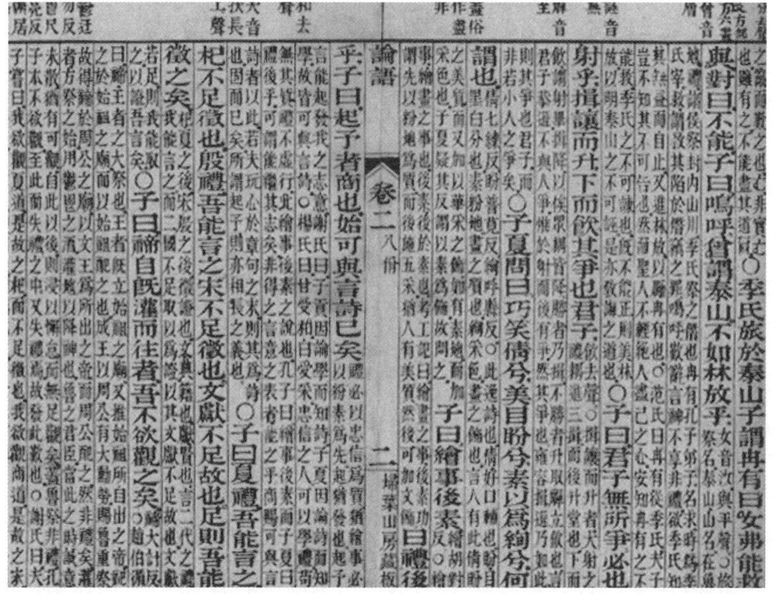

季氏旅於泰山子謂冉有曰女弗能救與對曰不能子曰嗚呼曾謂泰山不如林放乎

○子曰君子無所爭必也射乎揖讓而升下而飲其爭也君子

○子夏問曰巧笑倩兮美目盼兮素以爲絢兮何謂也子曰繪事後素曰禮後

論語 卷二 八佾 二

乎子曰起予者商也始可與言詩已矣

○子曰夏禮吾能言之杞不足徵也殷禮吾能言之宋不足徵也文獻不足故也足則吾能徵之矣

○子曰禘自既灌而往者吾不欲觀之矣

"주공周公 단旦이 노공인 아들 백금伯禽에게 당부하기를,

'군자는 그 친척을 버리지 않고,

대신들로 하여금 써주지 않는 것을 원망하게 하지도 않고,

옛 친구나 선임자를 큰 잘못이 없는 한 버리지 않고,

한 사람에게 모든 것을 구비하도록 요구하지도 않는다.'고 했다."

- 『논어』「미자」

저자의 말

가장 오래 지속된 황제 유방의 나라

시대가 영웅을 만들듯이 난세에는 수많은 영걸英傑들이 나타나 천하의 패권을 놓고 치열한 각축전을 전개하기 마련이다. 춘추전국시대와 삼국시대에 활약한 군웅들의 축록전을 다룬 『열국지』와 『삼국연의』가 오랫동안 많은 사람들의 사랑을 받아온 것도 이 때문일 것이다.

그러나 중국 고대사에는 춘추전국시대 및 삼국시대에 버금가는 또 하나의 난세가 있다. 바로 '초한지제楚漢之際'가 그것이다. 사상 최초의 통일제국인 진나라가 패망한 이후 두 번째로 천하를 통일한 한漢나라가 성립하기 전까지의 시기가 바로 '초한지제'다.

여러 나라가 서로 다투는 춘추전국시대 내지 세 나라가 치열한 접전을 벌였던 삼국시대와 달리 '초한지제'는 유방과 항우라는 두 인물을 중심으로 한 제후들 간의 양자대결 양상으로 진행됐다. 여기서 최후의 승리를 거둔 자가 바로 유방이었다. 사상 최초의 평민 출신 황제이다. 그가 세운 나라가 바로 한나라이다. 한나라는 황제를 칭한 중국의 역대 왕조 가운데 가장 오래 지속된 나라이기도 하다. 이는 창업주인 유방이 건국의 기틀을 그만큼 튼튼하게 만들었다는 얘기다. 그의 난세 리더십이 돋보이는 이유다.

객관적으로 볼 때 한나라의 창업주 유방은 난세가 아니라면 시골의 건달 출신 아전으로 삶을 마쳤을 것이다. 그러나 그는 '초한지제'라는 난세를 만나 일거에 몸을 일으켜 모든 면에서 자신보다 우월한 항우를 제압하고 마침내 천하강산을 손에 넣었다. 치세治世의 관점에서 보면 기적 같은 일이 벌어진 것이다. 모두 난세가 빚어낸 일이다. 치세와 난세는 이처럼 여러 면에서 거꾸로 가는 경우가 매우 많다. 어지러운 시기일수록 난세의 이치를 철저히 꿸 필요가 있다. 그래야만 유방처럼 천하를 거머쥘 기회도 많아진다.

당초 진시황 사후 가장 먼저 반진의 깃발을 든 인물은 머슴 출신인 진승이었다. 그는 '왕후장상에 어찌 따로 씨가 있을 수 있겠는가?'라고 외치며 과감히 반기를 들었다. 중국 최초의 농민 반란으로 평가되는 인민혁명의 선언이었다. 그는 비록 반년 만에 패망하기는 했으나 그의 혁명 선언은 이후 왕조교체기마다 수많은 군웅들의 단

곧 구호가 됐다.

그의 말마따나 난세에는 치세 때 누리던 일련의 성공과 명성 등 휘황한 영광은 한낱 주마등처럼 스쳐 지나간 과거의 잔재에 지나지 않는다. 여기에 얽매이는 순간 도도한 역사의 탁류 속에 소리 없이 수장되고 만다. 재빨리 변신해 탁류 속에서 살아남을 필요가 있다. 이에 성공한 사람만이 탁류 뒤에 밀려오는 청류의 흐름 속에서 완전히 면모를 일신한 새로운 삶을 살 수 있다. '초한지제'의 최후 승자가 된 유방이 소리 신분에서 완전히 벗어나 아무도 함부로 쳐다볼 수 없는 지존至尊의 신분으로 변신한 게 대표적이다.

소리에 불과했던 유방이 문득 '초한지제'의 최후 승자가 되어 사상 최초의 평민 출신 황제가 된 이유가 바로 여기에 있다. 임기응변의 재빠른 변신에 있다. 건달 출신인 그는 자신의 장점을 최대한 활용해 독보적인 난세 리더십을 구축했다. 그게 바로 모든 면에서 압도적인 우위를 점하고 있던 항우를 누르고 지존의 자리에 오른 배경이다. 항우를 제압한 뒤에 열린 축하연 자리에서 그는 자신의 역량을 이같이 평가했다.

"군막 속에서 계책을 짜내는 행보로 1천 리 밖의 승리를 결정짓는 일은 내가 장량만 못하다. 나라를 안정시켜 백성을 위로하고, 양식을 제때 공급하며 보급로가 차단되지 않도록 하는 일은 내가 소하만 못하다. 1백만 대군을 통솔해 싸우면 반드시 이기고 공격하면 반드시 빼앗는 일은 내가 한신만 못하다. 이들 3인 모두 천하의 인걸이다.

내가 이들을 쓸 수 있었기에 바로 천하를 얻을 수 있었던 것이다. 항우는 단지 범증 1인만 있었는데도 그마저 제대로 쓰지 못했다. 항우가 나에게 사로잡힌 이유다."

그의 이런 자평은 결코 과장된 게 아니었다. 그는 사람을 모으고 부리는 득인과 용인의 달인이었다. 이는 난세 리더십의 알파 오메가이다. 여기에는 그가 건달의 삶을 영위하면서 기존의 가치관과 규율에 얽매이지 않는 행보를 보인 게 결정적인 배경이었다. 미중이 치열한 각축을 벌이고 있는 21세기 G2시대에 들어와 그의 난세 리더십에 대한 연구가 더욱 고조되는 것도 이런 맥락에서 이해할 수 있다.

스티브 잡스처럼 해당 분야에서 세계시장을 석권해 '지존'의 자리에 오르고자 하는 기업 CEO들은 유방의 난세 리더십을 깊이 탐사할 필요가 있다. 본서는 건달 출신 유방이 '초한지제'의 난세를 만나 천하를 거머쥘 때까지 구사한 다양한 유형의 난세 리더십을 모두 36가지 계책으로 요약했다. 기업 CEO들의 난세 리더십 학습에 도움을 주고자 한 것이다. 비록 대다수 국민들로부터 많은 비판을 받고 있기는 하나 한반도 통일 이후까지 염두에 둔 뜻 있는 정치인들 역시 본서를 통해 많은 깨달음을 얻을 수 있을 것으로 본다.

21세기 G2시대는 경제전쟁이 일상화된 난세의 전형이다. 어떤 면에서는 '초한지제'의 어지러움보다 더한 느낌마저 준다. 위정자들과 기업 CEO의 책임이 더없이 무거워졌다. 이들이 난세 리더십을 제대로 발휘하지 못할 경우 나라 전체가 휘청거릴 수밖에 없기 때문이다. 이들을 포함한 사회 각 부문의 오피니언 리더들이 '초한지제' 당시 유방이 보여준 일련의 난세 리더십을 적극 실천할 필요가 있다. 그의 난세 리더십은 21세기 경제 전쟁 시대를 사는 현대인에게 암시하는 바가 매우 크다. 본서가 코앞으로 다가온 한반도 통일을 조기에 실현해 명실상부한 '동북아허브 시대'를 열고자 하는 모든 사람에게 나름 도움이 됐으면 하는 바람이다.

2016년 가을 학오재學吾齋에서 저자 쓰다

부록

『사기』
「고조본기」

『사기』「고조본기」

참사기의斬蛇起義 - 흰 뱀을 베고 천하를 거머쥘 뜻을 밝히다

한고조는 패현 풍읍 중양리 사람으로 성은 유劉, 자는 계季이다. 부친은 태공太公, 모친은 유오劉媼라고 한다. 전에 유오가 큰 연못가에서 휴식을 취한 적이 있다. 그때 잠깐 잠이 든 사이 꿈을 꾸었는데 신神을 만나게 됐다. 꿈속에서 보니 천둥과 번개가 치며 문득 사방이 어두컴컴해졌는데 태공이 달려가 보니 교룡蛟龍이 유오의 몸 위에 올라가 있었다. 과연 얼마 후 유오가 임신해 마침내 한고조 유방을 출산했다.

유방은 코끝인 준두準頭가 높고 이마가 튀어나와 마치 용을 닮은 융준용안隆準龍顔의 관상이었다. 수염이 아름다웠고 왼쪽 넓적다리에 72개의 검은 점이 있었다. 사람이 어질어 다른 사람을 사랑하고, 베풀기를 좋아했고, 성격이 활달했다. 늘 큰 뜻을 품고 있었던 까닭에 일반 백성처럼 돈을 버는 생산 작업에 얽매이려 하지 않았다.

장년이 되어 임시 관원에 발탁돼 사수정泗水亭의 정장亭長이 됐다. 관아의 관원들 가운데 그가 깔보고 멸시하지 않은 자가 없었다. 그는 주색을 좋아했다. 늘 왕오王媼와 무부武負의 주점에 가 외상으로 술을 마신 이유다. 술에 취하면 아무데나 드러눕곤 했다. 왕오와 무부는 그럴 때마다 늘 유방의 몸 위에 늘 용이 나타나는 것을 보고는 기이하게 여겼다.

유방이 이들의 주점에 와 술을 사마시는 날이면 술이 평소의 몇 배씩이나 더 팔렸다. 그 기이한 일을 본 이후 연말이 되면 두 주점에서는 유방의 외상 장부를 찢고 술값을 받지 않았다. 유방은 일찍이 함양에서 부역을 한 적이 있다. 한번은 진시황의 행차를 구경하게 됐다. 이를 보고는 길게 탄식했다.

"아, 대장부라면 응당 이래야 할 것이다!"

선보 출신 여공呂公은 패현 현령과 사이가 가까웠다. 그는 원수진 사람을 피해 현령의 식객이 돼 패현에 거주했다. 패현의 호걸과 향리들이 현령에게 귀빈인 중객重客이 와 있다는 소식을 듣고 모두 인사를 드리러 왔다. 당시 아전의 우두머리인 주리로 있던 소하蕭何가 진상한 예물을 관리했다. 그가 여러 대부들에게 말했다.

"진상한 예물이 1천 전에 이르지 않는 사람은 당하堂下에 앉으시오."

당시 정장이었던 한고조는 평소 뭇 관원들을 경시했기에 짐짓 명함에 이같이 써 넣었다.

"하례금 1만 전!"

실은 단 1전도 지참하지 않았다. 명함이 전해지자 여공이 크게 놀라 자리에서 일어난 뒤 유방을 문 앞에서 맞이했다. 여공은 관상보기를 좋아했다. 유방의 생김새를 보고는 크게 존경하며 자리에 앉게 했다. 소하가 말했다.

"유계劉季는 늘 큰소리만 칠 뿐 이루는 일은 극히 드뭅니다."

유방은 여러 손님을 무시한 채 상좌에 앉았다. 조금도 사양하는 기색이 없었다. 술자리가 끝나갈 즈음 여공이 눈짓으로 유방을 붙잡아 놓았다. 연회가 끝나 모두 가자 유방 한 사람만 남게 됐다. 여공이 말했다.

"나는 어려서부터 관상보기를 좋아해 많은 사람의 상을 보았소. 그러나 당신만한 호상好相은 본 적이 없소. 부디 자중하기 바라오. 나에게 딸이 있으니 청소나 하는 첩으로 삼아주시오."

술자리가 끝나자 여공의 아내가 화를 냈다.

"당신은 전부터 늘 훌륭한 우리 딸을 귀인에게 주겠다고 했습니다. 패현 현령이 당신과 가까워 딸을 달랬을 때도 주지 않더니 어째서 함부로 유계에게 주려는 것입니까?"

여공이 일축했다.

"이는 아녀자가 알 바가 아니오."

결국 유계에게 시집보냈다. 여공의 딸이 바로 훗날 혜제와 노원공주을 낳은 여후呂后다.

유방이 정장으로 있을 때 하루는 휴가를 내고 시골집에 돌아온 적이 있다. 여후는 두 아이를 데리고 밭에서 김을 매고 있었다. 지나가던 노인이 마실 물을 청하자 여후가 먹을 것도 내주었다. 노인이 여후의 관상을 보고 말했다.

"부인은 천하의 귀인이 될 것입니다."

여후가 두 아이의 관상을 보게 했다. 노인이 혜제를 보고 말했다.

"부인이 귀하게 되는 것은 바로 이 아이 때문입니다."

노원공주의 상을 보고 역시 모두 귀상貴相이라고 했다. 노인이 떠난 뒤 마침 유방이 이웃집인 방사旁舍에서 나왔다. 여후가 유방에게 지나가던 길손이 자신과 아이들의 관상을 보고 귀상이라고 말한 사실을 소상히 전했다. 유방이 그 노인이 어디로 갔는지 묻자 여후가 대답했다.

"멀리 가지 못했을 것입니다"

유방이 노인의 뒤를 쫓아가 자신의 관상을 물었다. 노인이 대답했다.

"방금 전에 부인과 아이들의 관상을 보았는데 모두 당신의 상을 닮았습니다. 당신은 말로 표현할 수 없는 귀사입니다."

고조가 크게 기뻐했다.

"실로 노인장의 말씀대로라면 그 은덕을 잊지 않겠소."

훗날 유방은 천자가 된 뒤 노인을 찾았으나 결국 그 행방을 알 길이 없었다.

유방은 정장으로 있을 때 죽순껍질로 제작하는 죽피관竹皮冠을 만들었다. 도적을 잡는 포졸인 휘하의 구도求盜를 죽피관 장인 있는 설현으로 보내 이를 배우게 했다. 유방은 늘 죽피관을 머리에 썼다. 천자가 되어서도 그랬다. 이른바 '유씨관劉氏冠'은 바로 이 죽피관을 지칭하는 말이다.

유방은 정장으로서 현縣의 명을 받아 노역에 동원된 죄수를 이끌고 여산으로 향한 적이 있다. 가는 길에 많은 죄수들이 달아났다. 유방은 내심 여산에 이를 때면 모두 달아나 한사람도 남지 않을 것으로 생각했다. 풍읍의 서쪽 늪지에 이르러 행렬을 멈추게 한 뒤 술을 마셨다. 밤이 되자 인솔해 가던 죄수들을 풀어주며 말했다.

"너희들 모두 떠나라. 나 역시 이제 달아날 것이다."

죄수들 가운데 유방을 따르고자 하는 장사가 10여 명 됐다. 유방이 술을 더 마신 뒤 한밤중에 늪지의 좁은 길을 가다가, 사람을 시켜 앞길을 살펴보게 했다. 그가 돌아와 보고했다.

"앞에 큰 뱀이 길을 막고 있습니다. 되돌아가는 게 좋을 듯합니다."

술에 취한 유방이 말했다.

"장사가 길을 가는데, 무엇을 두려워할 것인가?"

앞으로 가더니 칼을 뽑아 뱀을 베어 죽였다. 뱀이 두 동강이 나면서 길이 열렸다. 다시 몇 리를 걷다가 취기를 이기지 못해 길에 누워버렸다. 뒷사람들이 오다가 뱀이 죽은 곳에 이르자 한 노파가 한밤중에 통곡하고 있었다. 연유를 묻자 노파가 이같이 대답했다.

"어떤 자가 내 아들을 죽였기에 통곡하는 것이오."

"노파의 아들은 무슨 이유로 죽게 됐소?"

"내 아들은 백제白帝의 아들이오. 뱀으로 변해 길을 막고 있다가, 적제赤帝의 아들에게 참살을 당했소. 그래서 통곡하는 것이오."

노파가 허황된 말을 한다고 여겨 혼내주려고 하자 문득 사라졌다. 뒷사람들은 도착할 무렵 유방은 술에서 깨어나 있었다. 사람들이 방금 있었던 일을 얘기하자 유방이 내심 홀로 기뻐하며 뱀을 죽인 것을 자랑스럽게 여겼다. 수행하던 자들 모두 날이 갈수록 유방을 더욱 경외하게 됐다. 진시황은 일찍이 '동남쪽에 천자의 기운이 있다.'며 동쪽으로 순수해 그 기운을 진압하고자 했다. 유방은 화를 당하지나 않을까 우려해 망산芒山과 탕산碭山 사이의 늪과 암석이 많은 골짜기로 달아나 숨었다. 여후는 사람들과 함께 유방을 찾을 때마다 숨어있는 곳을 용케 찾아냈다. 유방이 기이하게 여겨 묻자 여후가 이같이 대답했다.

"당신이 있는 곳은 그 위에 늘 운기雲氣이 있습니다. 이를 좇아가면 늘 당신을 쉽게 찾을 수 있습니다."

유방이 크게 기뻐했다. 패현의 젊은이들 중에는 이 소식을 듣고 유방을 따르고자 하는 자가 매우 많았다.

사황제치祠黃祭蚩 – 황제黃帝와 치우蚩尤를 제사지내며 천하를 넘보다

2세 황제 원년(기원전 209) 가을, 진승 등이 기현에서 봉기한 뒤 진현에 이르러 보위에 올랐다. 국호를 장초張楚라고 했다. 여러 군현이 진나라 조정에서 파견한 지방장관을 죽이고 이에 호응했다. 패현 현령도 두려운 마음에 패현 백성을 동원해 진승에게 호응하고자 했다. 주리 소하와 옥리 조참曹參이 현령에게 말했다.

"현령은 진나라의 관원인데 지금 진나라를 배신하고 패현의 젊은이들을 거느리고자 하나 젊은이들이 말을 듣지 않을까 우려됩니다. 전에 다른 곳으로 달아난 패현 사람을 부르면 수백 명을 모을 수 있습니다. 이들을 이용해 마을의 젊은이들을 위협하면 감히 따르지 않을 수 없을 것입니다."

현령이 번쾌樊噲를 시켜 유방을 불러오게 했다. 당시 유방은 이미 100명 가까운 무리들을 이끌고 있었다. 번쾌가 유방을 데려오자 현령은 곧 후회하며 혹여 유방 등이 모반하지나 않을까 두려워했다. 성문을 걸어 잠근 채 성을 굳게 지키면서 소하와 조참을 죽이려 한 이유다. 겁이 난 소하와 조참이 성벽을 넘어가 유방에게 몸을 맡겼다. 유방이 이내 비단에 글을 쓴 뒤 화살에 꽂아 성 안으로 쏘아 보냈다. 마을의 부로父老들에게 보낸 서신의 내용은 이러했다.

"천하가 진나라로 인해 고통을 받은 지 이미 오래됐습니다. 지금 부로들은 현령을 위해 성을 지키고 있으나 제후들 모두 봉기한 상황이라 이제 패현을 도륙하러 올 것입니다. 패현 사람들이 함께 현령을 죽이고 젊은이를 가운데 그럴만한 자를 우두머리로 세운 뒤 제후들과 호응하면 가족과 재산을 보전할 수 있습니다. 그렇지 않으면 부자父子 모두 도륙당해 의미 없는 죽임을 맞게 될 것입니다."

부로들이 젊은이들을 이끌고 가 현령을 죽인 뒤 성문을 열고 유방을 맞이했다. 곧 패현 현령으로 삼으려 하자 유방이 사양했다.

"천하가 바야흐로 크게 어지러워 제후들이 일거에 궐기하고 있습니다. 지금 무능한 장수를 두면 단 한 번의 싸움에 무참히 패할 것입니다. 내가 감히 저 자신을 아껴 그런 게 아니라 능력이 부족해 부형과 젊은이들을 제대로 보호하지 못할까 두려워하기 때문입니다. 이는 큰일이니 적임자를 신중히 택하도록 하십시오."

소하와 조참 등은 모두 글을 담당하는 아전인 문리文吏였던 까닭에 목숨을 매우 아꼈다. 이들은 실패할 경우 진나라에 의해 멸족의 화를 당할까 두려운 나머지 모두 유방에게 자리를 양보했다. 부로들이 입을 모아 말했다.

"평소 들은 바로는 그대에게 여러 진귀하고 기이한 일이 많이 있었다고 하오. 틀림없이 귀인이 될 것이오. 거북점과 시초점蓍草占인 복서卜筮를 해보니 당신만큼 길한 사람은 없었소."

유방이 누차 사양했으나 그 누구도 감히 우두머리가 되고자 하는 자가 없었다. 결국 유방을 패공沛公으로 내세웠다. 유방이 패현의 관청에서 황제黃帝에게 기원하고, 전쟁의 신인 치우蚩尤에게 제사를 올렸다. 이때 희생의 피를 북에 바르는 의식을 행했다. 군대의 깃발을 모두 적색으로 했다. 전에 죽인 뱀이 백제白帝의 아들이고, 뱀을 죽인 자는 적제赤帝의 아들이었기 때문이다. 이후 한나라가 적색을 숭상하게 된 이유다. 소하, 조참, 번쾌 등과 같이 젊고 뛰어난 아전인 호리들이 패현의 젊은이들을 2천~3천 명 단위로 모아 호릉과 방여를 공략한 뒤 다시 돌아와 풍읍을 지켰다.

2세 황제 2년(기원전 208), 진승의 부장副將 주장周章의 군사가 서쪽 함양 부근의 희수까지 진격했다가 패배하고 돌아왔다. 당시 연, 조, 제, 위 등이 자립했다. 항량과 항우는 오현에서 봉기했다. 진나라 사천군감 평平이 군사를 이끌고 풍읍을 포위했다. 이틀 뒤 유방이 출전해 이들을 대파했다. 유방은 옹치雍齒에게 풍읍 수비를 명한 뒤 군사를 이끌고 설현으로 진격했다. 사천군수 장壯이 설현에서 패한 뒤 척현으로 달아났다. 이때 패공의 좌사마 조무상曹無傷이 사천군수 장을 붙잡아 죽였다. 유방이 항보로 회군해 방여方與에 이르기까지 단 한 번의 교전도 없었다. 당시 진왕 진승은 위나라 출신 휘하 장수 주불周市을 시켜 풍읍을 치게 했다. 주불이 옹치에게 사람을 보내 이같이 설득했다.

"풍읍은 원래 위나라가 천도한 곳이오. 이제 위나라가 평정한 땅이 수십 개 성읍에 이르고 있소. 그대가 항복하면 위나라는 그대를 후侯로 삼아 풍읍을 지키게 할 것이나, 그리하지 않으면 이내 도륙하고 말 것이오."

옹치는 평소 유방에게 귀속되는 것을 달갑게 여기지 않았다. 마침 위나라의 회유를 받자 유방을 배신하고 위나라에 항복한 뒤 풍읍을 지켰다. 유방이 군사를 이끌고 풍읍을 쳤으나 함락시키지 못했다. 이내 병까지 나 패현으로 퇴각하게 됐다. 유방은 옹치와 풍읍 젊은이들의 배신을 크게 원망했다. 마침 동양현 출신 영군甯君과 진가秦嘉가 경구景駒를 초나라의 가왕으로 삼아 유현에 머물고 있었다.

유방은 이 얘기를 듣자 곧 경구에게 달려가 군사를 빌려 다시 풍읍을 치고자 했다. 당시 진나라 장수 장함章邯은 진승의 패잔병을 추격하고 있었다. 그의 별장別將인 사마 니는 군사를 이끌고 북진해 초나라 땅을 평정하고 상현을 함락시킨 뒤 탕현으로 돌아가 있었다. 당시 동양현에 있던 영군과 유방이 군사를 이끌고 서쪽으로 진격해 소현 서쪽에서 사마 니와 교전했으나 이기지 못했다.

유현으로 퇴각한 영군과 유방은 병사들을 다시 모아 탕현을 쳤다. 3일 만에 함락시켰다. 덕분에 탕현의 병사를 그러모아 5천~6천 명의 군사를 얻게 됐다. 여세를 몰아 다시 하읍下邑을 쳐 함락시킨 후 풍읍으로 회군했다. 이어 항량이 설현에 있다는 소식을 듣고는 100여 명의 기병을 이끌고 그를 만나러 갔다. 항량이 병사 5천 명과 오대부五大夫 작위의 장수 10명을 보태주었다. 유방이 돌아온 뒤 이들을 이끌고 가 풍읍을 쳤다. 유방이 항량을 추종한 지 한 달 남짓한 사이 항우는 이미 양성을 공략한 뒤 돌아와 있었다.

이 와중에 항량이 각지의 별장을 모두 설현으로 소집했다. 진승이 분명히 죽었다는 말을 듣고는 초나라 왕실의 후손인 초회왕의 손자 미심芈心을 초왕으로 삼고, 우이盱台에 도읍했다. 항량은 무신군으로 불렸다. 몇 달 뒤 그는 북쪽으로 항보를 공략하고, 동아현을 구원하면서 진나라 군사를 대파했다. 제나라 군사가 철군하자 초나라 단독으로 달아나는 진나라 군사를 추격했다.

이때 항량이 유방과 항우에게 명해 각기 성양을 공략하게 했다. 두 사람은 성양성을 함락시킨 뒤 성 안 사람을 도륙했다. 이어 유방과 항우는 복양 동쪽에 진을 친 뒤 진나라 군사와 접전해 격파했다. 진나라 군사가 다시 병력을 재정비해 복양을 굳게 수비하고 물을 끌어들여 해자를 만들었다. 초나라 군사 철수해 정도를 다시 쳤으나 함락시키지는 못했다. 서쪽 토벌에 나선 유방과 항우는 옹구에 이르러 진나라 군사와 접전해 대파하고, 이유李由를 참살한 뒤 회군해 외황을 또 쳤다. 그러나 외황은 함락시키지 못했다.

연이어 진격을 격파한 항량은 점차 교만한 모습을 보이기 시작했다. 송의宋義가 간했으나 듣지 않았다. 진나라 조정이 군사를 증파해 장함을 돕게 했다. 장함이 한밤중에 소리를 내지 않기 위해 얇은 나무 막대기인 하무를 입에 물도록 하는 함매銜枚를 한 채 항량을 기습했다. 정도에서 초나라 군사를 대파하고 항량을 패사시켰다.

당시 유방과 항우는 진류를 공략하고 있었다. 항량이 전사했다는 소식을 듣고는 곧 군사를 이끌고 여신呂臣과 함께 동쪽으로 퇴각했다. 여신은 팽성彭城 동쪽, 항우는 팽성 서쪽, 패공의 군사는 탕현에 진을 쳤다. 항량의 군사를 대파한 장함은 초나라 군사를 두려워할 게 없다고 생각해 황하를 건넌 뒤 북진해 조나라를 대파했다. 조나라 왕은 조헐趙歇이었다. 진나라 장수 왕리王離가 거록성에서 포위했다. 당시 진여가 이끄는 조나라 군사는 거록성 북쪽에 주둔하고 있었다. 이를 이른바 '하북군河北軍'이라고 했다.

선입관중先入關中 - 함양에 먼저 입성한 자가 관중의 주인이 되다

2세 황제 3년(기원전 207), 항량의 군사가 패한 것을 보고 겁이 난 초회왕은 우이에서 팽성으로 천도한 뒤 여신과 항우의 군사를 합쳐 자신이 지휘했다. 유방을 탕군의 군장郡長으로 삼고 무안후에 봉한 뒤 탕군의 군사를 통솔하게 했다. 또 항우를 장안후에 봉하고 노공魯公으로 칭했다. 여신은 사도司徒, 그의 부친 여청呂靑은 영윤令尹에 임명했다. 조나라에서 누차 구원을 청하자 초회왕이 송의를 상장군, 항우를 부장副將, 범증范增을 말장末將으로 삼은 뒤 북진해 조나라를 구하게 했다. 또 유방에게는 서쪽을 공략해 관중으로 진공하도록 했다.

초회왕은 여러 장수들 앞에서 가장 먼저 입관入關해 관중을 평정하는 자를 관중왕關中王으로 삼겠다고 약속했다. 바로 당시 진나라 병력은 강대했다. 늘 승세를 몰아 패주하는 적군을 추격한 이유다. 초나라 장수들 가운데 먼저 입관하는 것을 이롭게 여긴 자는 거의 없었다. 그러나 진나라가 항량의 군사를 격파한 것을 원통해한 항우는 달랐다. 격분한 그는 유방과 함께 서쪽으로 입관하고자 했다. 초회왕의 노장老將들이 입을 모아 말했다.

"항우는 사람됨이 성급하고 사나우며 교활해 남을 잘 해칩니다. 항우가 일찍이 양성을 공략했을 때 양성에 살아남은 무리가 하나도 없었습니다. 모두 갱살阬殺한 탓입니다. 그가 지나가는 곳은 잔혹하게 멸살하는 잔멸을 당하지 않은 곳이 없습니다. 진승이 세운 장초의 경우 누차 함양을 공략하고자 했음에도 바로 전에 진승과 항량 등이 모두 패한 것처럼 여의치 않았습니다. 차라리 관인한 長者를 보내 의를 북돋우면서 서진하여 진나라 부형들을 깨우쳐 이끄느니만 못합니다. 진나라 부형들은 이미 폭군으로 인해 고통을 받은 지 오래 됐습니다. 지금 장자가 가서 포학한 모습을 보이지 않으면 그것만으로도 능히 관중을 함락시킬 수 있습니다. 항우는 성급하고 사나운 만큼 지금으로서는 보내서는 안 됩니다. 패공은 평소 관대한 장자의 행보를 보였으니 오직 그만 보낼 만합니다."

초회왕이 마침내 항우가 가는 것을 허락지 않고 패공을 보내 서쪽을 공략하게 했다. 유방이 진승과 항량 휘하에 있던 산졸散卒을 수습한 뒤 서진하다가 탕현을 지나 성양에 이르게 됐다. 강리에서 진나라 군사와 대치한 끝에 진나라의 두 부대를 격파했다.

당시 항우가 이끄는 초나라 군사는 출병한 직후 왕리가 이끄는 진나라 군사를 대파했다. 유방은 군사를 이끌고 서쪽으로 진격해 창읍에서 팽월彭越과 만났다. 둘이 합세해 진나라 군사를 쳤으나 전세가 불리했다. 일단 율현으로 철군한 뒤 강무후를 만나서 그의 군사 약 4천여 명을 빼앗았다. 이어 위나라 장수 황흔皇欣 및 사도司徒 무포武蒲의 군사와 합세해 창읍을 쳤으나 함락시키지 못했다. 유방이 서진하면서 고양을 경유할 때 고양 출신 서생인 역이기酈食其가 문을 지키는 감문監門에게 말했다.

"그간 이곳을 지난 장수가 매우 많았소. 내가 패공을 보니 과연 도량이 큰 대인장자大人長者의 풍모가 있소."

그러고는 유방을 만나 유세하고자 했다. 이내 유방을 만나게 됐을 때 마침 유방은 침상에 걸터앉아 두 여자에게 발을 씻기고 있었다. 역이기가 절하지 않고 길게 읍하며 말했다.

"족하가 반드시 무도한 진나라를 토벌하고자 하면 걸터앉은 채 장자長者를 만나서는 안 됩니다."

유방이 벌떡 일어나 옷을 여미고 사죄한 뒤 윗자리에 앉혔다. 역이기가 유방에게 진류의 습격을 권했다. 덕분에 진나라가 비축한 군량을 얻게 됐다. 유방이 역이기를 광야군으로 삼았다. 또 역이기의 아우 역상酈商을 장수로 삼은 뒤 진류의 군사를 이끌고 가 함께 개봉開封을 쳤으나 함락시키지 못했다. 유방이 계속 서진해 백마白馬에서 진나라 장수 양웅楊熊과 교전한 뒤 곡우 동쪽에서 다시 싸워 크게 쳐부쉈다. 양웅이 형양으로 달아나자, 2세 황제가 사자를 보내 참수하고 본보기로 삼게 했다. 유방이 남쪽으로 영양을 공략한 뒤 사람들을 도륙했다. 이어 장량의 도움을 받아 마침내 한나라의 환원을 공략했다. 당시 조나라 별장 사마앙司馬卬도 마침 황하를 건넌 뒤 유방에 앞서 함곡관을 통해 입관하고자 했다.

다급해진 유방이 북쪽으로 평음을 공략하고 황하 나루를 건넌 뒤 남하해 낙양 동쪽에서 진나라 군사와 교전했다. 전세가 불리해지자 양성으로 회군했다. 다시 군영의 기마병을 소집해 주현 동쪽에서 남양태수 여의呂齮와 접전해 격파했다. 남양을 점령하자 남양태수 여의가 달아나 완성을 굳게 지켰다. 유방이 군사를 이끌고 완성을 버려둔 채 서진하려 하자 장량이 간했다.

"패공은 지금 서둘러 함곡관으로 입관하고자 하나 진나라 병사가 아직 많은 데다 험준한 요새를 근거로 버티고 있습니다. 지금 완성을 함락시키지 않으면 뒤에서는 완성의 적군이 치고, 앞에는 강한 진나라 군사가 가로막는 형국이 됩니다. 이는 매우 위험한 길입니다."

유방이 밤에 군사를 이끌고 다른 길로 돌아와 깃발을 바꾸고 동이 틀 무렵 완성을 세 겹으로 포위했다. 남양태수가 자진하려고 하자 문객인 진회陳恢가 만류했다.

"죽기에는 아직 이릅니다."

그러고는 성을 넘어가 유방을 만났다. 그가 유방에게 말했다.

"제가 듣건대 족하는 먼저 함양에 입성하는 사람이 그곳의 왕이 되기로 초회왕과 약속했다고 합니다. 지금 족하는 이곳에 머물며 완성을 포위하고 있습니다. 완성은 커다란 군의 도성으로 수십 개의 성이 연이어져 있어 백성도 많고 비축한 양식도 충분합니다. 관민 모두 항복하면 반드시 죽게 될 것으로 여기고 있어, 모두 성 위로 올라가 굳게 지키고 있습니다. 지금 족하가 하루 종일 이곳에 머물며 공격하면 죽거나 부상당하는 병사가 틀림없이 많을 것이고, 군사를 이끌고 완성을 떠나면 완성의 군사가 반드시 족하의 뒤를 추격할 것입니다. 전자는 함양에 먼저 입성해 왕이 될 기회를 잃는 게 되고, 후자는 완성의 강군이 추격해올 우려가 있습니다. 족하를 위한 계책을 말하면 항복을 약속받은 뒤 완성의 태수를 후侯에 봉해 계속 이곳에 머물러 지키도록 하느니만 못합니다. 이어 그의 병사들을 이끌고 함께 서진하면 아직 항복하지 않은 모든 성읍이 이 소식을 듣고 다퉈 성문을 열고 기다릴 것입니다. 족하가 함양으로 가는 길에 아무런 장애가 없을 것입니다."

"좋소."

그러고는 완성의 태수를 은후로 삼고, 진회를 천호후에 봉했다. 이후 남양의 군사를 이끌고 서진하자 과연 항복하지 않는 자가 없었다. 단수에 이르자 고무후 새鰓와 양후 왕릉이 서릉에서 항복 했다. 유방이 회군해 호양을 치고, 파군의 별장 매현梅鋗을 만나 함께 석현과 여현을 함락시켰다. 위나라 출신 영창을 진나라에 밀사로 보냈으나 미처 돌아오지 못했다. 이때 장함은 군사를 이끌고 조나라에서 항우에게 항복했다.

당초 항우는 송의와 함께 북쪽으로 가 조나라를 구하고자 했다. 도중에 송의를 죽이고 대신 상장군이 되었다. 경포를 비롯한 제장들이 모두 항우에게 귀속됐다. 항우가 진나라 장수 왕리의 군사를 격파하고 장함을 항복하게 하자 제후들 역시 모두 항우에게 귀의했다. 당시 조고는 2세 황제를 시해한 뒤 유방에게 사자를 보내 관중을 둘로 쪼개 각자 왕이 되는 방안을 약조하고자 했다. 이를 거짓으로 생각한 유방이 장량의 계책을 받아들여 역이기와 육가陸賈를 보내 진나라 장수를 설득하는 동시에 뇌물로 유혹하고자 했다. 유방은 남쪽 무관을 습격해 함락시킨 배경이다.

이후 진나라 군사와 남전 남쪽에서 교전하게 됐다. 이때 의병疑兵의 계책을 구사해 깃발을 늘리고, 지나는 마을에서 약탈을 하지 못하게 했다. 진나라 백성이 크게 기뻐하고, 진나라 군사가 크게 해이해진 덕분에 대승을 거둘 수 있었다. 남전 북쪽에서 진나라 군사와 접전해 대승을 거둔 뒤 승세에 올라타 함양 입성을 가로막는 진나라 군사를 모두 궤멸시켰다.

약법삼장約法三章 – 간략한 법제로 관중의 민심을 모으다

한고조 원년(기원전 207) 10월, 유방의 군사가 마침내 제후들보다 한발 앞서 파상에 이를 수 있었다. 진왕 자영子嬰이 흰 수레 흰 말을 타고 목에 끈을 맨 채 황제의 옥새와 부절符節을 봉한 모습으로 지도정 옆에서 항복 의식을 거행했다. 제장들 가운데 어떤 자가 진왕 자영의 주살을 주장했다. 유방이 반대했다.

"당초 초회왕이 나를 보낸 것은 원래 내가 관용을 베풀 수 있을 것으로 여겼기 때문이오. 게다가 이미 항복한 사람을 죽이는 것은 상서롭지 못하오."

그러고는 진왕 자영을 관원에게 맡겼다. 유방이 마침내 서쪽으로 함양으로 들어가 궁궐에 머물며 휴식을 취했다. 번쾌와 장량이 간하자 진나라의 보화와 재물창고를 봉한 뒤 파상으로 회군했다. 회군 때 여러 현의 부로와 호걸을 불러 이같이 말했다.

"부로들이 진나라의 가혹한 법령에 시달린 지 오래되었소. 그간 조정을 비난한 자들은 멸족의 화를 당했고, 모여서 의론한 자들은 저잣거리에서 처형을 당했소. 나는 제후들과 가장 먼저 관중에 입관하는 자가 왕이 되기로 약조했소. 내가 응당 관중의 왕이 될 것이오. 지금 부로들에게 법령 세 가지만 약조하고자 하오.

첫째, 사람을 죽인 자는 사형에 처한다. 둘째, 사람을 다치게 한 자는 그에 준하는 형을 가한다. 셋째, 남의 물건을 훔친 자는 그 죄에 경중에 따라 처벌한다. 진나라의 나머지 법령은 모두 폐지해 관민이 이전처럼 안심하고 생업에 종사할 수 있게 할 것이오. 내가 이곳에 온 것은 부로들을 위해 해로움을 없애고자 한 것이지, 포악한 짓을 하려는 게 아니오. 그러니 조금도 두려워하지 마시오. 내가 파상으로 돌아가 주둔하고자 한 것은 단지 제후들이 오기를 기다렸다가 약조를 확정하려는 것일 뿐이오."

그러고는 사람을 시켜 진나라 관원과 함께 모든 현과 향 및 읍을 돌아다니며 이를 알리게 했다. 진나라 백성이 크게 기뻐했다. 소고기, 양고기, 술, 음식 등을 갖고 나와 유방의 군사를 대접하고자 했다. 유방이 사양했다.

"창고에 양식이 많아 부족함이 없소. 민폐를 끼치고 싶지 않소."

진나라 백성들이 더욱 기뻐하며 오직 유방이 진나라 왕이 되지 못할까 걱정했다. 어떤 자가 유방에게 말했다.

"관중은 그 부가 천하의 10배나 되고, 지형 또한 견고합니다. 지금 듣건대 장함이 항복하자 항우는 그를 옹왕으로 봉해 관중의 왕 노릇을 시키려 한다고 합니다. 지금 항후가 오면 패공은 아마 이곳을 차지하지 못하게 될 것입니다. 급히 병사들을 시켜 함곡관을 지키켜 제후의 연합군이 들어오지 못하도록 하십시오. 이어 점차 관중의 병사를 징집해 병력을 증강하는 방식으로 이들을 적극 방어토록 하십시오."

유방이 옳다고 여겨 그대로 좇았다. 이해 11월 중순, 항우가 과연 제후의 연합군을 이끌고 서진해 함곡관에 이른 뒤 안으로 들어가고자 했으나 관문이 굳게 닫혀 있었다. 유방이 이미 관중을 평정한 사실을 뒤늦게 알고는 크게 노했다. 곧 경포 등을 시켜 함곡관을 공략하게 했다. 이해 12월 중순, 함곡관을 돌파해 마침내 희수에 이르게 됐다. 유방의 좌사마 조무상은 항우가 대노해 유방을 치려 한다는 얘기를 듣자 곧바로 사람을 항우에게 보내 이같이 전했다.

"패공이 관중의 왕이 되려고 합니다. 자영을 재상으로 삼은 뒤 진귀한 보물을 모두 차지하려는 속셈입니다."

조무상은 항우로부터 봉작封爵을 받고자 한 것이다. 이때 범증이 유방 토벌의 계책을 항우에게 일러주었다. 항우가 병사들을 배불리 먹인 뒤 다음날 아침 유방과 교전하고자 했다. 당시 항우의 병사는

40만 명인데 1백만 명으로 부풀렸고, 유방도 10만 명인데 20만 명으로 부풀렸다. 유방의 병력은 항우와 대적할 수 없었다. 항백項伯이 장량을 살리기 위해 밤에 장량을 만나러 갔다. 이를 계기로 장량이 항우를 설득시켰다. 항우가 유방에 관한 공격을 그만둔 이유다. 당시 유방은 1백여 명의 기병을 이끌고 홍門으로 달려가서 사죄했다. 항우가 말했다.

"이는 그대의 좌사마 조무상이 말한 것이오. 그렇지 않았다면 내가 무엇 때문에 이리했겠소?"

유방은 번쾌와 장량의 도움으로 홍문의 사지에서 벗어나 무사히 돌아올 수가 있었다. 돌아온 뒤 곧바로 조무상을 죽였다. 항우는 함양에 입성한 뒤 살육을 일삼으며 함양의 진나라 궁실을 닥치는 대로 불살랐다. 지나는 곳마다 무참히 파괴되지 않은 게 없었다. 진나라 백성 모두 크게 실망했으나 두려운 나머지 감히 복종하지 않을 수 없었다. 항우가 사람을 보내 초회왕에게 이를 보고하자 초회왕이 말했다.

"약속대로 하라."

항우는 당초 초회왕이 자신을 유방과 함께 서쪽 함곡관으로 진입하도록 하지 않고, 북쪽으로 조나라를 구원하게 함으로써 천하의 제후들과 함께 한 약속에서 유방보다 뒤쳐지게 만든 것을 원망했다. 그가 말했다.

"회왕은 우리 집안의 숙부인 항량이 옹립한 사람이다. 공도 없는 그가 어찌 맹약을 주관할 수 있겠는가? 원래 천하를 평정한 사람은 제장들과 나 항우이다."

그러고는 초회왕을 명목상 의제義帝로 높인 뒤 실제로는 그의 명을 따르지 않았다. 이해 정월, 항우가 스스로 서초패왕을 칭했다. 옛 양梁나라와 초나라 땅인 구군의 왕이 돼 팽성에 도읍했다. 당초의 협약을 어기고 유방을 한왕으로 이봉한 뒤 파촉과 한중을 다스리며 남정에 도읍하게 했다.

이어 관중을 3분해 3명의 진나라 장수를 옹립했다. 장함을 옹왕으로 삼아 폐구에 도읍하게 하고, 사마흔司馬欣을 새왕으로 삼아 약양에 도읍하게 하고, 동예董翳을 적왕으로 삼아 고노에 도읍하게 했다. 또 초나라 장수인 하구 출신 신양申陽을 하남왕으로 삼아 낙양에 도읍하게 했다. 조나라 장수 사마앙을 은왕으로 삼아 조가에 도읍하도록 했고, 조왕 헐歇을 대 땅으로 이봉해 그곳의 왕이 되게 했다. 조나라 승상 장이張耳를 상산왕으로 삼아 양국에 도읍하게 했다. 당양군 경포黥布를 구강王으로 삼아 육현에 도읍하게 하고, 초회왕의 주국柱國 공오共敖를 임강왕으로 삼아 강릉에 도읍하도록 했다. 이어 파군 오예를 형산왕으로 삼아 주읍에 도읍하게 하고, 연나라 장수 장도臧荼를 연왕으로 삼아 계현에 도읍하도록 했다. 예전의 연왕 한광韓廣은 요동으로 이봉해 그곳의 왕이 되게 했다. 한광이 복종하지 않자 장도가 공략해 무종에서 죽였다. 항우는 성안군 진여陳餘에게 하간 부근의 3개 현을 식읍으로 내주고, 남피에 머물게 했다. 매현에는 10만 호를 식읍으로 내려주었다.

진출관중進出關中 **– 관중으로 진출해 항우와 일전을 꾀하다**

한고조 원년(기원전 206) 4월, 각 제후는 항우의 대장군의 기치 아래서 병사들을 해산해 각자 이들의 봉국封國으로 돌아갔다. 유방이 봉국으로 떠나자 항우는 병사 3만 명을 동원해 유방을 따르게 했다. 초나라와 다른 봉국에서 유방을 흠모해 따르는 자가 수만 명에 달했다. 이들은 두현 남쪽에서 식蝕 땅으로 들어갔다. 유방은 길을 지나면 잔도棧道를 불태워 끊었다. 제후의 도병盜兵이 뒤에서 습격할 것에 방비하고, 동쪽으로 되돌아갈 뜻이 없음을 항우에게 표시한 것이다. 남정에 이르는 동안 장병들 가운데 달아나 귀향한 자가 많았다. 병사들 모두 고향을 그리워하는 노래를 부르며 동쪽으로 돌아가고 싶어 했다. 한왕 한신韓信이 유방을 설득했다.

"항우는 공을 세운 장수를 모두 왕에 봉했습니다. 유독 대왕만 남정에 도읍하게 했으니 이는 유배한 것이나 다름없습니다. 우리 군영의 군관과 병사 모두 산동 출신입니다. 밤낮으로 발꿈치를 세워 고향으로 돌아가고자 합니다. 이들의 이런 날카로운 기세를 활용하면 큰 공적을 이를 수가 있습니다. 천하가 평정돼 사람들 모두 평안을 찾으면 다시는 이들을 이용할 수가 없습니다. 결단하여 동진하며 천하를 다투느니만 못합니다."

항우가 함곡관을 나서면서 사람을 의제義帝에게 보내 천도를 강요했다.

"옛날부터 제왕은 영토가 사방 1천리에 지나지 않았고, 반드시 강하의 상류에 머물렀습니다."

그러고는 사자를 의제에게 보내 속히 장사의 침현으로 천도할 것을 재촉했다. 신하들이 점차 의제를 배신하자 항우는 몰래 형산왕과 임강왕에게 습격을 명해, 마침내 강남에서 의제를 죽였다.

당시 항우는 전영田榮에게 원한이 있었던 까닭에 제나라 장수 전도田都를 제나라 왕으로 세웠다. 전영이 대노한 나머지 전도를 죽이고 스스로 보위에 오르면서 항우를 배신했다. 이어 팽월에게 장군의 인장을 주어 양梁 땅에서 모반하게 했다. 항우가 소공 각角에게 명해 팽월을 치게 했으나 오히려 팽월이 그를 대파했다. 진여도 항우가 자신을 왕으로 봉하지 않은 것에 원한을 품었다.

유세객 하열夏說을 전영에게 보내 원병을 청했다. 상산왕 장이를 치고자 한 것이다. 전영이 진여에게 원병을 보내주자 진여가 장이를 격파했다. 장이가 유방에게 도망쳐왔다. 진여가 조왕 헐을 대 땅으로부터 맞이해 다시 조왕으로 세웠다. 조왕 헐이 진여를 대왕代王으로 삼았다. 항우가 대노해 북진해 제나라를 쳤다. 이해 8월, 유방이 한신의 계책을 써 고도故道를 따라 관중으로 들어가 옹왕 장함을 쳤다. 장함이 진창陳倉에서 한나라 군사를 맞아 싸웠으나 이내 패주했다. 호치에서 멈춰 다시 싸웠지만 또다시 패해 폐구로 달아났다.

유방이 마침내 옹雍 땅을 평정했다. 이내 동쪽 함양에 이른 뒤 다시 군사를 이끌고 폐구에서 장함을 포위했다. 이때 제장들을 각지로 보내 농서와 북지, 상군을 공략했다. 장수 설歐와 왕흡에게 명해 무관을 빠져나간 뒤 남양에 주둔하고 있는 왕릉 군사의 힘을 빌려 태공과 여후를 패현에서 모셔오게 했다. 소식을 들은 초나라가 군사를 동원해 양하에서 이들이 패현으로 가는 길을 막았다. 또 전에 오현 현령으로 있던 정창鄭昌을 한왕으로 삼아 한나라 군사에 저항했다.

한고조 2년(기원전 205), 유방이 동쪽을 공략하자 새왕 사마흔과 적왕 동예, 하남왕 신양이 모두 항복 했다. 한왕 정창이 항복하지 않자 회음후 한신을 시켜 그를 격파하고 땅을 점령하게 했다. 이어 이곳에 농서, 북지, 상군, 위남, 하상, 중지 등의 군을 두었다. 또 함곡관 밖에는 하남군을 두었다. 이어 한나라 태위 신信을 한왕으로 세웠다. 제후의 장수들 가운데 1만 명의 병사 또는 군 하나를 바치고 항복 하는 자는 만호후에 봉했다. 하상군의 요새를 수리하고, 이전의 진나라 원유苑囿와 원지園池를 모두 백성에게 나눠주고 경작하도록 했다. 이해 정월, 옹왕 장함의 아우 장평章平을 생포한 뒤 죄수들에게 대사령을 내렸다. 유방은 무관을 빠져나간 뒤 섬현에 이르러 관외의 부로들을 위로하고 돌아왔다. 장이가 알현하러 오자 후하게 대접했다.

이해 2월, 진나라의 사직단을 없애고 한나라 사직단으로 바꿔 세웠다. 이해 3월, 유방이 임진에서 황하를 건너자 위왕 표豹가 군사를 이끌고 수행했다. 유방이 하내를 함락시켜 은왕 사마앙을 생포한 뒤 하내군을 두었다. 남쪽으로 평음진을 건너 낙양에 이르렀다. 신성의 삼로 동공董公이 유방을 가로막고 의제의 피살 배경을 말했다. 유방이 왼쪽 팔뚝을 드러낸 채 크게 통곡했다. 이어 의제를 위해 발상한 뒤 3일 동안 곡을 하며 제사를 올렸다. 곧 사자를 시켜 제후들에게 격문을 돌렸다.

"천하가 함께 의제를 천자로 옹립한 뒤 북면北面해 섬겼소. 지금 항우가 의제를 강남으로 쫓아내 죽였으니 대역무도한 짓이오. 과인이 직접 상을 치르고 있으니 제후들 모두 소복을 착용해 주시오. 관중의 모든 병사를 동원하고, 하남과 하동 및 하내의 삼하三河 군사를 소집한 뒤 장강과 한수를 따라 남하할 생각이오. 제후왕들과 함께 의제를 시해한 초나라 죄인을 토벌하고자 하는 것이오."

당시 항우는 북쪽 제나라를 공격했다. 전영은 항우와 성양에서 교전했다가 패해 평원平原으로 달아났다. 평원의 백성이 그를 죽였다. 제나라 각지 모두 초나라에 항복 했다. 초나라 군사가 제나라 성읍을 모두 불사른 뒤 그 자녀들을 생포해 끌고 갔다. 제나라 백성들이 다시 초나라를 배신했다. 전영의 아우 전횡田橫이 전영의 아들 전광田廣을 옹립하자 전광이 성양에서 초나라에 반기를 들었다.

항우는 한나라 군사가 동진했다는 소식을 들었으나 이미 제나라 군사와 접전 중인 까닭에 제나라 군사를 격파한 뒤 한나라 군사를 치려고 했다. 덕분에 유방은 5국 제후를 압박해 연합군을 구성한 뒤 마침내 초나라 도성 팽성을 공략할 수 있었다. 소식을 들은 항우가 곧바로 군사를 이끌고 제나라를 떠난 뒤 노현을 거쳐 호릉으로 나와 급속히 소현에 도착했다. 한나라 군사와 팽성 및 영벽 동쪽 수수 가에서 격전을 벌였다. 한나라 군사를 대파했다. 수많은 병사가 빠져 죽어 수수가 시체에 막혀 흐르지 못할 정도였다. 항우가 유방의 부모와 처자를 패현에서 붙잡아 군중에 두고 볼모로 삼았다. 당시 제후들은 강력한 초군에게 한나라 군사가 패한 것을 보고는 모두 다시 한나라를 떠나 초나라에 귀의했다. 새왕 사마흔도 초나라로 도망쳐 왔다.

여후의 오빠 주여후 여택呂澤은 한나라를 위해 군사를 이끌고 하읍에 머물고 있었다. 유방도 그에게로 가 점차 병사들을 그러모은 뒤 탕현에 주둔했다. 이어 서쪽으로 양 땅을 지나 우현에 이른 뒤 알자 수하隨何를 구강왕 경포가 있는 곳으로 보내 이같이 당부했다.

"그대가 경포로 하여금 군사를 일으켜 초나라에 반기를 들게 하면 항우는 틀림없이 그곳에 머물며 경포를 칠 것이다. 항우를 몇 달 만 머물게 할 수 있으면 내가 천하를 얻는 것은 분명한 일이다."

수하가 구강왕 경포를 설득하자 경포가 과연 초나라를 배신했다. 항우가 휘하 장수 용저를 시켜 그를 공격하게 했다. 유방이 팽성에서 패전해 서쪽으로 달아나는 와중에 사람을 보내 가족을 찾았다. 그러나 가족들도 뿔뿔이 도망치는 바람에 행방을 알 길이 없었다. 도중에 혜제와 효원공주와 만나 함께 달아났다. 이해 6월, 혜제 유영劉盈을 태자로 세우고, 죄수들에게 대사령을 내렸다. 태자 유영으로 하여금 약양을 지키게 한 뒤 제후의 아들로서 관중에 있는 자를 모두 약양으로 불러 모아 태자를 호위하게 했다. 이어 장함에 대한 공격에 나서 폐구성에 수공을 가했다. 물에 잠긴 폐구성의 군사들이 항복하고, 장함은 자진했다. 폐구의 이름을 바꿔 괴리槐里로 불렀다.

제사를 담당하는 사관祠官에게 명해 천지와 사방, 상제, 산천에게 제사를 올리게 했다. 이후 때맞춰 제사 지낼 것을 명했다. 관중의 병사를 동원해 변경을 수비하게 했다.

당시 구강왕 경포는 용저와 교전했으나 승리하지 못했다. 이내 수하와 함께 샛길을 통해 몰래 한나라로 달아났다. 유방이 점차 병사들을 그러모은 뒤 제장 및 관중의 병사들과 함께 출동했다. 군사의 사기가 형양 땅에 진동했다. 마침내 경현과 삭성 사이에서 초나라 군사를 격파했다.

대치광무對峙廣武 – 광무산에서 항우와 대치하다

한고조 3년(기원전 204), 위왕 위표가 부모의 병을 살피러 휴가를 청해 귀국했다. 위나라에 이르자마자 곧바로 황하의 나루를 끊은 뒤 한나라를 배신하고 초나라에 귀의했다. 유방이 역이기를 보내 설득했으나 위표가 듣지 않았다. 곧 장수 한신을 시켜 위나라를 대파하고 위표를 생포했다. 위나라 땅을 평정한 뒤 3개 군을 두었다. 하동군, 태원군, 상당군이 그것이다. 유방이 장이와 한신에게 명해 동쪽 정형을 함락시키고, 조나라를 공략해 진여와 조왕 헐을 죽이게 했다. 이듬해에 장이를 조왕으로 삼았다.

당시 형양 남쪽에 주둔한 유방은 황하로 통하는 용도甬道를 쌓은 뒤 오창의 곡식을 차지했다. 이런 상태로 항우와 1년 남짓 대치했다. 항우가 자주 한나라의 용도를 침탈하자 한나라 군사가 군량 부족으로 애를 먹었다. 항우가 여세를 몰아 마침내 유방을 포위했다. 유방이 강화를 청해 형양 이서 지역을 한나라에 떼어줄 것을 요구했으나 항우가 응하지 않았다. 우려한 끝에 유방이 진평의 계책을 썼다. 진평에게 황금 4만 근을 내주자 진평이 첩자를 활용해 항우와 범증 사이를 벌렸다. 과연 항우가 아부亞父 범증을 의심했다. 당시 범증은 항우에게 형양을 즉각 함락시킬 것을 권했다. 그러다가 자신이 의심받고 있다는 사실을 알고는 크게 분노했다. 곧 늙었다는 이유로 관직에서 물러나 귀향할 뜻을 밝혔다. 귀향 도중 팽성에도 이르지 못한 채 등창이 나 죽었다.

한나라 군사는 식량이 떨어지자 밤에 갑옷을 입은 부녀 2천여 명을 형양성의 동문으로 내보냈다. 초나라 군사가 사면에서 이들을 공격했다. 장수 기신紀信이 유방의 어가御駕을 탄 채 거짓으로 유방인 척하며 초나라 군사를 속였다. 초나라 군사가 모두 만세를 부르며 구경하러 동문으로 갔다. 이 틈을 타 유방이 수십 명의 기병과 함께 서문을 통해 황급히 달아났다. 성을 빠져나오기 직전 유방이 어사대부 주가周苛를 위시해 위표魏豹와 종공樅公 등에게 형양성을 지키게 했다. 유방을 수행할 수 없었던 제장과 병사들 모두 성에 머물러 있었다. 주가와 종공이 서로 논의했다.

"나라를 배신한 왕과는 함께 성을 지키기 어렵다."

그러고는 곧 위표를 죽였다. 형양성에서 황급히 달아난 유방은 관중으로 들어간 뒤 다시 병사를 모아 동진하고자 했다. 이때 원씨袁氏 성을 가진 유생이 유방을 찾아와 이같이 설득했다.

"한나라는 초나라와 형양성에서 대치하는 몇 년 동안 늘 곤궁했습니다. 원컨대 군왕은 무관을 빠져나가십시오. 그러면 항우는 반드시 군사를 이끌고 남하할 것입니다. 이후 벽을 높이 쌓고 굳게 수비만 하여 형양과 성고의 군사들로 하여금 휴식을 취하게 하십시오. 이때 한신 등을 시켜 하북의 조나라 땅을 진무한 뒤 연나라 및 제나라와 연합하게 하십시오. 이후 군왕이 다시 형양성으로 갈지라도 결코 늦지 않을 것입니다. 이같이 하면 초나라 군사는 여러 쪽으로 방비해야 하는 만큼 병력이 분산되고, 한나라 군사는 오히려 휴식을 취할 수 있습니다. 연후에 다시 싸우면 틀림없이 초나라 군사를 무찌를 수 있을 것입니다."

유방이 이를 좇았다. 완성과 섭협 사이로 출병해 경포와 함께 군사를 그러모은 뒤 행군했다. 당시 항우는 유방이 완성에 있다는 소식을 듣자 과연 곧바로 군사를 이끌고 남하했다. 유방이 수비만 견고히 한 채 싸우지 않았다. 팽월은 수수를 건넌 뒤 항성項聲 및 설공薛公과 함께 하비에서 초나라 군사와 싸워 크게 이겼다. 항우가 곧 군사를 이끌고 동쪽으로 가 팽월을 치자 유방도 군사를 이끌고 북상해 성고에 주둔했다.

팽월을 패주시킨 항우는 유방이 다시 성고에 주둔했다는 소식을 듣고는 다시 군사를 이끌고 급속히 서진했다. 형양성을 공략해 주가와 종공을 죽이고 한왕 신을 생포한 뒤 마침내 여세를 몰아 성고를 포위했다. 궁지에 몰린 유방이 등공滕公 관영과 단 둘이 수레를 타고 성고성의 북문인 옥문을 통해 황급히 달아났다. 북쪽으로 황하를 도하한 뒤 말을 내달려 수무에서 하룻밤을 묵었다. 이어 다음날 새벽 자신을 사자라고 칭하며 급히 말을 몰아 장이와 한신의 군영에 들어간 뒤 이들의 군대를 빼앗았다. 이어 장이를 북쪽으로 보내 조나라 땅에서 병사를 더 많이 모집했다. 또 한신을 시켜 동쪽으로 제나라를 치게 했다.

유방은 회음후 한신의 군사를 얻자 다시 사기가 올랐다. 군사를 이끌고 남하해 황하 가에 이르자 소수무小修武 남쪽에 주둔했다. 초군과 다시 싸울 생각이었다. 낭중 정충鄭忠이 설득에 나서 보루의 벽을 높이고, 참호를 깊게 파는 식으로 수비를 견고히 한 채 싸우지 말 것을 권했다. 유방이 이를 좇아 죽마고우인 노관盧綰과 사촌 형인 형왕 유가劉賈로 하여금 병사 2만 명과 기병 수백 명을 이끌고 백마진을 건너 초나라 땅으로 들어가게 했다. 이들은 팽월과 함께 연현 성곽 서쪽에서 협공을 가해 초나라 군사를 대파했다. 마침내 양 땅의 10여개 성을 손에 넣은 배경이다.

당시 회음후 한신은 이미 제나라 평정의 명을 받고 동진했으나 아직 평원진을 건너지 못하고 있었다. 유방은 역이기를 보내 제왕 전광을 설득했다. 전광이 이내 초나라를 배신하고 한나라와 강화한 뒤 함께 항우를 쳤다. 회음후 한신은 책사인 괴통蒯通의 계책을 써 마침내 제나라를 격파했다. 화가 난 제왕 전광이 역이기를 팽살한 뒤 동쪽 고밀高密로 달아났다. 항우는 한신이 하북의 군사를 이끌고 조나라와 제나라 군사를 차례로 격파한 뒤 다시 초나라를 치려 한다는 소식을 듣고는 곧바로 용저龍且와 주란周蘭을 보내 한신을 치게 했다. 한신이 이들과 교전하자 기장 관영灌嬰이 출격해 초나라 군사를 대파하고 용저를 참살했다. 제왕 전광은 팽월에게 달아났다. 당시 팽월은 군사를 이끌고 양梁 땅에 주둔한 채 초나라 군사를 괴롭히며 군량의 보급로를 차단하곤 했다. 한고조 4년(기원전 203), 항우가 대사마로 있는 해춘후 조구曹咎에게 말했다.

"성고성을 신중히 지키시오. 한나라 군사가 싸움을 걸지라도 절대 응해서는 아니 되오. 이들이 동진하지 못하게 막기만 하면 되오. 내가 보름 이내로 반드시 양梁 땅을 평정한 뒤 재차 장군을 따르도록 하겠소."

그러고는 군사를 이끌고 가 진류, 외황, 수양을 잇달아 공략했다. 이때 한나라 군사가 누차 싸움을 걸었으나 대사마 조구는 출병하지 않았다. 한나라 군사가 사람을 보내 5, 6일 동안 험한 욕을 해대자 마침내 대사마 조구가 화를 참지 못해 군사를 이끌고 사수汜水를 건넜다. 초나라 군사가 사수를 막 반쯤 건널 즈음 한나라 군사가 공격을 가해 초나라 군사를 대파하고, 초나라의 금옥金玉과 재물을 모두 빼앗았다. 대사마 조구와 장사長史 사마흔司馬欣 모두 사수 가에서 자진했다. 항우는 수양에 이르러 조구가 패사했다는 소식을 듣고는 이내 군사를 이끌고 회군했다.

당시 한나라 군사는 마침 형양성 동쪽에서 종리매를 포위하고 있었다. 항우가 이르자 크게 놀라 황급히 험준한 곳으로 달아났다. 회음후 한신은 제나라를 평정한 뒤 사람을 유방에게 보내 이같이 요구했다.

"제나라는 초나라와 이웃해 있습니다. 저의 권력이 미미하니 임시로 저를 제나라의 가왕假王에 봉해 주십시오. 그리하지 않으면 아마 제나라를 안정시킬 수 없을 듯합니다."

대노한 유방이 한신을 치려고 했다. 유후 장량이 만류했다.

"차라리 이 기회에 그를 제나라의 진왕으로 세워 스스로 제나라를 지키게 하십시오."

장량을 시켜 인수을 갖고 가 한신을 제왕에 봉하게 했다. 항우는 용저의 군사가 패했다는 소식을 듣고 두려운 나머지 우이 출신 유세가인 무섭武涉을 보내 한신을 설득했다. 한신이 듣지 않았다. 초나라와 한나라 군사는 오랫동안 서로 대치했으나 승부가 나지 않았다. 장정들은 종군 생활을 힘겨워했고, 노약자들은 군량 운반으로 지쳐 있었다. 유방과 항우가 광무산 계곡을 사이에 두고 설전을 벌였다. 항우가 유방에게 단독으로 자웅을 겨루고자 제안했다. 유방은 이를 거절하며 항우의 죄상을 열거하며 꾸짖었다.

"당초 나는 그대와 함께 초회왕의 명을 받들어 먼저 관중에 입관해 평정하는 자가 왕이 되기로 약속했다. 그대는 약속을 어기고 나를 관중 대신 촉한에 봉했으니 이것이 첫 번째 죄이다. 그대는 왕명을 사칭해 경자관군 송의宋義를 죽였으니 이것이 두 번째 죄이다. 또 그대는 조나라를 구한 뒤 응당 초회왕에게 보고해야 했음에도 멋대로 제후 연합군을 위협해 관중에 들어갔으니 이것이 세 번째 죄이다. 초회왕이 약조할 때 진나라로 들어가 폭행과 노략질은 하지 말라고 당부했는데도 진나라 궁궐을 불사르며 시황제의 묘를 파헤쳤고 진나라의 재물을 사사로이 착취했으니 이것이 네 번째의 죄이다. 또 항복한 진왕 자영을 이유 없이 죽였으니 이것이 다섯 번째 죄다.

속임수를 써 진나라의 젊은이 20만 명을 신안에서 갱살하고 그 장수 장함을 왕으로 봉했으니 이것이 여섯 번째 죄이다. 그대는 제후의 장수들을 선지에 봉하고 원래의 제후왕을 다른 곳으로 쫓아내 이들의 신하들로 하여금 서로 다퉈 모반하게 만들었으니 이것이 일곱 번째의 죄이다. 그대는 의제를 팽성으로 쫓아내고 스스로 그곳에 도읍했고, 한왕의 봉지를 빼앗고, 양나라와 초나라 땅을 병탄해 자신의 땅을 넓혔으니 이것이 여덟 번째의 죄이다. 사람을 보내 강남에서 의제를 암살했으니 이것이 아홉 번째 죄이다. 신하된 자로서 그 군주를 시해하고, 이미 항복한 자를 죽이고, 공평하게 정사를 처리하지 않고, 약속을 어겨 신의를 저버리는 식으로 천하에 용납되지 못할 대역무도를 범했으니 이것이 열 번째의 죄이다.

나는 의병을 이끌고 제후의 연합군과 함께 잔적殘賊을 토벌하려는 사람이다. 그대는 형벌을 받은 죄인들을 시켜 격살하는 것으로 족하다. 어찌 내가 수고롭게 그대와 싸울 필요가 있겠는가?"

항우가 대노한 나머지 숨겨놓은 쇠뇌를 발사해 유방을 명중시켰다. 유방이 가슴에 상처를 입고 짐짓 발을 더듬으며 말했다.

"저 역적이 내 발가락을 맞혔다!"

유방이 상처로 인해 자리에 눕자 장량이 유방에게 억지로 일어나 군중을 순시하며 병사들을 위로하도록 했다. 덕분에 군심軍心이 안정됐다. 초나라가 이를 틈타 한나라 군사와 싸워 이기는 것을 막고자 한 것이다. 유방이 밖으로 나가 군중을 순시하다 병세가 악화됐다. 이내 말을 타고 성고로 급히 돌아왔다.

오능용삼吾能用三 – 장량, 소하, 한신을 부릴 수 있기에 천하를 얻었다

유방은 병이 낫자 곧 서쪽 관중으로 들어갔다. 약양에 이르러서 연회를 베풀어 부로들을 위문한 뒤 새왕 사마흔의 수급을 저잣거리에 내걸었다. 약양에서 4일 동안 머문 뒤 다시 군중에 돌아와 광무廣武에 주둔했다. 관중에서 징집된 병사들이 더욱 늘어났다. 양 땅에 주둔한 팽월은 이리저리 오가는 식으로 초나라 군사를 괴롭히며 군량 공급을 차단했다. 전횡이 그곳으로 가 팽월에게 귀의했다. 항우는 자주 팽월 등에게 반격을 해야 하는 상황에서 제왕 한신이 초나라 군사를 공격해오자 크게 두려워했다. 천하를 둘로 나눠 홍구의 서쪽은 한나라, 동쪽은 초나라에 귀속시킬 것을 유방과 약조했다. 대신 유방의 부모와 처자를 돌려보냈다. 양측 군사들 모두 만세를 부르며 이내 철군하기 위해 주둔지를 떠났다.

항우가 철군해 동쪽으로 돌아갈 때 유방도 유방은 군사를 이끌고 서쪽으로 돌아가려고 했다. 그러 유후 장량과 진평陳平의 계책을 받아들여 곧바로 진군해 항우를 뒤쫓았다. 양하 남쪽에 이르러 진을 친 뒤 제왕 한신 및 건성후 팽월과 약속한 날짜에 만나 함께 초나라 군사를 치기로 했다. 유방이 고릉에 도착했으나 한신과 팽월이 오지 않았다. 초나라 군사가 반격을 가해 한나라 군사를 크게 무찌르자 유방은 군영으로 철수한 뒤 참호를 깊게 파고 지켰다. 다시 장량의 계책을 쓰자 한신과 팽월이 모두 회합에 참여했다. 유가가 초나라 땅으로 들어가 수춘壽春을 포위했다. 그러나 유방은 고릉에서 패했다. 유방이 은밀히 사람을 초나라 대사마 주은에게 보내 회유했다. 주은이 이내 구강군의 군사를 일으킨 뒤 경포를 맞아들였다. 이들은 행군 도중에 성보을 도륙한 뒤 유가와 제나라 및 양나라 제후군과 만나 해하에 대거 집결했다. 유방이 경포를 회남왕으로 삼았다.

한고조 5년(기원전 202), 유방이 제후군과 함께 일제히 초나라 군사를 공격해 해하에서 항우와 자웅을 겨루었다. 회음후 한신이 30만 대군을 이끌고 초나라 군사와 정면으로 맞붙었다. 공장군으로 불린 요후 공총孔藂은 왼쪽, 비장군으로 불린 비후 진하陳賀는 오른쪽, 유방은 뒤쪽, 강후 주발과 시장군 시무柴武는 다시 유방의 뒤쪽에 진을 쳤다. 회음후 한신이 먼저 초군과 교전했으나 전세가 불리해 퇴각했다. 공장군과 비장군이 좌우에서 협공하자 초나라 군사의 전세가 불리해졌다. 한신이 이때를 틈타 반격을 가했다. 해하에서 초나라 군사를 대파한 배경이다. 수비에 들어간 항우는 마침내 한나라 군사가 부르는 초나라 노랫소리를 듣고는 한나라 군사가 초나라 땅을 완전히 점령한 것으로 여겼다. 항우가 이내 패주하자 초나라 군사 모두 대패하고 말았다.

유방이 기장 관영灌嬰으로 하여금 급히 항우를 추격하게 했다. 관영이 동성에서 항우를 추살追殺하고 8만 명의 수급을 얻었다. 이로써 마침내 초나라를 완전히 평정했다. 당시 항우의 봉지인 노현의 백성들은 초나라를 위해 굳게 지키며 항복 하지 않았다. 유방이 제후군을 이끌고 북진해 노현의 부로들에게 항우의 머리를 보였다. 노현의 백성들이 비로소 항복했다. 유방이 노공魯公의 예로 항우를 곡성에 장사지냈다. 정도로 돌아온 유방이 제왕 한신의 군영으로 쳐들어가 그의 병권을 빼앗았다. 이해 정월, 제후와 장상將相들이 함께 황제 즉위를 청하자 유방이 사양했다.

"내가 듣건대 황제의 자리는 어진 자만이 앉을 수 있다고 들었소. 황제의 자리는 결코 공허한 허명으로 지킬 수 있는 게 아니오. 나는 황제의 자리를 감당할 수 없소."

여러 신하들이 입을 모아 말했다.

"대왕은 가난하고 미천한 서민에서 일어나 포학한 역도를 주벌하고 천하를 평정했습니다. 이어 공을 세운 자에게 봉지를 나눠주며 왕후王侯로 봉했습니다. 대왕이 황제의 존호를 받아들이지 않으면 모든 사람이 대왕이 내린 봉호를 의심하며 믿지 않을 것입니다. 신 등은 목숨을 걸고 존호의 봉헌을 관철시킬 것입니다."

유방이 3번 사양한 뒤 부득이 받아들였다.

"경들이 그리하는 게 반드시 경들은 물론 나라에 도움이 된다고 고집하면 받아들이도록 하겠소."

이해 2월 갑오일, 유방이 범수氾水 북쪽에서 황제 즉위식을 거행했다. 황제 유방이 말했다.

"초나라 황제를 지낸 의제에게 후사가 없다."

그러고는 초나라 풍습에 익숙한 제왕 한신을 초왕으로 이봉해 하비下邳에 도읍하게 했다. 또 건성후 팽월을 양왕으로 삼아 정도에 도읍하도록 하고, 이전의 한왕 신을 그대로 한왕으로 삼아 양적에 도읍하게 했다. 이어 형산왕 오예吳芮를 장사왕으로 이봉해 임상에 도읍하도록 했다. 오예가 파군으로 있을 당시 부장으로 있던 매현梅鋗이 유방을 따라 무관으로 진입한 공이 있는 까닭에 특별히 파군을 치하했다. 회남왕 경포, 연왕 장도臧荼, 조왕 장오張敖의 봉호는 모두 이전과 같게 했다.

천하가 모두 평정되자 한고조 유방이 낙양에 도읍했다. 모든 제후들이 신하가 되어 귀의했다. 그러나 이전의 임강왕 공환共驩은 귀의하지 않은 채 항우를 위해 반기를 들었다. 노관과 유가를 보내 포획하도록 했으나 성을 함락시키지 못했다. 몇 달 후 공환이 항복하자 낙양으로 압송해 죽였다. 이해 5월, 병사들 모두 해산해 귀가했다. 제후의 자제로 관중에 남아 있는 자는 12년간 부역을 면제해주기로 했다. 또 봉국으로 돌아간 자는 6년간 부역을 면제하고, 1년간 조정에서 부양해주기로 했다. 한고조 유방이 낙양의 남궁에서 연회를 베풀며 이같이 물었다.

"열후와 장수들 모두 짐을 속이지 말고 속마음을 이야기해 보도록 하시오. 내가 천하를 얻을 수 있었던 이유는 무엇이고, 항우가 천하를 잃은 이유는 무엇이오?"

도무후 고기高起와 신평후 왕릉王陵이 대답했다.

"폐하는 오만해 다른 사람을 업신여기고, 항우는 인자해 다른 사람을 사랑할 줄 압니다. 그러나 폐하는 사람을 보내 성과 땅을 공략하게 한 뒤 항복을 받아낸 자에게 성과 땅을 나눠주며 천하와 이익을 함께 했습니다. 반면 항우는 어질고 재능 있는 자를 시기해 공이 있는 자를 미워하고, 현자를 의심하고, 승리를 거두고도 다른 사람에게 그 공을 돌리지 않고, 땅을 얻고서도 다른 사람에게 그 이익을 나눠주지 않았습니다. 이것이 항우가 천하를 잃은 까닭입니다."

한고조가 말했다.

"그대는 하나만을 알고 둘은 모르오. 군막 속에서 계책을 짜내는 운주유장運籌帷帳의 행보로 1천리 밖의 승리를 결정짓는 일은 내가 장량만 못하오. 나라를 안정시켜 백성을 위로하고, 양식을 제때 공급하며 보급로가 차단되지 않도록 하는 일은 내가 소하만 못하오. 1백만 대군을 통솔해 싸우면 반드시 이기고 공격하면 반드시 빼앗는 일은 내가 한신만 못하오. 이들 3인 모두 천하의 인걸로, 내가 이들 쓸 수 있었기에 바로 천하를 얻을 수 있었던 것이오. 항우는 단지 범증 1인만 있었는데도 그마저 제대로 쓰지 못했소. 항우가 나에게 사로잡힌 이유요."

한고조는 내심 오랫동안 낙양에 도읍하고자 했다. 그러나 제나라 출신 유경劉敬과 장량이 거듭 관중으로 들어갈 것을 권했다. 한고조가 이날 곧바로 어가를 타고 관중으로 들어가 도읍했다. 이해 6월, 천하에 대사령을 내렸다.

토사구팽兔死狗烹 – 건국공신인 한신, 팽월, 경포를 차례로 제거하다

이해 10월, 연왕 장도가 모반해 대 땅을 공략했다. 한고조 유방이 직접 군사를 이끌고 가 연왕 장도를 생포했다. 태위 노관을 연왕으로 삼고, 승상 번쾌에게 명해 군사를 이끌고 가 대 땅을 공략하게 했다. 이해 가을, 이기利幾가 모반했다. 한고조 유방이 직접 군사를 이끌고 가 토벌하자 곧바로 달아났다. 이기는 원래 항우의 장수였다.

항우가 패할 당시 진현 현령으로 있던 그는 항우를 따르지 않고 유방에게 달아나 투항했다. 유방이 그를 영천후에 봉했다. 이어 낙양에 이른 뒤 명부에 오른 열후들을 모두 소집하자 이기가 주살을 당할까 두려운 나머지 모반한 것이다. 한고조 6년(기원전 201), 한고조 유방이 5일에 한 번씩 부친인 태공太公을 배견했다. 서민의 부자지간 예절을 좇았다. 태공의 가신家臣이 태공에게 간했다.

"하늘에는 태양이 오직 하나뿐이고, 땅에는 2명의 군주가 있을 수 없습니다. 지금 황상이 비록 집에서는 자식이지만 천하인의 군주이고, 태공은 비록 황상의 부친이기는 하나 엄연히 그의 신하이기도 합니다. 어찌 군주로 하여금 신하를 배견하게 할 수 있습니까? 이리하면 황상의 위엄이 서지 않습니다."

이후 유방이 배견하러 왔을 때 태공이 빗자루를 들고 문전에서 맞이한 후 뒤로 물러섰다. 한고조가 크게 놀라 어가에서 황급히 내려 태공을 부축했다. 태공이 말했다.
"황제는 천하인의 군주인데 어째서 저로 인해 천하의 법도를 어지럽힐 수 있겠습니까?"

한고조가 태공을 태상황太上皇으로 높이고, 내심 그 가신의 말을 가상히 여겨 황금 500근을 하사했다. 이해 12월, 어떤 자가 상서해 초왕 한신의 모반을 고했다. 한고조가 좌우 대신의 의견을 묻자 대신들이 다퉈 토벌을 건의했다. 한고조가 진평의 계책을 좇아 짐짓 운몽택으로 나아가 진현에서 제후들과 만났다. 한신이 나와 영접하자 곧바로 체포했다. 이날 한고조가 천하에 대사령을 내렸다. 전긍田肯이 하례를 올리며 진언했다.

"폐하는 한신을 붙잡고, 관중을 다스리고 있습니다. 진나라 땅은 지세가 뛰어난 곳으로 험준한 산하에 둘러싸여 있고, 도성은 제후국과 1천 리나 떨어져 있어 제후의 연합군이 1백만 대군일지라도 2만 명으로도 막아낼 수 있습니다. 지세가 이처럼 유리한 까닭에 군사를 내보내 제후들을 공격할 때는 마치 높은 지붕 위에서 기와 고랑에 물을 내려 보내는 것과 같습니다. 또 제나라 땅은 동쪽으로 물산이 풍부한 낭야과 즉묵이 있고, 남쪽으로 험준한 태산이 있고, 서쪽으로는 자연경계를 이루는 황하가 있고, 북쪽으로 여러모로 이로운 발해가 있습니다. 땅이 사방으로 2천 리나 되고, 무장을 한 군사가 1백만이고, 도성은 제후국과 1천리나 떨어져 있어 제후의 연합군이 1백만 대군일지라도 20만 명으로도 능히 막아낼 수가 있습니다. 이 두 곳은 가히 동진과 서진으로 칭할 만합니다. 폐하의 친자제가 아니면 제나라에 봉해서는 안 됩니다."

"좋은 생각이오."

전긍에게 황금 500근을 내렸다. 10여 일 후 한신을 회음후에 봉하고, 그의 봉국이었던 초나라를 크게 둘로 나눴다. 장군 유가를 누차 공을 세웠다는 이유로 형왕으로 삼아 회수 동쪽 일대를, 이복동생 유교를 초왕으로 삼아 회수 서쪽 일대를 다스리도록 조치한 게 그렇다. 또 아들 유비劉肥를 제왕으로 삼아 70여 성을 다스리게 하고, 인근 성읍 가운데 제나라 말을 하는 곳은 모두 제나라에 귀속시켰다. 한고조는 논공행상에서 열후들에게 부절符節을 쪼개 봉후封侯의 증표로 나눠주고, 한왕 신을 태원으로 이봉했다.

한고조 7년(기원전 200), 흉노가 마읍에서 한왕 신을 쳤다. 한왕 신이 이를 기회로 삼아 흉노와 함께 태원에서 모반했다. 백토의 만구신曼丘臣과 왕황王黃이 옛 조나라 장수 조리趙利를 옹립한 뒤 모반했다. 한고조 유방이 직접 군사를 이끌고 토벌에 나섰다. 마침 날씨가 추워 동상으로 손가락이 떨어져 나간 병사가 10명 가운데 2~3명이나 됐다. 평성平城으로 퇴각한 이유다.

당시 흉노가 한고조를 평성에서 포위했다가 7일 뒤 포위를 풀고 철군했다. 한고조가 번쾌를 시켜 대 땅에 남아 평정하게 하고, 친형 유중劉仲을 대왕으로 옹립했다. 이해 2월, 한고조가 평성을 떠난 뒤 조나라와 낙양을 거쳐 장안으로 돌아왔다. 장락궁이 완성되자 승상 이하 관원들이 장안으로 옮겨와 정사를 돌보았다.

한고조 8년(기원전 199), 한고조 유방이 또 동쪽으로 진격해 한왕 신의 나머지 반군을 동원에서 쳤다. 승상 소하가 미앙궁을 축조하면서 동궐, 북궐, 전전, 무고, 태창을 지었다. 한고조가 돌아와 궁궐이 매우 웅장한 것을 보고 화를 내며 소하에게 물었다.

"천하가 흉흉해 여러 해 동안 고전했는데도 아직 그 성패를 알 수 없소. 어찌하여 궁실을 지은 게 이토록 과도한 것이오?"

소하가 대답했다.

"천하가 아직 안정되지 않았기에 오히려 이를 틈타 궁실을 지을 수 있었습니다. 천자는 천하를 집으로 삼습니다. 궁궐이 장려壯麗하지 않으면 막중한 위엄을 세울 길이 없습니다. 다만 후대에는 이보다 더 장려한 궁궐을 지을 수 없도록 조치하십시오."

한고조가 기뻐했다. 유방이 동원으로 가다가 백인을 지났다. 조나라 승상 관고貫高 등이 음모해 한고조를 시해하고자 했다. 유방은 원래 백인에서 유숙할 생각이었다. 그러나 마음이 바뀌어 백인에서 유숙하지 않았다. 대왕 유중이 봉국을 버린 채 달아나 스스로 낙양으로 돌아왔다. 그를 폐위하고 합양후에 봉했다

한고조 9년(기원전 198), 조나라 승상 관고 등의 음모사건이 발각됐다. 3족을 멸하고, 유방의 사위인 조왕 장오張敖를 폐해 선평후로 삼았다. 이해에 한고조가 초나라의 귀족 소씨, 굴씨, 경씨, 회씨와 제나라의 귀족 전씨를 관중으로 이주시켰다. 또 미앙궁이 완성되자 제후들과 여러 신하들을 소집해 미앙궁 전전前殿에서 연회를 베풀었다. 유방이 옥잔을 받쳐 들고 일어나 태상황에게 축수하며 물었다.

"당초 대인大人은 늘 제가 재주가 없어 생업을 꾸려나가지 못할 것이고, 둘째 형 유중처럼 노력하지도 않는다고 했습니다. 지금 제가 이룬 업적을 유중과 비교하면 어느 쪽이 더 큽니까?"

전상殿上의 대신들이 만세를 외치고 큰소리로 웃으며 즐거워했다. 한고조 10년(기원전 197) 10월, 회남왕 경포, 양왕梁팽월, 연왕 노관, 형왕 유가, 초왕 유교, 제왕 유비, 장사왕 오예가 모두 장락궁으로 와 한고조를 알현했다. 봄여름 동안 나라에 아무 일도 일어나지 않았다. 이해 7월, 태상황이 약양궁에서 죽었다. 초왕 유교와 양왕 팽월이 와 영구靈柩을 전송했다. 한고조 유방이 약양의 죄수들을 사면하고 여읍을 신풍으로 개명했다. 이해 8월, 조나라 상국 진희陳豨가 대 땅에서 모반했다. 한고조가 말했다.

"진희는 전에 나의 부하로 있던 자로, 매우 신용이 있었다. 당초 나는 대 땅을 중시해 진희를 제후로 봉한 뒤 상국의 신분으로 대 땅을 지키게 했다. 지금 뜻밖에도 왕황王黃 등과 함께 대 땅을 강탈하려고 하고 있다. 대 땅의 관민은 죄가 없으니 사면하도록 하라."

이해 9월, 한고조가 직접 동쪽으로 가 진희를 쳤다. 한단에 이르러 크게 기뻐했다.

"진희가 남쪽 한단을 근거지로 삼지 않은 채 장수漳水에 의지해 저지하려고 한다. 이로써 나는 그가 별다른 능력이 없음을 알 수 있다."

진희의 부장들이 전에 모두 장사꾼이었다는 말을 듣고는 이같이 호언했다.

"나는 이들을 어찌 상대해야 하는지 잘 알고 있다."

그러고는 진희의 부장들을 황금으로 회유했다. 투항하는 자가 많았다. 한고조 11년(기원전 196), 한고조 유방이 한단에서 진희 등을 미처 완전히 토벌하기도 전에 진희의 부장 후창侯敞이 1만여 명의 군사를 이끌고 나와 유격전인 유행游行을 펼쳤다. 왕황은 곡역曲逆에 진을 쳤고, 장춘張春은 황하를 건너 요성을 공격했다. 한나라가 장군 곽몽郭蒙을 시켜 제나라 장수와 합세해 이들을 대파했다. 태위 주발周勃이 태원에서 진공해 대 땅을 평정하고, 마읍에 이르렀다. 마읍이 항복하지 않자 이내 공략한 뒤 저항한 자들을 도륙했다. 진희의 부장 조리趙利가 동원을 수비하고 있었다.

한고조가 쳤으나 한 달여 동안 함락시키지 못했다. 조리의 병사들이 한고조에게 욕을 해대자 대노한 한고조는 성을 함락시킨 뒤 욕을 한 자들을 찾아내 참수하고, 욕하지 않은 자들은 관대히 처리했다. 이어 조나라의 상산常山 이북 지역을 대나라에 떼어주고, 훗날 한문제로 즉위하는 아들 유항劉恒을 대왕代王에 봉해 진양晉陽에 도읍했다.

이해 봄, 회음후 한신이 관중에서 모반하자 3족을 멸했다. 이해 여름, 양왕 팽월이 모반했다. 폐위한 뒤 촉 땅으로 쫓아냈다. 그가 다시 모반하려 하자 마침내 3족을 멸했다. 한고조가 아들 유회劉恢를 양왕, 아들 유우劉友을 회양왕으로 삼았다. 이해 가을 7월, 회남왕 경포가 모반해 동쪽으로 형왕 유가의 봉지를 병탄한 뒤 북진해 회수를 건넜다. 초왕 유교가 설현으로 달아났다. 한고조가 직접 군사를 이끌고 가 격파한 뒤 아들 유장劉長을 회남왕으로 삼았다.

붕어장락崩於長樂 — 제국의 기틀을 다진 뒤 장락궁에서 숨을 거두다

한고조 12년(기원전 195) 10월, 한고조가 경포의 군사를 회추에서 격파했다. 경포가 달아나자 별장을 시켜 급히 추격하게 했다. 한고조가 귀경하는 길에 패현을 지나게 됐다. 그곳에 머물며 패현에 세운 행궁인 패궁沛宮에서 크게 연회를 베풀었다. 옛 친구와 마을의 부로, 자제를 모두 초청해 마음껏 마시게 했다. 또 패현의 아이 120명을 선발해 노래를 가르쳤다. 거나하게 취하자 축筑을 타며 직접 노래를 지어서 불렀다.

큰 바람 일어나 구름이 휘날리고 大風起兮雲飛揚
위엄 천하에 떨치며 고향에 왔지 威加海內兮歸故鄉
어떻게 용사를 얻어 천하 지킬까 安得猛士兮守四方

한고조가 아이들에게 모두 따라 부르게 한 뒤 자리에서 일어나 춤을 추었다. 강개慷慨한 심경으로 감상感傷에 젖어 눈물을 뚝뚝 흘렸다. 패현의 부형들에게 말했다.

"나그네는 고향 생각에 비감悲感해지는 법이오. 내가 비록 관중에 도읍하고 있으나 만 년 후에도 내 혼백은 고향 패현을 좋아하고 그리워할 것이오. 나는 패공으로 있을 때부터 포학한 반역자를 토벌해 마침내 천하를 얻게 됐소. 장차 패현을 나의 탕목읍으로 삼은 뒤 이곳 백성의 부역을 면제해주고, 대대로 납세와 복역이 없도록 할 것이오."

패현의 부형과 부녀들, 옛 친구 모두 날마다 유쾌하게 마시고, 지난 일을 얘기하며 즐거워했다. 10여 일 뒤 한고조가 귀경하려고 하자 패현의 부형들이 한사코 더 머물기를 청했다. 한고조가 말했다.

"수행원이 너무 많아 오래 머물면 부형들이 비용을 댈 수 없을 것이오."

그러고는 떠났다. 패현 사람들 모두 현을 텅 비워둔 채 마을 서쪽으로 나가 한고조 일행을 배웅하며 예물을 바쳤다. 한고조가 다시 머물며 천막을 친 뒤 3일 동안 술을 마셨다. 패현의 부형들 모두 머리를 조아리고 말했다.

"패현은 다행히 부역이 면제됐으나 풍읍은 면제받지 못했습니다. 부디 폐하가 저들을 불쌍히 여겨주십시오."

고조가 말했다.

"풍읍은 내가 생장한 곳으로, 가장 잊을 수 없는 곳이오. 다만 전에 옹치를 따르고 나를 배신해 위나라를 도왔기에 그런 것이오."

패현의 부형들이 간청했다. 한고조가 풍읍에도 부역을 면제해 주어 패현과 같게 했다. 이어 패후 유비를 오왕에 봉했다. 당시 한나라 장수들은 달아나는 경포의 군사를 도수의 남쪽과 북쪽에서 대파하고, 경포를 계속 추격해 마침내 파양에서 참수했다. 번쾌는 따로 군사를 이끌고 가 대 땅을 평정하고, 진희를 당성當城에서 참수했다. 이해 11월, 한고조가 경포의 군사를 모두 토벌한 후 장안으로 돌아왔다. 이해 12월, 한고조가 명했다.

"진시황제, 초은왕 진섭, 위안희왕, 제민왕, 조도양왕 모두 후사가 없다. 각각 묘지기로 10호씩 나눠 주도록 하라. 다만 진시황제는 20호, 위공자 무기無忌는 5호를 주도록 하라."

대 땅의 관민 가운데 진희와 조리에게 강요당해 노략질을 한 자는 모두 사면해주었다. 투항한 진희의 부장이 진희의 모반 당시 연왕 노관이 진희의 거처에 사람을 보내 함께 음모를 꾀했다고 고했다. 한고조가 벽양후 심이기審食其를 시켜 노관을 불러오게 했다. 노관이 병을 핑계 삼아 오지 않았다. 심이기가 돌아와 노관에게 모반의 단서가 있다는 사실을 상세히 보고했다.

한고조 12년(기원전 194) 2월, 한고조가 번쾌와 주발에 명해 군사를 이끌고 가 연왕 노관을 치게 했다. 강압로 인해 반란에 참여한 연나라 땅의 관민을 사면했다. 아들 유건劉建을 연왕으로 삼았다. 당초 한고조 유방은 경포를 칠 때 유시流矢를 맞은 적이 있다. 돌아오는 도중에 병이 났다. 병세가 심해지자 여후가 명의를 찾았다. 의원이 들어와 유방을 배견하자 유방이 병세를 물어보았다. 의원이 대답했다.

"폐하의 병은 치료될 수 있습니다."

고조가 그를 업신여기며 나무랐다.

"나는 포의布衣 신분으로 3척 검을 빼어들고 천하를 얻었다. 이것이 천명이 아니겠는가? 인명재천人命在天이라고 했다. 설령 편작扁鵲이 온들 무슨 도움이 되겠는가!"

결국 치료를 거부한 뒤 황금 50근을 내리며 물러가게 했다. 잠시 후 여후가 물었다.

"폐하의 백세후, 상국 소하가 죽으면 누구로 대신해야 합니까?"

"조참이 가할 것이오."

조참 이후의 사람을 묻자 이같이 대답했다.

"왕릉王陵이 가할 것이오. 그러나 왕릉은 다소 고지식한 까닭에 진평이 돕도록 하는 게 좋을 것이오. 진평은 뛰어난 지혜를 갖고 있지만 홀로 대임을 맡는 것은 어렵소. 주발은 중후하나 문재文才가 모자라오. 그럼에도 유씨의 한나라를 안정시킬 자는 틀림없이 주발일 것이오. 그를 태위로 삼을 만하오."

여후가 다시 그 다음 사람을 묻자 한고조가 말했다.

"그 이후는 당신이 알 바가 아니오."

노관이 기병 수천 명과 함께 변경에서 기다렸다. 죽마고우 사이인 한고조 유방이 쾌유하면 직접 장안으로 가 사죄하고자 한 것이다.

이해 4월 갑진일, 한고조 유방이 장락궁에서 죽었다. 4일이 지나도록 발상하지 않았다. 여후가 심이기와 논의했다.

"원래 제장들은 전에 황상과 함께 호적 명부에 오른 백성들이었소. 북면해 신하가 된 이후 줄곧 불만을 품고 있소. 이제 어린 군주를 섬기게 되었으니, 이들을 멸족시키지 않으면 천하가 불안해질 것이오."

어떤 자가 이 말을 듣고 장군 역상酈商에게 알렸다. 역상이 심이기를 만났다.

"내가 듣건대 황상이 붕어한 지 4일이 지나도록 발상하지 않은 채 제장들을 죽이려 한다고 하오. 만일 그리되면 천하가 위태로울 것이오. 진평과 관영이 10만 대군을 이끌고 형양을 수비하고 있고, 번쾌와 주발이 20만 대군을 이끌고 연나라와 대나라를 평정했소. 이들은 황상의 붕어를 계기로 제장들 모두 죽임을 당할 것이라는 소식을 들으면 반드시 함께 군사를 이끌고 돌아와 관중을 칠 것이오. 대신들이 안에서 배반하고 제후들이 밖에서 모반하면 나라의 패망은 발꿈치를 들고 기다릴 수 있을 만큼 빠를 것이오."

심이기가 궁으로 들어가 여후에게 이 말을 전했다. 이해 4월 정미일, 발상한 뒤 천하에 대사령을 내렸다. 노관은 한고조가 죽었다는 소식을 듣고 마침내 흉노 땅으로 달아났다. 4월 병인일, 한고조를 안장했다. 4월 기사일, 대신들이 태자 유영을 황제로 옹립한 뒤 함께 태상황 태공의 사당으로 갔다. 이내 입을 모아 사당에 고했다.

"한고조는 미천한 서민 출신에서 몸을 일으킨 뒤 난세를 치세로 바꾸는 반정反正으로 천하를 평정하고 한조漢朝의 태조가 되셨으니, 그 공이 가장 높습니다."

그러고는 존호를 바쳐 고황제高皇帝로 칭했다. 이어 태자 유영이 황제의 호칭을 계승해 보위에 오르니, 그가 바로 효혜제孝惠帝이다. 각 군국郡國의 제후에게 명해 각자 고황제의 사당을 세워 때맞춰 제사를 올리도록 했다.

한혜제 5년(기원전 190), 한혜제는 전에 한고조 유방이 패현을 좋아하고 그리워한 일이 생각나 패궁을 한고조의 원묘原廟로 삼았다. 한고조가 노래를 가르쳤던 120명의 아이들에게는 모두 원묘에서 연주와 노래를 하게 했다. 결원이 생기면 즉시 보충했다. 한고조 유방에게는 8명의 아들이 있었다. 장남은 서출인 제도혜왕 유비劉肥이고, 2남은 혜제로 여후 소생이다. 3남은 척부인 소생의 조은왕 유여의劉如意다. 4남 대왕 유항劉恒은 박태후의 소생으로 훗날 효문황제孝文皇帝로 즉위했다. 5남은 양왕 유회劉恢로 여태후가 집정할 때 조공왕으로 이봉됐다. 6남은 회양왕 유우劉友이다. 여태후가 집정할 때 조유왕으로 이봉됐다. 7남은 회남여왕 유장劉長이다. 8남은 연왕 유건劉建이다.

태사공왈太史公曰

태사공은 평한다.

"하나라조의 정사는 충후忠厚했다. 충후의 병폐는 백성을 조야粗野

하게 만드는 데 있다. 은나라가 공경恭敬을 숭상한 이유다. 공경의 병폐는 백성을 귀신에 혹하도록 만드는 데 있다. 주나라가 예문禮文을 숭상한 이유다. 예문의 병폐는 백성을 형식에 치우치도록 만드는데 있다. 형식에 얽매이는 폐단을 바로잡는 것으로 충후보다 나은 게 없다. 하은주 삼대의 치국 이치를 보면 마치 만물이 순환하듯 끝났다가 다시 시작됐다.

주나라에서 진나라에 이르는 동안 가장 큰 병폐는 지나치게 예문을 강구한데 있다. 진나라는 예문의 병폐를 고치는 쪽이 아니라 오히려 형법을 가혹하게 적용하는 쪽으로 나아갔다. 이 어찌 잘못된 일이 아니겠는가? 한나라는 흥기하면서 진나라 때의 병폐를 이어받기는 했으나 이내 그 병폐를 고쳐 백성들이 피곤에 절지 않게 만들었다. 자연의 이치인 천통天統을 얻은 결과다. 한나라 조정은 제후들로 하여금 매년 10월 상경해 황제를 조현朝見하게 했다. 황제가 타는 수레는 황색 비단지붕을 덮고 쇠꼬리로 만든 기旗를 수레의 왼쪽에 꽂는 황옥좌독黃屋左纛으로 했다. 한고조 유방은 장릉長陵에 안장됐다."

부록

초한지제
연월표

초한지제楚漢之際 연월표

기원전	연	월	사건
221	진시황 26년		진시황이 제나라를 멸하고 천하를 통일함.
220	27		황하를 '덕수德水', 백성을 '검수黔首'로 개칭, 천하를 36군으로 나눔.
219	28		아방궁을 지음. 치도馳道를 닦음. 진시황이 낭야로 감.
218	29		장량이 역사를 시켜 진시황 척살을 시도함.
216	31		납월臘月을 '가평嘉平'으로 개칭, 백성에게 쌀 6석과 양 2마리씩 하사함.
215	32		진시황이 갈석碣石으로 감.
214	33		남월南越을 공략해 계림桂林과 남해南海, 상군象郡을 설치함.
213	34		이사가 분서焚書를 건의함.
212	35		몽념에게 명해 직도直道를 닦아 구원九原까지 길을 내게 함.
211	36		백성 3만 명을 북하北河와 유중楡中으로 이주시킴.
210	37		7월 병인일, 진시황이 사구沙丘에서 붕어함. 호해가 즉위.
209		7	진시황 사후 1년 만에 초은왕楚隱王 추시追諡된 진승陳勝이

			기병함.
		8	무신武臣이 조왕으로 자립. 갈영葛嬰이 양강襄彊을 초왕옹립.
		9	유방 기병. 제왕 전담田儋, 연왕 한광韓廣, 위왕 위구魏咎 자립.
	2세 원년	10	진승이 갈영을 주살함.
		11	조왕 무신이 살해되자 장이와 진여 도주.
		12	진승 사망. 옹치가 위나라에 투항. 진나라 장수 장함이 초병을 침.
208		1	장이와 진여가 조왕 헐歇 옹립함.
		2	항량의 도강으로 경포가 귀의함.
		3	유방이 하읍을 공략함.
		4	항량이 초왕 경구를 침.
		6	항량이 초회왕과 한왕 옹립. 제왕 전담 패사. 위왕 위구 자진.
		7	진나라 군사 동아東阿 포위. 유방와 항우가 구원.
		8	항량이 전불을 제왕으로 옹립.
		9	항량이 진나라 장수 장함에 패사. 위표가 위왕으로 자립.
	2세 2년	10	장함이 조나라 한단을 공파해 백성을 하내로 이주시킴.
		11	항우가 송의를 죽이고 상장군에 제수됨.
		12	항우가 진나라 군사를 거록에서 대파하고 제후들을 호령함.
207		1	항우가 진나라 장수 왕리를 생포함.
		2	항우가 장함의 군사를 격파함. 유방이 팽월의 군사를 얻음.
		3	유방이 개봉에서 진나라 장수 양웅을 격파함.
		4	조고가 장함의 증원요청을 거부함. 유방이 형양을 공략함.
		5	진나라 장수 사마흔이 장함께 조고의 전횡을 고함.
		6	장함이 항우에게 투항할 것을 약속함. 유방이 남양을 침.

		7	항우가 장하는 것을 옹왕에 봉함. 유방이 남양을 평정함.
		8	항우가 사마흔 등을 상장군에 임명함. 유방이 무관을 공파함.
		9	유방이 장량의 계책으로 남전 등을 평정함.
	한 원년	10	유방이 함양을 점령한 뒤 파상으로 물러남.
		11	항우가 진나라 항졸 20만 명을 갱살함. 유방이 약법 3장을 선포함.
		12	항우가 자영을 주살한 뒤 봉국들을 소국으로 나눔.
206		1	항우가 서초패왕으로 자립함.
		2	항우가 18왕을 분봉함.
		6	제왕 전영田榮이 교동왕 전불을 격살함.
		7	팽월이 제북왕 전안田安을 죽임.
		8	항우가 정창을 한왕으로 세움.
		9	연왕 장도가 요동국을 병탄함.
	한 2년	10	항우가 의제를 죽임.
		12	조헐이 진여를 대왕代王으로 삼음.
205		1	항우가 전가를 제왕으로 옹립함.
		2	전영의 동생 전횡이 전가를 침. 전가가 망명지 초나라에서 피살됨.
		3	항우가 3만 병력으로 한나라의 56만 대군을 격파함.
		4	위표가 한나라 유방을 배반함.
		5	유방이 입관入關함.
		6	유방이 옹 땅을 농서군 등으로 편입함.
		8	한나라 군사가 위표를 사로잡음.
		9	한나라가 서위西魏를 군으로 편입, 다시 이해 9월을 9월로 삼음.
205	한 3년	10	한나라 장수 한신이 진여를 참함.

		11	한나라가 상산국常山國을 태원군으로 편입, 대국代國을 병탄함.
		12	구강왕 경포가 한나라에 투항, 항우가 구강국을 병탄함.
204		4	초나라 군사가 형양을 포위함.
		7	임강왕 공오 훙薨함.
	한 4년	11	한신이 초나라 장수 용저龍且를 격파함. 유방이 장이를 조왕으로 세움.
203		2	유방이 한신을 제왕으로 세움.
		7	유방이 경포를 회남왕으로 세움.
		9	태공과 여후가 초나라 군영에서 풀려나 유방에게 옴.
	한 5년	12	항우가 해하에서 패사함. 진나라 음력으로 기원전 202년 12월임.
202		1	유방이 천하통일의 논공행상을 함.
		2	유방이 황제 자리에 오름. 전한 건국
		8	연왕 장도臧荼가 모반함.
		10	장도의 군사를 대파함.
201	한 6년	10	한왕韓王 한신韓信이 흉노에게 항복함.
		11	유방 군사의 공격을 받고 대왕 한신이 흉노 쪽으로 달아남.
200	한 7년	1	흉노의 군사가 유방을 백등산白登山에서 포위함.
		3	유방이 장안으로 돌아옴.
199	한 8년	9	대왕代王 한신이 흉노 군사를 이끌고 북변을 침공함.
197	한 10년	9	진희陳豨가 모반해 대왕代王을 자처함.
		12	강후絳侯 주발周勃이 진희의 군사를 대파함.
196	한 11년		회음후淮陰侯 한신과 팽월을 주살함. 경포가 모반함.
195	한 12년	4	고황제 유방이 경포 토벌 후 고향에 들름. 환궁 후 붕어崩御함.